KB070523

이 상 한
성    공

한국은 왜 불평등한 복지국가가 되었을까?

# 이 상 한
# 성 공

윤홍식 지음

한겨레출판

# 핀란드 마법사의 주문

투명한 맑은 빛이 부서지며 눈과 얼굴에 내려앉던 그날을 지금도
기억합니다. 2010년 5월, YMCA가 주관하는 프로젝트의 일행으
로 참여해 오슬로에서 버스를 타고 스톡홀름으로 이동한 후, 다시
밤새 크루즈를 타고 헬싱키에 도착한 날 마주친, 푸른 바다, 푸른
하늘, 투명한 맑은 빛이 거리를 감싸던 헬싱키의 아침을 저는 지금
도 잊을 수 없습니다.

북유럽의 아동 돌봄 서비스를 공부하기 위한 프로젝트의 일환으
로 마지막 방문지인 핀란드 국가교육위원회(Finish National Board
of Education)와 교육청을 연이어 방문했을 때였습니다. 국가교육
위원회의 역할, 교육청과의 관계, 핀란드 교육체계에 대한 발표와
토론이 이어졌습니다. 인상 깊었던 점은 학교가 정규 수업 시간 이
후만이 아니라 정규 수업 시간 이전에도 돌봄 서비스를 제공한다는
점이었습니다. 학술적이고 실무적인 토론이 이어진 후 자유롭게 질
문을 주고받던 중이었습니다. 일행 중 한 분이 핀란드 청년들의 고

민이 무엇인지 교육청 관계자에게 질문했습니다. 11년 전이지만, 그때도 지금처럼 한국에서는 청년들이 괜찮은 직장에 취업하는 일이 쉽지 않아 청년들의 스트레스가 이만저만이 아니었지요.

예상하지 못했던 질문이라 당황했던지 잠시 침묵이 흘렀습니다. 교육청 관계자가 조금은 머뭇거리면서 핀란드 청년들은 "큰 고민이 없는 것 같다"라고 대답했습니다. 나중에 본문에서 자세히 이야기하겠지만, 예상할 수 있는 답변이었어요. 핀란드는 〈뉴스위크〉가 뽑은 세계에서 가장 살기 좋은 나라였고, 복지 수준도 세계 최고 수준이었으니까요. 당연한 대답이라고 생각했던 것 같습니다. 그런데 잠시 뒤, 그 교육청 관계자가 답변을 수정하겠다면서 핀란드 청년들도 고민이 있다고 이야기를 하는 거예요. 그러면서 "핀란드 청년들의 고민은 기후 위기와 세계평화"라는 답변을 했습니다. 일순간에 침묵이 장내를 휘감았습니다.

2010년 5월 24일 오후 4시. 그날 핀란드 마법사는 "임페리오 (Imperio)"라는[1] 주문을 제게 걸었던 것입니다. 해리포터처럼 강한 정신력을 갖고 있지 않았기에, 저는 "임페리오"라는 핀란드 마법사의 주문에 속수무책으로 당했던 것 같습니다. 그날 이후 핀란드 청년들의 고민이 "기후 위기와 세계평화"라는 대답은 제 삶을 떠나지 않았습니다.

---

[1] 《해리포터》 시리즈에 나오는 마법으로 사람의 마음을 조종하는 주문이다.

# 도대체 왜?

한국의 청년들은 태어나면서부터 좋은 대학에 들어가기 위해 치열한 경쟁을 하고, 대학에 들어간 이후에는 좋은 직장을 얻기 위해 치열한 경쟁을 하고, 그것도 모자라 직장을 얻은 후에도 생존을 위해 치열한 경쟁을 해야 합니다. 정도의 차이가 있을 수 있겠지만, 저는 세상 사람들 모두가 그렇게 사는 줄만 알았습니다. 우리는 모두 돈과 효율성의 가치를 최고로 여기는, 마거릿 대처가 이야기한 것처럼 "사회, 그딴 것은 없고 개인만 있는" 신자유주의 시대의 한복판에 살고 있었으니까요. 그런데 한국 청년들과 같이 동일한 신자유주의 시대를 살고 있다고 믿었던 핀란드 청년들이 어떻게 한가하게 "세계평화와 기후 위기"를 고민할 수 있는지 이해가 되지 않았어요. 시간이 갈수록 마법의 강도는 점점 더 세지고 제 마음은 점점더 착잡해졌습니다. 취업을 위한 한국 청년들의 경쟁이 날이 갈수록 점점 더 치열해졌기 때문이죠. 여러분이라면 이해가 되시겠어요. 한국은 모든 가난한 나라들이 꿈꾸는 '부자나라 선진국'이 되는 기적을 이루었잖아요.

기적은 일어날 가능성이 없기 때문에 기적인 것이죠. 가난한 나라가 부유한 선진국이 되겠다는 것은 일어나지 않을 기적을 꿈꾸는 것이었습니다. 적어도 지난 백 년의 역사를 보면 그랬어요. 가난했던 나라는 지금도 가난하고, 부자였던 나라는 지금도 부자이니까요. 그런데 한국은 불가능한 그 기적을 현실로 만들었습니다. 1990년대 후반에 들어서면서 한국은 경제협력개발기구(OECD),

세계은행, 국제통화기금(IMF) 등 주요 국제기구에서 고소득 국가로 분류되기 시작했어요. 소득만이 아니라 인간개발지수, 문화 등 다른 지표에서도 한국은 선진국으로 분류되기 시작했습니다. 그리고 마침내 2021년 7월 2일 유엔무역개발회의(UNCTAD)는 만장일치로 한국의 지위를 개발도상국에서 선진국으로 변경했습니다. 1964년 UNCTAD가 설립된 이래 가난한 개발도상국이 부유한 선진국으로 지위가 변경된 사례는 한국이 처음이었습니다. 상상할 수 없었던 기적이 일어난 것이죠.

국권을 일제에 강탈당하면서 20세기를 시작했던 한국의 역사를 되돌아보면, 일제 강점에서 벗어난 지 불과 70여 년 만에 한국은 전 세계 중 가장 가난한 나라에서 부유한 선진국 중 하나가 되었습니다. 정말 놀랄만한 일입니다. 한국의 연평균 성장률은 지난 40년(1961~2000)간 8퍼센트가 넘었습니다. 세계사에서 전례가 없는 일이었습니다. 더 놀라운 사실은 2017년 구매력 기준으로 한국의 1인당 GDP가 일본을 앞서며, 평균적인 한국인은 일본인보다 더 풍요롭게 살기 시작했어요. 노동자의 평균임금과 노동생산성도 일본보다 높아졌습니다. 한 나라의 기술발전과 혁신 수준을 보여주는 노동생산성에서 한국이 일본을 앞섰다는 것은 정말 놀라운 일입니다.

기적을 이루었으니, 천진난만한 어린아이처럼 펄쩍펄쩍 뛰어다닐 법도 합니다. 아마 한동안 구름 위를 걷는 기분일지도 모릅니다. 종일 굶어도 배고프지 않을 겁니다. 지나가던 아무개가 이유 없이 따귀를 때려도 저절로 웃음이 나올지도 모릅니다. 선진국이 되기 위해 앞뒤 돌아보지 않고 경제성장에만 올인했던 과거를 생각하면, 한국인은 이제 다리 뻗고 행복하게 세상을 살 수 있을 것 같았어요.

그런데 한국인은 행복하지 않았습니다. 한국이 선진국이 되었다고 아무도 어린아이처럼 좋아서 펄쩍펄쩍 뛰지도 않았습니다. 정반대의 일들이 벌어졌습니다. 기적을 이룬 사람들이라고는 도저히 믿을 수 없는 일들이 일어난 것입니다. 노인 중 절반이 빈곤에 신음하고 세계 최고의 자살률과 최저의 합계출산율을 기록했습니다. 심지어 〈2021년 한국 사회의 울분 조사〉에 따르면 한국인 10명 중 6명이 만성적 울분 상태에 있다고 합니다. 평범한 사람들이 위기에 처했는데도 한국 복지국가는 제대로 작동하지 않았습니다. 복지국가가 보호하는 사람은 불안정한 고용 상태에 있는 사람들이 아니라 상대적으로 안정적 고용과 임금을 보장받는 사람들이었습니다. 청년들이 괜찮은 일자리를 얻는 일은 하늘의 별따기처럼 어려워졌고요.

청년들은 이런 한국을 헬조선이라고 불렀습니다. 스스로를 흙수저라고 부르면서요. 이번 생은 망했다는 청년들의 탄식도 곳곳에서 흘러나왔습니다. 시류의 흐름에 빠르게 올라탄 일부 지식인들은 이 모든 불행이 기성세대가 부와 특권을 독점하고 있기 때문이라는 세대 담론을 들이밀었습니다. 하지만 우리 모두 잘 알고 있듯 청년의 부모 대부분은 부와 특권과는 거리가 먼, 하루하루의 생계를 어렵게 이어가는 성실한 사람들입니다. 도대체 무엇이 문제일까요? 백 년을 꿈꾸었던 선진국을 기적처럼 이룬 나라의 청년들과 사람들이 이토록 불행한 이유는 도대체 무엇 때문일까요? 그 누구보다 치열하게, 열심히 살았는데….

그렇다고 모두가 불행한 것은 아니었습니다. 역설적이지만, 한국 대기업이 글로벌기업으로 성장하고 한국이 본격적으로 선진국의 문을 두드리기 시작한 것은 1997년 IMF 외환위기를 겪은 이후였습니다. 괜찮은 일자리는 줄어들고, 사회가 점점 양극화되면서 평범한 사람의 삶의 질은 떨어지는데, 한국의 대기업은 IMF 외환위기를 거치면서 세계경제를 주도하는 글로벌기업으로 성장했으니까요. 국가도 점점 더 부자가 되어갔습니다. 한국이 '이상한 성공'을 이룬 선진국이 된 역설은 바로 여기에 있는 것입니다. 기업은 성장하고 나라는 점점 더 부유해지는데, 사람들은 점점 더 불행해졌으니까요.

이상하다는 말 이외에는 지금 한국의 현실을 설명하기 어려울 것 같습니다. 한국인들이 선진국이 되기 위해 《파우스트》의 악마 메피스토펠레스에게 집단으로 영혼이라도 판 것일까요? 선진국이 된 한국을 보며 "멈추어라, 너는 아름답다"를 외치자 한국인들이 지옥으로 떨어져 버린 것인 걸까요? 영혼을 팔면서까지 세상의 본질을 보려고 했던 파우스트처럼, 모든 것을 희생하며 경제성장에 올인했던 당연한 결과일지도 모릅니다. 하지만 저는 한국이 실패한 사회라고 생각하지 않습니다. 반대로 저는 한국이 이상한 선진국이 된 이유는 한국이 실패했기 때문이 아니라 성공했기 때문이라고 생각합니다. 지금 우리의 불행이 실패의 결과가 아니라 성공의 결과라는 것이죠. '이상한 성공'을 이룬 한국의 모습은 성공의 덫에 빠진 한국인의 자화상인 것입니다.


## 잠정적 결론과 여정

2019년에 출간한《한국 복지국가의 기원과 궤적》3부작이 성공의 덫에 빠진 한국의 지난 2백 년의 정치·경제·복지의 궤적을 학술적으로 풀어낸 것이라면,《이상한 성공》은 그 고민의 결과를 많은 분과 함께 나누기 위해 쓴 글입니다.《한국 복지국가의 기원과 궤적》에서 다루지 못했던 주제를 읽고 새로 보완했습니다. 제일 어려웠던 것은 학술적 주제를 많은 분이 이해할 수 있는 방식으로 쓰는 것이었습니다.

원고를 탈고한 지금도 한국이 왜 '이상한 성공'을 이룬 선진국이 되었는지 분명한 답을 찾지 못했습니다. 하지만 잠정적 결론은 내릴 수 있었던 것 같습니다. 1장에서는 왜 한국이 성공의 덫에 빠지게 되었는지를 앞서 언급했던 청년들의 이야기를 통해 풀어냅니다. 세대 담론, 불평등, 능력주의 등을 다루면서 '이상한 성공'을 이룬 한국을 성공의 덫에 빠진 대한민국의 관점에서 서술했습니다. 2장 '성공, 그 놀라움'은 한국이 얼마나 대단한 성공을 이루었는지를 경제, 정치, 문화의 측면에서 다룹니다. 자신이 얼마나 잘했는지를 스스로 이야기하는 것이 조금 쑥스럽기는 합니다. 하지만 한국의 기적을 이야기하는 이유는 한국이 이룬 기적에 비하면 지금 한국 사회가 직면한 '불평등한 기회, 불공정한 과정, 부정의 한 결과'

이상한 성공

라는 문제는 우리가 마음만 먹으면 언제든지 풀 수 있다는 확신을 드리기 위해서입니다. 지금 한국 사회가 직면한 문제를 푸는 것은 우리가 이룬 기적과 비교하면, 작은 언덕을 넘는 일일 수도 있으니까요.

3장 '성공의 이유'에는 한국이 어떻게 기적을 이루었는지를 이야기합니다. 성공의 이유를 보면서 우리는 한국의 기적이 우리의 주체적 노력은 물론 시대적 특성과 여러 가지 우연적인 일들이 결합하면서 나타난 결과라는 것을 확인할 수 있을 것입니다. 여기서 주목해야 할 것은 한국이 성공을 이룬 방식입니다. 이 방식이 4장 '성공이 덫이 된 이유'와 연결되기 때문입니다. 즉, 한국이 놀라운 성공을 이룬 그 방식이 바로 우리가 덫에 빠진 이유라는 것이 4장의 주제입니다. 한국인들이 선진국이라는 기적을 일구어냈음에도 불행한 이유가 바로 여기에 있는 것입니다. 마지막으로 5장 '누구도 가보지 않은 길'은 한국 사회가 성공의 덫에서 빠져나오기 위한 길을 모색했습니다. 선진국이 된 한국은 이제 더는 누구의 뒤를 따라가며 문제를 해결할 수 없는 위치에 올라섰다는 것이 저의 잠정적 결론입니다. 그렇다면 한국 사회가 직면한 문제를 풀어가는 길 또한 그 누구도 걸어보지 않은 새로운 길을 열어가야 합니다. 다른 나라의 경험을 배울 수는 있지만, 한국의 문제는 한국의 독특한 역사적 경험의 결과이기 때문에, 우리의 문제는 우리식으로 풀어갈 수밖에 없다고 생각합니다.

이해를 돕고 필요한 정보를 제시하기 위해 도표를 넣었지만, 도표를 보지 않아도 본문을 이해하는 데 지장이 없도록 서술했습니다. 물론 도표를 보면서 글을 읽으면 더 잘 이해하실 수도 있을 것 같습니다. 색인은 중요한 내용을 다시 확인하실 때 쉽게 찾을 수 있도록 정리했습니다. 제 고민을 더 깊이 나누고 싶은 분들을 위해 중요한 논의에는 대부분 미주도 달았습니다. 혹시, 대학원생이나 학계에 계신 분들이 인용한 내용을 확인하기 위해 원(原) 문헌을 찾으실 경우를 대비해, 출처를 확인하실 수 있도록 참고문헌도 충실히 달아놓으려고 했습니다. 다만 색인, 미주, 참고문헌이 이 책의 내용을 이해하는 데 꼭 필요한 것은 아니니 부담감을 가지실 필요는 없습니다. 이런 번거로운 일이 여러분과 제가 지금 한국 사회가 직면한 문제를 함께 고민하는 더 나은 기회가 되기를 소망합니다. 10년 후 제 생각이 어떻게 바뀔지 지금으로선 알 수 없지만, 여러분처럼 저도 더 나은 잠정적 대안을 찾기 위해 계속 길을 떠날 것입니다. 언젠가는 핀란드 마법사의 주문을 우리의 힘으로 풀 수 있기를 기대합니다.

"기회는 평등하고 과정은 공정하며 결과는 정의로운 세상"을 혼신을 다해 실현할 새로운 정부의 탄생을 꿈꾸며

2021년 8월 9일
여름의 한복판에서 윤홍식

이상한 성공

# 차례

## 1장.
## 성공의
## 덫

## 2장.
## 성공,
## 그 놀라움

## 3장.
## 성공의
## 이유

# 1장

# 성공의 덫

"청년들은 판단하는 것보다 생각해내는 것이 어울리고 타협보다는 실행이
적합하며 안정된 직업보다는 새로운 기획이 더 잘 어울린다."
— 프랜시스 베이컨

## 왜 한국의 청년들은

　　조금 뜬금없는 질문입니다만, 여러분은 "어떻게 하면 더 좋은 세상을 만들 수 있을까"라는 고민을 해보신 적이 있나요? 사실 요즘은 이런 이야기를 하는 것 자체가 이상하게 들릴지도 모르겠어요. 더 좋은 세상을 만들다니? 누구를 위해? 하루하루 먹고사는 것도 힘든 세상에서 '내'가 아닌 '타인'과 '사회'를 위해 무엇을 생각하고 고민하는 것은 어쩌면 여유 있는 사람들의 사치인지도 모르겠다는 생각이 드네요.

　이름이 조금 재미있는데, '청춘상담소 좀놀아본언니들'이라는 곳에서 2014년 3월 1일부터 2017년 11월 30일까지 상담소를 방문한 청년 21,942명을 대상으로 통계를 내보니 20대 청년의 60퍼센트가 "나만 뒤처졌다"라고 응답했어요. 뒤처졌다고 생각하는 청년 중 취업과 진로를 고민하는 비율이 무려 50.4퍼센트로 1위를 차지했습니다. 한창 인생의 의미와 밝은 내일을 상상해야 할 시기에 미래에 대한 불안으로 고통받는 한국의 청년들을 생각하면 마음이 울적합니다.

태어나면서부터 시작된 치열한 경쟁을 뚫고 소위 명문대라는 곳에 입학한 학생들도 삶이 불안하기는 마찬가지인가 봅니다. 서울대학교 평의원회 연구팀이 발표한 〈서울대학교 학생복지 현황 및 발전방안 최종보고서〉를 보면 서울대 재학생의 절반에 가까운 46.5퍼센트가 우울 증세를 경험했다고 답했습니다.[1] 우울 증세를 느꼈던 가장 큰 이유는 정서적 문제였어요. '대학내일 20대연구소'라는 곳에서 발표한 20대들의 자화상도 크게 다르지 않습니다. 20대의 36.9퍼센트가 스트레스를 느끼고, 41.1퍼센트가 최근 한 달 동안 무기력과 좌절감을 느꼈다고 답했습니다. 물론 이런 통계들이 대한민국에 사는 모든 청년의 모습을 정확하게 대표한다고 할 수는 없어요. 하지만 여러 기관에서 발표한 결과들이 유사하다면 대한민국에서 청년으로 살아가는 것이 쉽지 않겠다는 생각이 듭니다.

●　**핀란드 청년들의 고민**

제가 오래전에 핀란드, 노르웨이, 스웨덴을 방문했을 때 일이에요. 핀란드 교육에 관한 강연을 듣는데 일행 중 한 분이 "이곳 청년들의 고민은 무엇입니까?"라고 강연자에게 질문했습니다. 한국의 청년들이 취업문제로 고민하던 시절이라 그곳 청년들의 가장 큰 고민도 취업인지 궁금했던 것 같아요. 그래서 그 핀

이상한 성공

**▌20대 10명 중 3명 이상 스트레스 많다고 느껴, 최근 한 달 자주 느낀 감정은 '무력감'**

20대 스트레스 인지율은 36.9%로 평균보다 8.3%p 높은 수준이며, 우울감 경험률은 평균보다 1.3%p 높은 14.9%로 나타남. 20대가 한 달간 자주 느낀 감정으로 상위 5개 중 4개가 부정적인 감정으로 취업 스펙(29.5%), 경제력(25.1%) 등이 스트레스와 우울감의 주원인으로 판단됨.

**▌스트레스 및 우울감 경험률**

[base= 전체, n = 5,406(스트레스 인지율)/5,408(우울감 경험률), 단위: %]

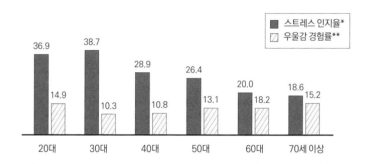

* 스트레스 인지율: 평소 일상생활 중에 스트레스를 '대단히 많이' 또는 '많이' 느끼는 분율
** 우울감 경험률: 최근 1년 동안 연속적으로 2주 이상 일상생활에 지장이 있을 정도로 슬프거나 절망감 등을 느낀 분율

**▌20대가 최근 한 달 자주 느낀 감정**

[base=20대, n=366, 단위: %(1+2순위(3:1 가중치)합)]

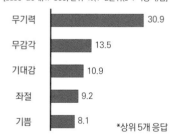

**▌20대가 바꾸고 싶은 조건**

[base=20대, n=366, 단위: 복수 %]

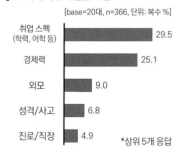

[그림 1-1] 20대 청년들의 불안[2]

란드 교육청 간부의 대답이 더욱 궁금했습니다. 물론 속으로는 '뭐, 너희라고 별다르겠어. 취업, 미래에 대한 불안, 조금 더 낭만적으로 생각하면 사랑 정도겠지'라고 생각했지요. 그런데 그분이 처음에는 "고민이 없는 것 같다"라고 대답했어요. '뭐? 고민이 없어?' 당황했어요. 이내 정신을 가다듬고 속으로 생각했지요. 제 전공을 살려 '그래, 잘사는 나라이고, 좋은 복지국가이니 청년들이 특별한 고민이 없을 거야'라고요. 실제로 스칸디나비아 복지국가라고 불리는 스웨덴, 덴마크, 노르웨이, 핀란드는 세계적으로도 아주 명성이 높은 복지국가잖아요.

'GDP(국내총생산) 대비 사회지출'은 한 나라의 복지 수준을 보여주는 가장 일반적인 지표입니다. 그 나라 국민이 1년 동안 생산한 부에서 얼마를 복지에 사용했는가를 측정한 것이죠. 예를 들어 2019년 한국의 GDP는 대략 1,919조 원인데, GDP 대비 사회지출이 12.2퍼센트라면 1,919조의 12.2퍼센트인 234.1조 원을 복지에 지출했다는 뜻입니다. 선진국 클럽이라고 불리는 'OECD(경제협력개발기구)'는 매년 회원국의 'GDP 대비 사회지출'을 발표하는데, 핀란드의 GDP 대비 사회지출은 29.1퍼센트로 OECD 회원국 중 프랑스 다음으로 높은 2위이죠. 반면 한국은 OECD 평균인 20.0퍼센트에 훨씬 못 미치는 것은 물론, 콜롬비아(13.1퍼센트)보다도 낮은 35위입니다.

이렇게 핀란드와 한국의 복지지출이 다르니 청년층에 대한 국가의 지원도 당연히 다른 것 같아요. 북유럽 복지국가들은 대학 교육이 무료입니다. 부모로부터 독립해 혼자 사는 학생은 매달 주거비

이상한 성공

의 80퍼센트인, 201.6유로(2021년 8월 기준, 한화 275,130원), 학업 수당으로는 매월 250.8유로(한화 342,305원)를 지원받습니다. 일정한 자격만 갖추면 대출도 매월 400유로(한화 545,940원)까지 가능합니다.[3] 이처럼 핀란드 대학생들은 대출을 받지 않아도 주거지원비를 포함해 매월 60만 원을 지원받고, 학비도 무료이니 학업에 전념하거나 자신이 하고 싶은 대학 생활을 할 수 있겠지요. 더 중요한 것은 먹고사는 문제를 해결하기 위해 졸업하자마자 취업해야 하는 부담도 상대적으로 덜하다는 것입니다. 졸업 후에 취업을 못 해도 괜찮아요. 복지제도가 잘 갖추어져서 풍족하지는 않지만 기본 생활을 보장받을 수 있으니까요. 또 필요하면 자신이 원하는 일을 찾기 위해 생활비를 보조받으면서 교육과 훈련을 다시 받을 수도 있어요. 현재 한국에서도 고용노동부에서 일자리 훈련 및 연계 활동이 진행되고 있긴 하지만, 북유럽 국가들에 비하면 턱없이 부족한 상황입니다. 그래서 저는 '고민이 없다'라는 그 핀란드 분의 답변을 듣고 '그럴 수도 있겠다'라고 생각한 것입니다.

그런데 잠시 후 상상하지도 못한 큰 반전이 일어났습니다. 잠시 머뭇거리던 핀란드 교육청 관계자가 이곳 청년들도 고민이 있다고 말했던 것이죠. 저는 '그럼 그렇지'라고 생각했어요. 그런데 '고민이 없다'라는 답변과는 비교도 되지 않는 '엄청난' 충격을 받았습니다. 핀란드 청년들은 '기후위기와 세계평화'를 고민한다는 거예요. 도대체 핀란드의 기후위기가 얼마나 심각하고 안보가 얼마나 불안하기에 이 나라 청년들이 그런 고민을 한답니까. 말도 안 된다고 생각했어요. 핀란드는 세계에서 가장 살기 좋은 나라로 손꼽히는 나라이기 때문이죠. 2020년 조사에 따르면 조사 대상국 163개 국 중 핀란드는 노르웨이, 덴마크에 이어 '살기 좋은 나라' 순위에서 3위를 차지했습니다.[4] 이런 나라에 사는 청년들이 기후위기와 세계평화를 고민하다니 할 말을 잃었습니다. 사실 그래서 더 놀랍고 충격적이었던 것 같습니다.

## ● 기후위기와 세계평화

그럼 도대체 이 두 가지 위협이 얼마나 심각하기에 풍요롭고 안전한 나라에서 살고 있는 청년들의 가장 큰 고민이 된 것일까요? 잠시 살펴봅시다. 읽어보신 분도 있겠지만, 기후위기를 이야기한 두꺼운 만화책 있잖아요. 필리프 스콰르조니의 《만화로 보는 기후변화의 거의 모든 것》이라는 책이요. 이 책의 마지막 부분에는 지구가 인간의 소비 수준을 얼마나 감당할 수 있는지 측정하는 '지구생태용량'이라는 지표가 있어요. 이 지표는 지구가 본래 상태로 회복할 수 있을 만큼의 인류 배출 오염물질과 사용할 수 있는 자원의 총량을 나타냅니다. 지구생태용량을 초과했다는 것은 인류의 활동이 지구가 자연적으로 회복할 수 있는 한계를 넘어섰다는 것을 의미합니다. 그런데 인류가 사용한 자원과 배출한 오염물질의 양은 1980년대에 이미 지구생태용량을 초과했습니다. 더 심각한 문제는 지구생태용량을 초과하는 날이 점점 더 빨라지고 있다는 것입니다. 2019년에는 그 날짜가 7월 29일로 당

거지면서 지구재생능력의 1.6배를 넘었습니다. 인류가 사용한 자원과 배출한 오염물질의 총량을 감당하려면 지구가 1.6개는 있어야 한다는 뜻이죠. 웃어야 할지 울어야 할지 모르겠지만, 2020년 COVID-19(이하 코로나19) 팬데믹이 전 세계를 강타하면서 인간의 생산과 소비가 줄자, 지구생태용량 초과의 날은 2019년 7월 29일에서 8월 22로 24일이 늦춰졌습니다. 인간의 분에 넘치는 욕심이 지구의 생태적 지속가능성을 위협했다는 사실이 분명해진 것이지요. 우리 세대까지는 그럭저럭 살아가겠지만, 다음 세대는 지금처럼 살 수 없을 것 같아요. 우리는 태어나지도 않은 미래세대에게 큰 죄를 짓고 있는 것입니다.

혹시 기억나세요? 2003년생인 스웨덴 출신의 그레타 툰베리가 북유럽이사회(Nordic Council)가[5] 수여하는 환경상과 상금 50만 크로나(한화 약 6천만 원)를 거부했다는 이야기요. 툰베리는 "북유럽 국가들은 기후와 환경 문제에 있어 전 세계에서 명성이 자자합니다"라고 말문을 열더니, 에너지 소비는 완전히 다른 이야기라고 했어요. 북유럽 국가들이 마치 지구가 4개나 있는 것처럼 살고 있다며 "우리는 (해야 할 일 중) 대부분을 할 수 있는 나라에 살고 있습니다. 하지만 북유럽 국가들은 기본적으로 아무것도 하고 있지 않아요"라고 비판하면서, 기후변화에 대응하는 운동은 더 이상 상을 받을 만한 일이 아니라는 이유로 수상을 거부했습니다.[6] 툰베리의 지적이 정확합니다. 기후위기의 주범은 가난한 나라의 국민이 아니라 툰베리가 살고 있는 스웨덴과 같은 부유한 나라의 국민이기 때문입니다. 2019년을 기준으로 인도의 1인당 온실가스 배출량은 2.7톤인 데 반해 유럽연합과 영국의 1인당 배출량은 인도보다 3.2배나 많은 8.6톤입니다. 미국은 인도보다 무려 7.4배나 많은 20.0톤에 달합니다. 소득 상위 10퍼센트의 사람들이 배출하는 온실가스가 전 세계 배출량의 48퍼센트에 달하는 데 반해 소득 하위 50퍼센트 사람들은 단지 7퍼센트만 배출할 뿐이죠.[7] 물론 한국도 고소득 국가에 속하니 우리도 툰베리의 비판을 피해갈 수 없습니다.

그레타 툰베리는 기후변화를 부정하는 도널드 트럼프 전 미국 대통령과 '맞짱' 뜬 일화로도 유명합니다. 트럼프 대통령을 분노에 찬 눈빛으로 노려보던 툰베리의 모습, 기억하시나요? 툰베리는 문재인 대통령에게도 기후위기를 막는 데 동참해달라고 요청했어요. 툰베리는 2020년 10월 〈한겨레〉와의 인터뷰에서 "문재인 대통령이 내가 하는 일을 존중해준다고 들었다. 그렇다면 (행동으로) 증명해달라. 행동이 말보다 훨씬 의미 있다"라며 말보다 행동이 중요하다는 것을 강조했습니다.[8] 문재인 정부가 말로는 기후위기의 심각성을 이야기하면서 뒤돌아서는 기후 악당처럼 행동하기 때문이죠. 공기업인 한국전력이 해외에서 기후위기를 악화시키는 석탄발전에 투자하는 등 한국은 기후위기와 관련해 이중적 행태를 보이고 있습니다. 부끄러운 일입니다. 다행스러운 일은 툰베리의 일침에 자극받은 것인지는 몰라도 문재인 대통령이 2020년 10월 28일에 한국 정부도 2050년까지 탄소중립을 이루겠다고 선언했습니다.[9] 이미 70여 개 국가가 동참한 탄소중립 선언에 한국이 뒤늦게 합류한 것이지요.

평화도 마찬가지입니다. 사실 저는 생각도 못 해본 문제입니다.

이 글을 쓰면서 찾아보았는데, 2018년에만 무려 14만여 명이 세계 각지에서 전쟁(내전)으로 생명을 잃었습니다.[10] 충격적이지요. 우리처럼 분단국가도 아닌 나라에서 이렇게 많은 사람이 전쟁 때문에 죽었다니. 믿을 수가 없었어요. 그리고 제가 다른 사람들의 불행에 너무 무심했다는 자책이 들었습니다.

하지만 북유럽 청년들의 고민을 몸과 마음으로 이해하기는 어려웠습니다. 기후위기와 세계평화가 심각한 문제인 건 맞지만, 북유럽 청년들은 어떻게 자신들의 일상에 직접적인 피해를 주는 것도 아닌 기후위기와 세계평화를 제일 중요한 문제로 고민하는지 이해할 수 없었어요. 기후위기와 전쟁이 인류의 지속가능성을 위협한다는 게 명백한 현실이고 저 역시 걱정되지만, 기후위기와 세계평화가 제 삶에서 '가장' 중요한 고민이었던 적은 없었기 때문이에요. 의문이 풀리지 않았지요. 그런데 저의 의문은 '기후위기와 세계평화'를 문자 그대로 해석하지 않고 좀 더 큰 틀에서 생각하면서 풀리기 시작했습니다. 핀란드 청년들은 자신들의 삶의 반경을 전 지구적 차원에서 바라본 것이죠. 자신들의 삶을 인류의 보편적 삶으로까지 연장해서 보니, 기후위기와 세계평화 문제가 인류에게 닥친 공통의 위협으로 여겨지는 것입니다.

다시 한국 이야기로 돌아가봅시다. 그럼 왜 한국의 청년들은 핀란드 청년들과 달리 자신의 문제에 매몰될 수밖에 없을까요? 여러분도 알고 있을지 모르지만, 요즘 대학생들은 웬만해서는 친구에게 수업자료나 정보도 공유하지 않는다고 합니다. 친한 친구가 없다고 하소연하는 학생들도 많고요. 사실 청년만이 아니지요. 많은 사람이 그래요. OECD에서 부정기적으로 '삶의 질(How's life)' 순위를 발표하는데, 한국은 "어려울 때 의지할 친구나 친척이 있는가?"라는 질문에 "그렇다"고 응답한 비율이 OECD 35개국 중 최하위였습니다.[11] 1인당 GDP는 선진국 수준에 도달했는데, 사람들은 외롭고 힘듭니다. 생각해보세요. 여러분이 어렵고 힘든데 주변에 의지할 사람들이 없다면…… 끔찍한 일이지요. 먹고살기 위해 취업에 몰두했는데, 취업해서 돈을 벌고 조금 살 만해서 주변을 돌아보니 진심으로 마음 터놓고 이야기할 친구가 한 명도 없는 거예요. 참 허탈할 겁니다. 왜 우리는 이렇게 살아야 할까요?

## 설마, DNA는 아니겠지?

한국인들은 이기적인 유전자(DNA)를 갖고 태어나고, 북유럽 청년들은 이타적인 유전자를 갖고 태어난 것일까요? 설마, DNA 때문이라고 생각하는 것은 아니겠죠. 그런 생각은 정말 인종차별적인 생각입니다. 지금은 폐기된 이론이지만, 1994년 미국에서 출간된 《벨 커브(Bell Curve): 미국 사회의 지능과 계급구조》라는 책이 폭발적인 관심을 받았던 적이 있어요.[12] 논쟁적인 내용은 책 말미에 나오는데 대충 이렇습니다. 아이큐(IQ)의 차이가 빈부를 결정하고, 인종에 따라 아이큐가 다르며, 아이큐는 대부분이 유전되기 때문에 인종 간의 불평등이 생물학적 문제라고 말이죠. 흑인이 가난한 것은 원래 그렇게 태어났기 때문이라고 말하는데([그림 1-2] 참고), 당황스럽지 않나요? 굳이 반박하지 않겠습니다. 이런 주장을 반박하는 연구는 많으니까 나중에 시간이 되면 찾아보면 좋을 것 같아요. 간단한 내용은 〈슬레이트(SLATE)〉라는 웹진에 게재된 "인종과 아이큐에 대해 그만 이야기하기"라는 기사를 보는 것도 좋을 것 같아요.¹³ 지금은 누구도 대놓고 이런 이야기를 하지 않아요. 적어도 공개적으로는요.

유전자가 아니라면 도대체 무엇 때문일까요? 유전자의 차이가 아니라면, 스칸디나비아 청년들과 한국 청년들의 고민이 다른 이유는 개인적인 문제보다는 사회구조적인 문제에서 답을 찾아야 할 것 같아요. 굳이 스웨덴과 핀란드를 이야기하지 않더라도, 한국에서도 이와 유사한 경험을 한 세대가 있으니까요. 제 세대 이야기를 해볼게요.

저는 전두환 독재정권 시기인 1980년대에 중고등학교를 다니고 대학에 입학했어요. 1990년대엔 저와 같은 세대들을 지칭하는

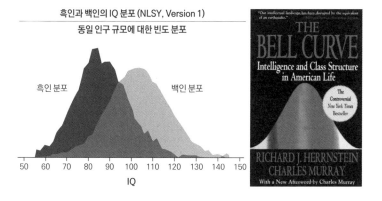

[그림 1-2] 《벨 커브》에 나온 인종 간 아이큐 분포 차이¹⁴

말이 생겨났는데, 1960년대에 태어나고 1980년대에 대학을 다닌 30대들이란 뜻으로 '386세대'였죠. 지금은 50대가 되었으니 '586' 또는 '86세대'라고 불립니다. 사실 1960년대에 태어난 세대중 대학을 다닌 사람은 다수가 아니었기 때문에 1960년대생 전체를 86세대라고 부르는 것은 적절하지 않아요. 그 당시 4년제 대학에 진학한 사람은 전체 고등학교 졸업생의 25퍼센트 정도밖에 되지 않았어요. 나머지 75퍼센트는 고등학교를 졸업하고 취업전선에 뛰어들어야 했습니다.

당시는 취업 걱정이 없을 정도로 취업이 잘되었어요. 1980년대부터 1990년대 초까지는 한국 경제가 그야말로 대호황을 누리고 있었으니까요. 1980년대는 경제성장률이 거의 10퍼센트에 달했습니다. 혹시 '삼저호황'이라고 들어보셨나요? 1986년부터 1988년까지 대략 3년 정도 유가(원자재 가격), 환율(미국 달러 대비 원화 가치), 이자율이 모두 낮았던 시기로 수출이 성장 동력이었던 한국 경제에 그야말로 '단군 이래 최대 호황'을 누릴 수 있는 조건이 만들어진 시기였지요. 생각해보세요. 우리나라처럼 자원이 부족한 나라는 수출상품을 만들기 위해 석유, 광석 등 원료를 외국에서 수입해야 하는데 원자재 가격이 낮아진 것입니다. 원자재 가격이 낮아지니 제품을 만드는 데 비용이 덜 들었지요. 개인이 공장을 운영하는 데 필요한 큰돈도 은행에서 낮은 이자율로 빌릴 수 있었습니다. 이자가 저렴하니 생산량을 늘리기 위해 투자를 하는 것도 부담스럽지 않았어요. 물건을 팔아 남긴 이익 중 이자로 지불해야 하는 비용이 줄어든 건 물론이고요. 게다가 미국 달러 대비 원화 가치가 낮으니, 한국에서 만든 제품의 가격이 저렴해져 한국 제품에 대한 해외 수요가 더 늘었어요. 이런 세 가지 현상이 한꺼번에 일어나면서 한국 경제가 엄청난 호황을 누린 것입니다.

　1987년에는 경제성장률이 무려 12.5퍼센트에 달했어요. 2019년 경제성장률이 2.0퍼센트였고, 2020년 성장률이 마이너스 1.1퍼센트라는 점을 생각하면 1980년대 한국 경제가 얼마나 고도성장을 구가했는지 상상이 가시죠. 쉽게 말해, 매년 이자가 10퍼센트 이상 붙는 것과 2퍼센트씩 붙는 것을 비교해보면 돼요. 이자율이 10퍼센트(연복리)인 정기예금에 백만 원을 넣으면 10년 후에는 원금의 두 배가 넘는 2,593,742원이 되지만, 금리가 2퍼센트라면 10년이 지나도 21.9퍼센트 증가한 1,218,994원밖에 되지 않아요. 1980년대는 이렇게 한국 경제가 엄청난 성장을 한 시기였어요. 이렇게 경제가 급격히 성장을 하니 기업들은 대학 졸업생을 더 많이 채용하려고 했습니다. 삼성, 현대, LG(당시는 럭키), 쌍용, 대우(1997년 외환위기를 거치면서 사라진 대기업) 등 재벌 대기업은 졸업도 하지 않은 대학생 수천 명을 신입사원으로 미리 뽑을 정도였습니다. 학과 사무실에는 기업의 추천서가 '조금 과장해서' 강아지도 물고 다닐 정도로 굴러다녔으니까요. 누구나 조금만 노력하면 취업할 수 있는 시대였습니다.[15] 실제로 많은 학생이 졸업 전에 취업하는 일이 다반사였습니다. 그래서 취업했다는 재직증명서를 담당 교수에게 제출하면 4학년 수업을 듣지 않아도 학점을 받을 수 있었어요. 지금은 상상도 할 수 없는 일이지요.

# 운이 좋았던 소수

1980년대 대학을 다녔던 사람들은 한국 경제의 호황기에 대학을 졸업하고 사회 각 분야에 진출하면서, 이전 세대나 이후 세대와는 비교도 할 수 없을 정도로 신분 상승을 경험했습니다. 개천에서 용이 나오는 일이 다반사였지요. 더불어 1987년 민주화운동으로 노동자들이 노동조합을 만들 수 있게 되었고, 대기업 노동자들이 노조를 만들어 정당한 임금 상승을 요구하면서 처음으로 임금 상승률이 생산성 증가율만큼 높아졌습니다. 괜찮은 기업에 다니는 노동자의 소득이 높아지고, 노동자들의 계층 상승도 이루어졌습니다. 대학을 다니지 않았던 사람들도, 자영업을 하는 사람들도 살림살이가 나아졌어요. 생각해보세요. 상대적으로 높은 임금을 받는 사람들이 늘어나면 그 사람들의 씀씀이도 늘어나고, 그렇게 되면 자영업을 하는 사람들의 수입도 늘어나겠지요. 더욱이 노동력의 수요가 공급보다 더 크니 상대적으로 인적자본이 낮은 사람도 더 좋은 조건으로 일할 수 있었습니다. 대략 1980년대부터 1997년 IMF 외환위기 직전까지의 일입니다.

그래서 이 시기는 국가가 복지를 늘리지 않아도 경제성장만으로 불평등을 감소시킬 수 있었던 것입니다. 여하튼 86세대 중 대학을 진학한 일부는 자신의 부모님 세대보다 더 나은 직업과 소득을 얻는 경우가 많았습니다. 계층 상승이 이루어진 것이지요.[16] 물론 모두가 그런 것은 아니지만, 가난한 농부와 빈민의 자녀들 중에서도 대기업의 화이트칼라 노동자가 되고 공무원이 되는 일들이 가능했습니다. 지금 생각하면 호랑이가 담배 피던 시절의 이야기 같습니다. 그런데 한 번 생각해보세요. 만약 지금의 청년들이 이런 조건에 놓였다면, 청년들은 어떤 고민을 했을까요. 여전히 친구에게 수업 관련 자료를 공유하지 않고 취업 관련 노하우를 알려주지 않을까요. 오로지 '나만의 취업, 취업, 취업'만 생각하며 젊은 시절을 보낼까요. 저는 아닐 거라고 믿고 싶어요. 1960년대에 태어난 세대들이 퇴학당하고 교도소에 들어갈 위험까지 무릅쓰면서 민주화운동에 참여한 이유는, 그들이 당장의 안위보다 더 좋은 사회를 만들기 위해 고민할 수 있었던 이유는 취업하는 데 큰 어려움이 없었던 시대적 상황도 영향을 미쳤다고 생각합니다. 그런 조건에서 당시 청년들은 미래에 대한 두려움 없이 사회정의와 민주주의에 관심을 가질 수 있었던 것이죠. 그때도 먹고사는 일이 지금처럼 어려웠다면, 청년들이 민주화운동에 참여하는 것은 쉽지 않았을 것입니다.

물론 그렇다고 "어떻게든 취업이 잘될 테니까 지금은 마음 놓고 민주화운동을 하자"라고 생각했던 사람들은 없었습니다. 그때도 그때 나름대로 큰 결심을 해야 했어요. 어찌 되었든 독재정권에 저항한다는 것은 자신의 미래가 위태로워진다는 것을 각오했어야 했기 때문입니다. 사실은 민주화운동에 직접 참여했던 학생들은 어찌 보면 소수였죠. 그때도 부모님이 걱정해서, 장남이라서, 가족을 부양해야 해서, 고시 공부를 해야 한다는 이유로 또는 개인적인 신념에 따라 다른 선택을 한 학생들이 다수였습니다. 하지만 당시 젊은이들은 공통의 생각이 있었던 것 같습니다. 독재는 잘못되었고, 독재에 저항하는 학생운동은 정당하다는 생각이었죠. 그들은 자신

의 보장된 미래를 버리고 독재에 저항하는 동료 학생들을 지지했
어요. 민주화운동에 직접 참여하는 동료들에게 일종의 부채의식을
갖고 있었습니다.

다만 이미 이야기했던 것처럼 1980년대에 대학에 진학한 사람
들은 소수에 불과했습니다. 그중에서도 사회적으로 최상층에 진입
한 사람은 극소수였다는 것을 기억할 필요가 있습니다. 그 시대에
도 지금처럼 절대다수의 사람들은 여전히 힘들고 어려운 삶을 살
았습니다. 그런데 2010년대 들어서면서 1980년대에는 생각하지
도 못했던 문제가 사회적으로 논란이 되기 시작했습니다. 1980년
대 당시에는 30년 후에 어떤 일이 벌어질지 생각하지 못했어요. 그
저 독재가 무너지고 한국이 민주사회가 되면 평범한 사람들의 삶
이 더 나아질 것 같았지요. 가난한 노동자, 농민, 도시빈민의 문제
도 결국 독재정권 때문에 생긴 것이라고 생각했거든요. 독재정권
이 부와 소득을 불공정하게 분배해 불평등과 빈곤이 심각해졌다고
생각했습니다. 모두가 독재만 무너뜨리면 더 평등한 사회가 올 것
이라고 믿었지요.


## ● 심각해지는 불평등

경제학자 사이먼 쿠즈네츠에 따르면 성장과 불
평등은 일정한 관계가 있는데, 산업화 초기에는 불평등이 증가하
고 산업화가 어느 정도 진행되면 불평등이 감소한다고 합니다. 이

　　　　　　　　　　　　　　　　　　　　이상한 성공

둘의 관계를 알파벳 U를 거꾸로 뒤집어놓은 것 같다고 해서 '역 U 자형(∩) 곡선'이라고도 부릅니다. 아래 [그림 1-3]을 참고하면 쉽게 이해할 수 있습니다.

쿠즈네츠의 가설처럼 한국도 1960년대 산업화가 본격화되고 경제가 성장하면서 1970년대 말까지 불평등이 증가했습니다. 이렇게 불평등이 증가했던 이유는 산업화 과정에서 소득과 불평등 수준이 낮았던 '농업 부문'에서 소득과 불평등이 높은 '산업 부문'으로 노동력이 이동했기 때문입니다.[17] 하지만 산업화가 더 진행되자 쿠즈네츠의 가설처럼 1970년대 말부터 '경제가 성장하고 불평등이 감소'하는 현상이 나타나기 시작했습니다. 성장이 절대빈곤만 완화하는 게 아니라 불평등도 낮추기 시작한 것이지요. 그런데 성장과 불평등의 관계는 여기서 끝나지 않았어요. 한국 경제가 더 성장하면서 소득불평등은 1990년대 초 이후 다시 높아졌어요. 그리고 2010년대에 들어서면서 한국 사회에서는 불평등이 심각한 사회문제로 등장합니다. 경제성장과 불평등의 관계가 쿠즈네츠 곡선의 ∩

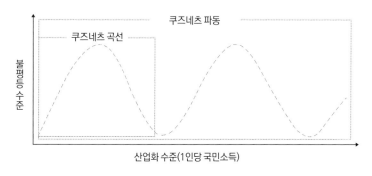

[그림 1-3] 쿠즈네츠 곡선과 파동

모양이 아니라 ∩와 U가 더해진 모습(∩+U)으로 나타난 것이죠. 이러한 모습을 설명하는 개념이 쿠즈네츠의 파동입니다. 성장과 함께 소득불평등이 증가했다가 성장이 일정 수준에 이르면 소득불평등이 감소하고, 불평등의 저점을 지나면 다시 상승한다는 이 쿠즈네츠 파동의 틀로 보면, 한국의 소득불평등이 1990년대 초에 최저점을 찍었다가 다시 상승하는 현상을 설명할 수 있겠습니다.

### 시장소득과 가처분소득

조금 어려울 수도 있는데, 불평등을 설명하기 위해서는 시장소득과 가처분소득이라는 개념을 먼저 이해하는 것이 필요합니다. 간단히 설명하면 시장소득은 세전 소득입니다. 가처분소득은 세금을 내고 남은 소득에 정부가 지원금을 더한 소득을 의미합니다. 2020년에 받았던 재난지원금을 생각하시면 됩니다. 세금을 낸 후 남은 소득에 재난지원금 같은 정부 지원을 더하면 가처분소득이 됩니다. 그러니 실제 소득불평등은 가처분소득의 불평등을 보면 되는 것입니다.

## 86세대, 불평등의 원흉?

86세대가 대학을 다녔을 때는 쿠즈네츠 파동이 상승을 멈추고 하강했던, 경제성장이 불평등을 낮추던 시대였습니다. 이러한 시대적 배경은 학생들이 취업이 아니라 민주화운동에 참여할 수 있었던 이유 중 하나였을 것입니다. 1990년대 초

이상한 성공

가 되며 한국 사회에서 불평등이 다시 높아지기 시작했지만, 그때까지만 해도 취업이 지금처럼 어렵지는 않았습니다. 더욱이 1960년대생 대부분은 이미 취업한 상태이기도 했고요. 게다가 단군 이래 최대 위기라고 했던 1997년 IMF 경제위기에 직면했을 때도 1960년대생은 기업에 입사한 지 얼마 안 된 젊은 직원이었기 때문에 정리해고의 주 대상도 아니었어요. 정리해고 주 대상은 상대적으로 나이가 든 (1960년대생) 선배들이었지요. 구조조정이 이루어지면서 그들 세대가 정리해고 되고, 2000년대가 되자 한국의 대기업들은 1997년 IMF 위기를 벗어나 본격적으로 세계적인 기업으로 성장하기 시작합니다. 1960년대생에게 기회의 문이 활짝 열린 것이지요.

기업만이 아니었어요. 사회의 거의 모든 분야에서 대학 졸업자가 갈 수 있는 일자리가 팽창했습니다. 비록 1990년대 초부터 불평등이 증가하기 시작했지만 여전히 낮은 수준이었고, 비교적 높은 성장이 계속되던 시대였어요. 1960년대생 중 대학을 졸업한 소수의 집단 중에서도 소수만이 재계, 학계, 정계, 관계, 언론계 등 사회의 핵심 영역에서 중요한 위치를 차지할 수 있게 된 것이지요.[18] 지금 젊은 세대의 처지를 생각하면 1960년대생이 얼마나 운이 좋았는지 이해가 될 것입니다. 물론 상대적으로 그렇다는 것입니다. 1960년대생도 부유한 부모를 가진 친구들은 훨씬 더 유리한 기회를 갖고 있었습니다. 1980년대는 중고등학생이 학원 수강과 과외를 받는 것이 불법이었지만, 그때에도 부유층과 권력층 자녀들이 불법과외를 받는 일은 공공연한 비밀이었어요. 제 친한 친구도 불법과외로 용돈과 학비를 벌었으니까요. 그렇다고 개인의 노력이 중요하지 않다는 것은 아닙니다. 그 시대도 개인의 성실함과 노력이 없었다면, 부모가 아무리 부자고 권력이 있어도 기회를 자신의 것으로 만드는 일이 쉽지 않았을 테니까요.[19]

이야기가 여기서 끝났으면 그래도 1960년대에 태어난 운 좋은 기성세대의 해피엔딩이 될 수도 있겠지요. 하지만 문제는 이 성공 이야기가 1960년대에 태어난 모든 사람의 이야기가 아니었다는 것입니다. 소수의 이러한 행운은 30년이 지나면서 심각한 사회문제로 나타나기 시작했습니다. 2019년 조국 전 법무부 장관을 둘러싼 논란을 기억해보세요. 조국 전 장관 자녀들의 입시를 둘러싸고 '공정'의 문제가 제기되었어요. 엘리트들의 자녀가 평범한 사람들의 자녀보다 소위 좋은 대학에 진학할 수 있는 유리한 경로들이 밝혀지면서 온 나라가 들끓었잖아요. 그런데 그 조국 전 장관이 1960년대생에, 1980년대에 좋은 대학을 다닌 대표적인 '86' 세대였거든요. 논란은 삽시간에 좋은 시절 운이 좋아 특권을 가진 1960년대생 전체와 바늘구멍 같은 취업문을 뚫고 들어가야 하는 운 없는 비참한 젊은 세대 간의 갈등으로 확대되었습니다. 그래서 어떤 학자들은 청년들의 어려운 삶이 86세대가 기득권을 움켜쥐고 놓지 않아서라며, 86세대가 기득권을 내려놓고 청년들에게 자신들의 자리를 양보해야 한다고 주장했지요.[20] 더 나아가 86세대가 지금 청년들이 직면한 끔찍한 세상을 만들었다고 주장하기도 했어요. 86세대가 청년문제의 원흉으로 지목된 것입니다.

사실 이런 주장은 한국 경제가 어려워지기 시작한 2000년대 후반부터 나오기 시작했어요. 청년들의 경제적 어려움을 다룬 책 《88만 원 세대》가 대표적입니다.[21] 책의 핵심 주장은 학생운동의 전성기를 경험해 결집력이 강한 86세대가 자신들의 기득권을 강화하는 학벌사회, 엘리트 중심의 사회경제구조를 만들었다는 것입니다. 그리고 그 결과가 현재 청년들이 직면한 삶의 어려움으로 나타났다는 것이지요. 2019년에 출간된 《386세대유감》이라는 책은 《88만 원 세대》의 최신 버전으로 유사한 주장을 담고 있어요. 민주화운동을 경험한 86세대에게 공통의 DNA가 있고, 이들이 한국 사회 불평등의 근원이 되는 부동산, 학벌, 노동 시장의 이중구조를 만드는 데 직간접적으로 관여했다는 것입니다.[22] 일리 있는 주장입니다. 그런데 생각해보세요. 여러 번 언급하지만 1960년대 태어난 세대 중에 소위 4년제 대학에 진학한 사람들은 소수였어요. 더욱이 지금처럼 당시에도 한국은 심각한 학벌사회였기 때문에 대학에 들어갔다고 모두가 동등한 기회를 갖는 것도 아니었습니다. 소위 명문대를 들어가야 어깨 펴고 다닐 수 있었지요.

2019년 기준으로 문재인 정부의 고위공직자 232명의 출신 대학 분포를 보면 서울대 42.7퍼센트, 연세대 11.2퍼센트, 고려대 10.3퍼센트로, 이 세 대학 출신자가 무려 64.2퍼센트에 달했습니다.[23] 2017년 문재인 정부가 출범했을 때 차관급 이상 고위공직자의 평균 연령이 58.4세였으니까,[24] 고위공직자의 평균 연령은 이보다 조금 낮은 50대, 즉 1960년대에 출생한 세대가 다수일 것입니다. 86세대가 대학에 진학했을 때와는 차이가 있지만, 비교를 위해 2020년 대학 입학 정원을 기준으로 2019년 고위공직자의 출신 대학별 기준을 비교해볼게요. 2020년 전체 대학의 입학 정원은 대략 512,036명 정도이고, 세 대학의 입학 정원은 11,224명으로 전체 입학 정원의 2.19퍼센트에 불과합니다. 반면 세 대학 출신자의 정부 최고위직 비율을 보면 입학 정원의 무려 29.3배나 됩니다. 나머지 97.81퍼센트 대학 출신자의 고위공직자 비율은 35.6퍼센트에 불과합니다. 출신 학교에 따라 엄청난 차이가 존재합니다. 결국 86세대라고 불리는 1960년대생 중에 출세한 엘리트 집단에 속하는 사람들은 극소수에 불과합니다. 그런데도 마치 1960년대에 태어난 50대가 모두 대학을 졸업해 좋은 직장에 다니면서 높은 지위에 있고, 높은 소득과 부를 독점했다고 묘사하는 것은 한국 사회의 심각한 계급 불평등을 세대 불평등으로 감추려는 것이 아닌지 의문이 듭니다.

## 문제는 세대가 아니라 부의 세습이다

불평등과 불공정에 대한 분노가 한국 사회의 부와 소득을 독점한 소수집단이 아니라 부모 세대에게 향하는 것이 적절한지 의문이 드는 것이지요. 1960년대생의 대부분은 정년을 채우지 못하고 직장을 그만두는 것이 일반적입니다. 실제로 한국 사회의 법적 정년은 60세지만, 평균 퇴직 나이는 2018년 기준으로 49.1세입니다.[25] 평균적이라면 저도 이미 퇴직했을 나이죠. 그런데 그 나이는 아직 부양해야 할 자녀와 노부모가 있어요. 직장을 조기에 퇴직하면 먹고살기 위해 자영업을 시작해야 합니다. 하지만 이내 문을 닫는 경우가 다반사라 그나마 모아 놓은 여유자금도 다 잃는 것이 50대의 현실입니다. 카페와 식당이 가장 손쉬운 자영업인데, 2013년 기준으로 자영업을 3년 동안 유지하는 비율은 28.5퍼센트에 불과했어요.[26] 그러니까 영업을 시작한 10곳 중 3년 후에도 망하지 않는 가게는 3곳도 되지 않는다는 것이죠. 나머지 7곳은 폐업 후 다른 생계수단을 찾아야 합니다. 퇴직 전에 다니던 직장과 같거나 더 나은 조건의 직장에 취업하기는 어렵죠. 모아 놓은 돈도 자영업을 하느라 다 써버렸으니 다시 자영업을 시작할 수도 없고요. 그러니 할 수 있는 일이라고는 저임금 비정규직밖에 없는 것이지요.

조국 전 장관을 둘러싼 논란이 벌어졌을 때, 대다수 청년들의 마음이 혼란스러웠던 이유입니다. 청년들의 부모가 50대인 것은 맞지만, 대부분의 부모는 조국 전 장관과는 너무 다른 처지인 사람들이었기 때문일 것입니다. 뼈 빠지게 일해도 자식을 뒷바라지하고 부모를 부양하기 어려운 것이 지금 50대의 현실이지요. 정확하게 어떤 조사를 한 것은 아니지만, 어떤 분이 그러더라고요. 당시 많은 청년은 자신의 부모 세대가 어렵게 생활하고 있는 것에 측은지심을 갖고 있었다고요.

이렇게 1960년대 태어난 사람들은 소득계층, 학력과 학벌, 성에 따라 나누어지는 이질적인 집단입니다. 그렇기 때문에 1960년대에 태어난 사람들을 모두 기득권층으로 일반화하는 것은 소수의 엘리트 집단을 1960년대생의 일반적 특성으로 간주하는 오류를

범하는 것이지요. 대구에서 대학을 다니는 청년이 〈한겨레〉와의 인터뷰에서 이런 말을 했어요. "50대는 전형적인 기득권 세대잖아요. 편하게 취직해서 그렇게 많은 부를 축적했는데, 지금 세대에게 열정이 부족하다고 하는 건 좀 아닌 것 같아요. 뭔가 사회에 대한 인식을 잘못하는 게 아닌가 싶어요."[27] 맞아요. 상대적으로 50대가 더 많은 기회를 가졌던 것은 사실입니다. 그런데 50대 중 기득권층에 편입되어 많은 부를 축적한 사람이 얼마나 될까요? 아마 대다수 청년들의 부모는 그런 사람들이 아닐 것입니다.

그래서 한국 사회를 '세대 전쟁'[28]으로만 재단하려는 시각은 매우 위험한 접근입니다. 계층 간의 불평등과 세대 간의 차이를 함께 주목해야 사회적 실체를 이해할 수 있습니다. 이렇게 지금의 50대가 계층으로 나누어진 이질적인 집단이라는 것을 이해하면, 조국 전 장관 사태의 본질에 조금 더 다가설 수 있습니다. 즉, 다시 강조하고 싶은 본질은 1960년대에 태어나 대학을 진학한 소수집단이 운 좋게 한국 경제의 호황기와 민주화 시기에 엘리트 대학을 졸업하고 사회에 진출하면서 다른 세대의 엘리트 계층보다 재계, 관계, 학계, 정계, 언론계 등 사회의 주요 영역에 진출할 더 많은 기회를 얻었고, 민주화 이후 30년이 지난 지금 그 소수 엘리트의 자녀들에게 부와 지위가 세습되는 사회가 된 것입니다. 소위 개천에서 용 나는 것이 어려워진 것이죠. 아이들의 학업성취도와 상위권 대학의 진학 여부가 부모의 사회적 지위와 밀접하게 연결되면서, 성공의 조건은 개개인이 얼마나 뛰어나고, 열심히 노력하는지보다 부모의 계급에 달리게 되었습니다.

한국 사회의 이런 모습은 국가장학금 신청자의 소득분위를 보면 쉽게 확인할 수 있어요. 전국의 4년제 대학에 진학한 학생 중 고소득층의 비율은 39.5퍼센트였고, 저소득층의 비율은 30.1퍼센트였습니다. 서울 15개 대학 고소득층 비율은 51.2퍼센트입니다. 서울대, 연세대, 고려대 학생 중 고소득층의 비율은 56.6퍼센트로 더 높습니다. 서울대를 볼까요. 고소득층 가구 출신의 비율이 무려 62.6퍼센트로 18.5퍼센트인 저소득층보다 무려 3.4배나 더 높습니다.[29] 소득에 따른 이런 격차는 영재학교-과학고-국제고-외고-자사고 대 일반고로 서열화된 고등학교 체계와 밀접한 연관이 있는 것으로 보입니다. 실제로 2020학년도 고등학교 유형별로 서울대학교 입학률을 비교해보면, 영재학교의 서울대 입학률은 38.5퍼센트로 일반고의 서울대 입학률인 0.34퍼센트보다 무려 113배나 됩니다.[30]

이런 차이는 지역 간 불평등을 통해서도 확인할 수 있습니다. [그림 1-4]는 기초자치단체(시군구) 별로 일반고와 자율형 공립고(자공고) 학생 1천 명당 서울대에 입학한 학생 비율을 분석한 것으로 서초구와 강남구가 월등히 높은 것을 확인할 수 있어요. 여러분도 알고 있는 것처럼 이 지역은 대한민국에서 아파트 가격이 가장 비싼 곳입니다. 상대적으로 부유한 사람들이 많이 사는 곳이지요. 예를 들어, 국토교통부 실거래가에 따르면 강남구와 서초구의 1제곱미터당 아파트 가격은 각각 1,836만 원과 1,550만 원인 데 반해 도봉구와 금천구는 각각 522만 원과 542만 원에 불과해요.[31] 중산층이 가장 많이 거주하는 32평(106제곱미터) 아파트를 기준으로

도봉구의 아파트는 5억 5천만 원이지만, 강남구의 동일 평수 아파트는 무려 19억 4천만 원입니다. 거의 4배 차이가 납니다.[32] 부의 차이가 이러한데 아이들의 학업성취도가 차이 나지 않는다면 오히려 이상한 것이지요.

부모의 경제적 지위에 따른 자녀의 학업성취도나 사회경제적 지위의 차이는 한국만의 문제가 아닙니다. 일반적으로 한국처럼 지체된 복지국가의 공통적인 문제입니다. OECD 국가들 중에서 가장 뒤처진 복지국가인 미국도 유사한 문제를 안고 있어요. 노벨경제학상을 수상한 조지프 스티클리츠는 계층 이동성과 관련해 이런 이야기를 수업 시간에 했다고 합니다. "여러분이 생전에 내릴 수 있는 가장 중요한 결정은 제대로 된 부모를 고르는 것"이라고요.[34] 농담이겠지만, 부와 지위가 세습되는 문제를 정확하게 묘사했어요. 문제는 누구도 부모를 선택할 수 없다는 것입니다. 여러분이 부모를 선택할 수 없는 것처럼, 다른 청년들도 부모를 선택할 수 없어

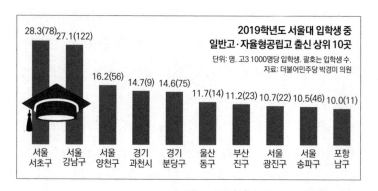

**2019학년도 서울대 입학생 중
일반고·자율형공립고 출신 상위 10곳**
단위: 명. 고3 1000명당 입학생. 괄호는 입학생 수.
자료: 더불어민주당 박경미 의원

28.3(78) 27.1(122) 16.2(56) 14.7(9) 14.6(75) 11.7(14) 11.2(23) 10.7(22) 10.5(46) 10.0(11)

서울 서초구 / 서울 강남구 / 서울 양천구 / 경기 과천시 / 경기 분당구 / 울산 동구 / 부산 진구 / 서울 광진구 / 서울 송파구 / 포항 남구

**[그림 1-4] 일반고와 자율형 공립고 서울대 입학생의 지역별 차이[33]**

요. 결국 한국 사회에서는 청년들이 어떻게 할 수 없는 부모의 사회적 지위가 청년들의 미래를 결정하는 가장 중요한 요인이 된 것이지요.

그래서 현재 청년들이 직면한 어려움을 세대 담론으로 설명하는 것은 자극적이고 선동적입니다. 어려움에 처한 청년들은 '꼰대들이 문제'라고 하니 그 적이 분명해 보입니다. 하지만 세대 담론은 부와 특권이 세습되는 계급사회의 현실을 감추는 위험한 장막이 될 수도 있어요. 지금 청년들이 직면한 위기의 본질은 세대가 아니라 사회적 지위와 부가 대를 이어 세습되는 불평등에 있기 때문입니다. 이 불평등의 사슬을 끊는 것은 하루하루를 어렵게 살아가는 대다수 기성세대를 적으로 돌리는 세대 간의 반목이 아닙니다. 우리에게 필요한 일은 소수의 기득권층을 제외한 특권 없는 사람들의 세대를 가로지르는 연대입니다. 문제의 본질은 세대가 아니라 부가 세습되는 새로운 신분사회니까요.[35]

## 모두 한국 같지는 않아

그런데 놀라운 사실은 모든 사회가 한국 같지는 않다는 것입니다. 다른 나라도 우리와 유사하다면, 원래 세상은 그런 것이라고 체념할 수도 있을 것 같아요. 하지만 모든 사회가 우리와 똑같이 부모의 사회적 지위가 자녀의 미래를 결정하는 것이 아니라면 이야기는 달라집니다. 처음에 핀란드 이야기를 했지요.

그 나라에서는 부모의 사회적 지위가 아이들이 학교에서 어떻게 생활하는지(학업성취도), 사회에서 어떤 직업을 갖는지(노동시장 지위)에 큰 영향을 미치지 않아요. 왜 그럴까요? 어쩌면 이유는 단순해 보여요. 사회의 불평등이 낮을수록 아이들의 미래가 부모의 사회경제적 지위에 덜 영향을 받는 것이지요. 그러면 스칸디나비아 국가들의 불평등은 왜 이렇게 낮을까요? 상대적으로 노동시장에서 불평등이 낮은 것도 있겠지만, 중요한 것은 이들 나라에서는 모든 사람이 실업, 노령, 질병, 돌봄 등 사회적 위험에 직면했을 때 기본적인 생활을 보장해주는 공적 복지제도가 잘 갖추어져 있기 때문입니다. 그래서 한국처럼 불평등이 심각해지는 사회문제는 그 사회가 불평등을 감소시키기 위한 적극적인 노력을 하지 않기 때문일 가능성이 높아요. 국가가 소득불평등을 줄이기 위해 얼마나 노력하는지는 세금을 얼마나 공정하게 걷는지와 복지급여를 얼마나 보편적이고 관대하게 지급하는지에 달려 있습니다. 그래서 국가의 노력은 앞에서 설명한 시장소득으로 측정한 지니계수와 가처분소득으로 측정한 지니계수의 차이를 보면 알 수 있습니다. 그 차이가 크면 불평등을 줄이기 위한 국가의 노력이 그만큼 크다는 것을 의미하겠지요.[36]

그래서 이야기가 나온 김에 앞으로도 자주 이야기할 지니계수에 대해서 알아보면 좋을 것 같습니다. 지니계수는 소득불평등을 측정하는 데 많이 사용하는 지표입니다. 이탈리아의 통계학자인 코라도 지니가 1912년에 논문 〈가변성과 돌연변이(Variabilità e mutabilità)〉에서 처음 발표한 불평등을 측정하는 지표이지요. 한

　　　　　　　　　　　　　　　　　　　　　이상한 성공

사회의 전체 소득(부)을 100이라고 하고, 전체 인구를 100이라고 가정해보죠. [그림 1-5]를 보면서 생각해보세요. 만약 완벽하게 평등한 사회라면 인구의 50퍼센트는 당연히 전체 소득의 50퍼센트를 갖고 있겠지요. 그림에서 대각선으로 가로지르는 선이 바로 그 선입니다. 그림 아래를 보면 인구분포가 보이지요. 여기서 인구분포의 50퍼센트 지점을 보세요. 그리고 점선을 따라 올라가보세요. 그리고 대각선과 만나는 지점에서 좌측으로 이동해요. 사회 전체의 소득분포라는 축에서 50퍼센트의 지점과 만나지요. 그러면 전체 인구의 50퍼센트가 전체 소득의 50퍼센트를 갖고 있다는 것입니다. 소득이 완벽하고 평등하게 분배되는 사회입니다. 모든 개

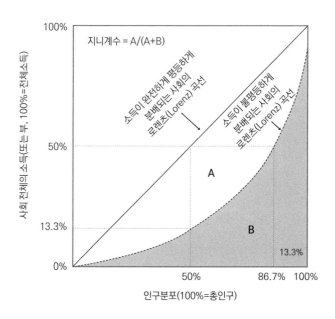

[그림 1-5] 지니계수

인이 똑같은 소득을 갖고 있는 사회인데, 현실 세계에서는 존재하지 않아요.

반대로 불평등한 사회라면 소수의 인구가 전체 인구 비중보다 더 많은 소득을 갖고 있겠지요. 다시 인구분포를 따라갑시다. 이번에도 50퍼센트 지점에서 점선을 따라 위로 올라가는데 이번에는 대각선이 아니라 점선으로 표시된 곡선에 주목해보세요. 50퍼센트와 곡선이 만나는 곳에서 다시 좌측으로 가면 13.3퍼센트와 만나지요. 전체 인구의 50퍼센트에 해당하는 사람들이 전체 소득의 13.3퍼센트만 차지하고 있다는 것입니다. 거꾸로 다시 인구분포를 보면 오른쪽에 86.7퍼센트가 보이지요. 여기서 위로 올라가면 다시 곡선을 만나게 되는데, 이 곡선에서 좌측으로 가면 소득분포를 표시한 50퍼센트와 만나요. 전체 인구의 13.3퍼센트(100~86.7퍼센트)가 전체 소득의 50퍼센트를 차지하고 있다는 이야기입니다. 불평등한 사회인 것이지요.

이처럼 지니계수는 그림에서 A면적과 B면적을 합한 면적으로 A면적을 나눈 값입니다(지니계수=A/(A+B)). 예를 들어 B의 면적이 0이고, A면적은 1일 때 지니계수는 1이 됩니다. 한 사람이 사회의 모든 부를 독점하는 사회일 때 지니계수가 1이 되는 것입니다. 그러니까 지니계수가 1에 가까울수록 소득이 불평등하게 분배되는 사회라는 것이지요. 반면 지니계수가 0에 가까워지면 소득이 더 평등하게 분배되는 사회입니다(A면적이 0이면 지니계수는 0이 됩니다. 0/(0+1)=0이니까요). 지니계수는 소득이나 자산 등으로 측정할 수 있고, 다른 사회지표로도 측정할 수 있어 소득과 부의 불평등을 나타내는 지표로 많이 사용하고 있어요.

다시 조금 전에 했던 이야기로 돌아가보지요. 세금을 부과하고 이전소득(아동수당, 국민연금 등 복지급여)을 지급하기 전후의 지니계수 차이가 클수록 소득불평등을 줄이기 위한 국가의 노력이 크다는 것을 의미해요. 세금과 이전소득을 부과하기 전 한국의 지니계수는 0.41로 OECD 36개국 중 33위로 소득불평등이 가장 낮은 국가에 속해요. 복지국가로 유명한 스칸디나비아 국가인 스웨덴과 핀란드도 세금과 이전소득을 지급하기 이전의 지니계수는 각각 0.43과 0.51로 한국보다 높습니다. 그런데 세금을 부과하고, 복지급여(이전소득)를 지급한 이후에 다시 계산한 지니계수는 완전히 다릅니다. 세금과 이전소득을 부과하기 전과는 반대로 한국은 OECD 36개국 중 소득불평등이 가장 높은 국가 중 하나로 되어 있어요. 36개국 중 멕시코, 터키, 칠레 다음으로 높은 국가가 된 것입니다. 한국은 세금과 이전소득을 감안하기 전과 후의 지니계수 감소분이 −0.051포인트에 그치는 데 반해 핀란드는 −0.246포인트로 한국의 무려 4.8배나 되기 때문이지요([그림 1-6]). 한국은 부자에게 더 많은 세금을 부과하는 누진적 과세와 복지지출을 보편적으로 높여서 불평등을 감소시키는 적극적 노력을 하지 않는다는 것입니다.

사실 시장소득을 기준으로 한 한국의 불평등지수가 낮은 이유도 노동시장에서 소득이 평등하게 분배되기 때문은 아니에요. 상대적으로 65세 이상 노인 인구의 규모가 적은 것이 이유 중 하나입니다. 노인 인구가 많으면 소득이 없는 사람들의 비율이 높아지니까

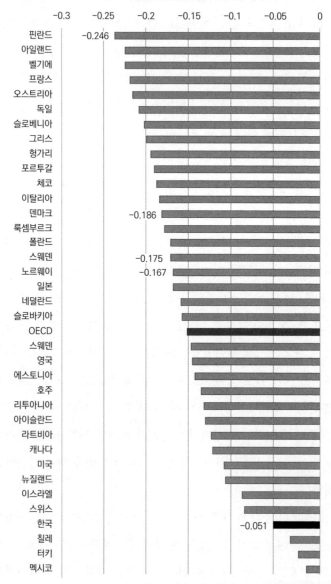

세금 및 이전 소득 전후 지니계수 차이

| | -0.3 | -0.25 | -0.2 | -0.15 | -0.1 | -0.05 | 0 |

핀란드 -0.246
아일랜드
벨기에
프랑스
오스트리아
독일
슬로베니아
그리스
헝가리
포르투갈
체코
이탈리아
덴마크 -0.186
룩셈부르크
폴란드
스웨덴 -0.175
노르웨이 -0.167
일본
네덜란드
슬로바키아
OECD
스웨덴
영국
에스토니아
호주
리투아니아
아이슬란드
라트비아
캐나다
미국
뉴질랜드
이스라엘
스위스
한국 -0.051
칠레
터키
멕시코

**[그림 1-6] 세금과 이전소득을 통한 소득불평등 감소 규모(지니계수, 포인트)[37]**

이상한 성공

당연히 세전 불평등지수는 높게 나타날 수밖에 없습니다. 실제로 국가 간 비교가 가능한 2013년 OECD 자료를 기준으로 전체 인구 중 65세 이상 노인 인구의 비율을 보면 스웨덴과 핀란드는 각각 19.9퍼센트와 19.1퍼센트입니다. 반면 한국은 이보다 7퍼센트포인트 낮은 12.2퍼센트입니다.[38] 그러니까 소득이 없는 노인 인구가 많은데도 스칸디나비아 국가들의 세후 불평등 지표가 낮다는 것은 그만큼 그들 국가가 세금과 복지지출을 통해 불평등을 낮추는 적극적인 노력을 한다는 증거가 되지요. 스칸디나비아 사회가 이렇게 불평등을 줄이기 위해 적극적인 노력을 하니까 불평등이 상대적으로 낮고, 처음에 이야기했던 것처럼 그 나라의 청년들이 미래에 대한 불안 없이 '기후위기'와 '세계평화' 같은 고민을 할 수 있었던 것 아닐까요.

## 노력은 성공의 어머니?

반론이 있을 것 같네요. 누군가 이렇게 이야기할 것 같습니다. "저희 집이 부유한 것은 사실이지만, 저는 정말 열심히 공부했어요. 그래서 ○○대학교 ○○학과에 진학했습니다", "저희 집이 아무리 부유해도, 제가 열심히 노력하지 않았다면, 좋은 대학에 진학할 수 없었을 것입니다", "어려운 가정환경에서도 열심히 노력해 좋은 대학에 진학한 친구들도 있습니다". 그러니 "부모의 지위가 모든 것을 결정한다고 이야기하는 것은 지나친 비약입니다", "중요한 것은 제 노력과 능력입니다". 일리 있는 주장입니다. 저도 이미 이야기했지만, 객관적 조건이 아무리 좋아도 개인의 노력이 없다면 좋은 성과를 내기 어렵습니다. 그런데 여러분이 중요하게 생각하는 노력도 '부모의 사회적 지위'에 영향을 받는다고 생각해보신 적은 없나요?

한국에서만 2백만 부가 넘게 팔린 《정의란 무엇인가》의 저자인 하버드 대학교 마이클 샌델 교수의 강연을 보면 이런 내용이 나옵니다. 강당을 가득 메운 학생들과 교수가 '성공이 개인의 노력 덕분인지, 아니면 다른 요인 때문인지'에 관해 열띤 토론을 벌입니다. 자신이 하버드에 입학한 것은 스스로 열심히 노력했기 때문이라는 취지의 발언들이 이어집니다. 그때 샌델 교수가 강당을 가득 메운 학생들에게 형제자매 중 첫째만 일어나보라고 이야기하죠. 그랬더니 놀라운 일이 벌어집니다. 수강생의 약 80퍼센트가 일어난 것입니다. 80퍼센트라니요. 만약 출생 순서가 학생들의 학업 성취도에 영향을 미치지 않았다면 어떻게 이런 결과가 나왔을까요. 하버드생 중 그 누구도 자신의 출생 순서를 선택할 수 없다면, 열심히 노력한다고 모두가 같은 결과를 얻는 게 아님은 자명한 사실 아닐까요. 사실 출생 순서가 성공에 영향을 미친다는 것은 여러 연구에서도 확인되고 있습니다. 〈인적자본저널(Journal of Human Resource)〉에 실린 논문을 보면 일반적으로 첫째 아이의 인지능력과 비인지능력이 동생들보다 뛰어난 것으로 나타납니다. 그 이유는 첫째와 다른 자녀를 대하는 부모의 상이한 양육 형태 때문입니다.[39] 전 세계에서 유명한 CEO 1,582명의 출생 순서를 조사한 연

이상한 성공

구 결과에서도 무려 43퍼센트가 첫째인 것으로 밝혀졌습니다.[40] 중요한 것은 출생 순서에 따라 부모가 투여하는 자원의 양이 다르기 때문에 자녀의 역량에 큰 영향을 미친다는 것입니다. 같은 부모에게서 자란 형제들도 그럴 진데, 사회적 지위가 상이한 아이들의 성공이 부모의 사회경제적 지위와 밀접히 연관되어 있다는 것은 어쩌면 너무 상식적인 결론 아닐까요.

우리는 너무나 쉽게 자신의 성공을 자신이 노력한 결과라고 맹신한 것은 아닌지 생각해볼 필요가 있을 것 같아요. 사람의 능력을 제대로 평가해주는 공정한 시스템만 작동하면 나도 성공할 수 있다는 그 믿음이야말로 젊은 세대가 겪는 엄청난 불평등의 본질을 제대로 이해하지 못하는 것입니다. 많은 경우 좋은 대학에 진학한 청년들은 태어나면서부터 자신에게 관심을 가져주고, 책을 읽어주고, 할 수 있는 한 좋은 사교육을 제공해준 부모라는 커다란 행운을 갖고 있을 것입니다. 그런데도 우리가 자신의 노력만으로 성공했다고 믿는 것은 정말 모순입니다. 장학재단이 제출한 자료에 따르면 서울대 학생의 70퍼센트가 고소득층 자녀라고 합니다.[41] 충격적입니다. 미국에서도 상위 소득계층 자녀들의 70퍼센트가 자신이 원하는 꿈을 이루는 데 반해 하위소득계층은 자신의 부모보다 더 나은 지위를 갖게 될 확률이 35퍼센트에 불과합니다.[42] 무서운 일입니다. 그러나 더 무서운 일은 우리 사회가 자신의 성공이 자신이 노력한 결과라고 믿게 하는 것입니다. 그렇게 되면 우리 사회는 성공하지 못한 사람들을 무능력하고 쓸모없는 사람들이라고 생각하며 무시하고 억압하는 무자비한 승자독식사회가 될 것입니다.[43] 우리가 맹신

하는 "능력(실력, 성과, 실적)이란 것이 결코 선천적인 것이 아닌데"도 말입니다.[44]

그렇다고 낙담할 필요는 없습니다. 희망이 없는 것은 아닙니다. 부모의 사회적 지위가 자녀의 사회적 지위에 미치는 영향이 국가마다 다르게 나타나기 때문입니다. 불평등을 낮추기 위해 적극적인 노력을 하는 국가에선 부모의 사회경제적 지위가 자녀의 사회경제적 지위에 미치는 영향이 상대적으로 적게 나타나요. 한국 사회와 비교하면 개천에서 용이 나올 가능성이 더 높은 것이지요. OECD 23개국의 지니계수로 측정한 소득불평등 수준과 계층 이동성 간의 관계를 보면 둘은 정반대의 관계를 갖고 있는 것으로 나타납니다. 한 사회의 소득불평등이 높을수록 자녀 세대가 부모 세대보다 더 나은 사회경제적 지위를 갖는 것이 어렵지요. 불평등이 낮은 사회일수록 부모 세대보다 자녀 세대가 더 좋은 사회경제적 지위를 가질 가능성이 높다는 것입니다. 스웨덴, 핀란드, 덴마크, 노르웨이 등 스칸디나비아 복지국가들은 전 세계에서 불평등이 가장 낮은 국가들입니다. 이들 복지국가에서 청년의 미래는 부모의 사회경제적 지위와 덜 관련되어 있습니다. 어떤 부모에게서 태어났는지가 덜 중요하다는 것이지요.

[그림 1-7]은 1994년부터 2019년까지 2~5년마다 부정기적으로 조사한 결과인데, 자녀 세대의 계층 상승에 대한 기대 정도를 조사한 것입니다. 이 그림을 보면 자녀의 계층 상승에 대한 기대가 '높다(매우 높다와 비교적 높다)'라고 응답한 사람의 비중은 계속 낮아진 반면, '낮다(매우 낮다와 비교적 낮다)'라고 응답한 사람의 비중

　　　　　　　　　　　　　　　　　　이상한 성공

은 급격히 늘어난 것을 확인할 수 있어요. 이 그림을 1990년대 초반부터 높아지기 시작한 소득불평등과 연관해보면 왜 한국 사회에서 세대 간 계층 상승에 대한 기대가 낮아졌는지 생각해볼 수 있습니다. 1990년대 초반부터 불평등이 높아지면서, 사람들은 점점 더 계층 상승을 기대하지 않게 된 것입니다.

이처럼 불평등이 높은 사회에서는 개인이 아무리 노력해도 성취할 수 있는 것이 제한적입니다. 가난하게 태어나면 꿈을 이룰 수 없는 것이지요. 그런 사회에서 누가 열심히 살려고 할까요. 모든 것이 이미 정해졌는데요. 몇 년 전에 소셜네트워크서비스(이하 SNS)상에서 한창 유행했던 흙수저, 동수저, 은수저, 금수저 논란도 이런 현실을 반영한 것입니다. 금수저는 자산이 20억 이상이거나 가구의 연 수입이 2억 이상인 집에서 태어난 청년을, 흙수저는 가구 자

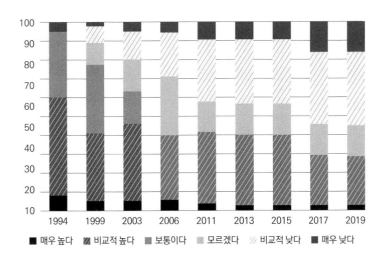

[그림 1-7] 1994~2019년 자녀 세대의 계층 상승에 대한 기대[45]

산이 5천만 원 미만이거나 연 수입이 2천만 원 미만인 집에서 태어난 청년을 일컫는다고 합니다. 금수저 청년과 흙수저 청년이 경쟁을 하면 누가 이길까요? 예외적인 경우를 제외하면 승패는 쉽게 예상할 수 있습니다.

결국 문제의 핵심은 불평등입니다. 불평등한 사회에서 청년들은 자신 이외에 다른 사람과 더 넓은 사회를 생각할 수 없습니다. 더 불행한 일은 그렇게 모질게 아무도 돌아보지 않고 자신만을 위해 죽도록 노력해서 대학에 진학해도 청년의 상당수가 취업을 하지 못하는 것이 한국의 현실입니다. OECD가 발표한 자료를 보면 한국은 일부 개발도상국을 포함해 대학 교육을 받은 25세부터 34세 청년 중 취업자 비중이 가장 낮은 국가에 속해요. 꼴찌에서 4번째입니다. 특히 경제활동을 하지 않고 있는 비율이 다른 국가들에 비해 월등히 높은 것이 보이시지요.[46] 태어나면서부터 입시 경쟁에 몰려 '꿈처럼' 즐거워야 할 학창 시절을 좋은 대학에 가기 위해 공부, 공부, 공부만 하라고 강요받았잖아요. 그렇게 어렵게 대학에 들어가서 졸업했는데, 앞이 보이지 않은 상황이 된 것입니다. 비극이지요, 비극.

모두가 열심히 살고는 있지만, 누구도 행복할 수 없는 사회. 그렇다고 부자들이 행복한 것도 아닌 것 같습니다. 불평등이 심해져 대부분의 청년이 자포자기하는 사회는 불안해질 수밖에 없어요. 생각해보세요. 사회가 불안해지면, 가장 두려운 사람이 누굴까요? 서울역에서 노숙하고 있는 분들일까요? 아니면 한국 사회에서 안락한 생활을 누리는 기득권층일까요? 사회가 불안해지면 잃을 것이 많

이상한 성공

은 사람은 부자입니다. 평범한 사람들, 가난한 사람들이 아니죠.


## 혁명이냐, 복지국가냐

제가 학생들에게 가끔 물어보는 말도 안 되는 질문이 있어요. 여러분에게도 질문을 드리겠습니다. 여러분이 사랑하는 사람과 함께 살고 있고, 자녀도 둘이 있다고 상상해보세요. 여러 사정 때문에 여러분의 배우자는 일을 할 수 없는 처지입니다. 그렇다고 여러분을 도와줄 수 있는 가족이 있는 것도 아닙니다. 국가나 사회가 제공하는 복지도 없는 곳에 살고 있어요. 가족의 유일한 소득은 여러분의 월급이 전부입니다. 저축도 없고, 그달 번 돈은 그달 다 사용한다고 가정합시다. 다행히도 여러분은 월급을 5백만 원 받고 있어서 아주 풍족하지는 않지만, 그래도 안정적인 생활을 할 수 있어요. 그런데 어느 날, 사장이 여러분을 불러놓고 회사가 어려워 다음 달부터 월급을 절반으로 줄이겠다고 통보합니다. 마음에 들지 않으면 그만두어도 좋다고 하네요. 여러분이 보기에 회사는 어렵지 않은데 말이죠. 다른 직장을 구할 수도 없는 처지라면, 여러분은 어떻게 하시겠어요? 그만두시겠어요? 아마 여러분 중 많은 사람은 어쩔 수 없이 250만 원을 받고 회사를 다니기로 결정할 것입니다. 그렇지 않으면 식구들이 살아갈 수 없으니까요. 그런데 다음 달에 사장이 여러분을 다시 불러, 아무래도 월급을 절반으로 더 줄여야겠다고 통보합니다. 이번에도 그만두려면 그만두라고 합니다. 마찬가지로 이직할 직장도 없어 이 회사가 아니면 갈 곳도 없다고 칩시다. 125만 원으로 네 식구가 살아갈 수 있을까요? 125만 원은 2020년 기준으로 우리나라에서 취약계층의 생계비를 지원해주는 국민기초생활보장제도의 생계급여지급 기준(4인 가구 기준 1,424,752원)보다 조금 낮은 수준입니다. 그러니까 아주 최저 수준에도 미치지 못하는 소득이죠. 어떻게 하시겠어요? 대안이 없다면 회사를 다니는 수밖에 없다고 생각할 것입니다.

그런데 다음 달에 사장이 또다시 여러분을 부르더니, 이번에는 월급을 50만 원으로 줄이겠다고 통보합니다. 한 사람이 살아갈 수 있는 최저 기준에도 미치지 못하지요. 없는 것보다 나으니 회사를 계속 다니시겠습니까? 아마 회사를 계속 다녀도 오래 버티지 못할 것입니다. 조금씩 조금씩 가족들이 죽어가는 것을 가만히 보시겠습니까? 월급이 줄어든 것은 여러분만이 아닙니다. 다른 직원들도 여러분과 같은 조건에서 같은 방식으로 월급이 줄었습니다. 반면 사장은 점점 더 부유해지고 더 사치스러운 생활을 하고 있다면, 어렵다던 회사도 잘만 유지되고 있다면 여러분은 어떻게 하시겠습니까. 여기까지 오면 학생들의 대답이 엇갈리기 시작해요. 아주 소수의 학생들은 50만 원을 받고 회사를 다니는 것이 한 푼도 벌지 못하는 것보다 낫다고 대답을 해요. 하지만 나머지 학생들은 이렇게 죽으나 저렇게 죽으나 마찬가지라면 동료들과 힘을 모아 사장과 싸워서 정당한 대가를 받아야 한다고 흥분하면서 이야기해요.

물론 이 이야기는 가상의 이야기지만, 19세기부터 20세기 초까지 유럽에서 혁명적인 방법으로 사회주의를 실현하려고 했던 사람들의 생각이기도 했어요. 마르크스의 절친한 벗이자 후원자이며, 마르크스와 함께 공산주의 사상과 운동을 주도했던, '자본주의가 공산주의사회로 가는 것은 역사의 필연적 법칙'이라고 굳게 믿었던 프리드리히 엥겔스조차도 "그런데 불행하게도 우리 인간은 너무나 어리석은 나머지 거의 견디기 어려울 만큼의 고통을 당하여 내몰리지 않는 한 진정한 진보를 위해서 용기를 내지 않는다"고 한 탄했을 정도였으니까요.[47] 당시 자본주의는 잘 알려진 것처럼 자유방임주의에 가까운 자본주의였기 때문에 노동자의 삶이 말이 아니었어요. 저임금에 장시간 노동이 일상화되었지요. 심지어 어린이들도 장시간 노동에 시달렸어요. 탄광에서는 네 살짜리 아이도 일을 했고, 모직공장에서는 여섯 살, 면직 공장에서는 여덟 살짜리 아이도 일을 했어요. 보통 12~18시간을 일했다고 해요. 당시 성인의 주급이 평균 21실링이었는데, 아동의 주급은 성인의 10퍼센트도 되지 않은 2실링에 불과했습니다.[48] 그러니 기업주들이 아동을 고용하려고 했지요. 견직물 공장 노동자의 46퍼센트가 아동이었을 정도로 당시는 아동노동이 만연했어요.[49] 지금은 상상할 수도 없는 일이지요. 상상해보세요. 여러분이 유치원에 다닐 나이에 탄광 갱도에서 탄을 나른다고요. 부모는 왜 어린 자녀를 공장에 보냈냐고요? 성인노동만으로는 가족이 먹고살 수 없었

산업혁명 당시 노동을 하고 있는 아동의 모습.[50]

기 때문입니다. 당시 대부분의 노동자는 장시간 일을 해도 가족을 부양할 정도의 임금을 벌지 못했어요. 걸핏하면 해고되었습니다. 빈곤은 참혹할 정도였습니다. 그런데 자본가들은 점점 더 부유해 졌지요.

이런 상황에서 사회주의혁명을 꿈꾸었던 마르크스주의자들이 자본주의가 발전할수록 부자는 점점 더 부자가 되고, 가난한 사람들은 점점 더 가난해지는 부익부 빈익빈 현상이 가속화될 것이라고 믿는 것은 당연했습니다.[51] 마르크스주의자들은 점점 더 궁핍해져서 더 이상 견딜 수 없게 되는 상황이 사람들로 하여금 자본주의를 폭력적으로 뒤집어업고(혁명 발생) 사회주의로 나아가게 하는 추동력이 된다고 생각했던 것입니다. 1848년에 발생한 프랑스의 2월 혁명을 포함해 19세기 유럽에서 발생한 혁명들은 사회주의자들의 믿음을 견고하게 만드는 증거나 다름없었습니다. 마르크스주의를 신봉하는 사람들에게 자본주의의 붕괴와 혁명은 계절이 바뀌는 것처럼 누구도 막을 수 없는 자연법칙과 같았죠. 이런 분위기에서 혁명을 꿈꾸는 사람들의 역할은 언제 폭발할지 모를 사회주의혁명의 순간을 기다리면서 혁명 이후에 사회주의를 어떻게 만들어갈지를 준비하는 것이었어요. 그런데 그런 날은 오지 않았습니다. 자본주의의 붕괴가 임박했고 새로운 세상이 열릴 것이라고 철석같이 믿었던 사람들이 1848년 혁명 실패로 큰 실의에 빠집니다.[52] 자본주의가 붕괴하지 않을 수도 있고, 더욱이 폭력혁명으로 자본주의를 종식시킬 수 없을지도 모른다는 두려움이 엄습했습니다.

여러 차례 혁명적 상황에 직면하면서 자본주의 지배층은 자유

이상한 성공

방임적 시장이 자본주의를 파괴한다고 인식하기 시작했어요. 자본가들이 자유방임적 시장원리를 규제하기 시작한 것입니다. 아동노동을 제한하고, 노동시간을 줄이는 등 노동조건을 개선하는 공장법을 제정해 자유방임 자본주의를 고쳐나가기 시작했지요. 1802년 영국에서 공장법이 최초로 제정된 이래 유럽 전역에서 공장법의 제정과 개정이 이루어졌습니다.[53] 그렇게 유럽에서는 노동자의 처우를 개선하는 일련의 시도들이 있었습니다. 자본주의의 발전도 사회주의자들의 예상과 달리 사람들을 부자와 가난한 사람으로 갈라놓는 것이 아니었어요. 생활조건이 나아지는 노동자도 늘어났고 중소기업도 망하지 않고 유지되었어요. 중산층의 숫자도 늘어났지요. 영국에서는 중소자본가(부르주아)와 임금을 가장 많이 받는 노동귀족으로 분류되는 가구수가 1851년에 30만 가구에서 1881년 99만 가구로 늘었고, 1890년에는 150만 가구가 되었어요. 인구증가를 고려해도 놀라운 증가였지요. 가구소득만이 아니라 소기업들도 늘었어요. 독일과 프랑스에서도 유사한 현상이 나타났습니다.[54] 자본주의가 발전할수록 사람들은 점점 더 궁핍해진다는 마르크스주의의 주장과 달리 사람들의 삶이 개선된 것이죠. 자본주의 발전과 평범한 사람들의 삶이 개선되는 현상이 동시에 일어났습니다. 그리고 제2차 세계대전이 끝난 후부터 1970년대까지 자본주의와 복지국가가 함께 황금시대를 맞이합니다. 빈곤과 불평등을 낮추기 위한 국가의 개입이 자본주의를 방해하기보다 더 발전시켰죠. 스칸디나비아의 복지국가들은 이러한 자본주의 발전 과정에서 만들어진 대표적인 국가들로 불평등 수준이 낮고 자본주의 측면에서도 발전했습니다.

## ● **우리는 한배를 타고 있다**

        불평등이 심각한 사회에서 우리가 승자는 없고 패자만 있는 게임을 죽어라고 열심히 하는 건 아닌가 생각하니 서글퍼집니다. 지금까지의 이야기를 정리해보면, 한국 청년들과 북유럽 청년들이 다른 고민을 하고 꿈을 꾸는 이유는 유전자의 문제도, 개인의 노력 문제도 아닙니다. 그런 차이는 개인이 아니라 사회가 만들었죠. 청년들이 지금 상황을 '헬조선'이라 부르는 것도 한국 사회가 초래한 것입니다. 젊은 세대가 핀란드와 스웨덴 청년들보다, 기성세대보다 덜 정의로운 게 아니라 한국의 사회경제 구조가 젊은 세대로 하여금 자신의 안위 이외에는 다른 것을 생각하지 못하게끔 만든 것입니다.

    1987년 민주화 이후 한 세대가 지난 한국 사회는 이웃과 협력하고 연대해서 문제를 풀어가는 것보다 자신만의 살길을 찾고, 핵가족 이외에는 그 누구도 돌보지 않은 각자도생(各自圖生)의 사회가 되었습니다. 그리고 그런 사회를 만든 책임의 상당 부분이 1960년대생에게 있다는 것에 동의합니다. 1960년대생은 기성세대이고, 1980년대를 지나 지금은 50대 중반이 되었으니 불평등이 심각한 한국 사회를 만든 데 책임이 있습니다. 기성세대는 젊은 세대가 살아갈 더 평등하고 더 정의로운 사회를 만들지 못했고, 젊은 세대가 다른 사람과 사회를 생각할 수 있는 여유를 가질 수 없는 사회를 만들었으니까요.

이제 우리는 현재 한국 사회의 위기를 기성세대의 책임으로 돌리는 것을 넘어 왜 그런 일들이 만들어지고 고착화되었는지 살펴보아야 합니다. 왜 한국 사회는 더 정의롭고 더 평등한 사회를 만들지 못했는지 질문하고 답해야 할 것 같아요. 그런데 여러분이 기억해야 할 것이 하나 있습니다. 우리가 지금 이렇게 어려운 사회경제 문제에 직면한 것은 우리가 실패했기 때문이 아니라는 사실입니다. 한국 사회가 직면한 어려움은 세계 모든 국가가 찬양해 마지않는 성공의 결과입니다. 다시 말해, 성공과 실패가 동전의 양면처럼 공존하고 있습니다. 성공이 실패의 이유가 되었다는 것은 실패를 교정하기 위해서 그 원인만 골라내서 버릴 수 없다는 뜻입니다. 성공과 실패가 동전의 양면이라면 실패라는 동전의 다른 면만 잘라내서 버릴 수가 없잖아요. 성공의 덫에 빠진 것이지요. 그래서 한국 사회는 자신이 직면한 실패, 위기에서 벗어나기가 더 어려운 것인지도 모릅니다.

한국은 경제성장에 성공했는데도 왜 북서유럽처럼 평범한 사람들이 이웃과 사회적 문제에 관심을 가지는 나라가 되지 못했을까요? 이제부

1846년 흉년으로 시작된 경제공황으로 파리의 시민들이 정부의 무능함에 분노해 일어나면서 2월 혁명으로 이어졌다. 앙리 펠릭스 에마뉘엘 필리포토, 〈1848년 2월 25일 시청에서 혁명의 붉은 깃발을 물리치는 라마르틴〉, 19세기, 카르나발레 미술관 소장.[55]

터는 한국이 얼마나 성공했는지, 그리고 어떻게 성공했는지를 살펴보고 그 성공이 왜 '덫'이 되었는지 알아볼 것입니다. 그리고 성공이 덫이 되지 않기 위해 우리가 무엇을 해야 하는지 함께 생각해볼 것입니다. 기성세대와 젊은 세대를 넘어서 우리에게 닥친 문제를 해결해나가는 동시대 동료로서 함께 풀어보면 좋겠습니다. 젊은 세대는 조금 억울할 수도 있겠지만, 우리는 한배를 타고 있고 이 배가 침몰하면 기성세대만이 아니라 젊은 세대도 운명을 같이할 수밖에 없으니까요. 우리가 어떻게 이 문제를 풀어가는지에 따라 우리뿐만 아니라 다음 세대의 미래도 달려 있습니다. 그럼 이제 조금 긴 여정을 떠나볼까요.

이상한 성공

# 2장

# 성공, 그 놀라움

"사실 권위주의적 정부와 정치적·시민적 자유의 억압이 경제성장을 촉진하는 데 실제로 유익하다는 일반적인 증거는 거의 없다. 그 통계수치들은 훨씬 복잡하다. 체계적인 실증적 연구는 정치적 자유와 경제적 성취 사이에 일반적인 갈등이 존재한다는 주장을 거의 뒷받침하지 않는다."
— 아마르티아 센[1]

## 성공을 이야기해야 하는 이유

지금부터 제가 하려는 이야기가 불편한 분들이 계실 것 같습니다. 우리가 참 대단한 일을 했다는 생각이 들기도 하지만, 한국 사회가 직면한 심각한 사회문제를 생각하면 한숨이 나오니까요. 실제로 한국은 구매력 기준으로 1인당 GDP가 4만 불이 넘는 부유한 국가입니다. 동시에 한국은 65세 이상 노인 중 절반 가까이가 빈곤한 국가입니다. 부자 나라 대한민국에서 65세 이상 노인 중 폐지를 주워 생활하는 노인이 무려 6만 6천 명에 달한다고 합니다. 그중 29퍼센트는 이미 80세가 넘은 초고령 노인입니다. 하루 종일 폐지를 주워도 노인들의 월 평균 수입은 20만 원이 되지 않습니다.[2] 복지 확대에 인색한 보수언론조차 폐지 줍는 노인의 삶을 이렇게 전합니다.

폐지 줍는 노인 정건호(78·가명) 씨에게 집은 0.15평(0.5㎡) 남짓한 리어카다. 서울 종로 낙원상가 주차장에 리어카를 세워두고 그 안에서 잠을 청한다. 기상 시간은 매일 아침 6시 30분. 그보다 늦게 일어나면 다른 이가 먼저 폐지를 다 주워 간다. 점심 때까지 약 5시간. 바짝 마른 그가 쉴 새 없이 폐지를 주우면 자신의 키만큼 쌓인다. 무게로 치면 100킬로그램가량. 몸무게의 배 가깝게 불어난 리어카를 끌고 발길을 고물상으로 옮긴다. 손에 쥐는 돈은 5천 원 남짓. 4천 원짜리 국밥으로 배를 채우면 천 원이 남는다. 저녁을 먹으려면 오전의 일과를 반복해야 한다. 오후 9시가 돼서야 노동을 멈추고 다시 낙원상가로 향한다. 귀가 잘 안 들리는 정씨를 따라다니며 "왜 폐지를 줍느냐"고 수차례 물었다. "암에 걸리고 다리도 부러져서 이것밖에 할 게 없어!"(…)

- '폐지 100킬로그램 모아봐야 겨우 2000원… 노인들은 왜?', <조선일보>, 2019년 6월 1일 자.

부유한 선진국과는 어울리지 않는 모습이지요. 노인만이 아닙니다. 생계비를 지원받지 못해 일가족이 목숨을 끊는 일이 반복되고 가난 때문에 죽음으로 내몰리는 비극이 일상화된 곳이 한국입니다. 부유한 선진국 한국 사회의 뒤편에는 부와 사회적 지위가 세습되는 견고한 계급사회가 버티고 있습니다. 케이팝(K-pop) 스타들의 성공에 가려져 있지만, 수많은 청년이 경쟁 시스템에서 탈락해 빛을 보지 못하고 무대에서 사라져버립니다. 심지어 의대생들은 전교 1등이 아니면 의사가 될 수 없다는 듯이 이야기합니다. 한국 사회의 뿌리 깊은 학벌주의와 특권주의의 아주 소소한 일화입니다. 소위 이름 있는 대학에 입학한 사람은 그 대학의 학적을 갖고

이상한 성공

있(었)다는 이유만으로 무엇을 하든 인정받고 늘 높이 평가받습니다. 그 사람의 업적이 어떤지는 그리 중요하지 않습니다. 본래 똑똑하니 마음만 먹으면 무엇이든 잘할 수 있다고 믿는 것이지요. 단지 지금은 그럴 필요를 느끼지 못해 스스로 하지 않는 것뿐이라고 생각합니다. 반면 소위 이류 삼류 대학을 나온 사람들, 대학을 나오지 않은 사람들은 기를 쓰고 노력해야 기껏 '열심히 노력하는 사람'이라는 평가를 받는 것이 한국 사회입니다. '고졸치고는, 그 대학 출신치고는 괜찮은데'라고 이야기합니다. 이처럼 한국 사회는 밤새워 이야기해야 할 정도로 수많은 문제를 안고 있습니다. 마치 누구도 풀 수 없는 고르디우스의 매듭(Gordian Knot)처럼요.

상황이 이렇게 참담한데도 저는 우리가 얼마나 잘해왔는지를 이야기하려고 합니다. 왜 우리는 한국의 성공을 이야기해야 할까요? 누구도 풀 수 없는 고르디우스의 매듭을 단칼에 잘라버린 알렉산드로스 대왕처럼, 저는 한국의 놀라운 성공에서 한국 사회가 '성공의 덫'에서 빠져나올 수 있는 방법을 찾을 수 있다고 믿기 때문입니다. 생각해보세요. 19세기 말 가난한 조선을 찾았던 수많은 서구인과 한국을 항상 자신들보다 수준 낮게 본 일본인들이, 우리가 자신들과 어깨를 나란히 하는 선진국이 될 거라고 상상이나 했겠습니까? 1960년대 경제개발을 본격화할 때, 우리 자신은 물론 세계의 그 누구도 한국이 반도체, 조선, 자동차를 만드는 제조업 강국, 세계문화를 선도하는 문화국가, 민주주의의 새로운 희망이 될 거라고는 상상도 못했을 겁니다. 한국은 이제 명실상부한 선진국이 되었습니다([그림 2-1] 참고). 2019년 실질구매력 기준으로 한국의 1

인당 GDP는 42,661달러로 이탈리아(42,413달러), 일본(41,429달러), 스페인(40,833달러), 포르투갈(34,798달러), 그리스(30,315달러)보다 높습니다.[3] 우리는 아무도 믿지 않았던 엄청난 일을 기적같이 해냈습니다. 모두가 불가능하다고 믿었던 일이었습니다.

생각해보세요. 일본이 승승장구하던 1920년대, 조선인이 일제 강점에서 나라가 해방되어 일본보다 더 잘살게 되기를 꿈꾸는 것과 지금 우리가 성공의 덫에서 빠져나오는 일 중 어떤 것이 더 현실적인 꿈일까요? 아마 1921년이었다면 조선이 주권을 되찾아 일본

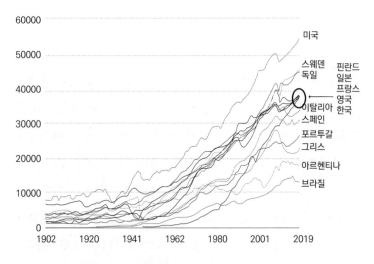

※ 1인당 국내총생산은 시간에 따른 물가와 국가 간 물가 차이를 반영했음(측정단위는 2011년 가격 국제 달러).
※ 1인당 국내총생산은 복수의 기준이 되는 연도를 이용해 각국 간의 가격 차에 따라 조정되었기 때문에, 국가 간 다른 시점의 소득수준을 비교할 수 있음.
출처: Madison Project Databases(2021)

**[그림 2-1] 1901~2018년까지 한국, 주요 선진국, 개발도상국의 1인당 GDP[4]**

이상한 성공

보다 더 잘사는 자유로운 민주국가가 되기를 바라는 이에게 사람들은 그 꿈이 실현 불가능한 몽상이라고 비아냥거렸을 것입니다. 그러나 백 년이 지난 지금, 우리는 그 일을 해냈습니다. 모두가 불가능하다고 믿었던 그 일을 우리가 해냈다면, 지금 우리가 성공의 덫에서 빠져나올 수 있다는 희망을 갖는 것은 몽상이 아닙니다. 할 수 있습니다. 나라를 잃은 20세기 초에 우리가 직면했던 그 감당하기 힘겨웠던 고난을 생각하면, 지금 우리 앞에 놓여 있는 불평등, 빈곤, 차별은 우리가 마음만 먹으면 오를 수 있는 작은 언덕에 불과합니다.

저는 대한민국의 놀라운 성공이 향기로운 술처럼 우리를 취하게 만들어 우리가 직면한 사회문제를 보지 못하게끔 가리는 역사가 아니라, 한국 사회가 성공의 덫에서 빠져나와 새로운 역사를 만들어가게끔 하는 용기의 근원이 될 거라고 믿습니다. 이렇게 세기의 기적을 일군 우리가 불평등, 빈곤, 차별, 분단에 눈감을 수는 없습니다. 역량 있는 국가와 깨어 있는 시민이 있다면 불가능한 것은 없습니다. 우리가 대한민국의 성공을 이야기해야 하는 이유입니다.


## ● 선진국 한국, 놀랍다는 말밖에는

할 말이 없습니다. 어떻게 한국이 이렇게 엄청난 발전을 이루었을까요. 청년 세대에게는 '부유한 한국, 세계 대중음악의 중요한 분야로 자리 잡은 케이팝, 세계인이 즐기는 한국 드라마'가 자연스러울 것입니다. 하지만 저 같은 기성세대에게는 익숙하지 않은 풍경입니다. 지금의 50대가 청소년기를 보낸 1970년대와 1980년대 한국에 대한 국제사회의 인식은 전쟁, 분단, 아이 수출국, 개고기를 먹는 나라와 같은 부정적 이미지가 훨씬 강했거든요. 한국은 국제적으로 주목받는 나라가 아니었습니다. 2000년대에 들어서도 이런 이미지는 크게 변하지 않았어요. 경제가 성장하고 있었지만, 한국은 여전히 개발도상국 중 잘나가는 국가 정도로만 인식되었으니까요. 한국인의 민주적 역량에 대한 평가도 마찬가지였습니다. 1980년 전두환 신군부가 쿠데타로 정권을 장악하자, 그해 8월 존 위컴 주한미군 사령관은 AP통신과의 인터뷰에서 미국이 전두환 신군부를 지지할 수 있다는 발언을 하면서 "한국인들은 들쥐와 같다. 그들은 언제나 지도자가 누구든 줄을 서서 그를 따른다. 한국인에게 민주주의는 적합한 체제가 아니다"라고 했을 정도였으니까요.[5]

지금 생각하면 황당하고 인종차별적인 발언이지만, 당시 한국에 대한 국제사회의 시각을 잘 대변했다고 할 수 있습니다. 1987년 민주화 항쟁으로 독재를 물리치고 민주화를 이룬 후에도 서구인의 눈에 한국의 민주주의는 여전히 불안정하고 덜 성숙한 민주주의로 보였던 것이 사실입니다. 그런데 정말 거짓말 같은 반전이 일어났어요. 코로나19 사태를 계기로 서구 국가들이 한국인의 민주적 역량에 완전히 상반된 평가를 하고 있으니까요. 놀라움을 금할 수 없습니다. 영국의 공영방송인 BBC, 미국의 〈워싱턴 포스트(The Washington Post)〉, 로이터, 〈월스트리트 저널(The Wall Street Journal)〉 등 주요 외신들은 코로나19에 대응하는 한국의 방역 역

이상한 성공

량을 보면서 한국 사회의 투명성, 시민 정신, 민주주의를 극찬하고 있습니다. 한국은 중국과 대비되면서 전 세계의 민주주의국가가 따라야 할 모범이라고 칭송받고 있습니다.[6]

정말 믿을 수가 없습니다. '상전벽해(桑田碧海)'라는 사자성어처럼 뽕나무 밭이었던 곳이 푸른 바다가 된 것 같은 느낌입니다. 한국이 정말 이 정도였나요? 한국이 서구 선진국처럼 된 것일까요? 우리가 우리 자신을 과소평가한 것인지도 모르겠습니다. 이제 우리는 1945년 8월 15일 해방 이후 한국 사회가 얼마나 대단한 성공을 이루었는지 살펴보는 것이 좋을 것 같습니다. 자국 우월주의, 요즘 말로 '국뽕'에 빠지지 않으면서 객관적인 자료를 통해 살펴보도록 노력해보죠.

## 2백 년 만에 처음 일어난 일

만약 누군가 여러분에게 지난 수천 년의 역사에서 한국인에게 가장 큰 상처였던 사건이 무엇이냐고 묻는다면 뭐라고 답변하시겠습니까? 이런 질문을 한 조사는 찾기 어렵지만, 제 생각에는 아마도 20세기 초 일제 강점일 것 같습니다. 일본이 한국보다 사회경제적으로 압도적 우위를 갖고 있었다면 모르겠지만, 19세기를 되돌아보면 한국과 일본은 사회경제적으로 큰 차이가 없었어요. 그래서 우리에게 일제 강점이 더 뼈아팠던 것 같습니다. 추정에 따르면 1820년 조선의 1인당 GDP는 600달러였고, 일본은 669달러였습니다. 일본이 조선을 강제 개항시켰던 1876년에서 몇 년 거슬러 올라간 1870년의 수치를 살펴보아도 조선의 1인당 GDP는 604달러로 일본의 737달러의 82퍼센트 수준이었습니다.[7] 개항을 전후한 시기 인구 규모의 차이 때문에 조선과 일본 경제의 양적 차이는 있었을지 모르지만, 질적 차이는 크지 않았다는 연구도 있습니다.[8] 사실 산업화를 완료하지도 못했고, 압도적 힘의 우위를 갖고 있지도 않았던 일본에게 조선이 주권을 빼앗겼기 때문에 한국인에게 일제 강점은 잊을 수 없는 치욕의 역사가 됐습니다.

그렇기 때문에 우리가 받았던 치욕은 지금도 트라우마가 되어 우리를 하나로 모이게 하는 중요한 동기가 되는 것 같습니다. 독도, 위안부, 강제징용 문제는 물론 2019년 7월 반도체 핵심 소재 수출 규제, 한반도의 평화정책을 방해했던 아베 정권의 행태에 이르기까지 셀 수 없이 많은 일이 생각납니다. 스포츠 경기를 할 때도 일본에 절대 질 수 없다는 강박이 한국인의 마음에 자리 잡은 것 같아요. 이런 농담이 있었습니다. "전 세계에서 일본을 자신의 발아래에 놓고 무시하는 유일한 국가가 있는데, 바로 한국"이라고요. 하지만 일본은 한국이 그렇게 만만하게 볼 나라가 아니었어요. 일본은 중국이 부상하기 전까지 세계 2위의 경제대국이었고, 한때 1인당 GDP가 미국보다 높았습니다. 오랫동안 일본은 한국이 넘을 수 없는 산처럼 느껴지기도 했습니다. 코로나19에 대한 일본의 대응, 아베 정권의 모습, 30년 동안 지속된 경제 침체 등 일련의 사태를 직면하기 전까지 일본은 대단해 보였고, 한국은 늘 일본을 배워야

이상한 성공

한다고 생각했습니다. 그런데 놀라운 일이 벌어진 것입니다. 지금 우리는 도저히 넘을 수 없다고 생각했던 그 거대했던 일본을 맹렬히 추격하는 한국의 모습을 보고 있습니다.

여러분도 이미 뉴스를 통해 알고 있을지도 모르겠습니다. 얼마 전에 OECD가 발표한 자료를 보면 아직 명목 GDP에서는 조금 뒤지지만, 실질구매력으로 측정한 한국의 1인당 GDP는 2017년에 이미 일본을 앞선 것으로 나타났습니다. 잠깐 실질구매력 기준에 대해 이야기하는 것이 좋을 것 같네요. 예를 들어 호랑이 나라와 사자 나라가 있는데, 호랑이 나라의 1인당 소득은 백만 원이고, 사자 나라의 1인당 소득은 2백 만 원이라고 가정해보세요. 그리고 두 나라의 주식인 쌀 한 가마니 가격이 호랑이 나라는 10만 원이고, 사자 나라는 40만 원이라고 합시다. 호랑이 나라 사람들은 자신의 소득으로 쌀 열 가마니를 구매할 수 있지만, 사자 나라 사람들은 다섯 가마니밖에 살 수 없습니다. 이렇게 물가수준을 반영해 자신의 명목소득으로 상품을 얼마나 구매할 수 있는지를 반영해 조정한 소득이 실질구매력 기준입니다. 그 실질구매력 기준으로 2017년 한국의 1인당 GDP는 41,001달러로 일본의 40,885달러보다 높아졌습니다. 2018년에는 한국과 일본의 1인당 GDP가 각각 42,136달러 대 41,364달러로 그 차이가 더 커졌어요.

OECD가 제공하는 가장 오래된 1인당 GDP 자료가 1970년인데, 그때 한국과 일본의 GDP는 620달러 대 3,283달러로 한국의 1인당 GDP는 일본의 17.3퍼센트에 불과했답니다. 한국이 도저히 따라갈 수 없을 정도로 차이가 컸습니다. 그런데 믿을 수 없는 대역전이 일어난 것이죠. 2014~2015년 일본의 1인당 GDP 대비 한국의 1인당 GDP가 '2백 년' 전인 1820년의 90퍼센트 수준으로 되돌아갔고, 2017년이 되면서 한국의 1인당 GDP가 일본을 앞서게 된 것입니다.[10] 2백 년 만에 처음으로 역전을 이루어냈습니다. 세계사적으로도 식민지였던 국가의 1인당 GDP가 지배했던 국가의 GDP보다 높아진 사례는 도시국가를 제외하면 딱 두 번 있었습니다. 첫 번째는 1998년 영국의 식민지였던 아일랜드의 1인당 GDP가 실질구매력 기준으로 영국보다 높아진 것이고, 두 번째는 2017년 한국이 일본을 앞선 것입니다.

한국 경제는 1960년대를 시작으로 1980년대를 지나면서 급격

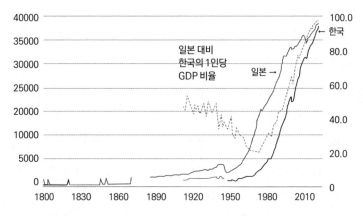

※ 1인당 국내총생산은 시간에 따른 물가와 국가 간 물가 차이를 반영했음(측정단위는 2011년 가격 국제 달러).
※ 1인당 국내총생산은 복수의 기준이 되는 연도를 이용해 각국 간의 가격차에 따라 조정되었기 때문에, 국가 간 다른 시점의 소득수준을 비교할 수 있음.
출처: Madison Project Databases(2021)

**[그림 2-2] 1800~2018년 한국과 일본의 실질 구매력 기준 1인당 GDP와 그 차이[9]**

히 성장하기 시작했습니다. 2010년대에 들어서 실질구매력 기준
으로 남유럽 4개국을 넘어섰고, 2016년에는 일본을 거의 따라잡았
습니다. 독일, 스웨덴 등 전통적인 서유럽 부국과의 격차도 줄여가
고 있습니다([그림 2-1] 참고). 한국 사회가 물질적으로 얼마나 풍요
로워졌는지는 다른 개발도상국과 비교하면 더 극명하게 드러납니
다. 네덜란드 흐로닝언 대학교의 '성장과 개발 연구소'가 주도하는
'메디슨 프로젝트(Madison Project 2018)'에서 추정한 자료를 보면
한국은 다른 개발도상국과는 완전히 다른 경제성장의 궤적을 그리
고 있는 것을 확인할 수 있어요. 한 예로 19~20세기에 아르헨티나
의 1인당 GDP는 한국보다 높았지만, 1980년대를 거치면서 한국
이 아르헨티나를 압도하게 됩니다. 한국의 경제적 성공은 다른 개
발도상국들이 넘볼 수 없는 그야말로 한강의 기적이었습니다.


● **돼지털을 수출하던 나라에서**

　　　　　경제적으로 한국이 이렇게 풍요로운 나라가 될
수 있었던 이유 중 하나는 제조업의 성장입니다. 1960년대부터 수
십 년 동안 "재벌 대기업이 주도한 제조업 중심의 수출성장 모델"
이 성공적으로 작동했기 때문입니다.[11] 수십 년 동안 성공적인 성
장을 거치면서 한국은 세계에서 몇 안 되는 강력한 제조업 역량을
갖춘 국가가 된 것이죠. 2018년 기준으로 한국은 선진 7개국(G7)
으로 분류되는 이탈리아, 프랑스, 영국, 캐나다보다 규모가 큰 세계

5위의 제조업 대국이 되었습니다.[12] 1970년에 41위였던 한국의 제조업 순위가 세계 5위로 올라선 것입니다.[13] 한국보다 제조업 규모가 큰 국가는 인구와 국토 면적이 한국보다 훨씬 큰 중국과 전통적 제조업 강국인 미국, 일본, 독일 정도이니까요. 그렇다고 한국의 제조업이 외형적으로만 성장한 것도 아닙니다. 과거와 비교하면 질적으로도 정말 많이 성장했어요. 어떻게 그걸 알 수 있냐고요? 완제품을 구성하는 소재·부품 산업의 경쟁력을 살펴보면 알 수 있습니다. 한국이 아무리 제조업 상품을 많이 수출한다고 해도 상품을 만드는 데 필요한 소재와 부품의 대부분을 외국에서 수입한다면, 수출해서 번 수익의 대부분은 다른 나라의 몫이 될 것입니다. 물론 모든 소재와 부품을 국내에서 만들 수는 없고 바람직하지도 않아요. 하지만 완제품 생산의 핵심 소재와 부품을 국내에서 조달할 수 없다면 수출은 속 빈 강정이 될 수도 있습니다.

2018년 기준으로 한국은 3,162억 달러의 소재·부품을 수출하고, 1,772억 달러를 수입해 1,390억 달러의 무역수지 흑자를 보았어요. 2001년과 비교하면 소재·부품의 무역수지 흑자가 26.0퍼센트나 증가한 것입니다. 2001년 일본의 32.3퍼센트에 불과했던 한국의 소재·부품의 수출 비중이 2017년이 되면 일본의 82.9퍼센트까지 올라갑니다.[14] 이러한 성과는 핵심 소재·부품의 국산화를 위해 특별법을 만들어 소재·부품 산업을 육성한 정부, 현장에서 헌신한 노동자, 창의적인 기업이 없었다면 불가능한 일이었겠지요. 덕분에 세계 소재·부품 시장에서 한국의 비중은 2001년 13위에서 2017년 6위로 높아집니다. 물론 2019년 7월에 발생한 일본의 반

이상한 성공

도체 핵심 소재와 부품 수출규제는 한국의 소재·부품 산업이 핵심 영역에서 여전히 취약하다는 것을 드러냈지만요. 그래서 아직도 갈 길이 먼 것 또한 사실입니다. 반가운 소식은 소재·

1977년 수출 백억 불 달성을 축하하는 아치가 광화문 사거리에 설치된 모습. 멀리 이순신 장군의 동상과 그 뒤에 중앙청(구 조선 총독부)이 보인다.[16]

부품산업의 일본에 대한 의존도가 2001년 28.1퍼센트에서 2018년 16.2퍼센트, 2021년(~5월)에는 14.6%로 낮아졌다는 것입니다.[15] 이 이야기는 한국 사회가 직면한 '성공의 덫'을 다루는 3장에서 다시 다루겠습니다.

제조업의 성장으로 한국의 국제교역 규모도 엄청나게 커졌어요. 2018년을 기준으로 한국은 세계 7위의 수출 대국이 되었으니까요. 1962년 5천 5백만 달러에 불과했던 수출액은 2018년 현재 9,024.7억 달러로 증가했습니다.[17] 1950년대만 해도 돼지털, 생사, 쌀 등 1차 생산품을 수출했던 나라가 1960년대에 들어서면서 가발, 합판, 신발 등 경공업 제품을 수출하더니 1977년 수출 백억 불을 달성합니다. 당시 제조업 강국이었던 일본과 프랑스가 한국보다 10년 먼저 수출 백억 불을 달성했다는 점을 생각하면 놀라운 일이었습니다.[18] 수출이 양적으로만 늘어난 것도 아닙니다. 수출 품목도 저부가가치 상품에서 고부가가치 상품으로 고도화됩니다. 한국은 1980년대에 들어서면서 전기, 전자, 자동차, 조선 등 중화학 공업 제품을 수출하기 시작했어요. 1990년대부터는 반도체와 같은 첨단 제품을 수출하는 국가가 되었습니다.[19] 2018년 기준으로 한국의 10대 수출품은 반도체, 평판디스플레이 및 센서, 무선통신 기기 등 최첨단 제품으로 구성되었습니다. 1950년대만 해도 한국 보다 경제적으로 더 발전해 있던 필리핀의 2018년 수출품이 여전 히 과일, 견과류, 광석, 축산물 등 1차 생산품이라는 것과 비교하면 한국이 얼마나 대단한 성공을 이루었는지 알 수 있을 것입니다([표 2-1]).[20] 불과 몇십 년 만에 한국은 돼지털을 수출하는 나라에서 최 첨단 제품을 수출하는 나라로 변신한 것이지요.

| 연도 | 1위 | 2위 | 3위 | 4위 | 5위 |
|------|-----|-----|-----|-----|-----|
| 1961 | 철광석 | 중석 | 생사 | 무연탄 | 오징어 |
| 1980 | 의류 | 철강판 | 신발 | 선박 | 음향기기 |
| 1988 | 의류 | 가구 | 영상기기 | 자동차 | 반도체 |
| 1998 | 반도체 | 자동차 | 선박해양구조물 및 부품 | 금은 및 백금 | 컴퓨터 |
| 2008 | 선박해양구조물 및 부품 | 석유제품 | 무선통신기기 | 자동차 | 반도체 |
| 2018 | 반도체 | 석유제품 | 자동차 | 평판디스플레이 및 센서 | 자동차 부품 |
| 2020 | 반도체 | 석유제품 | 자동차 | 선박해양구조물 및 부품 | 자동차 부품 |

[표 2-1] 1961~2020년 한국의 5대 수출 품목의 변화[21]

이상한 성공

## 일제 강점 때문일까?

놀라운 경제성장은 한국인의 삶에 어떤 영향을 주었을까요? 아마도 가장 큰 변화는 더 이상 우리가 굶어 죽을 걱정을 하지 않고 살게 되었다는 것입니다. '식위민천(食爲民天)', "먹는 것이 백성의 하늘"이다. 《조선왕조실록》을 보면 세종께서 즉위하신 지 5년째 되는 1423년 7월 13일 심각한 가뭄이 들어 백성들이 농사 짓기가 어려워지자 종묘·사직·북교에서 기우제를 지내시면서 하신 말씀이라고 기록되어 있습니다.[22] 백성의 하늘은 임금이 아니라 먹을 것이라는 이 표현은 《세종실록》에만 여덟 번이 나옵니다. 지금 말로 하면 평범한 사람들에게는 예나 지금이나 가장 중요한 일이 먹고사는 문제라는 것이지요. 그런데 나라님도 가난을 구제할 수 없다는 말은 그 먹고사는 문제가 절대 권력자인 임금조차 어찌할 수 없다는 것입니다. 물론 조선은 유학을 공부하는 사대부의 나라였기 때문에 임금도 모든 것을 마음대로 할 수는 없었지만요. 그만큼 빈곤을 없애는 것이 어렵다는 것을 이야기하는 것이겠지요. 그러고 보면 빈곤과 굶주림은 오랫동안 우리의 일상이었습니다.

그런데 나라님도 어찌할 수 없다는 빈곤이 경제성장과 함께 처음으로 한국인의 삶에서 사라지기 시작했어요. 사실 우리는 지독하게 가난했습니다. 굳이 조선시대로 거슬러 올라갈 필요도 없습니다. 일제강점기에도 우리의 삶은 매일매일 먹고사는 문제와 목숨을 걸고 싸워야 했습니다. 한국인이라는 이유로 일본인에게 온갖 핍박과 차별을 받으면서도 한국인은 배부른 돼지조차 되지 못했지요. 물론 식민지 근대화 논자들은 일제강점기 동안 조선에서 빈곤이 만연했던 이유가 일본 제국주의의 침탈 때문이 아니라 자본주의사회로 전환되는 초기에 발생하는 일반적 현상이라고 주장합니다.[23] 전근대 사회에서 근대 자본주의사회로 전환하는 과정에서 대부분의 사회가 겪는 보편적 경험이라는 것이지요.

언뜻 보면 그런 것도 같습니다. 유럽에서도 자본주의 초기에는 극심한 빈곤이 만연했기 때문입니다. 빈민을 구제하는 법이라고 알려졌던 영국의 '빈민법(the poor law)'은 영국이 자본주의로 이행하는 과정에서 폭발적으로 증가하는 빈민을 통제하고 노동력을 강제로 동원하기 위해 제정한 일련의 법체계였습니다. 대표적인 식민지 근대화 논자 중 한 사람인 김낙년 교수는 일제강점기 동안 "일상의 자발적 거래를 중심으로 하는 경제 영역에 있어서는 문자 그대로의 의미로 수탈이 일반적으로 이루어졌다고 생각할 수 없다"라고 단언합니다.[24] 식민지 지배의 부당성과 경제 영역에서 수탈이 일어났는지의 문제는 완전히 다르다는 것입니다. 글쎄요. 그게 가능할까요? 이 책은 일제강점기에 한국인이 얼마나 수탈을 당했는지 이야기하는 자리가 아니기 때문에 자세히 이야기할 수는 없을 것 같군요.

하지만 두 가지는 이야기해야 할 것 같습니다. 하나는 일본인 학자가 이야기하는 일제의 조선인 차별 이야기입니다. 일제는 조선인의 대출금리를 일본인에게 적용하는 대출금리보다 훨씬 높게 책정했어요. 구조적으로 한국인의 부가 일본인에게 이전되도록 만든 것입니다. 예를 들어 일본인에게는 5퍼센트의 대출금리를 적용하

이상한 성공

고, 조선인에게는 10퍼센트를 적용한다고 가정해 보죠. 그리고 A라는 일본인이 백만 원을 5퍼센트의 이율로 빌려서 B라는 조선인에게 10퍼센트 이자를 받고 돈을 빌려주었다고 가정해봅시다. 일본

1837년 빈곤층의 노동력을 강제로 동원하기 위해 만든 제도인 신빈민법에 반대하는 포스터. 신빈민법에 따라 노역소에서 일하는 가난한 사람들의 모습이 담겨 있다.[25]

인은 아무것도 하지 않고 조선인에게 다시 돈만 빌려주면 손쉽게 5만 원을 벌 수 있었을 것입니다. 실제로 조선에서 고리대금업으로 부자가 된 일본인이 많았다고 합니다. 부자 되기 참 쉬웠겠지요.

다른 하나는 잘 알려진 사실로, 같은 일을 해도 일본인 노동자는 조선인 노동자보다 더 높은 임금을 받았습니다. 활판식자공(인쇄·출판업)의 일당을 비교해보면 일본인 노동자는 1.81원을 받았는데, 조선인 노동자는 일본인 노동자의 63.0퍼센트인 1.14원을 받았어요.[26] 시장 논리가 아니라 단지 조선인이라는 이유만으로 이렇게 부당한 차별을 받았던 거지요. 이래도 식민지 조선에서 수탈이 없었다고 할 수 있을까요? 일제의 이런 수탈과 차별을 생각하지 않고서는 조선인 노동자들이 일본인이 버린 수박껍질로 허기를 달랬다는 언론보도를 어떻게 설명할 수 있겠습니까.[27] 더욱이 노동자들의 실질임금은 일제 강점 이후 계속 낮아졌습니다. 1917년 7월에 발간한 조선의 한 잡지는 당시 조선인의 생활상을 다음과 같이 이야기했습니다.

지금 물가등귀는 멎을 줄 모르는 상태이고 비참한 생활난으로 인한 절규가 전국 도처에서 들리고 있다. 특히 각 관아의 하급관리를 비롯하여 일반 사회의 하층민들은 점점 더 암담한 기아지경에 짓눌려 가고 있다.

— 강만길, 《한국노동운동사 1: 조선후기~1919》, 223쪽

앞서 이야기한 두 가지 사례를 떠올리며 생각해보세요. 정치와 경제가 서로 분리될 수 있는 문제인지요. 경제 영역에서 이루어지는 일본인과 조선인의 임금과 대출 이자율 차별이 "일상의 자발적 거래를 중심으로 하는 경제 영역"의 문제였을까요. 얼마나 답답했으면 일본인 학자조차 "김낙년의 견해는 너무 순진하다"라고 평가했을까요.[28] 일제강점기 당시 일본인 학자들은 조선에서 산업혁명이 일어났다며, 1930년대 식민지 조선에서 이루어진 공업발전을 입에 침이 마를 정도로 칭찬했어요. 하지만 그때에도 조선인의 25퍼센트는 굶주림으로 매일매일 생존을 위협받으며 삶을 이어가고 있었습니다. 살기 위해 국외로 이주한 사람이 당시 인구의 10퍼센트에 달하는 2백만 명을 넘었습니다.[29] 베를린 올림픽 마라톤에서 일장기를 달고 금메달을 딴 손기정 선생님은 조선인으로는 부유한 가정에서 자랐지만, 항상 배가 고팠다고 합니다. 이처럼 일제강점기에 대다수 조선인의 삶은 힘들었습니다.[30]

하지만 경제적 문제는 우리가 겪었던 비극의 일부일 뿐입니다. 일제강점기를 평가하면서 많은 학자가 놓치는 부분이 있어요. 일제강점기를 개발 대 수탈이라는 경제문제로만 보는 것은[31] 일제 강점

이상한 성공

이 한국인에게 가한 엄청난 가시적·비가시적 폭력을 제대로 보지 못하게 만듭니다. 일제는 역사를 조작하면서까지 조선인에게 조선인을 열등한 인종으로, 조선 문화를 열등한 문화로 교육하고 각인시켰어요. 일제는 한 세대보다 더 긴 시간 동안 조선을 총칼로 지배하면서 조선인에게 열등한 민족이라는 정체성을 각인시켰습니다. 이렇게 일제가 잔인하게 파괴한 우리의 정체성은 해방 이후에도 끊임없이 우리를 괴롭혔습니다. 무엇이든 일본 것이 좋아 보였고, 일본이라면 무엇이든 믿을 수 있다는 생각에 빠졌던 우리는 일제 강점이 만들어놓았던 그 열등한 정체성의 덫에서 벗어나지 못했습니다.

일제 강점이 우리 민족에게 가했던, 보이지는 않지만 그 시대를 살았던 사람이라면 누구나 알 수 있었던, 조선인의 정체성을 해체하고 파괴했던 일제의 그 잔인한 폭력을 식민지 근대화론자들은 왜 보려고 하지 않는지 안타까울 따름입니다. 저는 일본인이 한국인을 비하하는 표현으로 사용하는 '조센징(ゾ센ジング)'이라는 단어가 단순히 조선 사람을 가리키는 '조선인(朝鮮人)'의 일본식 발음이라는 것을 알았을 때의 충격을 잊지 못합니다. 조선인을 조선 사람이라고 부르는 것이 사람의 인격을 모독하고 영혼을 병들게 하는 비하의 표현이었습니다. 상상해보세요. 누가 우리에게 한국인이냐고 묻는 것 자체가 비하하는 표현이 되는 시대를. 일제강점기 동안 내가 누구인지를 잃어버리고, 열등한 인간으로 전락한 사람들에게 개발은 어떤 의미였는지 생각하게 합니다.

# 나라님도 어쩔 수 없다는 빈곤이

안타까운 일은 해방 이후에도 변한 것이 거의 없었다는 것입니다. 차라리 일제강점기가 더 나았다는 푸념이 나올 정도였으니까요. 밥이 사람들의 하늘인데, 밥이 해결되지 않으니 해방이 무슨 소용이냐며 한탄했을 법도 합니다. 한국전쟁이 터지자 평범한 사람들의 삶은 더 힘들어졌을 것입니다. 그야말로 먹고사는 것이 문제였지요. 꿀꿀이죽, 유엔죽, 양죽 등으로 불리는 음식도 이때 만들어졌어요. 꿀꿀이죽이 어떤 음식이냐고요. 쉽게 이야기하면 여러분이 학교나 직장의 구내식당에서 밥을 먹고 남은 음식을 잔반통에 버리잖아요. 꿀꿀이죽은 그 잔반으로 만든 음식입니다. 1950년대에 한국에 주둔하고 있던 미군들이 먹다 남은 음식을 잔반통에 버리면, 한국인들이 그 잔반통의 음식 찌꺼기를 끓여서 꿀꿀이죽을 만들었어요. 그 속에는 "담배꽁초, (무엇에 썼는지도 모를) 휴지 등 별의별 물건이 마구 섞여 형언할 수 없는 고약한 냄새를 풍기는 반액체" 형태였다고 합니다.[32] 몇십 년 전까지만 해도 가난한 한국인은 그런 음식쓰레기를 끓인 것으로 허기를 채우고 살았습니다. 꿀꿀이죽도, 부대찌개도 지금은 별미가 되었지만, 그 유래는 한국인이 얼마나 가난한 시대를 살아왔는지 보여주는 단편이라고 할 수 있습니다. 1944년에 태어난 이장규 씨는 '김미쪼꼬렛(Give me chocolate)'을 외치며 미군 지프차를 쫓아다녔던 기억을 떠올립니다. 그는 어느 날 운 좋게 미군이 던져준 초콜릿을 얻으면 장롱 속에 감추어 두었다가 아플 때마다 꺼내 먹었다고 해

이상한 성공

요.[33] 무슨 보약처럼.

1960년대까지만 해도 가을에 추수한 곡식이 다 떨어져 보리를 수확하는 5~6월까지 굶주리는 시기를 보릿고개라고 불렀습니다. 황금찬 시인은 당시 그 굶주림을 견뎌야 하는 한국의 삶을 시로 노래했습니다. 한국의 '보릿고개' 높이가 세계에서 제일 높은 8,848미터의 에베레스트산보다 더 높은 9천 미터라고요. "(…) 코리아의 보릿고개는 높다/ 한없이 높아서 많은 사람이 울며 간다/(…) 안 넘을 수 없는 운명의 해발 구천 미터(…)."

그런데 그 절대빈곤이 사라지기 시작했습니다. 빈곤을 줄이기 위해 복지지출을 늘린 것도 아닌데 절대빈곤이 점점 줄어들기 시작했지요. 1960년대부터 1987년 민주화 이전까지 한국의 GDP 대비 사회지출은 2퍼센트를 넘지 않았습니다. 그런데도 생존에 필요한 최저 소득을 벌지 못하는 절대빈곤층이 급격하게 감소하기 시작했습니다. 절대빈곤에 처해 있는 사람의 비율은 1965년 40.9퍼센트, 그러니까 열 사람 중에 네 사람이 절대빈곤에 처해 있었는데, 1970년에는 열 명 중에 두 명으로, 1980년에는 열 명 중에 한 명으로 급감한 것입니다. 경제성장

이 일자리를 만들고, 그렇게 만들어진 일자리가 소득이 없었던 많은 사람에게 소득을 제공하면서 먹고사는 문제가 조금씩 해결되기 시작한 것입니다.

그래도 먹고사는 문제는 여전히

쉬운 문제가 아니었습니다. 경제개발 시기에 사람들은 먹는 것도 해결할 수 없을 정도로 낮은 임금을 받았기 때문에 장시간 노동을 해야 했습니다. 마치 서구에서 산업혁명 시기에 노동자들이 12시간이나 14시간 일했던 것처럼, 경제가 성장하던 시기에 노동자들이 열악한 노동조건에서 일주일을 '월화수목금금금'으로 살았던 것처럼, 하루가 24시간 이상인 것처럼 일했습니다. 그런 눈물겨운 성실함 덕에 한국 경제는 성장했고, 한국인들은 국가의 복지 확대 없이 절대빈곤에서 벗어날 수 있었습니다. 나와 내 가족이 병들고 아플 때, 나와 내 가족이 실직했을 때, 나와 내 가족의 삶을 지켜줄 복지국가는 없었습니다. 그러니 모든 사람이 경제 상황이 괜찮은 시기에도 궂은 날을 대비해 더 열심히 일하고 저축했을 것입니다. 여하튼 놀라운 경제성장과 함께 한국인을 괴롭혔던 절대빈곤이 소수의 예외적인 문제로 바뀌었습니다.

성장이 일자리를 만들고, 이렇게 만들어진 일자리가 저임금·장시간 노동과 결합하면서 국가가 공식적으로 사회복지 지출을 늘리지 않고도 빈곤이 낮아지는 '개발국가 복지체제'가 만들어진 것입니다. 하지만 절대빈곤이 사라진 것은 아닙니다. 지금은 절대빈곤을 공식적으로 측정하지 않기 때문에 공식적인 통계를 확인하기는 어렵습니다. 다만 절대빈곤 수준과 유사한 가구소득이 가구중위소득(1인 가구 포함, 가처분소득 기준)의 40퍼센트에 미치는 비율을 보면 2018년 2/4분기를 기준으로 무려 26.2퍼센트가 빈곤한 것으로 파악되었어요.[34] 이는 지금도 한국인의 삶에서 국가가 제공하는 복지가 여전히 중요한 역할을 하지 못한다는 것을 의미합니다. 대신 시장에서 치열한 경쟁을 통해 버는 소득이 여러분과 여러분 가족의 삶을 지켜주는 역할을 하고 있습니다. 여하튼 나라님도 어쩔 수 없다는 절대빈곤이 고도 성장기를 거치면서 한국 사회에서 사라지기 시작한 것입니다.

---

### 절대빈곤과 중위소득

중위소득과 가처분소득에 대해 이야기해볼까요. 과거에는 최저생계비를 측정했기 때문에 가구소득이 최저생계비 이하면 절대빈곤으로 분류했습니다. 대략 중위소득의 30퍼센트 정도인 것으로 추정됩니다. 그래서 여기서 제시한 1인 가구를 포함한 중위소득 40퍼센트를 절대빈곤과 비교한 것은 실제로는 절대빈곤의 규모를 과대 추정한 것일 수 있습니다. 가구중위소득은 전체 가구를 가장 소득이 높은 가구부터 가장 낮은 가구까지 한 줄로 세운 다음, 그 줄의 정가운데 있는 가구의 소득을 일컫는 개념입니다. 예를 들어 전체 가구의 수가 다섯 가구이고, 소득분포가 1천만 원, 4백만 원, 150만 원, 1백만 원, 50만 원이라고 가정해보세요. 그리고 가구소득이 높은 순서대로 다섯 가구를 일렬로 세워보세요. 이때 가구의 중위소득은 가구소득이 세 번째로 높은 150만 원이 됩니다. 평균소득은 340만 원인데, 중위소득은 이보다 훨씬 낮은 150만 원입니다.

퀴즈 하나 풀어볼까요. 국민의 실제 소득분포를 나타내는 소득지표로 평균소득과 중위소득 중 어떤 지표가 가구의 실제 소득분포를 더 잘 반영할까요? 네, 맞습니다. 중위소득입니다. 여러분이 학교에서 배운 것처럼 평균값은 극단 값(여기서는 1천만 원)에 민감하게 반응합니다. 반면, 중위 값은 그렇지 않죠. 다섯 가구 중 가장 부유한 가구의 소득이 1억 원이면 평균소득은 2,140만 원으로 급등합니다. 하지만 중위소득은 여전히 150만 원입니다.

## 낮아진 불평등, 그러나

　　한번 생각해보세요. 항상 부러움을 사던 잘나가던 친구가 '폭망'했다는 소식을 들으면 여러분은 어떤 기분이 들 것 같나요? 마침 그 친구가 당신이 평소에 싫어하던 사람이라면? 또는 항상 같이 붙어 다니는 아주 친한 친구지만, 항상 당신과 비교되어 열등감을 자극했던 친구라면? 전자는 쌤통이라고 생각할 것 같고, 후자는 '참 안됐다'라는 생각을 하면서도 속으론 왠지 설명할 수 없는 미소가 지어지나요? 그렇다고 해도 너무 자책하지 마세요. 사람이라면 대부분 그럴지도 모르니까요.

　그래서 성장이 단지 절대빈곤을 줄이는 역할만 했다면 성장의 의미는 그리 크지 않았을지도 몰라요. 과거와 비교하면 가난한 사람의 절대적 생활수준이 개선된 것은 분명해 보이기 때문이죠. 지금이야 대부분의 주택에서 수돗물이 나오지만, 15세기만 해도 유럽에서 우물은 부유한 집안의 저택에나 있는 아주 특별한 것이었습니다. 먹거리도 마찬가지였습니다. 지금은 건강에 해롭다고 기피하지만, 중세시대에 흰 빵은 누구나 먹을 수 있는 음식이 아니었습니다. 흰 빵은 부자만 먹을 수 있을 정도로 비싼 음식이었어요. 농민과 노동자는 밀, 보리, 호밀이 섞인 빵을 먹었어요. 가난한 사람들은 빵을 먹을 수 없어서 기장과 콩으로 만든 죽을 먹었습니다.[35]

　한국도 크게 다르지 않았습니다. 멀리 갈 것도 없지요. 해방 이후 모두가 가난했던 시절을 생각해보면, 현재 우리가 누리는 평균적인 생활은 과거에는 상상도 할 수 없는 수준의 것입니다. 그래서 기성세대가 자꾸 젊은 세대가 힘들다고 하면 "라테 이즈 홀스(나 때는 말이야)"라고 말하나 봅니다. 실제로 지금 가난한 사람들의 절대적 생활수준은 과거보다 나아졌습니다. 그러나 인간의 삶이라는 것이 먹는 문제를 해결했다고 행복해지는 것이 아니지요. 먹는 것이 모자랄 때는 먹는 문제를 해결하는 것이 삶의 가장 중요한 목표가 될 수 있지만, 일단 먹는 문제를 해결하고 나면 그 문제는 더 이상 삶의 목표가 될 수 없기 때문입니다. 왜냐하면 인간의 행복은 절대적 수준만의 문제뿐 아니라 상대적 문제도 있기 때문입니다.

독일어에 '샤덴프로데(Schadenfredude)'라는 말이 있는데, 우리말로 하면 아주 강한 의미의 '쌤통' 정도로 번역할 수 있을 것 같습니다. 남이 잘못된 것을 보면서 기쁨을 느낀다는 의미입니다. 사실 이 감정은 동서양을 막론하고 어디에나 있는 것 같습니다. 우리 속담에 "사촌이 땅을 사면 배가 아프다"라는 표현이 있고,[36] 서양에는 "제일 친한 친구가 지붕에서 떨어진 사람은 행복하다"라는 속담이 있으니까요.[37] 어떤 학자는 한국인의 극심한(?) 질투와 경쟁이 '쌀문화' 때문이라고 열변을 토하기도 해요.[38] 하지만 이런 속담을 보면 정도의 차이가 있을 뿐 가까이 있는 사람과의 질투와 경쟁은 동서양 모두의 보편적인 정서인 것 같습니다. 사실 서양 속담과 비교하면 우리 속담은 그래도 인간적인 것 같습니다. 우리는 남이 잘되면 배가 아픈 정도인데, 서양 사람들은 친한 친구가 지붕에서 떨어질 정도로 불행해야 행복하니까요. 이런 속담들을 긍정적으로 생각하면 평등에 대한 인간의 열망이 그만큼 크다고 이해할 수도 있을 것 같습니다.[39]

다시 본론으로 돌아가면, 성장을 통해 많은 한국인이 절대빈곤에서 벗어났다고 해도 부자와 평범한 사람들 간에 부와 소득의 불평등이 커진다면 그 성장에 대한 평가는 부정적일 수밖에 없습니다. 나는 굶어 죽지는 않지만 매일 죽을 먹고 있는데, 다른 사람들은 매일 정찬을 음미하고 있다면 기분이 어떨까요. '죽지 않을 정도로 먹고 있으니 참 다행이야'라고 생각하긴 어려울 것 같습니다. 어쩌면 심한 분노가 치밀어 오를지도 모릅니다. 더욱이 불평등의 심화는 개인적인 분노로 그칠 문제가 아닙니다. 지금 많은 자본주의 국가에서 성장률이 계속 낮아지는 이유 중 하나가 불평등의 증가입니다.[40] 불평등을 완화하지 못하면 성장은 지속가능해 보이지 않고, 성장이 지속되지 않으면 자본주의는 유지될 수 없습니다.

　다만 성장과 불평등의 관계는 성장이 절대빈곤에 미치는 영향보다 복잡해 보입니다. 절대빈곤이 1960년대부터 감소하기 시작했다면, 소득불평등은 1970년대 말이 되어서야 낮아지기 시작했으니까요. 그리고 이 시기는 앞서 이야기한 한국 경제의 황금시대였고, 주류 경제학자들이 이야기하는 '낙수효과', 즉 경제의 규모가 커지면(성장하면) 모두에게 돌아가는 몫이 증가하는 현상이 나타났던 시기였지요. 국가가 공적 복지를 늘리지 않았는데도 시장에서 버는 소득만으로 불평등이 낮아졌던 시대였습니다. 정치적으로는 한국이 독재국가에서 민주주의사회로 이행하는 시기였습니다.

　하지만 이런 일들이 모든 나라에서 일어난 것은 아니었습니다. 1970~1980년대 실질구매력 기준으로 1인당 GDP가 4천 달러 수준이었던 한국(1978~1982년 기준)과 브라질(1974~1985년 기준)을 비교해보죠. 브라질은 1인당 GDP가 상승하는데도 지니계수는 0.5~0.6에서 좀처럼 낮아지지 않았어요. 반면 한국은 0.3대 후반을 정점으로 0.3대 초반까지 낮아집니다.[42] 물론 경제성장과 소득

"He says that the more he eats the more crumbs we will get."

낙수효과를 설명하는 그림. "그는 그가 더 많이 먹을수록 우리가 더 많은 빵 부스러기를 얻을 수 있다고 말한다"라고 써 있다.[41]

불평등의 관계는 1990년대 초를 지나면서 다시 마이너스 관계, 즉 성장이 지속되고 불평등이 높아지는 관계로 변화합니다. 1장에서 설명했던 것처럼 성장과 불평등이 역U 자형 관계가 아니라 증가했다가 감소하고, 감소했다가 증가하는 쿠즈네츠의 파동을 그리게 된 것입니다. 그럼에도 한국의 놀라운 경제성장은 빈곤은 물론, 비록 짧은 기간이었지만 불평등도 줄이면서, 한국 사회를 빈곤과 불평등이 낮아지는 사회로 전환시키는 놀라운 기적을 이루었습니다.

## 피, 땀, 눈물이 만든 민주주의

정말 엄청난 일을 해낸 것 같지 않나요? 제2차 세계대전이 끝나고 식민지였던 국가들이 독립한 지가 80여 년이 지났습니다. 하지만 식민지에서 독립한 국가 중 한국처럼 경제발전을 이루며 선진국에 진입한 나라는 없습니다. 여기에 민주주의를 더하면 한국과 같은 나라를 찾는 것은 더더욱 어려워집니다. 사

실 이런 놀라움 뒤에는 서구와 다른 한국만의 독특한 특성들이 있는 것 같습니다. 그중 하나는 한국이 빠른 속도로 산업화를 이루었지만, 민주화는 산업화보다 상대적으로 더디게 진행되었다는 것입니다. 한국의 산업화는 1960년대부터 본격적으로 시작되었습니다. 반면 민주주의는 30년이 지난 1987년 6월 민주화 항쟁 이후 본격적으로 시작되었으니까요. 산업화가 본격적으로 시작된 지 한 세대가 지나서야 비로소 민주주의가 시작된 것이지요.

그렇다고 한국의 민주주의가 1987년 6월 민주화 항쟁을 계기로 "짠" 하고 나타난 것은 아닙니다. 그 어떤 일도 하루아침에 갑자기 나타나는 법은 없습니다. 더구나 한국 사회의 부를 누가 어떻게 분배할지를 결정하는 규칙이 하루아침에 갑자기 바뀔 리는 없습니다. 생각해보세요. 독재자였던 이승만, 박정희, 전두환 씨가 어느날 갑자기 자신의 독재 권력을 다 내려놓고 "이제부터 나랏일을 민주적으로 처리해야겠다"라고 결심하기란 쉽지 않을 테니까요. 19세기 이래 한국 사회가 민주주의를 향해 전진했던 모든 걸음 뒤에는 전제군주제에 맞서, 일제에 맞서, 독재에 맞서, 민주적으로 선출된 정부의 권위주의에 맞서, 해외에서 거리에서 광장에서 독립과 민주주의를 외쳤던 셀 수 없는 시민들이 있었습니다. 그리고 자신의 안위를 돌보지 않고 온몸을 던졌던 수많은 보이지 않는 선각자와 열사들의 이루 헤아릴 수 없는 아픔과 고통이 있었습니다.

조선의 혁명가이자 독립운동가였던 김산(본명 장지락)은 일제강점기 조선 청년들이 좌우로 갈라져 갈등을 하던 중에도 "모든 조선인은 방법은 달라도 오직 두 가지 같은 열망을 갖고 있었다"고 증

이상한 성공

언합니다. 바로 "독립과 민주주의였다"고 말이죠.[43] 조선인들에게
민주주의는 곧 일제 강점으로부터의 해방과 독립을 의미했던 것입
니다. 한국인들의 민주주의에 대한 염원은 19세기로 거슬러 올라
갑니다. 민주주의는 1857년 조선 말기 실학자이자 과학사상가인
최한기가 편찬한 《지구전요(地球典要)》에 처음으로 소개되었어요.
그리고 1880년대부터 개화파 운동이 민주주의를 적극적으로 수
용했던 것으로 보입니다.[44] 독립협회도 민주주의를 주장했던 것을
보면, 한국에서 민주주의는 초기부터 외세에 대한 저항과 자주독
립의 염원을 동시에 담고 있었던 것입니다. 1919년 3·1운동 이후
상해에 수립된 임시정부의 헌법이라고 할 수 있는 '임시헌장' 제1
조가 "대한민국은 민주공화제로 한다"일 정도였으니까요.[45] 그러
고 보니 한국의 민주주의를 저항적 민주주의라고도 할 수 있을 것
같네요.

　물론 '민주주의'를 제도의 실행이라는 기준으로 이해하면 한국
의 민주주의는 미군정이 이식한 제도가 맞습니다.[46] 한국에서 민주
주의가 보통선거와 같은 제도로 처음 실행된 것은 1948년 5월 제
헌의회 구성을 위한 5·10 총선거였으니까요. 아무리 민주주의를
염원했다고 해도 민주주의가 실행되지 않았다면, 민주주의가 없었
다고 해도 무리한 주장은 아닐 것입니다. 그리고 민주주의가 일회
적 선거로 끝나지 않고 지속되며 공고화된 시기는 전두환 독재정
권을 시민의 힘으로 무너뜨린 1987년 6월 민주화 항쟁 이후라고
할 수 있습니다. 1987년 6월 민주화 이후 한국 사회에서는 국가권
력을 둘러싼 정당 간에 민주적이고 평화적인 경쟁이 가능했기 때

조선의 혁명가이자 독립운동가인 김산이 옌안에 머물 당시(1937년)의 모습.

조선 후기 실학자 최한기가 청나라의 《해국지도》, 《영환지략》 등을 기초로 1857년에 편찬한 세계지리서 《지구전요》.

문입니다.[47] 더 엄격하게 이야기 하면, 한국 사회에서 민주주의의 공고화는 1997년 12월 14일 실시된 대통령 선거를 통해 정권이 여에서 야로 평화적으로 교체된 이후라고 할 수도 있습니다. 권력이 특정한 정치세력으로부터 선거와 같은 민주적 절차에 따라 규칙적으로 이전될 때 우리는 비로소 민주주의로 향한 발걸음이 시작되었다고 이야기할 수 있으니까요.[48] 하지만 우리는 민주주의를 고정된 제도가 아니라 발전하고 만들어지는 역사적 과정으로 이해할 필요가 있어요. 이렇게 보면 민주주의가 우리의 일상에 스며들기 시작한 시점은 앞에서 이야기한 것처럼 적어도 백년 이상의 오랜 역사를 갖고 있는 것 같습니다. 그리고 그 백 년의 역사에서 한국인이 민주주의를 위해 흘린 피, 땀, 눈물은 상상할 수 없을 정도로 거대했습니다.

전두환 독재정권 시기였던 1980년대 중반에만, 적게 잡아도 대

이상한 성공

략 3천 명 이상의 대학생들이 민주화를 위해 노동 현장에 투신했습니다. 공식 통계에 따르면 1985년과 1986년 2년 동안 무려 671명의 대학생이 민주화운동을 했다는 이유로 경찰에 체포되었습니다.[49] 또한 같은 이유로 강제로 군에 징집되기도 했습니다. 그리고 그중 일부 청년은 싸늘한 시신이 되어 가족에게 돌아왔습니다.

여러분이 독재정권 시기에 대학생이었다고 상상해보세요. 당시 대학진학률은 20~30퍼센트에 불과했으니까, 여러분이 대학생이었다면 나름 미래가 보장된 청년들이었을 것입니다. 졸업하면 안정된 생활이 가능했겠죠. 그런데 여러분이 그런 '꽃길'을 마다하고 민주화를 위해 공장에 들어가고 구속되는 일을 두려워하지 않았던 것입니다. 심지어 그들은 민주화를 위해 목숨을 걸어야 했습니다. 김세진, 박종철, 이한열, 조성만 등 많은 청년이 목숨을 잃었습니다. 저와 같이 활동했었던 신건수도 민주화운동의 과정에서 의문의 죽음을 당했습니다.[50] 그 꽃다운 20대 청년들이 죽음을 직면했을 때 얼마나 두려움에 떨었을지 상상이 가지 않습니다. 세월이 지나 그세대 중 많은 사람이 변절했습니다. 그 세대에 대한 평가도 박해졌습니다. 하지만 그 시대를 살았던 사람들 입장에서 보면 그분들이 걸었던 길은 결코 쉬운 길이 아니었습니다.

1987년 6월 민주화 항쟁이 폭발하기 이전부터 대학생들은 전두환 독재정권의 폭압에 맞서 격렬한 투쟁을 벌였다. 1987년 5월 4일 명동성당 앞에서 서울 지역 가톨릭대학생 연합회 소속 대학생들이 가두행진을 가로막은 전투경찰의 포위를 뚫기 위해 격렬한 투쟁을 벌이는 모습.[51]

1987년 6월 민주화 항쟁 이후 민주주의를 지켜나가는 것도 생각처럼 쉬운 일이 아니었습니다. 해방 이후 1998년에 처음으로 민주적 선거를 통해 여에서 야로 정권이 교체되고, 2008년 다시 여에서 야로 정권이 교체되었어요. 하지만 정권이 민주적 선거로 교체된다고 민주주의의 발전이 보장되는 것은 아니었습니다.[52] 보수 정부 9년(2008~2016년) 동안 국가기관인 국가정보원과 국군기무사가 선거에 개입하고, 정부에 비판적인 민간인을 사찰했습니다. 정부가 사법부의 판결에 개입하는 일도 벌어졌으니까요. 당시 이명박 대통령은 국정원의 선거 개입 활동을 보고받고, 수석비서관 회의에서 "다른 기관들도 국정원처럼 댓글 이런 거 잘해야 한다"라고 발언했습니다.[53] 박근혜 대통령은 지금 한일 갈등의 중요한 원인인 징용배상판결에 대해 "징용배상판결이 확정되면 나라 망신

이다"라고 이야기하면서 대법원에 정부의 의견서를 제출하라고 지시했습니다.[54] 2016~2017년 촛불항쟁은 바로 그런 민주주의의 위기에 대한 시민의 평화적인 저항이었습니다. 민주주의가 위태로워지자 연인원 1,700만 명의 시민과 노동자가 광장을 가득 메우며 민주주의를 외쳤습니다.[55]

프리드리히 에베르트 재단이 한국의 촛불시민들에게 수여한 인권상.[56]

그리고 마침내 다시 민주주의

이상한 성공

를 지켜냈습니다. 1일 기준으로 2백만 명이 넘는 시민이 참여한 집회가 폭력 사태 없이 평화적으로 정권을 교체한 것은 세계사적으로도 놀라운 일이었습니다. 근대 민주주의의 원조 국가라고 할 수 있는 미국, 영국, 프랑스 등에서도 대규모 집회는 항상 폭력을 수반했으니까요. 그들과 비교하면 한국의 촛불집회는 그야말로 평화집회의 교과서였다고 할 수 있습니다. 민주주의를 연구하는 중앙대학교 사회학과 신진욱 교수의 전언에 의하면 이런 한국 민주주의의 현장을 직접 보기 위해 독일 학자들이 집회현장을 방문하는 일도 있었다고 합니다. 독일의 프리드리히 에버트 재단은 한국 시민들의 이런 놀라운 민주주의 역량에 인권상을 헌정했습니다. 동북아시아 국가로서는 처음으로 한국의 촛불시민들이 에버트 인권상을 수상한 것입니다.

하지만 집회가 항상 평화적이어야 하는지는 생각해볼 여지가 있습니다. 미국의 양심이라고 불리는 하워드 진은 폭력과 비폭력의 문제에 대해 이렇게 이야기합니다. "비폭력이라는 가치를 절대화하면, 평화적으로는 이룰 수 없는 모든 사회의 변화를 늦추게 될 수도 있다."[57] 생각해보세요. 우리가 비폭력만이 유일한 저항의 방법이라고 이야기하는 순간, 우리는 우리 스스로 우리의 자주독립과 민주화의 과정을 부정하는 역설에 직면합니다. 안중근, 윤봉길, 이봉창 열사의 항일투쟁을 어떻게 이해해야 할까요. 스가 요시히데 일본 총리의 이야기처럼 그분들의 행위를 '테러'로 보아야 할까요? 봉오동전투, 청산리대첩 등 독립운동가들의 항일 무장투쟁은 어떻게 평가해야 할까요? 독재정권에 맞섰던 4·19 민주혁명,

5·18 민주화운동, 6·10 민주화운동 등 수많은 민주화운동은요?
물론 우리는 그 반대도 경계해야 합니다. 하워드 진은 비폭력을 절
대화하는 것을 경계했듯이 사회 변혁을 위해 폭력을 정당화하는
것도 똑같이 경계하라고 우리에게 이야기합니다. "사회 변화라는
가치를 절대화하면, 보잘것없는 개혁을 위해 인간의 생명을 희생
시키는 극심한 대가를 치르게 된다"고요. 우리는 둘 다 필요한 것
같습니다. 그리고 무엇이 필요하고 옳은지를 판단하는 일은 민주
주의를 지켜내려는 깨어 있는 시민들의 몫인 것 같습니다.

다시 주제로 돌아가면 제도로서 민주주의가 실행된 것은 미군
정이라는 외부의 힘에 의한 것일 수도 있습니다. 하지만 민주주
의가 일상의 공기처럼 우리와 함께할 수 있게 된 것은 19세기 외
세의 침략에 맞서 조선을 지키려 했던 독립운동과 민주주의 실현
을 위한 수많은 사람의 투쟁 덕분입니다. 1919년 3·1운동, 1926
년 6·10만세운동, 1960년 2·28대구민주화운동, 3·8대전민주의
거, 3·15의거, 4·19혁명, 1979년 부마항쟁, 1980년 5·18민주화
운동, 1987년 6·10항쟁, 2016년과 2017년 촛불항쟁 등에 이르기
까지 지금 우리가 누리고 있는 민주주의는 셀 수 없는 많은 사람의
피, 땀, 눈물의 결과라고 할 수 있을 것 같군요. 지금 우리가 자랑스
럽게 생각하는 한국의 민주주의는 이렇게 만들어진 것입니다.

영국의 주간지 〈이코노미스트(The Economist)〉에서 발표한
2020년 민주주의 지수를 보면 한국의 민주주의 순위는 167개국
중 23위로 완전한 민주주의국가로 분류됩니다. 민주주의의 본고
장이라고 이야기하는 미국(25위)보다 높은 순위입니다. 충분히 자

랑스러워해도 좋을 것 같습니다.⁵⁸ 국제통화기금(IMF)이 집계한 2019년 한국의 명목 1인당 GDP가 186개국 중 27위라는 점⁵⁹을 생각하면 한국의 민주주의는 산업화보다 더 빠르게 성장했다고 할 수도 있을 것 같습니다. 물론 아쉬움도 크고, 더 나은 민주주의를 위해 노력해야 할 부분도 여전히 많습니다. 민주화 이후 불평등이 증가했다는 것도 뼈아픈 현실입니다. 민주화는 4장에서 다시 이야기하겠습니다.


## ● 전쟁의 나라에서 문화의 나라로

얼떨떨합니다. 어쩌면 마음속 깊이 서구 문명에 무의식적인 동경이나 서구와 일본에 열등감을 품고 자랐던 세대에게 한국 문화에 대한 서양 사람들의 찬사는 당황스럽습니다. 미국 대중음악과 드라마, 일본 만화를 보고 자랐던 세대에게 정말 이상한 일들이 일어난 것이니까요. 케이팝은 세계인이 환호하며 따라 부르는 음악이 되고, 봉준호 감독의 영화 〈기생충〉이 미국 아카데미의 작품상을 받다니요. 2021년에는 윤여정 배우가 〈미나리〉라는 영화로 아카데미 여우조연상을 수상합니다. 코로나19가 세계를 위협하는 상황에서 넷플릭스(Netflix)가 제작한 조선 시대를 배경으로 한 사극 〈킹덤〉이 세계의 찬사를 받는 일이 눈앞에서 펼쳐졌습니다. 〈사랑의 불시착〉, 〈이태원 클라쓰〉, 〈사이코지만 괜찮아〉 등 한국 드라마가 세계인의 마음을 사로잡았습니다. 〈한겨레〉

보도에 따르면 2020년 한 해 동안 넷플릭스에서 가장 인기 있었던 TV 드라마 백 편 중 한국 드라마가 무려 열 편이나 포함되었다고 합니다.[60] 도저히 믿을 수가 없습니다.

영미권의 대중음악을 듣고 미국 드라마 〈원더우먼〉, 〈소머즈〉, 〈6백만 불의 사나이〉, 일본 애니메이션 〈아톰〉, 〈독수리 오형제〉, 〈마징가Z〉 등을 보면서 자란 세대가 질이 떨어진다고 폄하했던 한국 문화가, 세계인이 그것도 근대 세계를 지배하고 있는 서유럽과 미국에서 찬사를 받을 것이라고는 상상조차 해본 적이 없습니다. 문화부 장관을 지냈던 이창동 감독이 〈경향신문〉과의 인터뷰에서 "한류라는 단어는 긴가민가한 용어로 괜히 우리끼리 들떠서 하는 말이 아닌가 이런 느낌이었다"라고 이야기한 적이 있습니다. 이창동 감독의 말은 한국 문화에 대한 갑작스러운 환호를 접한 기성세

2020년 넷플릭스 인기 드라마 100위 권에 든 한국 드라마 10편. 17위 〈사이코지만 괜찮아〉, 28위 〈더 킹: 영원한 군주〉, 41위 〈청춘기록〉, 55위 〈사랑의 불시착〉, 61위 〈슬기로운 의사생활〉, 64위 〈우리, 사랑했을까〉, 65위 〈스타트업〉, 80위 〈쌍갑포차〉, 87위 〈비밀의 숲〉, 97위 〈이태원 클라쓰〉.[61]

이상한 성공

대의 생각을 그대로 대변해줬지요. [62]

경제성장은 앞뒤 돌아보지 않고 '월화수목금금금' 일한 끝에, 민주주의는 오랜 투쟁 끝에 겨우 이루어낼 수 있었습니다. 어찌 됐든 산업화와 민주화는 우리가 열심히 노력하면 불가능한 일이 아니었습니다. 하지만 한국 문화가 세계인이 공유하는 문화가 된다는 것은 열심히만 한다고 되는 일이 아니었습니다. 기대조차 하지 않았던 것 같습니다. 더욱이 우리 세대는 먹고사는 문제가 제일 중요했기 때문에 문화란 살 만한 부유한 사람들의 사치재 같은 것이라고 생각했습니다. 그러니 서구를 따라가야만 성공할 수 있다고 믿었던 사회에서 세계를 이끌어가는 문화가 만들어지고 성장해갈 수 있을 것이라고는 상상도 하지 못했습니다. 한국 드라마와 대중가요가 중국, 일본, 동남아시아에서 유행할 때만 해도 한국 문화가 퍼져나갈 수 있는 최대치라고 생각했던 것 같습니다. 과거에도 해외에서 인정받는 대중가수는 있었으니까요. 계은숙, 이미자, 조용필 같은 스타가 있었습니다. 하지만 그 영향력은 일본과 동남아시아를 벗어나지 못했지요.[63] 그래서 한류는 아시아의 한계를 넘지 못할 것이라는 예측이 지배적이었습니다.[64]

그 편견이 깨지게 되는 일이 2011년에 벌어집니다. 2011년 6월 10일 파리에서 SM엔터테인먼트가 주최한 '에스엠타운 라이브 파리 콘서트(SMTOWN Live World Tour in Paris)'의 공연 티켓이 15분 만에 매진된 것이죠. 수백 명의 프랑스 팬들이 루브르박물관 앞에서 추가 공연을 요구하는 플래시몹 시위를 벌이자 SM은 공연을 하루 더 연장하기로 결정합니다. '신기한' 일이 벌어진 것이죠.[65] 아시아에서나 먹힐 것 같았던 한국 문화가 아시아를 넘어 유럽과 미국으로 그 영향력을 넓힌 것입니다. 영국, 프랑스, 미국, 독일 등 서구의 주요 국가들에서 케이팝 팬들이 형성되고 있었습니다. 하지만 그때까지만 해도 케이팝은 "취향이 독특한 괴짜(Greek)들이나 좋아하는 하위문화로" 취급받았습니다. 싸이의 〈강남스타일〉이 폭발적인 인기를 누렸지만, 이것도 서구인의 눈에 신기하고 재미있었기 때문이지요. 서구 대중음악과 대등한 음악성을 갖췄다고 음악적으로 인정받지는 못했습니다.[66] 서구 전문가들은 자율성 없는 가수들이 지독한 훈련을 통해 군무를 추는 케이팝에서 창의적인 예술성을 기대할 수 없다는 편견을 갖고 있었습니다. 한마디로 예술성이 떨어지는 10대 소녀들이나 좋아하는 공장에서 찍어낸 기성품이라고 무시했던 것이지요.[67]

## BTS, 인종적 위계를 전복하다

2021년 8월 현재 페이스북 팔로워 1,881만 명, 인스타그램 팔로워 4,690만 명, 공식 트위터 팔로워 3,800만 명, 유튜브 구독자 5,570만 명을 기록하며 조회수가 가장 높은 아티스트, 2019년 빌보드 200 차트 3번 연속 1위, 영국 웸블리 스타디움 단독 콘서트, 2020년 1월 <블랙 스완(Black Swan)> 발표 직후 세계 93개국 아이튠즈 차트 1위(…) 2020년 9월 7일 빌보드 싱글 차트 '핫 100' 2주 연속 1위, 그래미 어워즈 후보, 2020년 11월 30일 한국어 노래로 빌보드 싱글 차트 '핫 100' 1위, 앨범 차트 '빌보드 200' 1위 동시 석권, 2021년 8월 1주 기준으로 <버터(Butter)>가 '핫 100' 9주 연속 1위…

그런 서구 전문가들의 예측이 보기 좋게 빗나가기 시작합니다. 괴짜들의 하위 음악으로 취급받던 케이팝이 서구의 주류 대중음악에 진입하기 시작했으니까요. 아이러니하게도 서구의 선입관을 깨고 케이팝을 세계 팝 시장의 주류로 진입시킨 주인공은 2011년 파리 공연을 성공리에 마친 SM엔터테인먼트의 'EXO' 같은 대형기획사의 그룹이 아니었습니다. 그 주인공은 변방의 중소기획사인 빅히트엔터테인먼트의 '방탄소년단(이하 BTS)'이었습니다.[68] 놀라운 일이었습니다. BTS에 대한 서구 팬들의 반응이 얼마나 대단했던지 BTS가 아메리칸 뮤직 어워즈 참석을 위해 미국 LA공항에 도착했을 때 엘런 쇼의 진행자 엘런 드제너러스는 "마치 비틀즈가 미국에 왔을 때를 보는 것 같았다"라고 놀라움을 표현했을 정도였으니까요.[69]

BTS에 대한 이런 열광적인 반응은 인종, 국적, 성별, 이념을 넘어 세계적인 현상으로 나타났습니다. 실제로 해시태그 투표로 선정하는 빌보드의 톱 소셜 아티스트상을, 수년간 독식했던 저스틴 비버를 물리치고 2017년 BTS가 수상했을 때는 심지어 북한에서도 몇백 표가 나왔다고 합니다.[70] 혁명의 나라, 체 게바라의 나라인 쿠바에서도 10대들이 한국의 '스카 밴드'라고 불리는 '킹스턴 루디 스카'의 공연장에 모여 노래를 한국어 가사로 따라 부르고 공연 스텝에게 "제발 BTS, 쿠바에서 공연하게 해주세요"라고 호소했다는 글을 읽었을 때 머리가 멍해지는 것 같았습니다.[71] 더 놀라운 사실은 BTS의 이런 성취가 주류 미디어의 도움 없이 이룬 것이었다는 점입니다.[72] 기존에는 대중가수들의 성공에 주류 미디어들의 역할이 결정적이었기 때문이죠. 그런데 BTS는 팬들의 SNS를 통해 주류로 진입했습니다.[73] BTS로 대표되는 케이팝은 이렇게 괴짜들이 좋아하는 하위문화에서 서구의 주류 대중문화로 진입하기 시작한 것입니다. 백범 김구 선생님의 말씀처럼 한국의 높은 문화적 역량이 세계로 펼쳐진 것 같습니다.[74]

> 나는 우리나라가 세계에서 가장 아름다운 나라가 되기를 원한다. 가장 부강한 나라가 되기를 원하는 것이 아니다. (…) 인류의 이 정신을 배양하는 것은 오직 문화이다. 나는 우리나라가 남의 것을 모방하는 나라가 되지 말고, 이러한 높은 문화의 근원이 되고, 목표가 되고, 모범이 되기를 원한다. 그래서 진정한 세계의 평화가 우리나라에서, 우리나라로 말미암아서 세계에 실현되기를 원한다. — 김구, 《백범일지》, 돌베개, 2002.

2018년 8월, BTS가 〈러브 유어셀프 결 앤서(Love Yourself 結 Answer)〉를 공개하자마자 미국, 캐나다, 일본, 브라질, 영국 등 전 세계 65개국의 아이튠즈 톱 음반 차트에서 1위를 차지했습니다.[75] 미국의 유명 음악 잡지 〈롤링스톤(RollingStone)〉은 BTS가 '빌보드 200'에서 1위를 차지하자 "한국 남성 보이밴드가 한국어 노래인

〈러브 유어셀프: 눈물〉로 미국을 공식적으로 점령했다"라는 헤드라인을 달았습니다.[76] 미국 경제지 〈포브스(Forbes)〉는 한국의 대중음악 시장이 단순히 '가능성' 있는 시장에서 세계 음악시장의 '파워 플레이어(power player)'로 성장했다고 평가했습니다.[77] BTS의 〈다이너마이트(Dynamite)〉는 한국 가수로서는 처음으로 2020년 9월 첫 번째 주 빌보드 싱글 '핫 100'에서 1위에 올라 케이팝의 새로운 역사를 쓰더니, 11월에는 〈라이프 고즈 온(Life gose on)〉이라는 한국어 노래가 사상 처음으로 빌보드 '핫 100'에서 1위에 올랐습니다. 그리고 최근에는 〈버터(Butter)〉가 무려 9주 연속 1위를 유지하고 있습니다('핫 100'은 그 주에 가장 인기 있는 곡을 선정하는 차트로 앨범 차트 순위인 '빌보드 200'보다 대중의 직접적인 선호를 확인할 수 있는 차트입니다).

BTS의 음악은 팬들이 음반을 사는 수준을 넘어 미국 라디오에서 흘러넘치는 것이죠. 미국만이 아닙니다. 2020년 9월 17일 기준으로 '빌보드 글로벌 200' 차트는 전 세계 2백여 개 지역의 스트리밍과 음원 판매(다운로드)를 집계해서 순위를 발표하는데, BTS의 〈다이너마이트〉가 2위, 블랙핑크의 〈아이스크림〉이 8위에 올랐습니다. 그야말로 전 세계인이 한국의 대중음악을 즐기고 있는 것이죠.[78] 서구 사람들에게 생소한 한국어를 전 세계 사람들이 듣고 따라 부르는 새로운 현상이 나타나고 있는 것입니다. 〈포브스〉는 방탄소년단이 "서구 음악 산업의 뿌리 깊은 인종차별과 외국인 혐오의 오래된 관습을 전복하고 케이팝이 미국에서 무엇을 할 수 있는지 보여주었다"고 평가했습니다.[79]

BTS가 인종적 위계에서 맨 꼭대기에 있던 백인성을 전복시키고 동아시아인이라는 집단 정체성을 만들어내면서 동아시아인도 매혹적인 인종이 될 수 있다는 것을 보여주었습니다.[80] 백인 중심의 인종적 위계가 BTS를 통해 해체된 것입니다. 제2차 세계대전 이후 일본이 이룩했던 놀라운 성공 이야기도, 최근 미국을 위협하는 G2로 성장한 중국도, 세계인이 공감할 수 있는 보편적 가치를 바탕으로 동아시아인이라는 정체성을 형성하지는 못했습니다.[81] 동아시아인은 즐길 줄 모르는 일벌레처럼 묘사되거나 미국에 살면서도 영어를 할 줄 모르는 우스꽝스러운 모습, 갱 같은 범죄자로 묘사되는 일이 부지기수였으니까요. BTS가 이뤄낸 인종적 위계의 전복이 놀라운 이유입니다. 이뿐만이 아닙니다. BTS는 가부장적인 이성 관계에서 벗어난 이성애, 즉 여성에게 즐거움을 주는 '화장하는 예쁜' 남성성의 모습을 보여줘 가부장적인 남성성의 전복을 시도하면서 자유롭고 다양한 성정체성의 상상을 열고 있습니다.[82]

BTS만이 아닙니다. 블랙핑크는 〈아이스크림〉으로 '핫 100' 차트에서 13위를 기록했고, 넷플릭스는 한국 가수 최초로 〈블랙핑크: 세상을 밝혀라〉라는 다큐멘터리를 제작했습니다. 블랙핑크가 레이디 가가, 비욘세, 테일러 스위프트 같은 세계적인 팝스타의 반열에 오른 것입니다.[83] 〈롤링스톤〉의 기사처럼 한국 대중음악이 정말로 전 세계 대중음악의 중심에 선 것입니다. 어쩌면 기성세대가 인식하지 못했을 뿐, 변화는 이미 시작되었는지도 모르겠습니다. 반세기 넘게 '한국' 하면 떠오르던 '한국전쟁'이라는 부정적 이미지는 사라지고, 그 자리를 케이팝, 한식, 드라마, 뷰티 같은 문화콘

이상한 성공

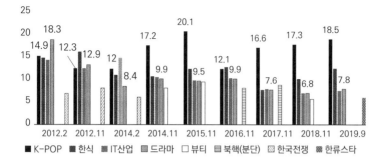

[그림 2-3] 한국의 연상 이미지 중 상위 5가지의 변화[85]

텐츠가 새롭게 차지했습니다([그림 2-3]).[84] 2010년대 초까지만 해도 한국의 이미지에서 '한국전쟁'은 빠지지 않았어요. 하지만 해외의 젊은 세대가 기성세대를 대신해 한국 문화의 주요 소비자가 되면서 불과 몇 년 사이에 케이팝이 한국을 대표하는 이미지로 떠올랐습니다.

정부가 그렇게 노력해도 성과가 없었던 한글의 세계화도 BTS를 통해 세계로 전파되고 있으니까요. 팬덤의 새로운 길을 열고 있는 BTS의 팬클럽 '아미'는 2018년 10월 9일 한글날을 맞아 트위터에 "#감사합니다_방탄소년단"이라는 해시태그에 한글로 직접 쓴 편지들을 올렸습니다. BTS가 영어로 대표되는 서구 중심의 위계를 뒤흔들어버린 것입니다.[86] BTS는 예술적 감동이 언어의 장벽을 넘을 수 있다는 것을 분명히 보여주었습니다. 이러니 "세종대왕이 한글을 창제하시고 방탄소년단이 세상에 한글을 전파했다", "이제 한국어는 우리의 의지와는 상관없이 BTS의 언어가 되었다"는 말이 나올 정도입니다.[87]

## 한국 문화가 창조하는 독특한 콜라주

2000년대부터 본격화된 케이팝의 세계화는 개인적 국위선양도, 영미권 대중음악의 아류도 아닌 케이팝만의 독특한 콜라주(collage)가 만들어낸 것입니다. 케이팝은 한국적인 것만이 아닌 서구 대중음악의 힙합, 알앤비, 록, 일렉트로닉 댄스 뮤직, 팝 등을 근간으로 서구 문화의 정수를 혼합시켜 독특한 장르를 구축했습니다. 그리고 케이팝이 구현하는 이러한 혼종성은 서구 중심 문화제국주의에서 벗어나는 탈제국주의의 아이콘으로 평가받고 있습니다.[88] 고전을 현대적으로 재해석하는 혁신도 주목할 만합니다. BTS는 자신의 음악에 직간접적으로 영향을 준 대표적인 작품으로 헤르만 헤세의《데미안》, 어슐러 르 귄의《오멜라스를 떠나는 사람들》, 제임스 도티의《닥터 도티의 삶을 바꾸는 마술가게》, 머레이 스타인의《융의 영혼의 지도》, 에리히 프롬의《사랑의 기술》 등이 있다고 이야기했습니다.[89] 특히 BTS가 2016년 10월에 선보인 두 번째 정규앨범 〈윙즈 쇼트 필름(WINGS short film)〉 일곱 개의 연작은 헤르만 헤세의《데미안》을 대중음악으로 재창조해 재해석하는 혁신을 선보였으며, 〈피 땀 눈물〉은 이러한 문제의식을 '다양한 시각적 상징'으로 보여주고 있습니다. 또한 BTS는 〈WINGS〉에서 일곱 명 멤버 각각의 음악적 개성을 드러냈고, BTS의 서사가 보편성을 갖는다는 것을 보여주기 시작했습니다. 실제로 〈WINGS〉는 빌보드 200에서 26위에 진입하면서 미국 주류 음악 내에서 가시적 성과를 냈습니다.[90]

한국 문화에 대한 재해석도 돋보입니다. 박희아 대중음악평론가는 "국외 수용자가 보기에 케이팝은 큰 틀에서 다른 팝송과 장르적으로 큰 차이가 없게 들리지만, 세부적으로는 BTS의 〈아이돌〉이나 슈가의 〈대취타〉처럼 국악적 요소가 결합한 독특한 색깔을 담고 있으며, 이러한 보편성과 특수성에 세계 팬들이 열광한다"고 밝혔습니다.[91] 더욱이 중소연예기획사인 빅히트엔터테인먼트 소속의 BTS의 등장은 SM엔터테인먼트와 YG엔터테인먼트, JYP엔터테인먼트 세 개의 대형 연예기획사가 지배하는 케이팝 시장에 비주류가 주류가 되는 새로운 가능성을 열었습니다. 문화산업에서도 대형기획사와 방송사가 지배하는 산업카르텔이 지배적이었던 한국 사회에서 다양한 길이 있다는 것을 확인해준 것이라고 할까요. 트위터, 페이스북, 유튜브 등과 같은 새로운 매체가 등장[92]하면서 혁신적인 아이디어만 있다면 누구나 시장에 진입할 수 있는 새로운 구조가 만들어지자 변방에 있던 젊은 세대의 창의력이 폭발한 것입니다. BTS는 권위적인 재벌 대기업이 주도한 한국 사회에서의 성공 방식의 한계를 보여주는 동시에 새로운 가능성의 탄생을 알렸습니다.

또 하나 주목할 만한 특징은 최근 케이팝의 세계화가 서구로부터 인정받고 싶어 했던 기성세대의 국가주의적 시각을 벗어던지고, 한국 문화를 세계인의 것으로 탈바꿈시켰다는 것입니다. 경제적 성공과는 비교할 수 없는 놀라운 사건입니다. 브라질, 칠레, 페루 등 서구 식민지를 경험했던 국가들에서 같은 역사를 가진 한국이 문화를 공유하는 것은 마치 억압당했던 사람들의 연대를 상징

하는 것처럼 보였습니다. 한국 문화는 이제 한국적이면서도 한국
적이지 않고, 친숙하면서도 친숙하지 않으며, 대중문화이면서도
고전문화의 전통 위에 있습니다. 독특하죠. BTS의 〈윙즈 쇼트 필
름〉에서 알 수 있듯이 BTS 성공의 근간에는 뛰어난 비주얼과 음악
성뿐만 아니라 듣는 사람의 삶에 공감하는 강력한 서사와 주제가
있습니다.[93]

BTS가 2018년 9월 24일 뉴욕 유엔(UN) 본부 신탁통치이사회
회의장에서 개최된 유니세프의 '청소년을 위한 캠페인(Generation
Unlimited)' 파트너십 출범 행사에서 "자신을 사랑하라"고 세계의
젊은이들을 향해 이야기하는 모습은 이제 한국 문화가 한국인의
자랑거리를 벗어나 세계인의 유산이 될 수 있다는 희망을 갖게 합
니다. 전쟁의 폐허 위에 독재, 빈곤, 절망만 남았던 한반도 남단에
서 더 평등한 세계와 민주주의의 새로운 희망을 볼 수 있다는 것은
정말 놀라운 기적이라고밖에 말할 수 없습니다. 한국 문화가 단지
즐기는 것을 넘어 더 좋은 세상을 만드는 데 힘을 보태고 있는 것입
니다.


## ● 선한 영향력

실제로 케이팝 팬들은 전 세계 곳곳에서 권위
주의에 맞서는 젊은이들의 민주화운동을 적극 지원하고 있습니
다.[94] 미국에서 2020년 대통령 선거가 한참일 때 "흑인의 생명은

중요하다(Black Lives Matter)"운동에 참여하면서 트럼프 대통령의 유세장을 텅 비게 만들었습니다.[95] 태국에서는 권위주의에 맞서는 민주화운동에 필요한 장비를 지원하기 위해 케이팝 팬들이 모금을 하고, 시위를 방해하는 공공기관에 반대하는 운동을 촉구했습니다. 홍콩에서는 BTS 팬들이 민주화운동에 참여했지요. 칠레 정부는 2019년 반정부 시위에 케이팝 팬들이 영향력을 미쳤다고 발표하기도 했습니다.[96] 북아프리카의 알제리에서는 20년째 집권 중인 대통령 연임에 반대하는 시위대가 BTS의 〈Not Today〉의 가사를 들고 시위에 참여하는 모습이 트위터에 올라왔습니다. "All the underdogs in the world, a day may come when we lose but it is not today. Today we fight(전 세계의 모든 약자들은 들어라, 언젠가 우리가 질 날이 올지도 모르지만 그게 오늘은 아니다. 오늘 우리는 싸울 것이다)." 기후위기에 대한 정부의 대응을 촉구하기 위해 호주의 BTS 팬들은 "This is getting hotter than Kim NamJoon(지구가 김남준보다 더 더워지고 있어요)"이라는 위트 있는 팻말을 들고 시위에 참여하기도 했습니다.[97] 2019년 4월 광주 세계수영선수권대회의 사전 행사로 열린 BTS의 콘서트에 참석한 해외 아미들은 광주 5·18 민주화운동 희생자들의 묘역에 참배하고 5·18민주화운동에 대해 공부를 했다고 합니다.[98] 보수언론의 오보로 한때 시끄러운 논란이 있었지만, 아미는 일본군이 저지른 참혹한 성범죄 피해자인 위안부 할머니들에게 방한용품을 전달하는 등[99] 사회·역사 문제에 분명한 입장을 표현하고 있습니다. BTS 팬들은 사회적 이슈에 무관심한, 단순히 연예인을 좋아하는 팬들이 아니라 직접 참여하고 목소리를 내는 시민들인 것입니다.

## ● 미션 임파서블?

　　놀라운 일입니다. 한국의 성공적인 민주화와 산업화를 생각하지 않고는 상상하기 어려운 일입니다. 우리가 마침내 한국인은 열등한 민족이라고 일제가 걸었던 주술에서 벗어나고 있다는 생각이 들었습니다. 아니, 주술에서 벗어나는 것을 넘어 세계인과 함께하는 한국으로 거듭나고 있습니다. 우리 청년들의 자신감과 당당함은 기성세대가 평생 가져보지 못한 소중한 것입니다. 이제 한국 사회에서 그 누구도 민주주의를 거스를 수 없다는 것도 분명해 보입니다. BTS로 대표되는 한류는 더 좋은 세상을 만들기 위해 우리가 지금 무엇을 고민해야 하고 이야기해야 하는지, 어떤 세상을 만들어야 하는지 전 세계의 다양한 사람과 함께 고민하고 행동하기 시작했습니다. 지난 수십 년간 '효율'이라는 이름으로 사람들 간의 연대를 파괴하고, 약자와 소수자, 비서구 사회를 소외시키며, 나 자신의 생존만을 위해 친구, 이웃, 사회는 생각하지도 말라고 했던 신자유주의의 폭압에 대항해 나를 사랑하고, 그 사랑 위에 함께 연대하자는 BTS의 메시지는 음악적 감동을 넘어 세상을 바꾸는 힘이 되고 있습니다. 우리 모두는 존재 자체로 너무나 소중하며, 그 메시지는 인종, 성정체성, 국적, 젠더, 빈부를 넘어선 연대를 이야기하고 있습니다. 세상이 어떻게 분열되고 분리되어 있

　　　　　　　　　　　　　　　　　　　이상한 성공

느지를 똑바로 보고 그 균열에 대항해 연대하라는 것입니다. 세상에 그 어떤 그룹도 이런 '선한 영향력'을 가졌던 적은 없습니다.

하지만 우리의 이런 성공에는 우리가 생각하지 못했던 엄청난 역설이 놓여 있습니다. 세계 최고의 민주주의, 세계 최고의 문화 수준, 풍요로운 사회를 이룬 한국인들이지만, 그런 한국에서 태어난 대부분의 청년은 행복해 보이지 않습니다. 코로나19 팬데믹이라는 특수성을 고려해야겠지만, 19~29세 청년 네 명 중 한 명이 '우울 위험군'에 포함될 정도로 한국 청년의 현재는 암울합니다. 2020년 12월 조사에 따르면 20대 청년의 17퍼센트가 최근 2주 동안 '차라리 죽는 것이 낫겠다고 생각하거나 어떻게든 자해를 하려고 한다'라고 응답했습니다.[100] 성공했다는 나라에 살고 있는 청년들이 왜 이토록 불행한 것일까요? 이제 우리는 그 '이상한 성공'의 이유를 찾아 길을 나서려고 합니다. 우리는 한국 사회가 성공의 덫에 빠진 이유를 찾아가면서 모순적인 현실을 직면할 것입니다. 지금 한국 사회가 직면한 위기는 실패의 결과가 아니라 세계가 경이로운 눈으로 지켜보았던 그 '이상한 성공'의 결과이기 때문입니다. 하지만 당황할 필요는 없습니다. 우리는 담대하게 그 모순적인 현실을 받아들여야 합니다. 어렵겠지만, 결국 우리는 모두가 풀 수 없다고 이야기하는 성공의 덫에서 빠져나갈 길을 찾을 것이기 때문입니다.

# 3장

# 성공의 이유

"경쟁자도 거의 없었고 요구되는 기술도 벅차지 않았으므로, 영국과 미국같이 초기에 산업화한 자유주의국가는 전통적으로 시장-주도, 소비-중심의 발전을 추구했다. 그러나 19세기 일본과 독일 같은 후발 산업화 국가는 (이보다 더 최근에 산업화된 아시아의 신흥공업국들(NICs)과 함께) 안보와 기술 격차라는 중첩된 압력과 강요된 속도로 인한 격차를 해소하기 위해 국가-조정적, 생산 지향적 발전유형을 추구했다."
— 린다 위스[1]

## 백마 타고 오는 초인(超人)이 있어

한국의 놀라운 성공은 어떻게 가능했을까요? 누군가는 한국이 지정학적 위치 때문에 운이 따랐다고 하고, 누군가는 노동자와 농민 등 민중의 헌신적인 노력 덕분이었다고 합니다. 다른 한편에서는 일제 강점이 있었기 때문이라거나 이승만이나 박정희의 지도력 때문에 가능했다고 주장합니다. 특히 한국의 성공을 특정 인물의 역할에 맞추는 사람들은 영웅 서사를 펼칩니다. 어떤 사람은 "박정희가 우리나라 산업화의 초석을 닦은 것은 부인할 수 없는 사실이다. 하지만 경제대국 대한민국을 만든 것은 온전히 박정희의 몫일 수는 없다"라고 주장합니다. 박정희가 중요한 역할을 했지만, 전적으로 박정희만의 공이라고 할 수 없다는 것이지요. 구조, 사회, 민중 등 다른 이야기를 할 것 같았지만, 이내 이승만과 전두환의 공헌에 대해 이야기합니다. 한국 경제를 국가주도 산업화에서 "경제 안정화 조치와 시장경제"로 변화시킨 전두환의 공적 때문에 한국이 경제대국이 될 수 있었고, 박정희의 성공도 이승만의 개혁 정책이 없었다면 불가능했다는 것입니다. "독재자로 쫓겨난 이승만에 대한 평가도 산업화의 관점에서 재조명될 필요가 있다. 제2차 세계대전 후 중국 등 많은 신생독립국에서 시도되었던 공산주의를 통한 근대화의 길을 거부하고 자본주의와 자유민주주의의 기본 틀을 형성하고 농지개혁을 통해 체제 안정화를 기했으며, 보편주의적인 공교육을 통해 산업화에 필요한 인적자원을 길러내지 않았다면 박정희의 성공적 경제개발은 어려웠을 것이기 때문이다"라는 것입니다.[2] 그러니까 한국이 이만큼 성장한 것은 박정희만이 아니라 이승만과 전두환의 공도 컸으니 그 두 사람의 공적도 재평가해 온전히 복원할 필요가 있다는 것입니다.

위인의 영웅적 행동이 역사의 물줄기를 바꾸었다는 이야기는 익숙한 서사입니다. 일제강점기 조선의 독립을 열망했던 저항시인 이육사가 〈광야〉라는 시에서 노래했던 것처럼 초인이 있어 도탄에 빠진 우리 민족을 구한 것일까요? 읽어본 분도 계실 것이고, 들어만 본 분도 계실 것입니다. E. H. 카의 《역사란 무엇인가》라는 책입니다.[3] 너무 유명한 책이라 많이 들어보셨을 것 같습니다. 거기에 나오는 유명한 문장이 있잖아요. "역사란 무엇인가?"라는 질문에 카는 역사란 "현재와 과거의 끊임없는 대화"라고 답한 것 말입니다. 그는 역사를 어떤 인물의 영웅적 서사로 해석하는 것을 '좋은 여왕 베스' 학설과 다름없다고 비판했습니다. 쉽게 말해 좋은 여왕 베스 학설이란 '역사위인설'으로 불리는 것으로 한 사람의 영웅 때문에 역사의 물줄기가 바뀌었다는 역사관이죠. 그러면서 카는 그 '좋은 여왕 베스' 학설을 "최근에 들어와서는 유행에 뒤지게 되었

이상한 성공

지만, 그래도 여전히 이따금씩 그 흉물스러운 머리를 치켜들고 있다"라고 결론짓습니다. 《역사란 무엇인가》가 1961년에 출간되었으니 지금으로부터 60년 전이죠. 그리고 덧붙입니다. 역사를 개인의 업적에 맞추는 것은 시대라는 더 큰 그림을 보지 못하는 것이라고 비판합니다. 저도 카와 같은 생각입니다. 역사를 영웅들의 모험담으로 그리는 것은 우리가 과거를 통해 현재를 보는 역사의 기본적인 역할을 불가능하게 만든다는 점에서 적절하지 않다고 생각해요. 카가 인용한 러시아의 대문호 톨스토이도 그의 대작 《전쟁과 평화》를 마치면서 세계사 학자들의 말을 빌려 이렇게 이야기합니다. "역사적 인물은 시대의 산물"이라고요.[4] 물론 그렇다고 역사적인 인물들의 역할을 폄하하는 것은 아닙니다. 중요한 것은 그 인물들 또한 역사가 만들어낸 산물이라는 것을 이해할 필요가 있다는 것이지요.

여하튼 분명한 것은 모두가 합의하는 역사는 존재하지 않는다는 사실입니다. 그래서 모든 시대는 그 시대만의 흔적을 역사에 남기죠. 1960년대부터 본격화된 한국의 성장은 박정희 같은 어떤 인물의 위대함만으로는 설명할 수 없습니다. 사회는 멈추지 않고 변화하며, 그 변화는 조선시대는 물론 일제강점기와 그 이후에도 지속되었다고 할 수 있습니다. 만약 한국 사회가 1960년대 이후에 도약했다면 그것은 어느 한 시대나 한 인물의 노력의 결과가 아니라 지난 시간의 누적된 결과라고 할 수 있습니다. 마치 물이 끓는 것과 같다고 할까요? 생각해보세요. 물은 99.9도에 이를 때까지 아무리 온도가 높아져도 액체의 성질을 유지합니다. 하지만 99.9도에서 0.1도만 높아져도 기체가 되는 질적 변화가 일어납니다. '양질전화'라고 하죠. 양이 쌓이다 보면 어떤 순간에 조그만 양적 변화가 질적 변화를 이끌어낸다는 것입니다.

어떤 인물의 역할도 마찬가지입니다. 박정희라는 인물이 대단한 역할을 했을 수도, 그렇지 않을 수도 있습니다. 분명한 것은 박정희라는 인물이 시대와 한국이라는 사회의 산물이라는 것입니다. 만약 박정희라는 인물이 조선시대에 태어났다면, 아프리카에서 태어났다면, 박정희가 1960년대 한국에서 했던 일을 할 수 없었을 것입니다. 정말 불쾌하겠지만 상상해보세요. 만약 일제 강점이 1945년에 끝나지 않고 계속되었다면, 일본 관동군이 만주에 세운 괴뢰국(만주국)의 육군군관학교와 일본육사를 졸업한 박정희, 다카기 마사오(高木正雄)는 평생을 조선의 독립운동을 탄압하는 충성스러운 일본군 장교로 살았을 것입니다.

1961년 5·16 군사쿠데타 당시 중앙청 앞에 있는 박정희.

그래서 박정희의 삶은 그 자체로 '역사적 인물은 시대의 산물'이라는 것을 보여줍니다. 박정희는 만주국군관학교에 진학하고 싶었지만, 나이가 많아 불합격했죠. 그러자 박정희는 만주국군관학교에 "죽음으로써 충성을 맹세합니다(一死以テ御奉公 朴正熙)"라는 혈서와 함께 다음과 같은 편지를 보냈다고 해요. 그 덕분인지 몰라도 박정희는 소망하던 만주

이상한 성공

국군관학교에 입학하게 됩니다.

> 일본인으로서 수치스럽지 않을 만큼의 정신과 기백으로 일사봉
> 공(一死奉公)의 굳건한 결심입니다. 확실히 하겠습니다. 목숨을 다
> 해 충성을 다할 각오입니다. 한 명의 만주국군으로서 만주국을 위
> 해, 나아가 조국(일본, 인용자)을 위해 어떠한 일신의 영달을 바라
> 지 않겠습니다. 멸사봉공, 견마의 충성을 다할 결심입니다.
> — <만주신문>, 1939년 3월 31일 자.

박정희의 특이한 이력은 이뿐만이 아닙니다. 해방 이후 박정희
는 만주군 장교에서 공산주의자(남조선노동당)로 변신합니다. 박정
희가 군사쿠데타에 성공한 이후에도 미국 국방부의 고위 관료들이
박정희를 공산주의자라고 의심했던 근거이지요.[5] 1963년 대통령
선거에서 제1야당인 민정당의 대통령 후보였던 윤보선도 박정희
의 남로당 경력을 문제 삼아 사상 공세를 펼쳤습니다.[6] 사상이 불
순한 사람이 대통령이 되면 안 된다는 것이었죠. 물론 그 색깔 공세
가 윤보선 자신에게는 불리한 결과로 나타났지만요. 1948년 여수
사건, 1950년 국민보도연맹원 사건 등으로 수많은 무고한 생명이
이념 때문에 학살당하는 것을 지켜본 사람들은 색깔 공세를 하는
윤보선이 대통령이 되면 또다시 이념 때문에 고통받을까 봐 두려
워했습니다.[7] 여하튼 친일 장교에서 공산주의자로, 다시 극렬한 반
공주의자로, 박정희의 변신이 놀랍지 않습니까? 이처럼 사람은 시
대가 주어지는 한계를 벗어나기 어렵다고 생각합니다. 그래서 여

기서는 특정 인물의 역할보다는 한국이 어떻게 이런 놀라운 경제적 성취를 이루어냈는지 조금 큰 틀에서 보려고 합니다. 그래도 백년에 가까운 한국 사회의 근대화를 몇 쪽의 글로 정리하는 것은 쉽지 않을 것 같네요. 그래서 몇 가지 중요한 국면을 중심으로 이야기를 풀어볼까 합니다.

## 아! 50년대여……

　　　　1960년대 경제개발이 본격화되기 이전인 1950년대부터 시작할까 해요. 제가 《한국 복지국가의 기원과 궤적2》에서 한 이야기인데, 1950년대를 단순히 1951년부터 1960년까지의 시간만으로 보지 말고, 1945년 8월 해방 이후부터 1961년 5·16 군사쿠데타가 발생하기 전까지 '조금 긴 50년대'로 보려고 합니다.[8] 사람들은 1950년대를 한국전쟁의 폐허, 무능하고 부패한 이승만 독재, 굶주림에 고통받는 수많은 사람이 있었던 암흑의 시대로 기억하는 것 같아요. 사실 그럴 수밖에 없었겠죠. 해방은 너무나 기쁜 일이었고, 삼천만 우리 동포가 꿈에도 그리던 한결같은 소망이었을 것입니다. 하지만 식민지 경제가 일제에 철저히 종속되어 있었기 때문에 해방은 경제적으로 엄청난 위기를 불러왔습니다. 일제에 강점된 조선은 산업에 필요한 기계류를 70퍼센트에서 100퍼센트까지 일본에 의존했으니까요. 숙련 기술자 대부분도 일본인이었어요.[9] 상상해보세요. 지금 중국과 일본에서 모든 부품과 소재 수입이 중단된다면 어떤 일이 벌어지겠습니까? 지금도 그 충격은 말로 설명할 수 없을 정도일 것입니다. 그런데 거의 모든 산업이 일제와 연관되어 있었던 해방 직후에 일본과의 단절은 엄청난 충격이었을 거예요. 실제로 조선의 공업생산액은 1936년 5억 3천만 원에 달했지만, 해방 직후인 1946년이 되면 1억 4천만 원으로 급감합니다.[10] 물론 조선의 경제는 일본이 태평양전쟁을 시작하면서부터 이미 구렁텅이에 빠져들었습니다. 1인당 GDP는 급감했고, 공장당 생산증가율은 폭락했으니까요. 1990년 미화 기준으로 측정한 조선의 1인당 GDP는 1940년 1,442달러에서 1945년이 되면 616달러로, 공장당 생산증가율은 1941년 31.3퍼센트에서 1942년 7퍼센트로 급락했습니다.[11]

여기에 엎친 데 덮친 격으로 해방된 조선은 우리의 의지에 반하

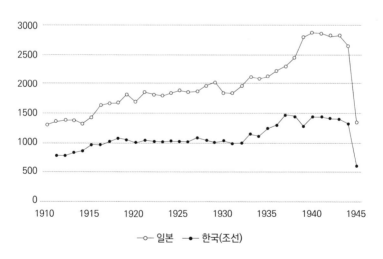

[그림 3-1] 1910~1945년 일제강점기 조선의 1인당 GDP[12]

여 강제로 남북으로 분단되었으니 어려운 경제가 더 어려워진 것은 말할 필요도 없었겠죠. 특히 화학, 금속, 기계 등 중화학 공업시설의 79퍼센트가 북한 지역에 있었기 때문에 분단은 일본과의 경제 단절에 버금가는 충격을 주었을 것입니다.[13] 해방 직후 한국을 방문했던 미국의 경제사절단장 번스는 한국 경제가 너무 심각한 위기에 처해 있어 외부 지원이 없으면 초보적인 농업사회로 되돌아갈 것이라고 이야기했을 정도였으니까요.[14] 그래도 그 정도에서 그쳤으면 그나마 다행이었을지도 모릅니다. 마른하늘에 날벼락처럼 끔찍한 한국전쟁이 3년간 지속되면서 한반도의 모든 삶의 터전을 파괴했습니다. 한국전쟁 동안 미국이 한반도에 투하한 63.5만 톤의 폭탄은 제2차 세계대전 당시 미국이 태평양전쟁 지역에 투하한 50.3만 톤보다도 많았으니까요.[15] 남한 기준으로 전쟁 기간 동안 612,636채의 주택, 산업 시설의 42~44퍼센트가 파괴되었습니다. 도로, 철도, 항만 시설의 피해도 엄청났어요. 국민총생산(GNP)을 기준으로 85퍼센트 정도가 파괴되었으니까요. 확인된 전사자만 137,899명에 달했고, 244,663명의 민간인이 사망했으며, 128,936명이 학살당했고, 303,210명이 행방불명

한국전쟁 당시 미국 종군기자 맥스 데스퍼가 촬영한 무너진 철교를 건너고 있는 피난민의 행렬. 데스퍼는 이 사진으로 1951년 퓰리처상을 수상했다.

이상한 성공

되었습니다.[16] 다른 자료에서는 민간인의 인명 피해가 무려 4백~5백만 명에 달한다고 보고할 정도였습니다.[17] 전쟁으로 한민족이 겪은 고통의 크기와 깊이가 상상되지 않을 정도입니다. 숫자로 표현할 수 없는 피해는 더 심각했어요.

한국전쟁을 계기로 남북은 서로에 대한 적대감이 극에 달하면서, 한국에서 반공주의는 누구도 거스를 수 없는 성역이 되었습니다. 전쟁 중에 피난민들은 자신이 공산주의자가 아니라는 사실을 증명해야 했어요. 공산주의자가 아님을 증명하지 못하면 피난증을 발급 받을 수 없었습니다. 피난증이 없으면 구호품도 받을 수 없었기 때문에 피난증은 생명줄과 같았습니다.[18] 공산주의자가 아니라는 것을 어떻게 증명할 수 있을까요? 아마도 가장 손쉬운 방법은 '기독교 신자임을 증명하는 것'이었을 겁니다. 마르크스가 '종교는 인민의 아편'이라고 했을 정도로 공산주의자들은 무신론자였기 때문에 종교가 있다는 것은 자신이 공산주의자가 아님을 증명하는 가장 손쉬운 방법이었을지도 모릅니다. 더욱이 전쟁 구호물자의 대부분이 세계에서 가장 보수적인 서북장로회가 주도하는 한경직 목사의 한국기독교세계봉사회(KCWS)라는 개신교 단체를 통해 한국으로 전달되었습니다. 개신교 신자가 되어야 전쟁 구호물자를 받기 쉬웠던 것입니다. 그래서 많은 사람이 개신교 신자가 되었습니다. 1950년대 초만 해도 개신교 신자는 10만 명에 불과했지만, 1950년대 말이 되면 무려 10배 이상 증가한 백만 명으로 폭증하지요.[19]

한국전쟁 이후 지금까지 권위주의 세력과 보수가 큰 저항 없이 기존 체제를 개혁하려는 모든 시도를 '종북'과 '빨갱이'로 몰아붙일 수 있었던 것도, 심지어 복지국가를 이야기하는 것조차 빨갱이라고 몰아세울 수 있었던 것도 분단과 한국전쟁을 겪으면서 일어났습니다. 이렇게 보면 왜 일부 보수 개신교 신자들이 광화문 광장에서 태극기와 성조기, 심지어 이스라엘 국기를 흔들며 반공을 외치는지 이해할 수 있을 것도 같습니다. 서구인에게 1950년대는 찬란한 30년 동안의 황금시대가 시작되는 첫 번째 10년이었다면, 한국인에게 1950년대는 지독한 가난에 신음하며 40년 동안의 엄혹한 반공 독재가 시작되는 첫 10년이었지요.

## ● 농지개혁, 반대할 사람이 없었던 국가

한국이 본격적인 산업화를 시작한 것은 1945년 해방 이후 15년이 지난 1960년대에 들어서부터였습니다. 서구 복지국가는 물론 일본과 비교해도 한참 늦었지요. 늦게 출발한 국가가 앞서가는 국가의 경제를 따라잡기 위해서는 아주 특별한 노력이 필요했습니다. 생각해보세요. 여러분이 취업을 위해 영어능력인증 시험을 준비한다고 합시다. 그런데 여러분의 친구는 이미 3년 전부터 이 시험을 차근차근 준비했고, 여러분은 그 친구보다 3년 늦게 시작했습니다. 만약 시험 일자가 6개월 후라면, 여러분이 3년 전부터 준비했던 친구와 유사한 시험 결과를 받기 위해 어떻게 해야 할까요? 여러분과 친구의 기본적인 지적 능력이 유사하다면 따라잡기는 쉽지 않을 거예요. 그 시간 차이가 너무 크니까요. 하지만 여러분이 그 친구를 따라잡고 싶다면, 여러분은 남은 6개월 동안 대부분의 시간을 시험을 준비하는 데 써야 할 겁니다. 친구들과의 약속, 넷플릭스나 유튜브 시청, SNS로 친구들과 소통하는 것, 외식, 취미활동, 연애를 포함해 당분간 모든 일상의 즐거움을 자제하고, 이용 가능한 모든 시간을 시험을 준비하는 데 할당해야 할 것입니다. 그래도 결과는 장담할 수 없겠지요.

한국과 같은 후후발 산업국가의 경제개발도 마찬가지입니다.[20] 한국이 경제개발을 본격화하기 직전인 1960년 실질구매력 기준으로 독일과 일본의 1인당 GDP는 각각 11,587달러와 5,185달러였지만, 한국은 1,487달러였습니다(2011년 미국 달러 기준).[21] 한국의 1인당 GDP는 독일과 일본의 12.8퍼센트와 28.7퍼센트에 불과했어요. 만약 한국이 독일과 일본을 따라잡기 원했다면 할 수 있는 선택은 시험을 앞둔 여러분의 선택과 크게 다르지 않을 것입니다. 동원할 수 있는 모든 자원을 경제개발에 집중해야 조금이라도 따라잡을 가능성이 있었을 테니까요. 그런데 누가 그런 결정을 할 수 있나요? 여러분의 시험이라면, 여러분이 결정하고 실행하면 됩니다. 그런데 수천만의 사람들이 함께 사는 국가라면 이야기가 달라집니다. 모든 자원을 경제개발에 동원하려면 강력한 주체가 있어야 할 테니까요. 그리고 그 많은 사람을 동원할 수 있는 주체는 아마도 국가밖에 없을 것입니다. 그래서 러시아 출신의 경제학자 알렉산더 거센크론은 늦게 산업화를 시작한 국가일수록 국가가 더 큰 역할을 한다고 이야기했습니다.[22]

그렇다고 모든 국가가 자원을 동원하고 산업화를 이끌 수 있는 것은 아닙니다. 자원을 동원하고 경제발전을 추동할 수 있는 국가, 즉 근대국가가 만들어져야 가능한 일입니다. 한국에서 그런 근대 국가가 만들어진 계기는 역설적이게도 한민족의 최대 비극이었던 한국전쟁이었습니다. 한국전쟁 이후 근대국가의 기구들이 위로부터 제도화되고 급격히 확대되었으니까요. 서구 사회에서는 오랜 자본주의의 발전 과정에서 만들어졌던 근대국가가 한국에서는 한국전쟁으로 단기간에 만들어졌습니다.[23] 사실 전쟁이 국가의 역량을 강화했던 역사는 한국만의 고유한 경험은 아닙니다. 북서유럽의 복지국가도 두 차례의 세계대전이 없었다면 그렇게 빠르게 성장할 수 없었을 것입니다. 다만 한국전쟁이 남긴 한국만의 독특한 현상에 주목할 필요가 있어요. 그것은 한국전쟁으로 군대가 한국 사회에서 가장 선진화된 국가기구로 등장하게 되었다는 사실입니다. 전쟁 전에는 10만 명에 불과했던 군인이 1953년 7월 휴전 직후에는 무려 70만 명으로 늘어났습니다.[24] 정부 수립 이후부터 1961년까지 미국 연수를 다녀온 한국군 장교만 6천여 명에 달했습니다.[25] 이러한 현실은 (정당성 여부를 떠나) 왜 1960년대 이후 한국 사회에서 군인이 30년 넘게 국가 운영을 주도했는지 설명하는 하나의 단초가 될 수 있습니다.

1950년대 후에 근대국가가 형성되었어도 국가가 자동적으로 제한된 자원을 산업화에 쏟아부을 수 있는 힘을 갖는 것은 아닙니다. 자원을 산업화(공업화)에 쏟아부으려면 이를 반대할 사람들이 없거나 있더라도 국가의 결정을 가로막을 힘이 없어야 하죠. 쉽게

　　　　　　　　　　　　　　　이상한 성공

이야기하면 국가가 반대 세력의 방해 없이 계획한 일을 독자적으로 실천할 수 있는 힘이 있어야 합니다. 만약 1960년대 당시 한국 사회에서 힘 있는 사람들이 반대했다면, 국가가 모든 자원을 산업화에 집중하는 일은 불가능했을 것입니다. 특히 전통적 지배계급은 기존의 기득권을 유지하려 하기 때문에 어떤 급진적 변화도 수용하지 않으려는 것이 일반적이지요.[26] 과거 유럽의 식민지였던 제삼세계 국가들에서 일반적으로 발견되는 현상입니다. 필리핀, 말레이시아, 인도네시아 등이 대표적입니다.[27] 식민지 시기에 특권을 누렸던 지주가 독립 이후에도 지배계급으로 남아 있자 동남아시아 국가들은 농업국가에서 산업국가로 전환하는 데 어려움을 겪습니다. 그런데 한국에서는 이러한 문제가 해방, 분단, 전쟁을 겪으면서 어느 정도 해결됩니다. 1950년대 당시에는 산업화에 반대할 힘이 있었던 구지배계층인 지주계급이 1960년대에는 이미 힘을 잃었으니까요.

일제는 조선을 강점하는 동안 조선을 일제의 식량 공급지이자 상품시장으로 만들기 위해 의도적으로 지주들에게 유리한 정책을 시행했습니다. 그래서 식민지 조선에서 지주의 힘은 점점 더 강해졌고, 대부분의 농민은 소작농으로 전락했습니다([그림 3-2] 참고). 일제강점기에 조선의 지배층은 지주였죠. 그런데 일제가 패망하고 조선이 독립한다고 지주들의 힘이 약화될까요? 그럴 가능성은 거의 없었겠죠. 일제가 패망하고 해방이 되었을 때, 남한의 정치를 주도했던 힘 있는 사람들은 대부분 지주였습니다. 그도 그럴 것이 1930년대에 공업발전이 있었지만, 조선인 대부분은 여전히 농부

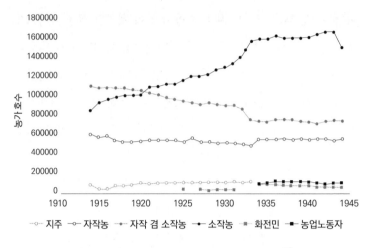

[그림 3-2] 1913~1943년 일제강점기 농민 구성 변화[28]

였고, 농업은 해방 당시에도 여전히 조선의 가장 중요한 산업이었으니까요.

특이한 점은 해방 이후 한국이 제삼세계 국가들과는 다른 길을 걸었다는 점입니다. 아마도 분단이라는 특수성이 중요한 요인으로 작용했겠지요. 남북이 갈라지면서 북한에서는 사회주의 체제가 만들어졌는데, 이 사회주의 체제는 토지와 같은 생산수단의 사적소유를 인정하지 않았어요. 북한에서는 지주들의 땅을 몰수하고 무상으로 농민들에게 분배하는 농지개혁이 이루어집니다. 물론 땅을 분배받은 농민들이 토지에 대한 소유권을 갖는 것은 아니었어요. 소유권은 국가가 갖고, 농민은 경작권을 갖는 방식이었죠. 여하튼 농사를 짓는 사람이 농지를 갖게 하자는(경자유전(耕者有田)) 농지개혁은 1811년 평안도에서 발생한 농민항쟁(홍경래의 난)부터

이상한 성공

1894년 갑오농민전쟁(동학농민전쟁)에 이르기까지 한반도에 살고 있던 모든 농민의 변하지 않는 소망이었어요. 1919년 3·1 독립만세운동에 농민들이 대거 참여했는데, 그 이유도 해방되면 일제가 수탈한 땅이 농민 소유가 될 것이라는 소망 때문이었다고 해요.[29] 물론 독립만세를 부른 것이 그 이유 때문만은 아니겠죠. 이처럼 해방 당시 농지개혁은 사람들이 꿈꾸던 새로운 세상을 알리는 상징이었습니다.

그런데 북한의 농지개혁 소문이 남한으로 퍼지자 남한 농민들의 농지개혁 요구도 거세졌습니다. 미군정과 이승만 정권은 남한 인구의 대부분을 차지하는 농민들이 북한의 사회주의 정권을 지지할 경우, 미국에 우호적인 정권을 수립하는 게 어려워질 수 있다고 판단해 농지개혁을 시행합니다. 남한 지주계급의 반대를 무릅쓰고 단행되었죠. 물론 북한처럼 무상 몰수와 분배는 아니었습니다. 유상 매입과 유상 분배였죠. 어찌 되었든 농지개혁으로 지주의 힘은 약화되었습니다. 아니, 사라졌다고 하는 것이 맞을 것 같습니다.

농지개혁에선 특별한 경우가 아니라면 3정보(1정보=3천 평, 9,917.4제곱미터) 이상의 모든 농지는 유상 매입 대상이 되었습니다. 이 때문에 농지개혁이 무상인 북한과 비교해 남한의 농지개혁은 불철저하다는 비판을 받죠. 하지만 당시에는 유상이어도 농지개혁 자체가 엄청난 일이었고, 이후 한국 사회에 미친 영향도 대단했습니다. 정부는 지주가 갖고 있던 3정보 이상의 농지를 매입하면서 그 가격을 쌀의 시중 가격의 30~40퍼센트에 불과한 공정미가로 환산해, 당시 화폐가치로 표시된 지가증권을 지주에게 지급했습니다. 지주는 그 지가증권을 5년에 걸쳐 액면가에 해당하는 현금으로 교환할 수 있었습니다. 그러나 지주 입장에서는 매우 억울한 일이었습니다. 시세보다 낮은 가격으로 농지를 판 것도 분한데, 당시 폭등하는 물가 때문에 지가증권의 액면 가치가 시간이 갈수록 떨어졌으니까요. 1951년 한 해에만 물가가 무려 390.5퍼센트나 올랐습니다.[30] 5천 원 하던 식당의 백반값이 1년 만에 19,525원으로 올랐으니 돈의 가치가 얼마나 형편없었겠습니까.

시장에서 거래되는 실제 농지 가격은 농지에서 생산되는 쌀의 수확량에 따라 결정됩니다. A라는 지주가 시장 가격이 백 만원인 농지를 갖고 있다고 가정해보죠. 당시 농지개혁에 따라 정부는 유상 매입을 하면서 실제 쌀 가격의 30퍼센트에 불과한 공정미가로 농지 가격을 지불합니다. 그러면 A 지주는 30만 원에 농지를 정부에 넘겨야 합니다. 그러면 정부는 30만 원 액면가가 찍힌 지가증권을 A 지주에게 주지요. 지주 입장에서는 벌써 70만 원의 손해를 본 것입니다. 그런데 이 30만 원도, 지가증권을 받은 해에 모두 현금화할 수 없고 5년에 걸쳐 현금화해야 합니다. 문제는 물가 상승에 따라 그 30만 원의 가치가 유지되지 않는다는 점입니다. 1951년 한 해에만 물가가 4백 퍼센트 가까이 올랐으니 1년이 지난 후 지가증권 30만 원의 실질 가치는 6만 원이 될 것입니다. 만약 현금화하지 않고 계속 갖고 있고 다음 해에도 물가가 오른다면 지가증권의 가치는 더 떨어집니다. 이렇게 물가가 오르는 상황에서 5년이 지나면 지가증권의 가치는 거의 의미가 없는 수준으로 낮아집니다. 토지를 잃은 지주가 먹고살기 위해 장사라도 하려면 지가증권

이상한 성공

을 현금화해야 하는데, 5년이라는 기간이 설정되어 있으니 어떻게 하겠습니까. 팔고 싶으면 더 싼 가격으로 다른 사람에게 넘겨야지요. 1950년대 이루어진 농지개혁으로 지주계급은 이렇게 몰락합니다. 국가가 추진하는 산업화에 저항할 수 있는 지배계급인 지주는 이렇게 농지개혁으로 사라진 것이죠. 재미있는 사실은 농지개혁 이후에 전국적으로 수많은 사립학교가 설립되었다는 점입니다. 학교법인에 귀속된 토지는 농지개혁 대상에서 제외되었기 때문이지요.

## 국가가 만들고 키운 자본가

그렇다고 산업화를 주도할 계급이 성장했던 것도 아니었어요. 여기서 한국 산업화의 또 다른 독특한 특성이 만들어지죠. 해방과 한국전쟁을 겪으면서 국가가 산업화를 주도할 계급 중 하나를 창조한 것입니다.[31] 고려대학교와 〈동아일보〉의 설립자인 김성수와 김연수 형제처럼 일제강점기에 대지주에서 경성방직을 운영하는 산업자본가로 성장한 몇몇 친일 자본가가 있기는 했습니다. 하지만 이런 사례는 아주 예외적이었죠. 일제강점기에 일제의 비호를 받았던 경성방직의 김성수, 김연수 형제, 조선 최초의 근대 백화점인 화신백화점을 창업했던 박흥식 같은 친일 자본가들은 해방 이후에 한국을 대표하는 대기업으로 성장하지 못했어요. 지금 한국 경제를 대표하는 재벌 대기업들은 1945년 해방 이

1960년대 종로의 화신백화점. 화신백화점은 1931년 박흥식이 설립한 지상 5층의 조선 최초 근대식 백화점이자 근대식 상업건물이었다. 1987년 6월에 철거되었고, 현재 그 자리에는 종로타워가 건립되어 있다.[32]

후 미군정과 이승만 정권이 적산(일제가 남긴 공장 등의 자산)을 민간에게 헐값에 매각하는 과정에서 설립된 기업이 대부분입니다.

이 사실이 중요해요. 한국의 자본가가 이처럼 적산 불하라는 특혜를 통해 국가가 만든 자본가라면, 자본가가 국가에 반하는 행동을 하기는 어렵기 때문이죠. 해방 이후 국가에 의해 지배계급으로 성장한 산업자본가는 1987년 민주화가 이루어지고 신자유주의가 본격화되기 시작한 1997년 IMF 외환위기 이전까지 대체로 국가에 종속된 자본가였습니다. 국가가 키워주었으니 국가의 명령에 저항할 수 없었을 거예요. 그러니 당시에는 수익성이 전혀 없어 보이는 신규 사업도 국가가 요구하면 추진할 수밖에 없었을 것입니다. 물론 국가가 그에 대한 충분한 보상을 해주었습니다. 이승만 정권 시기에는 시중보다 낮은 환율을 적용해 원조 물자를 불하해주었고, 박정희 정권 시기에는 시중의 예금이자보다 훨씬 싼 이자로 엄청난 대출을 해주었으니까요. 기업이 원조 물자와 대출을 받으

이상한 성공

면 아무것도 하지 않아도 남는 장사가 되었을 정도였습니다.

국가에 저항할 계급이 없었다는 것은 지주와 자본가에게만 해당하는 이야기가 아니었습니다. 농지개혁으로 자기 땅을 갖게 된 농민들은 오랫동안 소망했던 꿈을 이루게 되었으니 그 정권이 얼마나 예뻐 보였겠습니까. 정권 입장에서 지주계급은 몰락하고, 농민이라는 든든한 지지기반을 갖게 된 것이지요. 실제로 농민 대부분이 권위주의 정권의 든든한 지지자가 되었던 이유였습니다. 노동자들도 무기력하기는 마찬가지였습니다. 1930년대 일제가 중국 침략을 위해 추진했던 공업화 정책으로 성장했던 노동자도 분단, 미군정, 한국전쟁을 겪으면서 거의 몰락했습니다. 해방 직후 20만 명이 넘는 전국의 노동자를 조직했던 조선노동조합전국평의회(전평)는 미군정의 반공 정책으로 심각한 타격을 입었고, 미군정에 대항해 일으켰던 1946년 9월 총파업과 10월 항쟁이 실패로 끝나자 완전히 붕괴하고 말았습니다.[33] 거기에 한국전쟁으로 반공주의 광풍이 몰아치면서 정권에 저항하는 노동운동은 거의 회복 불가능한 타격을 받았어요. 노동조합은 정권을 지지하는 어용조합으로 전락합니다.[34]

지주는 사라지고 자본가와 농민은 정권의 충성스러운 지지자가 되었어요. 산업화와 함께 성장하면서 민주주의와 복지국가를 만들어갈 노동자 조직은 큰 타격을 입어 정권을 지지하는 어용단체가 되었습니다. 국가에 저항할 수 있는 계급은 거의 남아 있지 않은 상황이었습니다. 좀 과장하면 정권이 원하면 모든 것을 할 수 있었습니다. 물론 중요한 일들은 미국의 동의가 필요했을 거예요. 당시 한국은 미국이 만든 나라라고 할 정도로 미국의 영향력이 절대적이었으니까요.³⁵ 미국은 이승만 대통령이 미국의 이익을 침해할 경우 언제든지 대통령을 교체할 '에버레디 플랜(Ever-ready Plan)'이라는 작전계획을 수립해두었을 정도였습니다.³⁶ 여하튼 이런 상황에서 국가는 산업화를 위해 낮은 임금을 강제해 기업의 경쟁력을 확보하고, 낮은 임금에도 노동자가 먹고살 수 있도록 농산물 가격을 낮게 유지했습니다. 권위주의 개발국가가 노동자와 농민의 저항을 무력화시키면서 저렴한 상품을 생산해 수출할 수 있는 조건이 만들어졌던 것이지요.

여기에 해방과 한국전쟁으로 양반, 평민과 같이 옛날부터 내려오던 신분제가 실질적으로 해체되면서 교육이 더 높은 계층으로 올라가는 사다리가 되는 상황이 만들어졌습니다. 그러자 농지개혁으로 자기 땅을 갖게 된 농민들의 교육열이 폭발했습니다. 나는 비록 힘든 일을 하는 가난한 농부지만, 자식만은 잘 가르쳐 흰 와이셔츠 입고 넥타이 매는 사람으로 키우겠다는 열망이 넘쳐났던 것이지요. 당시의 지독한 남성우월주의를 반영하듯 아주 예외적인 경우를 제외하면 아들만이, 그것도 장남만이 그 대상이 될 수 있었을 것입니다. 딸은 여전히 부모를 돕고 오빠와 남동생의 성공을 위해 희생해야 하는 '가족'에 불과했지요. 부당한 일이죠. 같은 가족인데 왜 어떤 가족원은 다른 가족원을 위해 일방적으로 희생을 해야 하나요? 같은 가족이라면 그러면 안 되는 것이죠. 가족이라고 하면서 여성의 일방적 희생을 정당화하는 말도 되지 않는 상황이 벌어진 것입니다. 1992년에 MBC에서 방영한 김희애(후남 역)와 최수종

(귀남 역) 주연의 드라마 〈아들과 딸〉은 한국 사회의 뿌리 깊은 남아 선호사상을 잘 보여줍니다.

이렇게 사회문화적인 상황이 겹치면서 1950년대에는 '산업화에 필요한 저렴하고 온순한 양질의 노동력'을 안정적으로 공급할수 있게 되었습니다. 한국 사회에서 1950년대는 국가가 여러 이해집단의 간섭을 받지 않고, 목표를 추구할 수 있는 정치·사회적 토대를 갖추게 된 시기였습니다.

## 너는 다 계획이 있었구나

그러면 이제 본격적으로 경제개발에 대해 이야기해보죠. 먼저 경제성장과 관련된 두 개의 신화부터 이야기할까합니다. 하나는 경제개발계획이 1960년대, 즉 박정희 정권의 전유물이라고 믿는 신화입니다. 박정희 소장이 쿠데타로 정권을 장악한 이후 경제개발계획을 세웠고, 그 덕분에 우리가 놀라운 경제성장을 이룰 수 있었다는 것이지요. 하지만 경제개발계획은 박정희정권만의 독창적인 아이디어가 아니었습니다. 1950년대에 수립된 계획들 없이 박정희 정권의 경제개발계획이 어느 날 갑자기 뚝딱 하고 만들어지는 것은 불가능했을 테니까요. 심지어 서구의 한학자는 박정희 "군사정부의 경제개발계획의 기원은 1950년대 이승만 정부의 계획에 있었으며, 군사정부는 단지 그 계획의 '서류 가방'을 슬쩍했을 뿐이다"라고 말했을 정도였습니다.[37]

경제발전을 위해 계획을 세우는 일은 독일제국, 소련, 일제의 괴뢰국인 만주국까지 거슬러 올라갈 정도로 오랜 역사가 있습니다. 한국에서 경제개발계획을 수립하겠다는 생각은 1919년 수립된 상해 임시정부의 임시헌법에도 명시되어 있었어요. 휴전협정 이후 '종합부흥3개년계획'이 미국과 협의해 수립되었던 적도 있었고요. 이후에도 '경제부흥5개년계획', '산업개발3개년계획' 등 다양한 계획들이 1950년대에 수립되었습니다. 물론 미국의 원조를 더 받으려는 목적이 강했던 계획이 대부분이었습니다. 1950년대 경제개발계획은 미국이 원조해준 돈을 낭비하지 않고 효과적으로 써서 한국 경제를 부흥시키겠다는 일종의 서약서 같은 역할을 했다고 할까요.[38] 사실 1950년대에는 개발도상국에서 경제개발계획을 세우지 않는 것이 예외적일 정도로 경제개발계획은 일종의 시대정신과 같았죠. 그래서 계획을 세우는 것이 전혀 특별한 일은 아니었습니다.[39]

1950년대 후반에 들어서면서 미국의 개발도상국 정책이 안정에서 개발로 전환되었고, 경제개발계획을 세우는 것이 유행처럼 되었습니다. 미국 정부가 나서서 이승만 정부에 개발계획을 수립하라고 요구할 정도였으니까요.[40] 1956년에 미국의 원조는 한국 GDP의 23.3퍼센트에 달했고 조세수입보다 더 컸습니다. 이런 상황에서 미국의 요구는 곧 법이었기 때문에 이승만 정부도 여러 차례 경제개발계획을 수립했던 것입니다.[41] 4·19 혁명 이후에 집권한 장면 정권이 제1차 경제개발5개년계획을 수립한 것도, 박정희 정권이 장면 정권이 수립한 계획을 가져다 경제개발5개년계획을 발표한 것도 모두 미국의 요구와 밀접한 관련이 있습니다. 그래서 경제개발계획을 박정희 정권만의 독창적인 일로 보는 것은 후대에 만들어진 신화에 불과합니다.

다른 하나는 1961년 박정희 정권이 출범하기 전까지 한국에는 어떠한 경제발전도 없었다는 신화입니다. 한국의 고도성장이 1961년 박정희 정권 출범 이후 시작된 것은 사실입니다. 그렇다고 1950년대가 무기력하고 아무런 발전도 없었던 시기는 아니었어요. 이승만 정부는 부패하고 높은 물가에 시달렸지만, 한국 경제는 성장하고 있었습니다. 한국을 일본에 이어 아시아의 두 번째 거인이 될 것이라고 이야기했던 미국의 경제학자 앨리스 암스덴은 그녀의 책에서 이렇게 말했습니다.

대규모 원조 시대가 끝나갈 무렵 새로운 사회, 경제, 정치적 힘이 태동하기 시작했다. 1950년대에 들어서면 농업의 비중은 축소되고, 귀족이 사라지고 국가와 재벌의 전신인 다각화된 대규모 기업 간의 공생관계가 만들어지기 시작했다. 더욱이 재벌의 성장은 1930년대의 특성이었던 경제활동의 희미한 빛을 다시 점화시켰다. 국제적으로 보면 대규모 원조 시대의 한국의 경제성장률은 최고 수준이었다. — 앨리스 암스덴, 《Asia's next giant》, 1989(저자 직접 번역).

실제로 전쟁이 휴전으로 접어든 다음 해인 1954년부터 박정희 소장이 쿠데타를 일으킨 1961년까지 한국의 연평균 경제성장률은 4.1퍼센트였습니다. 1961년 이후 고도성장과 비교하면 낮은 수준이지만, 2019년과 2020년 경제성장률이 2.0퍼센트, -1.0퍼센트였다는 것을 생각해보면 결코 낮다고 할 수 없을 것 같군요. 비록 미국의 원조로 뒷받침되는 산업이었지만 공업발전도 놀라웠습니다. 1954년부터 1961년까지 제조업의 연평균 성장률은 11.7퍼센트에 달했고, 광공업 분야도 연평균 11.2퍼센트의 성장률을 달성했습니다. 1953년부터 1958년까지 중화학공업과 경공업 두 분야의 성장률이 모두 20퍼센트에 이를 정도였으니까요([그림 3-3] 참고).

1950년대에도 한국의 성장률은 멕시코, 말레이시아, 필리핀 등

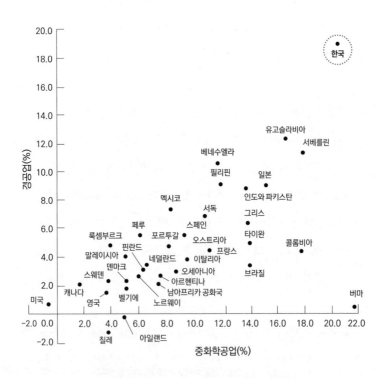

[그림 3-3]1950년대 중화학공업과 경공업의 성장률[42]

이상한 성공

다른 개발도상국이 감히 따라올 수 없을 정도로 예외적으로 높았습니다. 그렇다고 고도성장이 신고전학파에서 이야기하는 시장을 개방했기 때문에 이루어진 것도 아니었습니다. 신고전학파의 성장이론에 따르면 경제성장은 자본의 증가, 기술 향상, 노동의 양과 질에 따라 결정됩니다. 때문에 1950년대 한국처럼 자본과 기술이 없는 사회는 시장을 개방해 해외에서 자본과 기술이 유입되지 않는 한 천천히 성장할 수밖에 없습니다.[43] 그런데 한국은 시장 개방 대신 국내 산업을 보호하는 수입대체 성장전략을 채택했는데도 인상적인 성장을 했던 것입니다. 그러니 1950년대를 암흑기에 정체되었던 시기로 보고, 박정희 정권이 들어서고 나서야 성장이 시작됐다는 주장은 논쟁의 여지가 있습니다. 어쩌면 이러한 주장은 박정희 정권 시기의 성장을 1950년대와 극적으로 대비시키려는 의도로 누군가가 1950년대에 덧씌운 오명과 같은 것일 수 있습니다. 마치 일제가 조선을 침탈하면서 조선은 정체된 사회라고 주장한 것과 같은 맥락이라고나 할까요. 일제의 조선 침탈을 정당화한 일본 학자 시카타 히로시는 19세기 말 조선의 상황을 이렇게 묘사합니다.

개항 당시의 조선에서는 자본의 축적도 없고, 기업적 정신에 충만한 계급도 없고, 대규모 생산을 담당할 기계도, 기술도 없었다. 아니, 그러한 것들의 존재를 희망하는 사정도, 필연화할 조건도 구비하고 있지 않았다. 거기에 존재하는 것은 단순한 미맥의 생산자인 농민과 여가노동에 가까운 수공업자와 잉여생산물 및 쓸데없는 물건의 교통자인 상인과 그들의 위에 서서 모든 권리를 향

유하고, 모든 잉여를 흡수하는 관리양반이 있었던 것이다. 자본주
의 생성의 조건과는 대체로 정반대인 요소만으로 평가하는 것 외
에는 없을 것이다._이영호, '내재적 발전론 역사인식의 궤적과 전
망',《한국사연구》, 2011에서 재인용.


　자신의 공적을 높이기 위해 이전 시대의 공적을 낮추려는 게 세
상 사람들의 일반적인 마음 같기는 합니다. 1960년대 이후 한국
경제성장을 견인했던 재벌 대기업이 만들어졌던 것도 바로 1950
년대였습니다. 앞서 이야기한 것처럼 이승만 정권은 일제의 적산
을 정권에 우호적인 민간인에게 공짜나 다름없는 아주 싼 가격으
로 나누어 주었어요. 미국의 원조 물자도 그들에게 특혜로 배분
해 주었습니다. 이승만 정권은 공식 환율과 시장 환율의 차이를 통
해 기업의 수익을 보장해주면서 기업의 자본축적을 지원했으니까
요. 일제의 자산은 시중 가격의 4분의 1에서 3분의 1 가격으로 불
하되었고, 납입금을 장기간 분할해서 낼 수 있었기 때문에 불하 받
는 것만으로도 커다란 이익이었습니다.[44] 원조 물자의 배분도 기업
에 엄청난 부를 축적할 기회를 제공했어요. 예를 들어 이승만 정권
이 미국에서 원조 받은 설탕 1천 킬로그램을 가칭 '제일 잘나가는
제당'이라는 회사에 배분할 때는 가격을 공식 환율로 책정했습니
다. 그런데 당시 공식 환율은 시중 환율의 절반밖에 되지 않았습니
다. 1957년 기준으로 1달러당 공식 환율은 50원으로 책정되어 있
었는데, 시중에서는 1달러당 97원에 거래되었으니까요.[45] 그러니
만약 '제일 잘나가는 제당'이 이승만 정부로부터 설탕 1킬로그램

　　　　　　　　　　　　　　　이상한 성공

당 10달러라는 가격으로 배분을 받고 가격을 공식 환율로 정부에 지불하면 그 총액이 1만 달러, 한화로 50만 원입니다. 그리고 '제일 잘나가는 제당'이 배분 받은 설탕을 그대로 시중에 1킬로그램당 1달러에 팔아도 한화로는 97원에 파는 것이니 1천 킬로그램을 팔면 앉은 자리에서 47만 원을 벌게 됩니다. 결국 공식 환율과 시장 환율의 차이로 '제일 잘나가는 제당'은 아무런 일을 하지 않고 원조 물자를 배분 받은 것만 내다 팔아도 무려 백 퍼센트에 가까운 시세 차액을 얻게 됩니다. 세상에 이런 땅 짚고 헤엄치는 장사가 어디 있습니까? 저처럼 사업의 ABC도 모르는 사람도 정부로부터 원조 물자를 배분 받기만 하면 높은 수익을 남기는 뛰어난 사업가가 될 수 있었던 것입니다. 일제가 남긴 공장을 시중 가격 절반에도 미치지 못하는 가격으로 불하 받고, 여기에 원조 물자를 공식 환율로 배분 받으니 1950년대 기업은 그야말로 손 안 대고 코 푸는 신나는 시간이었을 것입니다. 게다가 수입대체 정책으로 정부가 국내 기업이 생산하는 상품의 수입을 막았으니 정말 '기업하기' 좋은 시절이었습니다. 물론 공짜는 없었겠죠. 대가를 지불해야 했어요. 특혜를 받는 만큼 정권에 그에 상응하는 정치자금을 챙겨 줘야 했습니다. 하지만 기업이 불법적인 정치자금을 정권에 주었어도 원조 물자를 받는 일은 여전히 큰 이익이 남는 거래였습니다. 그러니 계속했겠지요.

산업이 성장하려면 처음에는 자본이 일정 수준으로 모여야 합니다. 서유럽에서는 그 과정이 대체로 농민들에 대한 수탈로 이루어졌다면, 한국에서는 1950년대 적산 불하와 원조 물자 배분을 통해 지금의 재벌 대기업들에 초기 자본이 집중되는 형태로 이루어졌습니다. 그리고 이렇게 성장한 기업이 1960년대 이후 경제개발 주역으로 등장하게 된 것이죠. 1950년대는 암흑기가 아니라 1950년대만의 계획이 다 있었던 것 같습니다. 봉준호 감독의 영화〈기생충〉에서 기택(송강호 분)이 아들 기우(최우식 분)에게 했던 말처럼 말입니다. "1950년대야, 역시 너는 다 계획이 있었구나." 물론 1950년대의 성장이 미국의 원조로 지탱되었다는 사실도 기억해야 할 필요가 있습니다.

## 시장이야, 국가야

신선한 음식 재료가 준비되어 있어도 요리사가 없다면 맛있는 음식을 만들 수 없습니다. 재료는 재료일 뿐이니까요. 더욱이 시간이 지나면 신선했던 재료도 상하기 때문에, 맛있는 음식을 만들기 위해서는 준비된 재료를 신선한 상태에서 요리할 요리사가 필요합니다. 보이지 않는 손이 음식을 만드는 것은 상상에서나 가능한 일이니까요. 하지만 훌륭한 요리사가 있다면 평범한 재료도 최고의 요리로 변신할 수 있습니다. 혹시 보셨는지 모르겠어요. JTBC의 예능프로그램 중〈냉장고를 부탁해〉는 요리사들이 평범한 집의 냉장고에 있는 평범한 재료들로 15분 만에 최고의 요리를 만드는 놀라운 기적을 보여줍니다. 요리사만 훌륭하다면 재료의 질은 부차적일 수도 있을 것 같다는 생각이 들기도 합니다. 저는 집에 있는 재료로 그렇게 맛있는 요리를 만들 수 없으니까요.

사회도 마찬가지 아닐까요. 성장할 수 있는 준비가 되어 있어도 모든 사회가 경제적으로 성장하는 것은 아닙니다. 그 성장의 가능성을 실현해낼 수 있는 주체가 없다면, 성장은 결코 현실화될 수 없습니다. 그저 가능성으로 끝나고 말겠지요. 조금 긴 1950년대를 지나오면서 한국 사회가 성장을 위한 조건을 갖추었다고 해도, 한국은 과거에 비해 상대적으로 그럴 뿐이지 절대적 수준에서 볼 때 경제성장에 적합한 조건은 아니었습니다. 자본도 부족했고 기술력도 낮았지요. 그래서 지금부터는 1950년대가 만들어놓은 가능성을 현실화시키며 놀라운 성공으로 이끈 국가(개발국가), 재벌 대기업, 노동자의 이야기를 하려고 합니다.

본격적으로 세 주체의 사연을 듣기 전에 먼저 성장과 관련된 중요한 쟁점 하나를 떠올려보죠. 쟁점은 경제성장을 위해 국가가 적극적인 역할을 해야 하는지, 아니면 국가는 시장이 잘 작동하게 지원하는 것 외에는 시장에 개입하지 말아야 하는지 생각해보면 좋을 것 같아요. 물론 국가냐, 시장이냐 하는 것이 이분법적으로 선택할 수 있는 문제는 아닙니다. 둘 다 필요하다는 것이 정답에 가까울 것입니다. 다만 여기서는 한국이 산업화할 당시 상대적으로 무엇이 더 중요했는지를 짚어보면 좋을 것 같군요.

1980년대 영국과 미국에서 보수당의 마거릿 대처와 공화당의 도널드 레이건 정부가 출범하면서 작은 국가를 지향하고 자유시장을 강조하는 신자유주의가 세계를 뒤덮었습니다. 이러한 신자유주의는 국가가 적극적으로 시장에 개입해 노동자의 임금을 높이고 복지지출을 늘려 국민의 구매력을 높였던 케인스주의를 비판하면서 등장했습니다. 말이 조금 어렵지만, '신고전학파 역혁명 (Neoclassical counterrevolution)'이라고 불리는 주장입니다. 이들은 1970년대에 들어서면서 경제가 어려워진 것이 국가의 지나친 개입, 특히 복지국가 때문이라고 비난했어요. 당연히 경제성장 문제로 골머리를 앓고 있는 개발도상국에도 국가의 개입은 성장의 견인차가 아니라 성장을 방해하는 걸림돌이라고 이야기했지요. 신고전학파의 이론을 따르는 학자들은 개발도상국이 저개발 상태에 있는 이유가 국가의 지나친 간섭과 개입 때문이라고 주장했습니다. 국가가 시장에 개입하니까 자본과 기술이 부족한 개발도상국에 외국 자본과 기술이 자유롭게 들어올 수 없는 것이고, 그러니 자본과 기술이 부족한 개발도상국이 성장할 수 없다는 논리입니다.[46] 성장을 자본, 기술, 노동의 문제로 접근하는 주류 경제학 이론의 틀로 보면 나름 설득력 있는 이야기라고 할 수도 있습니다. 실제로 필리핀 사례를 연구한 논문을 보면 신고전학파 성장 이론이 개발도상국의 성장에 긍정적인 영향을 미쳤다는 평가가 있기도 합니다. 또 많은 개발도상국에서 정부는 부패의 온상이자 사람들의 자유로운 경제활동을 방해하는 걸림돌이었으니까요. 자유시장경제가 외국인의 직접투자를 늘리기 때문에 정부가 경제에 간섭하는 경우보다 성과가 더 좋다는 것입니다.[47]

그런데 이런 이론이 맞지 않는 사례가 있습니다. 한국을 중심으로 한 동아시아 국가들이었죠. 한국을 조금 안다는 사람들은 이러한 신고전학파 역혁명(신자유주의)의 주장에 선뜻 동의하기가 어려

이상한 성공

웠을 겁니다. 일부 개발
도상국 경우에 시장자유
화가 일시적으로 성장에
긍정적인 영향을 준 것
처럼 보일 수도 있지만,
한국은 정반대 사례였거

든요. 한국의 성장은 이      1982년 6월 프랑스 파리에서 만난 대처와 레이건.[48]

들이 주장하는 국가개입이 최소화된, 개방되고 자유로운 시장경제
에서 이루어진 것이 아니었어요. 한국은 부족한 자본과 뒤처진 기
술 문제를 국가의 적극적 개입을 통해 해결하면서 수십 년 동안 성
장을 지속한 나라였으니까요. 신자유주의가 옳다고 하면서 저개발
국가나 개발도상국에 시장을 개방하라고 강요하는 미국, 영국을
중심으로 한 서구 국가들과 이들의 이익을 대변하는 IMF와 세계은
행 등 국제기구가 보기에 한국의 사례는 (강력한 국가개입으로 성장했
기 때문에) 먹자니 먹을 것이 없고, (저개발국가가 성장한 명백한 사례이
기 때문에) 버리자니 고기가 좀 붙어 있어서 아까운 닭갈비(계륵) 같
은 존재였을 것입니다.

　그래서 세계적인 학자들은 전문적인 용어를 써가면서 어떻게 해
서든 한국의 성공을 신자유주의 이론(신고전학파 역혁명)에 끼워넣
으려고 했습니다. 세계은행의 수석 경제학자였고, IMF의 첫 부국
장을 역임했던 저명한 신자유주의 경제학자인 앤 오스본 크루거
는 한국의 지속적인 성장이 시장친화적이고 수출지향적인 정책 덕
분이었다고 평가했습니다.[49] 한국이 성공하면 성공할수록 시장친

화적인 경제가 되면서 선순환(virtuous policy circle)이 만들어져 더 성장했다는 것이었지요. 하지만 억지로 끼워 맞춘 주장은 오래가지 못했습니다. 전통적으로 신자유주의 이론에 충실했던 세계은행조차도 얼마 가지 않아 정부개입 정책이 한국의 성공적인 경제성장의 중요한 원인 중 하나였다는 〈동아시아의 기적〉이라는 유명한 보고서를 출간했습니다. 한국의 사례는 신고전학파 개발이론과 달리 정부개입이 성장을 방해하지 않았다는 것이지요.[50]

● ## 국가가 주도한 산업화

그래서 한국이 놀라운 경제성장을 할 수 있었던 이유를 '발전국가(developmental state)'에서 찾습니다. 중요한 지적이라고 생각해요. 시간적으로 대략 1960년대부터 1980년대까지가 한국 발전국가의 전성기라고 할 수 있습니다. 1990년대 이후까지도 한국이 여전히 발전국가인지는 논란이 있기는 합니다. 다만 분명한 것은 1990년대 이후 발전국가의 성격이 약화되었다고 할 수 있습니다.

본격적으로 발전국가에 대해 이야기하기 전에 먼저 발전국가라는 용어부터 설명하는 것이 좋을 것 같습니다. 저는 'developmental'을 경제성장을 주도했다는 관점에서 '발전'으로 번역하는 것을 고려할 필요가 있다고 생각합니다.[51] 왜냐고요? 국어사전에서 '발전'은 경제개발만을 의미하지 않기 때문이에요. 여러분도

이상한 성공

생각해보세요. '발전'이라고 하면 경제개발만 떠오르나요? 아니죠. 발전에는 경제뿐만 아니라 사회, 문화, 정치 등 한 사회의 전반적인 진보의 의미를 담고 있어요. 그래서 저는 경제개발을 주도한 국가를 지칭하는 용어로 '발전국가'라는 번역이 적절하지 않다고 생각합니다. 쿠데타로 집권했고, 집권 이후 권위주의적으로 통치했던 박정희와 전두환 정권 시기(1961~1987년)를 정치, 경제, 문화 모두가 발전한 시기로 명명하는 것은 적절하지 않기 때문입니다. 그래서 권위주의 발전국가라는 용어는 모순적인 개념입니다. 권위주의, 즉 독재정권이 정치적·사회적·문화적 발전을 이끌었다는 것이 부자연스럽기 때문입니다.

한국에서 민주주의가 공고화되기 시작한 시점은 1987년 6월 민주항쟁 이후의 일이고, 문화적·사회적 발전 또한 민주주의와 무관하지 않기 때문입니다. 음악을 예로 들어볼게요. 여러분이 좋아하는 뮤지션이 자신의 노래를 자유롭게 발표할 수 있게 된 것은 얼마 되지 않았어요. 1987년 6월 민주화로 권위주의체제가 무너진 이후 10여 년이 지난 1996년 6월 7일 헌법재판소가 음반의 사전심의를 위헌으로 판결한 이후였습니다.[52] 그때까지 대중가수들은 음반을 발표하려면 정부의 사전심의를 통과해야 했습니다. 당연히 작곡가와 작사가, 가수, 제작사 모두 정부의 사전심의를 통과할 수 있는 음악만 만들었지요. 전북대학교 신문방송학과 강준만 교수는 "나라를 빼앗긴 일제 치하에서도, 민주주의를 박탈당한 군사독재 정권 치하에서도, 엔터테인먼트 문화는 전혀 주눅 들지 않았으며 내내 번성했다"라고 이야기했지만,[53] 정말 오락과 관련된 부분에 한정된 이야기입니다. 일제강점기와 독재정권 시절에 〈기생충〉과 같은 사회비판적 영화가 탄생하는 것은 불가능했을 겁니다. 체제의 순응적인 문화만 생존할 수 있었고, 결국 제대로 된 문화를 만들 수 없었을 것입니다. 그래서 권위주의 시기, 경제성장을 주도했던 국가를 '발전국가'로 명명하는 것은 적합하지 않다고 생각합니다.

발전국가의 가장 중요한 특성은 국가가 산업정책(경제정책)을 주도해 경제성장을 이끌었다는 의미를 담고 있기 때문이죠. 'developmental'은 경제개발을 잘 표현하는 개념으로 번역하는 것이 타당해 보입니다. 그렇다고 이 시기에 정치·사회·문화의 발전이 전혀 없었다는 것은 아닙니다. 이미 이야기했지만, 모든 시대는 그 시대만의 의미를 역사에 남기기 때문에 현재와 무관한 의미 없는 시대란 있을 수 없습니다. 권위주의 시대에도 끊임없는 변화가 있었습니다.

문화도 마찬가지입니다. 해방과 전쟁의 고통을 겪은 민족의 애환을 달래주는 대중가요가 없었다면 오늘날 BTS는 상상할 수 없겠지요. 강준만 교수도 현재 세계적인 문화 조류 중 하나로 성장하고 있는 한류의 역사를 1945년 해방 이후부터 살펴보아야 한다고 했어요. 하지만 한류가 본격적으로 꽃을 피운 것은 1987년 민주화 이후, 특히 1997년 IMF 외환위기 이후라고 이야기합니다.[54] 이처럼 민주주의와 사회문화의 발전은 서로 뗄 수 없는 관계입니다. 이런 이유로 경제성장을 주도했던 권의주의 시기의 한국을 발전국가라고 부르는 것은 사과를 오렌지로 잘못 부르는 것이라고 생각해요. 저는 사람들이 일반적으로 사용하는 발전국가 대신 경제개발을 정확하게 표현할 수 있는 '개발국가'라는 용어를 선호합니다. 일본에서도 'developmental state'를 개발국가로 번역합니다.

정리하자면, 개발국가의 성취를 '경제성장'이라는 측면으로 이해해야 한다는 것입니다. 이제 본격적으로 개발국가에 대해 이야기해봅시다. 개발국가는 제2차 세계대전 이후 놀라운 경제성장을 거듭한 전범국이자 패전국인 일본의 사례를 설명하기 위해 만들어진 용어입니다.[55] 그리고 일본의 성공 이후에는 일본을 따라 국가가 경제성장을 주도했던 동아시아 국가 전체를 설명하는 개념으로 확대됩니다. 많은 사람이 개발국가를 단순히 경제에 개입하는 국가 정도로 이해합니다. 하지만 현실 세계에서 경제에 개입하지 않는 국가는 없습니다. 모든 국가는 경제에 개입할 수밖에 없어요. 국가가 경제에 개입하지 않으면, 시장에서 자유롭고 공정한 거래는 불가능합니다. 일하는 사람들의 기본적인 생활도 보장할 수 없고, 궁극적으로 사회 전체가 위기에 처할 수 있어요. 국가가 독점을 금지하고 공정한 경쟁을 보장하는 것도, 기본적인 노동조건을 법률로 규정해 노동자들의 기본적인 생활을 보장하는 것도, 시장과 사회의 안정과 지속성을 보장하기 위해서 반드시 필요합니다. 임금이 시장의 수요와 공급으로 결정된다는 주장은 아주 제한된 조건을 전제한 교과서에나 나오는 이야기입니다. 순수하게 수요와 공급만으로 결정되는 임금은 없습니다. 기업주와 노동자의 임금인상과 관련한 단체협약을 생각해보세요.

물론 수요와 공급만으로 임금이 결정되기도 합니다. 인력시장이라는 말 들어보셨지요? 일을 구하는 사람들과 그날그날 필요한 일

손을 구하는 사람들이 모인 장소를 뜻하는데요, 이 경우가 이런 교과서적 원리에 가장 근접한 사례입니다. 다만 이 경우도 최저임금이라는 제도가 있다면 순수한 형태라고 할 수는 없습니다. 여하튼 개발국가란 단순히 경제에 개입하는 국가가 아니라 국가가 경제를 계획하고, 산업정책을 수립해 성장을 주도한 국가라고 할 수 있습니다. 쉽게 이야기하면 개발국가는 그 나라에서 어떤 산업을 지원하고 퇴출시킬지, 제한된 자원을 어떤 기업과 산업에 배분할지 계획하고 결정하는 국가입니다.[56] 그래서 경제사를 연구하는 학자들은 대부분의 개발도상국이 독일과 일본이 만든 강줄기를 따른다고 이야기하는 것입니다.[57]

그런 개발국가가 한국 경제의 성공과 무슨 관련이 있냐고요? 아주 관련이 많습니다. 1960년대 이후 놀라운 경제성장을 이룩한 한국을 개발국가의 대표적 사례라고 하니까요. 한국은 1960년대부터 1980년대까지 도대체 어떤 일을 했기에 개발국가의 대표적 사례로 불리는 것일까요?

한국처럼 가난한 국가에서 산업화를 추진하기 위해서는 두 가지 방법이 있다고 알려져 있습니다. 하나는 중소기업을 중심으로 산업화를 추진하는 방안이고, 다른 하나는 큰 기업을 중심으로 위로부터 산업화를 이끌도록 하는 것입니다.[58] 동아시아에서 대만이 전자의 길을 걸었다면, 한국은 후자의 길을 걸은 대표적 사례입니다. 사실 한국처럼 가난한 나라가 서구와 일본을 빨리 따라잡기 위해서는 중소기업의 수평적 네트워크를 통해 자원을 모아서 경제개발을 하는 것보다 자원을 소수 대기업에 집중하는 방식이 더 유리했

을 수도 있습니다. 하나의 가설적 주장이지만 이런 산업화를 조립형 공업화라고 부르죠.[59]

물론 한국이 처음부터 두 번째 길을 걸었던 것은 아니었습니다. 개발국가 한국도 1960년대에는 중소기업의 비중이 상대적으로 높은 경공업을 중심으로 산업화를 추진합니다.[60] 한국 경제가 본격적으로 성장한 1960년대의 수출 품목을 보면 광석과 농수산물 등 1차 상품은 감소하고, 합판, 가발, 신발 등 경공업 제품의 비중이 20퍼센트에서 80퍼센트로 엄청난 성장을 합니다.[61] 하지만 가발과 신발만 팔아서는 서구와 일본을 따라잡는 데 한계가 있었을 것입니다. 개발국가 한국이 1970년대부터 국가의 주도하에 중화학공업화를 추진한 이유였습니다. 중화학공업화는 대규모 자본과 축적된 기술이 필요한데, 대부분의 기업은 이를 혼자서 감당할 역량이 없었으니까요. 경험이 없는 기업이 실패 위험이 큰 중화학공업에 뛰어들기 위해서는 국가의 자금 지원은 물론 생산물 판로를 포함해 다양한 국가 지원이 필요했을 것입니다. 국가가 기업이 시장에서 감당해야 할 위험을 대신 감당했던 것입니다. 이 이야기는 조금 후에 다시 이야기하죠.

그 전에 한국의 개발국가가 유능했다는 말도 잊지 말아야 할 것 같습니다. 말레이시아, 태국, 인도네시아, 필리핀 등 동남아시아의 대부분 국가도 국가가 주도해 산업화를 추진합니다. 하지만 대부분 한국과 같은 성공을 거두지는 못했어요. 왜 그랬을까요. 이들 국가도 산업화를 위해 산업정책도 계획하고 기업을 지원했지만, 국가는 지원만 하고 성과를 관리 감독하는 것에 소홀했습니다. 지원을 받은 기업이 어떤 성과를 내는지 별반 관심이 없었죠. 대규모 자금을 지원하고 나면, 그다음은 기업이 알아서 하는 형태였습니다. 국가가 지원 성과를 효율적으로 관리하지 않자 요즘 말로 기업이 '먹튀'를 하고, 대부분의 국가 지원 산업이 실패했습니다.[62] 하지만 한국은 달랐어요. 국가가 기업에 어떤 지원을 해주면, 반드시 그에 따르는 성과를 내는지 확인했어요. 대표적인 성과지표는 수출실적이었습니다. 만약 기업이 지원에 따른 성과를 내지 못하면, 그 기업을 지원 대상에서 제외하는 것은 물론 아예 퇴출시키기도 했습니다. 반대로 기업이 성과를 내면 엄청난 이익이 기업에 돌아가도록 만들었습니다. 그러니 기업들이 기를 쓰고 좋은 물건을 만들어 수출하려고 했던 것입니다. 기업이 물건을 수출하려면 해외시장에서 경쟁력 있는 상품을 만들어야 했으니 기술개발을 계속할 수밖에 없었던 것이죠.

## 반대를 뚫고

그런데 왜 자꾸 서구, 일본과 비교하는지 궁금할 수도 있을 것 같군요. 1960년대 한국이 산업화를 시작할 때 '개발'은 '선진국'이라는 말과 함께 대중화되었어요. 즉, 개발이라는 것은 우리도 선진국처럼 잘살아보겠다는 욕망의 표현이었기 때문에 개발은 곧 선진국을 따라잡는 것을 의미했죠. 모든 것을 선진국과 비교하는 시대였으니까요. 선진국으로 언급된 국가들 중 일본

이상한 성공

이 가장 많이 언급되었습니다. 일본을 따라잡아야겠다는 생각이 강했던 것 같아요. 박정희는 한국이 일본을 따라잡아 "아시아에서 일본이 1등이냐, 한국이 1등이냐, 서로 다툴 정도의 수준"이 되어야 한다고 주장했습니다.[63] 일본 다음으로는 미국, 영국, 독일, 프랑스 등이 언급되었으니, 따라잡아야 할 선진국은 서구와 일본이었던 셈이죠.[64]

　세계시장에서 서구와 일본을 제대로 따라잡으려면 산업구조를 경공업에서 중화학공업으로 고도화할 필요가 있었습니다. 그런데 중화학공업화는 경공업과 달리 자본도 많이 필요하고 숙련된 기술도 필요했기 때문에 중소기업을 중심으로 실행하기 어려웠을 것입니다. 이런 이유로 권위주의 개발국가, 박정희 정권은 대기업을 중심으로 수출주도형 산업화의 길을 걷게 됩니다.[65] 하지만 쉬운 길이 아니었어요. 한국이 산업구조를 의류, 신발, 가발 등을 만드는 경공업에서 철강, 전자, 조선 등을 만드는 중화학공업으로 전환하려고 하자 대다수 경제학자는 '정신 나간 짓'이라고 비난했습니다. 일본도 산업화를 시작한 지 75년이 지난 1950년대에 들어서야 중화학공업 중심의 성장전략을 추진했다는 것이 그 이유였습니다.[66] 그러니 산업화를 본격적으로 시작한 지 10년밖에 되지 않는 한국이 중화학공업화를 추진한다는 것은 적절하지 않다고 생각했던 것입니다. 세계은행도 한국 정부가 발표한 중화학공업의 수출 목표가 실현 가능성이 없는 목표라고 비판했습니다. 한국 정부에 직물산업에 집중하라고 권고했을 정도였지요. 여론도 좋지 않았어요.

　여러분이 어떤 일을 하려고 하는데, 가족들은 물론이고 친구들과 그 분야의 전문가들까지 모두 반대한다면, 그 반대를 뚫고 계획했던 일을 추진할 수 있을까요. 웬만한 강심장이 아니면 아마 쉽지 않을 것입니다. 한국의 중화학공업화는 이렇게 모두의 반대에도 불구하고 추진된 것입니다. 그런데 이상하지 않나요? 권위주의 정부는 왜 그렇게 무모한 결정을 내렸을까요? 아마 무엇인가 무리한 결정을 해야 하는 절박함이 있었겠지요. 실제로 그런 일이 있었습니다. 공산주의진영과 자본주의진영 간에 냉전이 1960년대 말부터 완화되는 '데탕트(Détente) 현상'이 확산되기 시작한 것입니다. 박정희 정권은 1972년 2월 미국 대통령 닉슨이 중국(당시 중공)을 방문하고, 1971년 3월부터 베트남에서 미군을 철수시키는 모습을 보면서 큰 충격을 받습니다. 미국은 자신의 필요에 따라 언제든지 한국과 동맹을 폐기할 수 있고, 한국의 적국이었던 소련과 중국은 물론 북한과도 손을 잡을 수 있다는 것을 보여주었기 때문입니다. 이러한 미국의 행보는 북한과 비교해 경제적·군사적으로 취약했던 한국에 한국의 안보는 한국인이 지켜야 한다는 국제질서의 냉혹함을 확인시켜준 계기이기도 했습니다. 1970년대 초부터 시작된 중화학공

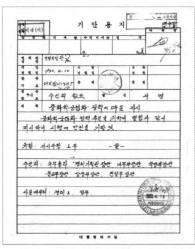

1973년 4월 19일 박정희 대통령이 서명한 '중화학공업화 정책에 따른 지시' 기안 용지. "중화학공업화 정책 추진을 위하여 별첨과 같이 지시하니 시행에 만전을 기할 것"이라고 써 있다.[67]

이상한 성공

업화는 바로 이러한 국제질서의 변화 속에서 스스로 안보를 지키기 위해 권위주의 정권이 내린 전략적 결정이었습니다. 스스로를 지키기 위해서는 국가방위에 필요한 무기를 자주적으로 개발해야 했고, 이를 위해서는 철강, 비철금속, 전자, 기계, 조선, 화학 산업을 반드시 발전시켜야 했습니다. 한국전쟁 이래 한국에서 안보는 모든 것에 우선하는 가치였으니까요. 대부분이 반대했던 중화학공업화를 권위주의 정권이 추진한 이유였습니다.

물론 안보만으로 모든 것을 설명할 수는 없어요. 중화학공업화는 대규모 초기 설비투자를 감당할 수 있는 재벌 대기업이 존재해야 가능한 성장전략입니다.[68] 한국에서는 그 일을 담당할 재벌 대기업이 1950년대 적산 불하로 이미 형성되어 있었죠. 하지만 재벌 대기업의 존재만으로는 충분하지 않았습니다(인도네시아, 필리핀, 태국, 말레이시아에도 한국의 재벌 대기업과 유사한 규모의 큰 기업들은 있었습니다. 하지만 한국의 재벌 대기업처럼 실패할 가능성이 높은 분야에 대규모 투자를 감행할 기업은 거의 없었죠).[69] 즉, 중화학공업화는 재벌 대기업의 존재만으로 가능한 게 아니라, 그 재벌 대기업이 위험을 무릅쓰고 새로운 투자에 나서게끔 제도적 인센티브를 제공하고 강제할 국가가 있어야 가능한 일이었습니다. 이처럼 1970년대 초에 시작된 중화학공업화는 '그 당시 국제질서'에서 한국이니까 선택할 수 있는 길이었습니다.

## 수출과 수입대체를 병행하며

　　한국은 국가의 이런 적극적인 지원 아래 대기업이 중심이 되어 외국에서 수입한 부품, 소재, 장비로 최종 상품을 만들어 수출하는 조립형 산업화의 길을 걷게 됩니다. 하지만 이 전략은 단순히 외국에서 부품과 소재 등 중간재와 장비를 수입해 최종 상품을 조립해서 수출만 하는 게 아니었습니다. 최종 상품의 수출을 확대하는 과정에서 부품과 소재를 생산하는 국내 중소기업도 성장시키고, 그 상품을 국내에도 팔았지요. 그래서 한국의 조립형 산업화 방식을 수출과 수입대체 산업이 함께 성장하는 '복선형 성장 방식'이라고 부르기도 합니다.[70] 예를 들어 한국 기업이 라디오를 수출하려면 외국시장에서 팔릴 수 있는 경쟁력 있는 라디오를 만들어야 합니다. 하지만 라디오를 생산한 경험이 없는 한국 기업이 쟁쟁한 외국 기업의 라디오와 국내외 시장에서 경쟁할 수 있는 라디오를 만드는 것은 쉽지 않은 일이죠. 한국의 전략은 독특했습니다. 일단 기업은 내수용 라디오를 만듭니다. 그리고 정부는 외국에서 라디오를 수입하는 것을 금지합니다. 그러면 라디오를 듣고 싶은 국내 소비자들은 국내 기업이 만든 라디오를 살 수밖에 없겠지요. 그렇게 만들어진 라디오가 국내 시장에서 경쟁력을 키우면 그때부터 기업은 라디오를 외국에 수출합니다. 한마디로 국내 소비자들이 품질이 떨어지는 라디오를 울며 겨자 먹는 식으로 구매해주면서 국내 기업의 경쟁력을 키워준 것이지요. 복선형 성장방식은 바로 한국의 이러한 성장방식을 지칭합니다. 한국의 대기업

　　　　　　　　　　　　　　　이상한 성공

은 이렇게 성장을 했고, 국가의 경제도 이에 발맞추면서 성장했습니다.

한국 기업은 이렇게 복선형 산업화를 통해 기술을 축적할 수 있었습니다. 성과도 놀라웠습니다. 1948년 정부가 수립되었을 당시 한국의 수출액은 1,900만 달러로 태평양에 있는 작은 섬나라 피지의 3천만 달러보다도 적었습니다. 수출 순위로 보면 세계 100위권이었지요.[71] 그러던 한국이 2019년이 되면 수출액이 6,048.6억 달러로 세계 6위의 수출 대국으로 올라섭니다.[72] 한국의 제조업 규모도 1970년 41위에서 1990년에는 12위, 2018년에는 5위를 기록합니다.[73] 단순히 양적으로만 성장한 것도 아닙니다. 복선형 산업화 과정에서 기술 축적이 이루어지면서 기계산업은 1980년대 초에 기계를 수입한 양만큼 수출했어요.[74] 이제는 전체 수출에서 중간재 수출 비중이 문제가 될 정도로 높아졌지요.[75] 한국의 산업화는 수입대체와 수출산업이 균형 있게 성장하면서 놀라운 성과를 낸 것입니다.


## ● 무소불위의 권위주의

그런데 이상하지 않습니까? 산업화 당시만해도 국민은 먹을 것이 부족해 보릿고개를 넘기기가 어려웠고, 1960~1980년대 산업화 과정에서도 대부분의 사람은 여전히 가난했어요. 그런데 정부는 나라의 돈을 모두 긁어모아 대기업을 지원했습니다. 사실 그것도 모자라 정부가 보증을 서면서 외국에서 돈을 빌려 또 대기업을 지원해주었어요. 그런데도 국민은 큰 저항을 하지 않았던 것입니다. 국민은 표면적으로는 권위주의 개발국가의 성장전략에 동의하고 순응한 것처럼 보였습니다. 국민만이 아니었어요. 대기업도 불만이 전혀 없었던 것은 아니었지만, 권위주의 개발국가의 산업화 전략에 충실히 순응했습니다. 이승만 권위주의 정권에 저항해 4·19 민주혁명을 주도했던 학생들도, 사상계를 중심으로 한 당대의 진보적 지식인들도 초기에는 조국 근대화를 기치로 쿠데타를 일으킨 박정희 군사정권을 지지했으니까요. 물론 박정희 정권이 독재를 노골화하면서 깨어 있는 학생들과 진보적 지식인들은 독재에 격렬히 저항했습니다. 하지만 이들을 제외하면 대부분은 속마음이야 독재에 반대했을지 모르지만, 겉으로는 박정희 정권이 주도하는 산업화 정책에 순응했던 것처럼 보였습니다.

어떻게 그럴 수가 있었을까요? 앞서 이야기한 것처럼 권위주의 개발국가에 저항할 수 있는 정치세력이 거의 남아 있지 않았기 때문입니다. 산업화 시대의 새로운 계급으로 등장한 자본가는 미군정과 이승만 정권이 불하한 적산, 환율정책, 원조 물자, 박정희 정권의 금융지원 등을 통해 성장했기 때문에 철저히 국가에 종속되어 있었습니다.[76] 한국의 자본가는 서유럽에서처럼 절대왕정을 무너뜨리고 근대사회를 이끌었던 진보적 계급이 아니었습니다. 반대로 한국의 자본가는 체제에 철저히 순응하는 보수적 계급이었습니다. 한국 자본가의 이러한 특성은 개발국가의 원조라고 불리는 일

이상한 성공

본 자본가와도 대비되죠. 일본의 대기업은 19세기 말부터 성장해 1920년대에 들어섰을 땐 이미 정치적으로 큰 영향력을 갖고 있었기 때문에, 1930년대 전시체제에서 형성된 군국주의 정권이 한국처럼 자본을 국가에 위계적으로 종속시킬 수 없었습니다.[77] 군국주의 시대였지만, 국가 마음대로 자본을 쥐락펴락할 수 없었어요. 물론 개발국가 한국이 자본을 지배한다는 것이 국가가 재벌 대기업을 일방적으로 종속시켰다는 걸 의미하지는 않습니다. 일본 정도는 아니었지만, 한국의 자본가도 국가에 자신의 이해를 부분적이지만 관철할 역량을 갖고 있었고, 권위주의 개발국가 시기에도 그 영향력은 성장하고 있었습니다. 그렇지 않았다면 1987년 민주화로 권위주의가 해체된 이후, 한국 사회의 중심이 급격히 국가에서 재벌 대기업으로 이동할 수는 없었을 것입니다.

물론 정치적 정당성을 결여한 권위주의 개발국가의 자율성은 경찰과 군대와 같은 물리력으로 집회, 결사, 언론의 자유와 같은 시민의 기본권을 억눌렀기 때문에 확보된 것이기도 합니다. 권위주의 박정희 정권은 국민의 일상을 감시하는 체제를 구축했으니까요. 그 감시체제가 얼마나 촘촘했던지 친구들과 술자리에서 대통령과 정권을 비판하면 쥐도 새도 모르게 경찰이 잡아갈 정도였습니다. 소위 '막걸리 보안법'이 횡행할 정도로 박정희 정권은 시민의 자유를 억압했습니다. 일부 학생과 지식인을 제외하면 누구도 권위주의 정권에 저항할 엄두를 내지 못했지요.[78] 정권을 비판하기 위해서는 목숨을 걸어야 했습니다. 지금은 상상도 못 할 시대였죠. 여하튼 이렇게 사회의 다양한 집단과 계급의 이해에서 자유로웠던 권위주의 개발국가가 한국의 산업화를 주도했습니다. 권위주의 개발 국가를 통제할 유일한 힘이라면 미국뿐이었을 겁니다.

## ● 자유화, 개방화, 민주화 이후의 성장

하지만 이런 권위주의 개발국가도 1987년 6월 민주화 이후 권위주의가 약해지면서 힘을 잃어갔습니다. 사실 1970년대 말부터 국가 주도의 성장 체제가 이미 약화되기 시작했어요. 1970년대 중화학공업화를 추진했던 박정희 정권은 1970년대 말 세계적인 불황과 함께 중화학공업에 대한 과잉·중복투자로 위기에 처하게 됩니다. 이때 이 위기의 대안으로 미국에서 경제학을 공부한 경제 관료와 학자들이 국가의 개입을 줄이고 시장의 역할을 강화하는 신자유주의 정책을 추진합니다. 경제기획원의 강경식과 신현확이 중심이 되어 1979년 4월 17일에 발표했던 〈종합 경제안정화 시책〉이 그것입니다. 핵심 내용은 경제정책의 기조를 성장에서 안정으로 전환하겠다는 것이었습니다.[79] 하지만 경제정책 기조 전환은 박정희의 반대에 부딪혀 실행되지 못합니다. 박정희 입장에서 이러한 안정화 정책을 받아들인다는 것은 그때까지 자신이 추진한 국가 주도 경제개발이 잘못되었다는 것을 스스로 인정하는 꼴이었으니까요.[80] 절대 권력자였던 박정희가 그런 일을 쉽게 받아들이기는 어려웠을 것입니다. 하지만 내부 권력 다툼으로 박정희 정권이 몰락하자 상황은 급변합니다. 박정희 정권에

이상한 성공

이어서 또다시 군부 쿠데타로 집권한 전두환 정권은 박정희 정권과는 정반대로 국가의 개입을 줄이고 개방화와 자유화를 추진합니다. 물론 그렇다고 국가의 역할이 하루아침에 사라진 것은 아니었죠. 여전히 권위주의 정권의 힘은 강력했습니다.

결정적인 변화는 1987년 민주화였습니다. 권위주의가 사라지자 재벌 대기업을 통제하는 힘이 약해지면서 재벌 대기업의 자율성이 확대된 것입니다. 노동자가 힘이 있었다면, 재벌 대기업에 대항해 힘의 균형을 이룰 수도 있었겠죠. 하지만 해방 이후 지속된 반공주의와 권위주의 체제하에 노동자는 정치적으로 성장할 수 없었습니다. 노동조합을 만드는 결사의 자유도 보장되지 않았던 사회에서 노동자들이 어떻게 정치적으로 성장할 수 있었겠습니까. 산업화로 노동자의 수가 급증했던 시기에도 한국의 노동조합 조직률은 낮았습니다. 서구 복지국가들과 비교해보면 금방 알 수 있죠. 그리고 호랑이가 사라진 숲에 여우가 왕 노릇을 한다고, 민주화로 권위주의 정권이 사라지자 재벌 대기업이 무소불위의 힘을 갖게 되었던 것입니다.

재벌 대기업은 1990년대 들어서면서 전후방연계효과가 높은 복선형 성장 방식을 버리고, 진화된 조립형 성장전략, 즉 생산을 모듈화하는 방식으로 전환합니다. 자동차산업을 예로 들면 기존에는 완성차업체가 부품회사에서 개별 부품을 제공받아 일일이 조립해 완성차를 생산하는 방식이었습니다. 그런데 완성차업체가 모듈화 생산방식을 도입하면서 부품회사에서 개별 부품을 납품받을 필요가 없어집니다. 모듈화 생산은 부품업체가 개별 부품을 완성차업체에 제공하는 게 아니라 자동차의 일정 파트를 조립해 완성차업체에 납품하는 방식이기 때문입니다. 부품업체가 운전석이나 자동차 문 등을 조립해 납품하면 완성차업체는 간단히 운전석과 자동차 문을 차량에 끼워 넣어 완성차를 만들면 되는 것이죠. 문제는 이렇게 생산과정을 모듈화하려면 부품업체가 자동차를 구성하는 파트를 자체 조립할 수 있을 정도로 규모가 커야 합니다. 결국 개별 부품을 공급했던 기존의 중소기업은 경쟁력을 잃고, 현대모비스 같은 큰 부품회사만 살아남게 되지요. 대기업과 중소기업이 동반 성장할 수 있는 길이 더 좁아지게 되는 것입니다.

더욱이 재벌 대기업의 입장에서 복선형 성장방식은 중소기업과 동반성장을 해야 하고 노동자의 숙련도도 높여야 성공할 수 있는 성장전략이었습니다. 이를 위해 대기업은 중소기업에 일정한 이윤을 양보해야 하는 것은 물론 노동자의 임금과 복지도 개선해야 합니다. 복선형 성장전략을 유지한다면 대기업의 양보가 불가피하죠. 하지만 생산방식이 모듈화 방식으로 전환되면 앞에서 이야기한 것처럼 부품을 공급하는 중소기업의 필요는 감소하기 때문에 대기업이 중소기업을 배려할 필요도 줄어들게 됩니다. 완성차업체는 자동차를 조립하는 데 필요한 노동력도 대폭 줄일 수 있다는 장점도 있습니다. 조립이 아니라 끼워 넣기만 하면 되니 숙련된 노동자가 덜 필요한 것이죠.

이상한 성공

## 숙련 대신 로봇

낮은 원자재 가격, 낮은 이자율, 낮은 환율(원화 가치)이라는 삼저호황이 지속된 1980년대 후반까지 재벌 대기업들은 그럭저럭 중소기업과 동반성장 하면서 노동조건을 개선해도 큰 이윤을 남길 수 있었을 거예요. 그래서 그 시기에는 다른 기간과 비교해 노동자와 기업 간에 큰 충돌이 없었습니다. 그런데 삼저호황이 끝나면서 기업의 사정이 조금 팍팍해졌어요. 대기업들은 결단해야 했습니다. 복선형 성장을 유지하면서 중소기업과 이윤을 나누고 노동자들과 타협해서 노동자의 숙련에 기초한 성장을 계속할지, 아니면 중소기업과 노동자를 배제하고 '숙련(skill)'을 '기술(technology)', 즉 자동화로 대체하는 성장방식을 발전시킬 것인지를요. 그런데 우연의 일치인지는 몰라도 1990년 1월 전두환 독재 시절 집권당인 민주정의당(노태우), 영남을 기반으로 한 보수 야당인 통일민주당(김영삼), 박정희 독재정권에 참여했던 정치인들이 결성한 신민주공화당(김종필)이 합당하면서 여소야대의 정국이 일거에 거대 여당인 민주자유당 대 소수 야당(김대중, 평화민주당)의 구도로 바뀌었습니다.

3당 합당으로 힘을 얻은 노태우 정부는 노동자들을 다시 권위주의적인 방식으로 억누르기 시작했어요. 이런 정치적 상황에서 한국의 주요 재벌 대기업들은 숙련 노동을 자동화로 대체하는, 즉 노동을 배제하는 성장방식으로 알려진 신경영전략을 추진합니다.[81] 자동화를 대표하는 지표 중 하나가 노동자 1만 명당 몇 대의 로봇을 사용하는지 측정하는 로봇밀도입니다. 그런데 이 로봇밀도가 재벌 대기업이 신경영전략을 본격화한 1990년대 이후 엄청난 속도로 높아집니다([그림 3-4] 참고). 2013년이 되면 한국은 세계에서 로봇밀도가 가장 높은 국가가 됩니다. 2019년 한국의 로봇밀도를 보세요. 서구는 물론 일본과도 비교가 되지 않을 정도로 높습니다. 제조업 강국이라고 평가되는 독일과 일본의 로봇밀도는 한국의 절반도 되지 않습니다. 더 중요한 것은 이들 국가의 자동화 속도는 한국과 비교해 사회가 적응할 수 있을 정도로 완만하게 진행되고 있는 것처럼 보입니다. 이렇게 1990년대 이후 한국의 재벌 대기업은 기술 수준이 높은 부품, 소재, 장비를 외국에서 수입해 이를 최첨단 자동화 장비로 조립하고, 최종 상품을 외국에 수출하는 생산방식을 강화했던 것입니다. 모듈화 생산방식도 그중 하나였죠.

한국이 수출 세계 1위인 메모리 반도체산업의 사례를 보죠. 메모리 반도체산업은 부품, 소재, 제조 설비의 상당 부분을 외국에서 수입하고 있어요.[83] 2017년 기준으로 반도체 생산을 위해 필요한 소재 중 절반(50.3퍼센트), 장비는 18.2퍼센트만이 국내에서 조달되었습니다. 반도체(웨이퍼)에 빛으로 회로를 입히는 노광공정과 불순물을 침투시켜 소자의 특성을 만드는 이온주입 과정의 국산화율은 0퍼센트입니다.[84] 여러분도 잘 아시죠. 2019년 7월에 일본의 아베 정권이 강제징용과 관련된 대법원의 판결에 대한 보복 조치로 반도체 생산의 핵심 소재인 고순도 불화수소, 불화 폴리이미드, 리지스트에 대해 수출규제를 단행합니다. 일본이 반도체 핵심부품의 수출규제로 한국을 굴복시킬 수 있다고 생각했던 것도 한국의

이상한 성공

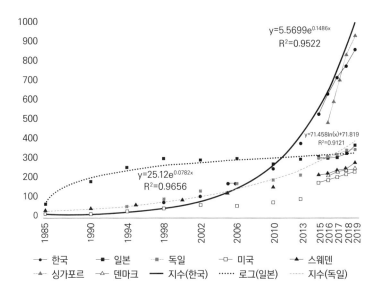

$y=5.5699e^{0.1486x}$
$R^2=0.9522$

$y=71.458\ln(x)+71.819$
$R^2=0.9121$

$y=25.12e^{0.0782x}$
$R^2=0.9656$

| 1985 | 1990 | 1994 | 1998 | 2002 | 2006 | 2010 | 2013 | 2015 2016 2017 2018 2019 |

● 한국　■ 일본　■ 독일　□ 미국　▲ 스웨덴
△ 싱가포르　△ 덴마크　— 지수(한국)　⋯⋯ 로그(일본)　--- 지수(독일)

[그림 3-4] 1985~2019년 한국과 주요 제조업 강국의 로봇밀도[82]

주력산업이 소재와 부품을 외국에 의존하고 있었기 때문이었죠. 물론 아베 정권의 뜻대로 되지는 않았습니다. 한국은 이렇게 1990년대를 지나오면서 권위주의 개발국가가 주도했던 복선형 성장체제의 성격이 약화되고, 재벌이 주도하는 성장체제로 변화합니다. 기업과 나라는 점점 부자가 되어가는데, 가난한 국민이 늘어나는 사회가 시작된 것입니다.

● **국민의 인내, 대기업의 노력**

이렇게 재벌은 한국의 놀라운 성장의 주연배

우 중 하나였습니다. 사실 한국 재벌이 선진국 기업을 따라잡기 위한 노력은 눈물겨웠습니다. 할 수 있는 모든 일을 다 했다고 할까요. 학교나 직장에서 사람들을 괴롭혔던 장기자랑 대회를 기억하시나요. 다들 한 번쯤은 학교나 직장에서 개인기를 선보인 경험이 있을지도 모르겠습니다. 열심히 노래를 불렀더니 사람들의 반응이 좋을 때까지 계속 부르라는 겁니다. 참 기가 막히죠. 여러분은 어떻게 할까요. 노래를 계속 부르실 건가요. 아마 대부분은 웃으면서 자기 자리로 돌아갈 것입니다. 그런데 제조업이 기술 역량을 축적해 경쟁력을 갖기 위해서는 그러면 안 됩니다. 노래를 계속 불러야 합니다. 제조 역량을 축적하는 길은 제품을 잘 만들 때까지 계속 만드는 경험을 학습할 필요가 있기 때문입니다.[85] 앞서 이야기한 것처럼 국가가 기업이 학습을 계속할 수 있도록 지원하자 재벌 대기업은 계속 노래를 불렀습니다. 필요하면 외국에서 기술을 훔쳐오기도 했습니다. 한국 기업만 그랬던 것은 아닙니다. 일본 기업들이 서구의 기술을 얼마나 베꼈는지, 서구 기업은 일본 기업이 기술을 훔쳐가지 못하도록 일본과 협정을 맺을 정도였어요. 하지만 아무 소용이 없었다고 합니다.[86] 결국 재벌 대기업의 기술개발을 위한 눈물겨운 노력이 빛을 발하면서 한국 제품은 조잡한 싸구려 제품에서 가성비가 높은 쓸 만한 제품으로 탈바꿈합니다.

그런데 조잡하고 질이 떨어지는 물건을 만드는 재벌이 괜찮은 제품을 만들 때까지 어떻게 살아남을 수 있었을까요. 경제학자들이 좋아하는 보이지 않는 손이 작동하는 자유시장이 있었다면 조잡하고 질 떨어지는 국내 기업의 제품이 시장에서 팔릴 수가 없잖

이상한 성공

아요. 물건이 팔리지 않으면 기업은 자연스럽게 시장에서 퇴출되었을 것입니다. 그런 엉터리 물건을 만드는 기업이 살아남아 글로벌기업으로 성장할 수 있었던 또 다른 비밀의 열쇠는 바로 국민이었습니다. 앞서 라디오 이야기를 했죠. 그 엉터리 물건을 사준 것도 국민이고, 기업이 성장할 수 있도록 돈을 대준 것도 국민입니다. 한국에서 대기업의 성장은 국민의 엄청난 희생과 양보가 없었다면 불가능했을 것입니다. 1945년 일제 강점에서 해방된 신생국가, 그것도 남북으로 국토가 분단되고 3년간 계속된 전쟁으로 산업시설이 초토화된 한국이라는 국가는 아무리 권위주의 정권이라고 해도 대기업에 몰아줄 자원이라는 것이 별로 남아 있지 않았어요. 권위주의 정권은 이 난관을 어떻게 극복했을까요? 기업의 덩치를 키우기 위해 대한민국이라는 국가는 할 수 있는 일을 거의 다 한 것 같아요. 대한민국에 있는 돈이란 돈은 다 긁어모아 대기업에 몰아주었으니까요. 초등학생들의 코 묻은 돈도 매월 정기적으로 저축하게 했어요. 제가 초등학교에 다녔던 1970년대에는 매월 정해진 날마다 복도에 길게 줄을 서서 몇십 원에서 몇백 원을 새마을금고의 저금통장에 저축하고 직원에게 도장을 받았던 기억이 아직도 생생합니다. 박정희 정권은 중화학공업화에 필요한 돈을 충당하려고 '국민복지연금' 제도를 도입하려고도 했어요. 국내 자본을 동원할 수 있는 국민투자기금법과 부가가치세가 도입되면서 '국민생활안정을위한대통령긴급조치'라는 긴급조치 3호를 발동해 국민복지연금의 도입을 무기한 연기했지만, 국민의 노후를 보장하는 복지제도도 경제발전을 위한 돈으로 쓰려고 했던 것이지요.[87] 박정희 정권은 이렇게 모은 돈을 대기업에 몰아주었습니다.

앞서 잠깐 이야기한 것처럼 개발국가가 본격적으로 만들어지기 이전에도 권위주의 정권(이승만 정권)은 원조 물자와 환율에서 발생하는 지대(이익)를 보장해주는 방식으로 대기업을 키웠습니다. 1950년대 공식 환율과 시장 환율의 차이로 발생하는 지대의 규모는 국민총생산(GNP)의 10퍼센트를 넘었습니다. 지금으로 치면 연간 200조 원 규모가 환율 차이로 발생한 지대였습니다.[89] 중화학공업이 산업화의 중심이 되었던 1970년대에는 환율 차이에서 발생하는 지대가 줄어들었습니다. 대신 이자율이 새로운 지대의 원천이 되었습니다. 정부는 시중 이자율과 기업에 대출하는 이자율에 차이를 두었습니다. 이 이자율의 차이에서 발생하는 지대가 1970년 한 해 동안만 무려 GNP의 31.7퍼센트에 달했다고 합니다. 예를 들어 초등학생이 만 원을 은행에 예금할 때 이자율이 10퍼센트였다면, 은행은 기업에 5퍼센트의 이자율로 대출을 해주는 식입니다. 기업은 은행에서 만 원을 5퍼센트에 빌려서 다시 은행에 만 원을 예금만 해도 5퍼센트의 이자를 얻게 되는 것입니다. 이런 지대가 지금 시세로 치면

1970년대 새마을운동의 일환으로 시행된 학교단체 저축의 모습. 학생들은 의무적으로 일정한 돈을 매월 정기적으로 새마을금고에 저축해야 했습니다. 당시 초등학생들의 모습이 맑습니다. 이 저축이 어떻게 쓰였는지 그들은 알고 있었을까요?[88]

이상한 성공

수백조 원이었습니다. 어마어마하지 않습니까?[90]

심지어 박정희 정권은 지금 보수언론이 '빨갱이'나 '사회주의' 정책이라고 비난할 만한 사유재산권을 무력화시키는 반시장적인 정책도 서슴지 않았어요. 〈경향신문〉 1972년 8월 3일 자 기사에 박정희 정권은 세계적인 경제위기로 재벌 대기업들의 자금 사정이 나빠지자 대기업들의 요청을 받아들여 '경제안정과성장에관한긴급조치' 일명 8·3조치를 발표합니다. 기업들이 국민에게 개별적으로 돈을 빌린 사채 3,256억 원을 동결시켰어요. 1972년 전체 통화량의 무려 80퍼센트에 달하는 엄청난 규모였습니다. 누락된 소액 사채까지 고려하면 대략 5천 억 원으로 당시 은행 예금의 50퍼센트가 넘을 정도였습니다. 이런 상황에서 정부는 사채 이자율을 연리 16.2퍼센트로 낮추고, 정부에 신고한 사채는 3년 거치 5년 분할 상환 조건으로 기업에 유리하게 채권채무관계를 재조정합니다. 금융권의 실질금리가 마이너스였다는 점을 고려하면, 사채는 지금의 금융자산과 같은 것으로 중상층 가계의 중요한 투자상품이었다고 할 수 있어요. 8·3조치는 사채를 공식 금융권으로 흡수하려는 시도였지만, 사채의 90퍼센트가 소액이었다는 점을 생각하면 중상층의 부를 기업에 강제로 이전시킨 결과를 가져왔습니다. 중상층을 희생시켜 재벌 대기업에 막대한 이익을 안겨준 것입니다.[91]

하지만 국내에 있는 돈만으로는 산업화에 필요한 자금을 마련할 수 없었습니다. 더욱이 중화학공업화를 중심으로 한 수출 주도 성장전략을 실행하기 위해서는 외국에서 부품, 소재, 장비를 수입해야 하니 달러가 필요했습니다. 산업화를 위한 국내 자본(생산재)

이 부족한 상황에서 대규모 설비투자에 필요한 달러는 결국 외국에서 빌릴 수밖에 없었습니다.[93] 그렇게 빌린 외화도 대부분 대기업들에 몰아주었지요. 때로는 국가가 직접 외국에서 돈을 빌렸지만, 민간기업이 돈을 빌릴 경우는 정부가 지급보증을 서주었습니다. 만약 민간기업이 돈을 갚지 못하면 국가가 돈을 대신 갚겠다는 보증이었죠. 그런데 외국에서 돈을 빌려 산업화를 지속하려면 빌린 돈을 갚아야 하고, 빌린 돈을 갚기 위해서는 외화를 버는 것이 필수입니다. 돈을 빌리고 갚지 않으면 외채위기가 생길 수밖에 없고, 돈을 갚지 않는 국가에 계속해서 돈을 빌려줄 나라는 없을 테니까요. 그러니 외화를 벌기 위해 수출을 늘려야 했고, 외국의 쟁쟁한 기업들과 경쟁해 상품을 수출하기 위해서는 한국 기업 중 경쟁력 있는 대기업을 중심으로 수출 전략을 짜는 것이 현실적이었을 것

1972년 8월 3일 자 〈경향신문〉 1면에 실린 기사와 만평. 한글 내용은 한자로 작성된 기사 제목을 번역한 것이다. 만평을 보면 환호하는 기업주와 높은 건물에서 뛰어내리는 사채주(기업에게 사채를 빌려준 개인), 화가 잔뜩 난 중상층(유한), 빌려줄 돈이 없는 가난한 서민의 모습이 그려져 있다. [92]

입니다. 한국의 재벌 대기업은 이렇게 국가와 국민의 엄청난 노력으로 현재와 같은 글로벌기업으로 성장할 수 있었던 것입니다. 이런 역사를 알면 지금의 재벌 대기업이 총수 일가의 사적인 재산이 맞는지 궁금합니

이상한 성공

다. 물론 뛰어난 기업가의 역할도 있었을 것입니다. 그리고 법적으로 따지면 기업의 주인은 주주들이겠죠. 하지만 국민의 희생으로 성장한 재벌 대기업의 역사를 생각하면, 국민을 위해 대기업들이 무엇을 할 수 있을지 고민하는 게 인지상정일 듯합니다. 그것이 국민이 대기업에 베풀었던 은혜를 갚는 길이죠.

## 노동자, 눈물과 땀

'노동자' 하면, 어떤 이미지가 떠오르나요? 붉은 띠를 머리에 두르고 공장을 점거하고, 임금인상을 위해 눈을 부릅뜨고 무섭게 싸우는 전투적인 노동자를 생각한다면 그건 언론과 방송이 우리를 세뇌시킨 결과입니다. 산업화의 오랜 시간 동안 한국의 노동자는 정부 정책에 순응했습니다. 한국의 노동자는 산업화가 시작된 1960년대부터 1987년 민주화 이전까지 대부분의 시간을 '조국 근대화'라는 권위주의 개발국가의 목표에 헌신했던 시민들이었습니다. 그리고 노동자들의 요구는 대부분 말도 되지 않을 정도로 열악한 노동조건을 개선해달라는 것이었습니다. 1970년대 말 YH 노동조합의 파업이 큰 이슈가 되었지만, 처음부터 유신정권에 저항했던 것은 아니었습니다. 처음에는 노동조건 개선을 요구하는 수준이었지요.[94] 그런 기본적인 요구조차도 기업과 권위주의 정권이 용납하지 않자 노동자의 저항이 반유신 독재 투쟁으로 변한 것입니다.

1960년대부터 산업화가 급속히 이루어지면서 노동자의 수도 급격히 늘어났습니다. 1960년 8.6퍼센트에 불과했던 노동자의 비중은 1980년 22.6퍼센트로 불과 20년 만에 2.6배나 늘어났습니다. 상식적으로 생각하면 노동자들이 이렇게 늘어나면 노동자의 힘은 더 세지고 이에 따라 노동자의 처우도 더 좋아지겠지요. 서유럽의 복지국가들에서는 그랬습니다. 그런데 한국은 그렇지 않았어

## 다양한 계급의 특징

노동계급과 관련한 용어를 간단하게 설명하면 좋을 것 같아요. 독립자영농은 자기 땅에 농사를 짓는 사람들입니다. 평범한 농부라고 생각하면 됩니다. 노동계급은 일반적으로 다른 사람(기업주)에게 고용되어 임금을 받고 일하는 사람들입니다. 다만 여기서 말하는 노동계급이란 일반적으로 제품을 만드는 제조업 공장에서 일하는 노동자를 의미합니다. '블루칼라' 노동자라고 하지요. 과거 중간계급은 일반적으로 자영업자라고 생각하면 됩니다. 자신의 자본으로 자신의 노동력을 활용해 소득을 얻는 사람들이죠. 새로운 중간계급은 일명 '화이트칼라'라고 하는 사람들입니다. 기업주에게 노동력을 팔아 임금을 받고 생활하는 것은 노동계급과 같지만, 교육수준이 상대적으로 높고 육체노동 대신 정신노동을 한다는 점에서 차이가 있습니다. 대기업의 사무직 노동자를 생각하시면 쉽게 이해할 수 있을 것 같습니다. 농촌 하류계급은 농촌에서 남의 집 농사일을 거들면서 품삯을 받는 사람들로 이해하면 좋을 것 같습니다. 도시 하류계급은 도시에서 잡일을 하면서 생활하는 분들로 일용직 노동자를 생각하면 될 것 같군요. 중상계급은 화이트칼라 중에서 전문직에 해당하는 일을 하는 사람들입니다. 대충 이렇게 이해하면 큰 틀에서 크게 어긋나지 않을 것 같습니다. 다만 계급을 분류하는 방식은 학자들마다 상이하기 때문에 반드시 어떤 정의를 사용하는지 확인해야 합니다.

요. 1960년대부터 1970년대까지 노동자들의 실질임금 증가율은 노동생산성 증가율에 미치지 못했습니다. 1960년대에 시작된 경제개발이 진척되면 될수록 노동자들이 생산한 부는 급격히 증가했지만, 노동자들에게 돌아오는 상대적인 몫은 점점 더 줄어들었던 것이지요([그림 3-5] 참고). 왜 그랬을까요? 아마도 산업화가 본격화된 1961년부터 1987년까지 26년간을 집권했던 박정희와 전두환 정권이 노동자들이 노동조합을 만들어 단체행동을 하는 것을 용납하지 않았던 것이 가장 큰 이유였을 것입니다.

하지만 노동자들이 자신의 이해를 억눌렀던 까닭은 권위주의 정권의 물리적 탄압 때문만은 아니었을 것입니다. 어떤 방식으로든 노동자들의 동의가 없었다면, 권위주의 개발국가가 총칼로 위협한다고 해도 그 많은 노동자를 경제개발에 헌신하도록 강제할 수는 없었을 테니까요. 개발국가의 성공은 경제개발이라는 목표에 대한 사회적 동의가 광범위하게 만들어졌을 때 가능하기 때문이죠.[96] 한

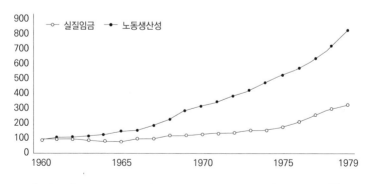

[그림 3-5] 1960~1979년 실질임금과 노동생산성 지수의 동향(1960년=100)[95]

국을 세계에서 제일 가난한 나라에서 근대적 산업국가로 만드는
일은 당시 대부분의 한국인이 품고 있었던 민족적 과제이자 소망
이었습니다. 박정희 소장이 쿠데타를 일으켰을 때 장준하를 비롯
해 개혁적 지식인들조차 쿠데타의 불가피성을 인정하며 찬양했던
이유였습니다.[97] 아마 노동자들도 '잘살아보세'라는 조국 근대화의
일념으로 자기 밥그릇의 밥을 덜어 권위주의 개발국가가 추진하는
경제개발을 위해 양보했을 것입니다.

자원이 없는 나라에서 가능성이 있는 기업에 일단 자원을 몰아
주고, 나중에 그 기업이 잘되면 노동자가 부를 함께 나누는 세상
을 꿈꾸었을 것입니다. 먼저 성장을 하고 나중에 분배하자는 것인
데(선성장 후분배), 강원대 경제학과의 이병천 명예교수도 "노동자
들이 이에 대해 암묵적으로 동의했다"고 이야기합니다.[98] 권위주
의 개발국가가 고도성장을 이끌어갈 재벌 대기업에 자원을 몰아주
기 위해 강압적으로 노동자들의 임금을 낮은 수준으로 통제했지
만, 노동자가 크게 저항하지 않고 열심히 일했던 이유는 바로 경제
가 성장하면 나중에 노동의 정당한 보상을 받을 수 있다고 생각했
기 때문이라는 것이지요. 영국 케임브리지 대학교의 장하준 교수
도 이런 권위주의 개발국가가 당시 한국 사회 전체의 이해를 대변
했다고 평가합니다.[99] '선성장 후분배' 담론이 권위주의 개발국가
가 추구했던 근대적 산업국가 건설이라는 목표를 성공적으로 달성
하기 위한 암묵적인 사회적 합의였다는 것이죠. 계약서에 도장을
찍은 것도 아니기 때문에, 나중에 국가나 기업이 입 씻으면 할 말이
없는데도 그 당시 노동자들은 그런 믿음을 갖고 있었다는 것이지

이상한 성공

요. 배고픔에서 벗어나는 것이 얼마나 간절했으면 아무런 보증도 없는 이런 말뿐인 약속을 믿고 노동자들이 허리띠를 졸라맸겠습니까. 당시는 〈잘살아보세〉라는 노래를 초등학생도 흥얼거렸을 정도였으니 아마 가능했을 것도 같습니다. 1970년대에 초등학교를 다녔던 저는 지금도 가끔 그 곡조가 생각납니다. "잘살아보세, 잘살아보세, 우리도 한번 잘살아보세."

하지만 여전히 의문이 남습니다. 왜냐하면 그 권위주의 개발국가 시기에도 노동자와 빈민 등 수많은 민중은 생존을 위해 무시무시한 권위주의 정권에 저항했던 기록들도 있으니까요. 제가 《한국 복지국가의 기원과 궤적 2》라는 책에서 잠깐 언급하기도 했지만,[100] 박정희 정권은 집권 이후 10년 동안 연평균 8.7퍼센트라는 높은 성장률을 기록했습니다.[101] 선성장 후분배를 실현할 수 있는 토대가 만들어지는 것처럼 보였죠. 하지만 쿠데타로 집권한 이후부터 몰락할 때까지 박정희 정권은 국민의 자유를 억압하는 반민주적인 억압조치 없이는 단 하루도 지속될 수 없었습니다.[102] 1969년 3선 개헌반대운동, 1970년 11월 13일 전태일 열사 분신사건, 1971년 4월부터 시작된 교련철폐운동, 공정선거운동, 6월 국립의료원 의료 파동, 7월 28일 사법 파동, 8월 10일 광주대단지 사건, 9월 15일 한진상사 파월 노동자들의 KAL빌딩 방화사건 등 셀 수 없는 민중의 저항이 연이어 발생했으니까요. 박정희 정권은 이에 대응해 10월 15일에 위수령, 12월 6일에 국가비상사태선언, 1972년 8월에 8·3조치에 이어 마침내 1972년 10월 장기독재를 위한 유신체제를 선포하기에 이른 것이지요. 만약 박정희 정권에 국민적

동의가 있었다면 '강요된 동의와 헌신'이었을 것입니다. 개발국가에 대한 광범위한 사회적 합의가 아니라 박정희 독재의 폭압으로 민중이 선택할 수 있는 유일한 선택지는 민주주의와 인권의 희생을 강요하는 권위주의 '개발국가' 이외에는 없었다는 것입니다. 그러니 개발국가의 성장방식에 암묵적으로 동의할 수밖에 없었던 것이지요. 강요된 동의와 헌신이니 개발국가의 성공을 위한 '광범위한 사회적 합의'도,[103] 공통의지와 사회적 합의도 아니었을 수도 있다는 것입니다.[104] 물론 이러한 시각은 이 시기를 바라보는 주류의 시각과는 상이합니다.

그 당시 노동자들은 눈물과 땀이 범벅되면서 근대화를 위해 정말 열심히 일했습니다. 앞서 본 것처럼 자신의 노동에 정당한 대가를 받지 못했지만, 선성장 후분배라는 암묵적 합의를 믿고 정말 열심히 일했습니다. 그런 산업화에 먼저 뛰어들어 땀과 눈물을 흘렸던 노동자들은 10대 후반과 20대 초반의 여성 노동자였습니다. 어딜 가나 절대빈곤을 피할 수 없었던 시대에 수많은 젊은 여성이 섬유, 신발, 전자 등 노동집약적인 산업에서 장시간 노동을 마다하지 않았습니다. 그것도 남성 노동자가 받는 임금의 절반을 조금 넘는 형편없는 임금을 받으면서, 작업장에서의 여성에 대한 온갖 모욕과 폭력을 견디면서 젊은 여성 노동자들은 그렇게 1960년대 산업화의 주역이 되었습니다. 당시 경공업 분야에 종사하던 여성 노동자들의 처우가 얼마나 열악했던지 정부의 기관지와 같았던 〈서울신문〉은 이런 기사를 실었어요.

이상한 성공

요즘 영등포 공장지대엔 여직공들의 가난을 비관한 자살이 잇따랐다. (…) 월 3천 5백 원을 받는 H제과의 송모 양(19)의 말을 들어 보면 월간 최소한의 숙식비가 약 3천 원, 옷가지라도 사 입고 몇백 원씩이라도 저축을 하자면 야근 특근을 해야 한다. 그래서 하루 평균 10~16시간의 격무를 치르다 보니 여공 대부분의 건강은 말이 아니라는 것이다.

— 이원보, 《한국노동운동사 5: 경제개발기의 노동운동, 1961~1987》, 지식마당, 2004.


1960년대 경공업에 종사하던 노동자들의 임금은 실질생계비의 절반에도 미치지 못할 정도로 열악했으니까요.[105] 수많은 누이가 가난한 가족의 생계를 부양했고, 심지어 학교를 그만두고 오빠와 남동생의 학비를 벌어야 했답니다. 오빠와 남동생이 대학을 졸업해 좋은 직장을 얻으면 자신의 미래를 포기하고 가족에 헌신했던 누이들에게도 좋은 날이 올 것이라고 믿으면서요. 그러나 권위주의 개발국가가 애지중지 키운 재벌 대기업의 성장이 사회적 분배로 이어지지 않았듯이, 오빠와 남동생을 위해 헌신했던 누이들의 희생도 성공한 남자 형제에게 보상받는 일은 거의 없었던 것 같아요.

노동자의 임금이 생산성 증가율과 조금씩이라도 격차가 줄어들기 시작한 것은 1970년대 들어서 권위주의 개발국가가 경제개발의 중심을 경공업에서 중화학공업으로 전환하면서부터입니다. 원유 가격의 폭등으로 대외 경제 여건이 좋지 않았던 1974년과 1979년을 제외하고 1973년 이후부터는 실질임금 증가율이 노동생산성 증가율보다 높았으니까요.[106] 노동자들의 구성도 여성에서 남성으로 바뀌었죠. 산재보험이 확대되고 의료보험에 대한 논의가 본격화된 것도 1970년대에 남성이 산업화의 핵심 노동자로 등장하면서부터였습니다. 하지만 1987년 민주화가 이루어지고, 1997년 외환위기 이후 김대중 정부가 집권하기 전까지 여성 노동자는 물론이고 남성 노동자에게도 실업, 질병, 노령 등 기본적인 사회적 위험에 대응하는 사회보험은 제대로 제공되지 않았습니다. 열악한 환경에서 장시간 저임금 노동을 하면서 사회적 위험 또한 노동자 자신과 가족이 감당해야 했습니다. 이런 노동자들의 말 없는 헌신 없이 대한민국의 놀라운 성공은 상상할 수 없었을 것입니다. 이제 우리는 한국의 이러한 놀라운 성공이 왜 현재 한국 사회가 직면한 심각한 위기의 원인이 되었는지 이야기를 나누어볼 시간입니다.

이상한 성공

# 4장

# 성공이 덫이 된 이유

"인간은 천성적으로 명확하게 드러나는 질병에만 신경을 쓰기 마련이다. 하지
만 인간에게 가장 위험한 적은 눈에 잘 띄지 않는 슬그머니 나타나는 병이다."
— 르네 뒤보스 박사, 레이첼 카슨의 《침묵의 봄》에서[1]

## 왜 우리는 행복하지 않을까?

믿을 수 없는 성공을 했는데, 왜 우리는 행복하지 않은 걸까요? 사람들은 항상 불안해합니다. 지독한 학벌사회인 한국에서 최고라는 대학에 진학한 청년들도 자신의 삶을 불안해합니다. 한국인의 '삶의 질 만족도'가 내전을 겪는 이라크보다도 낮다는 조사 결과가 있을 정도니까요.[2] 세계에서 가장 가난한 나라 한국을 불과 몇십 년 만에 세계에서 가장 부유한 나라 중 하나로 탈바꿈시키고, 수십 년간의 독재를 무너뜨려 아시아의 빛나는 민주주의국가로 만든 기성세대가 무슨 일을 한 것일까요. 소름이 돋았습니다. 그 놀라운 성공이, 세계의 모든 이가 찬양해 마지않는 그 놀라운 성공의 주인공인 대한민국이, 정작 그 사회에 사는 사람들을 불행에 빠뜨린 것 같습니다. 사람들은 '내가 내 이익을 악착같이 챙기지 않으면, 나와 내 가족의 안전을 보장할 수 없는 사회'에서 산다는 듯이 행동합니다. 이토록 찬란한 성공이 왜 우리를 불행하게 만든 것일까요? 우리에게 함께 나누고 연대하는 사회, 그런 대한민국은 정말 없는 건가요?

"사회 같은 건 없습니다(There is no such thing as society)." 1979
년부터 1990년까지 영국 수상을 지낸 마거릿 대처가 1987년 언
론과의 인터뷰에서 한 말입니다. 대처는 사회란 없고, 남성과 여성,
가족이 있을 뿐이라고 말했죠. 그리고 사람들이 직면한 문제의 원
인을 사회에 돌리고, 그 문제를 해결하기 위해 정부가 적극적인 역
할을 해야 한다는 주장을 비판했습니다. 대처는 사람들이 문제의
책임을 스스로 져야 한다고 이야기했지요. 사회가 존재하지 않는
다는 대처의 주장은 복지국가를 축소하고 국가의 힘을 이용해 시
장의 역할을 확대하려는 신자유주의의 이념을 아주 간결하게 표현
한 것입니다. 대처의 집권 이후 영국은 세계 최고의 복지국가에서
가장 후진적인 복지국가 중 하나로 쇠락합니다.

사실 제2차 세계대전이 끝났을 때 영국은 〈베버리지 보고서〉(사
진 참고)의 명성처럼 세계 최고의 복지국가였습니다. 당시에는 스

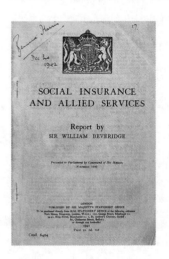

웨덴과 덴마크도 영국을 따라가기
바빴지요. 1960년 영국의 GDP 대
비 사회지출은 10.2퍼센트로 스웨
덴의 10.8퍼센트와 큰 차이가 없었
습니다.[3] 대처의 집권 초인 1980년
에도 영국의 GDP 대비 사회지출은
15.6퍼센트로 스웨덴과 덴마크보
다 낮았지만, 노르웨이(16.1퍼센트)
와 핀란드(17.7퍼센트)와 비교하면

이상한 성공

큰 차이가 없었어요.[4] 하지만 대처 집권 기간에 영국은 모범적인 복지국가에서 멀어집니다. 그에 따라 영국인의 삶은 점점 더 힘들어졌습니다. 소득불평등을 나타내는 지니계수를 대처가 집권하기 전인 1977년을 100이라고 했을 때, 대처가 집권한 1979년에는 99.6으로 거의 변화가 없었습니다. 하지만 대처가 퇴임했던 1990년을 보면 [그림 4-1]에서 보는 것처럼 1.36배 높아집니다. 물론 영국만 그랬던 것은 아닙니다. 1980년대부터 경제가 어려워지고, 복지국가가 국민의 안정적 고용을 보장하는 역할을 포기하자 대부분의 서구 사회에서 불평등이 증가했습니다. 문제는 영국은 그 정도가 훨씬 심각했다는 것입니다. 보이시죠? 대처가 집권한 동안 불평등을 나타내는 모든 지표가 급격히 높아지는 현상을요. '사회, 그 딴 것이 없는 세상'이 어떤 세상인지 확인할 수 있습니다. 제가 대

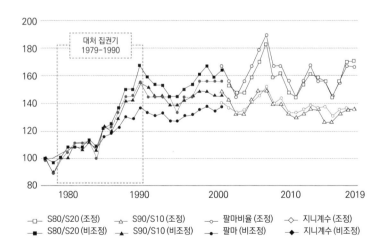

**[그림 4-1] 1977~2019년 영국의 소득불평등 변화[5]**

처 이야기를 꺼낸 것은 대처의 이야기가 성공의 덫에 빠진 현재 한국 사회의 모습을 가장 잘 표현한다고 생각했기 때문입니다.

● ## 내 가족만 책임지면 되는 사회

대한민국의 성공은 사회란 없고 개인이 각자의 안락한 삶을 위해 행동한 기적인 노력들이 모아진 결과처럼 보였습니다. 2장에서 이야기했던 것처럼 경제성장이 일자리를 만들고, 그렇게 만들어진 일자리에서 한국인은 저임금에 장시간 일하면서 국가의 공적 복지 확대 없이 빈곤에서 벗어나고 불평등을 줄이는 놀라운 경험을 했으니까요.[6] 이런 놀라운 성공이 가능했던 이유는 한국의 경제성장이 남미처럼 단기간의 반짝 성장이 아니라 수십 년 동안 지속되었기 때문입니다. 한국은 누구나 열심히 일하면 빈곤에서 벗어날 수도 있고 성공할 수도 있는, '코리안 드림'이 가능한 사회처럼 보였습니다. 그러니 한국인들은 노동이 어려운 노인, 장애인, 아동을 제외하고 일할 수 있는 사람이 다른 사람이나 국가에 의존해 살아가는 것을 받아들이기 어려웠을 것입니다. 국가나 다른 사람에게 의존해서 살아가는 사람은 게으르고, 그런 게으른 사람을 먹여 살리려고 열심히 일하는 사람들이 세금을 내는 것은 말도 안 되는 일이었던 것이죠.

국가가 제공하는 복지급여를 받는 것을 죄악시했던 한국에서 경제가 성장해도 국가의 공적 복지가 늘어나지 않았던 것은 어찌

| 국가 | 1인당 국민총소득 | 10,000 달러 | 20,000 달러 | 30,000 달러 |
|------|------|------|------|------|
| 한국 | 도달연도(년) | 1994 | 2006 | 2017 |
| | 사회지출(퍼센트) | 2.8 | 6.7 | 10.1 |
| 미국 | 도달연도(년) | 1978 | 1987 | 1996 |
| | 사회지출(퍼센트) | 10.9(1960) | 12.8 | 14.9 |
| 일본 | 도달연도(년) | 1980 | 1988 | 1992 |
| | 사회지출(퍼센트) | 10.0 | 10.9 | 11.7 |
| 스페인 | 도달연도(년) | 1989 | 2004 | 2008 |
| | 사회지출(퍼센트) | 17.4 | 20.1 | 22.2 |
| 스웨덴 | 도달연도(년) | 1975 | 1988 | 1992 |
| | 사회지출(퍼센트) | *15.6 | 27.8 | 32.7 |
| 독일 | 도달연도(년) | 1979 | 1990 | 1996 |
| | 사회지출(퍼센트) | **21.8 | 21.4 | 25.8 |
| 호주 | 도달연도(년) | 1980 | 1996 | 2005 |
| | 사회지출(퍼센트) | 10.3 | 17.0 | 16.7 |
| 영국 | 도달연도(년) | 1981 | 1992 | 2003 |
| | 사회지출(퍼센트) | 16.9 | 17.8 | 17.9 |

[표 4-1] 한국과 OECD 주요 국가의 1인당 국민소득 수준과 GDP 대비 사회지출[7]

면 당연했습니다. 미국 예외주의라고 불리며, 성장이 복지 확대를 수반하지 않았던 미국조차도 1인당 국민소득 만 달러가 되기 한참 전인 1960년에 이미 GDP의 10.9퍼센트를 복지에 지출했어요. 독일은 1인당 국민소득 만 달러가 될 즈음인 1980년에 이미 GDP의 21.9퍼센트를 복지에 지출했고요([표 4-1] 참고). 최고의 복지국가로 알려진 스웨덴은 1인당 국민소득이 만 달러였던 1975년에

GDP의 15.6퍼센트를 복지에 지출했습니다. 이웃 나라 일본도 마찬가지입니다. 일본은 1인당 GDP가 만 달러를 넘었던 1980년에 복지지출이 GDP의 10.0퍼센트였습니다. 한국은 어떨까요? 한국의 1인당 국민소득이 만 달러를 달성했던 1994년, GDP 대비 사회지출(복지지출)은 2.8퍼센트에 불과했습니다. 한국의 복지지출이 GDP의 10퍼센트를 넘었던 2017년은 1인당 국민소득이 3만 달러를 넘었을 때였습니다. 현재 한국의 복지지출은 30~60년 전 서구 국가들의 국민소득이 만 달러를 넘었을 때보다도 낮은 수준입니다. 그렇다고 국민이 복지를 확대하라고 요구하지도 않습니다. 참 이상한 나라입니다.

독재정권이 국민의 복지 요구를 억눌렀기 때문이라고 생각할 수도 있지만, 반드시 그런 것 같지는 않습니다. 장준환 감독의 〈1987〉이라는 영화의 배경이 되었던 1987년 6월 민주화항쟁으로 한국 사회는 민주주의사회로 첫걸음을 내딛기 시작합니다. 하지만 그때도 국민의 관심사는 복지 확대가 아니었습니다. 1997년 외환위기를 겪으면서 많은 사람이 생계의 터전과 직장을 잃었을 때도, 사회복지를 전공하는 소수의 전문가와 참여연대와 같은 일부 시민단체를 제외하면, 국가가 공적 복지를 확대해야 한다는 여론은 높지 않았습니다. 역설적이게도 가난한 사람들을 위한 최소한의 안전망과 실직자들을 위한 실업급여를 확대하라고 요구한 것은 노동자를 쉽게 해고할 수 있게 노동시장을 유연화하라고 압박했던 IMF이었습니다. IMF는 한국에 달러를 빌려주는 조건 중 하나로 취약계층을 위한 사회안전망을 강화하라고 요구했던 것입니다.

이상한 성공

## 우리는 왜 이렇게 복지에 무관심할까?

　　물론 한국인들은 경제가 충분히 성장할 때까지 분배를 기다리는 엄청난 인내심을 가졌을 수도 있지요. 하지만 정말 그렇다 해도 한국의 1인당 국민소득이 3만 불이 넘고 GDP 규모가 세계 10위가 되었는데도 한국 사회가 공적 복지를 확대하는 데 인색한 모습을 보이는 것이 이해되지 않습니다. 그래서 국민이 '선성장 후분배'를 위해 기다렸다는 논리는 설득력이 없는 것 같습니다. 어쩌면 한국 사회는 놀라운 성장을 하는 동안 개인과 가족의 안전은 국가가 아니라 개인이 시장에서 열심히 일해서 지켜야 한다는 암묵적 합의가 있었던 것일지도 모릅니다. '선성장 후분배'에서의 분배도 사람들이 서로 연대하며 지켜주는 공적 복지를 확대하겠다는 것이 아니라 성장을 통해 시장에서 개인에게 돌아가는 몫을 늘리는 것으로 이해했던 것 같습니다. 나와 가족의 안전을 지키는 것은 내가 번 돈이지, 국가가 국민이 낸 세금으로 제공하는 복지가 아니라고 생각한 것이지요.

　사실 한국인 대부분은 국가가 자신을 지켜준 기억을 거의 갖고 있지 않은 것 같습니다. IMF 외환위기는 그런 한국인들의 생각을 대표적으로 보여주는 사례입니다. 단군 이래 최대 위기라고 불렸던 1997년 IMF 외환위기는 재벌 대기업이 제2금융권과 외국에서 단기로 돈을 빌려 사업을 문어발식으로 확장하다가 단기부채를 제때 갚지 못하면서 시작된 위기였습니다. 여기에 한국 경제를 신자유주의 세계질서에 깊숙이 편입시키기 위해 의도적으로 단기부채의 만기를 연장해주지 않았던 미국 금융자본의 이해(利害)가 결합되었고요.[8] IMF 외환위기는 재벌 대기업의 방만한 경영, 무능한 정부, 미국 금융자본의 이해가 만들었던 '인재(人災)'였던 것입니다. 이런 상황에서 개인이 아무리 열심히 일해도 위기를 해결할 수 없다는 것은 분명했습니다. 그런데도 국민 대다수는 국가가 공적 복지를 확대해 국민의 삶을 지켜줘야 한다는 생각을 하지 않았던 것 같아요.

한국인들은 국가의 역할이 다시 경제를 예전처럼 살리는 것이라고 생각했지요. 경제만 살아난다면, 국민은 예전처럼 일만 열심히 해도 위기에서 벗어나 더 좋은 삶을 살 수 있다고 믿었던 것 같습니다. 그러나 성장이 불평등과 빈곤을 완화하는 '그런 놀라운 기적'은 1990년대 초부터 이미 한국에서 일어나지 않았습니다. 1990년대 초부터 한국 사회는 성장할수록 소득불평등이 확대되는 사회였으니까요. 그런 와중에 외환위기를 겪으면서 한국 사회는 더 불평등한 사회가 되어갔습니다. 코로나19 팬데믹 상황에서도 유사한 일이 벌어졌습니다. 코로나19 감염병이 확산되면서 자영업자와 불안전 고용 상태에 있는 노동자들의 생계가 위협받는데도 국가가 적극적으로 피해자들의 삶을 지켜줘야 한다는 사람들은 소수에 불과했어요. 오히려 정반대 현상이 나타나고 있습니다. 코로나19 팬데믹이 길어지면서 피해가 심해지는데도 자영업자, 비정규직 노동자, 청년, 중소기업을 국가가 지원해야 한다는 의견은 점점 더 감소했어요. 〈시사IN〉과 KBS가 공동으로 2020년 5월과 11월에 조사한 결과를 비교해보죠. 국민 중 국가가 자영업자를 지원해야 한다는 비율은 57퍼센트에서 45퍼센트로 감소했고, 비정규직 노동자와 중소기업을 지원해야 한다는 비율도 각각 58퍼센트에서 44퍼센트로, 51퍼센트에서 30퍼센트로 급감했습니다. 일본의 경우를 보면 11월 조사에서 국가가 자영업자를 지원해야 한다는 비율이 72퍼센트, 비정규직 노동자, 청년, 중소기업을 지원해야 한다는 비율이 각각 69퍼센트, 56퍼센트, 66퍼센트로 한국보다 높았습니다.[9] 한국인 다수는 정부가 방역을 위해 강제로 사업장의 문을 닫게 해 발생한 피해도 개인이 책임져야 한다고 생각하는 것 같았습니다. 정부의 코로나19 방역에 적극적으로 협조해 세계를 감탄시킨 시민의식과는 동떨어진 모습입니다.

## 감세의 덫에 빠진 사회

　　　　왜 한국 사회는 사회적 연대를 통해 서로 돕는 일에 이토록 인색해졌을까요? 저는 그 이유가 한국의 놀라운 성공 때문이라고 생각해요. 공적 복지의 확대 없이 성장을 통해 빈곤에서 벗어나고 불평등을 낮추었던 그 놀라운 성공의 경험이 한국 사회를 이렇게 만든 것이죠. 성공 경험이 서로 연대하지 못하게 장벽을 친 것입니다. 그러니 한국인은 국가가 세금을 걷어 사회적 위험에 함께 대응해야 한다는 생각을 할 수 없었을지도 모릅니다. 게다가 국가에 대한 국민의 불신이 깊다면, 세금으로 국가가 사회적 위험에 대응하는 복지국가를 만드는 일은 꿈도 꾸지 못했겠죠. 한국인은 세금을 걷어 복지국가를 만드느니 생선가게를 고양이에게 맡기는 것이 낫다고 생각했을지 모릅니다.

1948년 정부 수립 이후 이승만, 박정희, 전두환으로 이어지는 수십 년의 권위주의 정권은 한국인이 국가를 신뢰할 수 없게 만들었습니다. 독재정권도 국민이 정권을 신뢰하지 않는다는 것을 알기에 세금을 걷어 복지국가를 만든다는 것은 생각조차 하지 않았을 것입니다. 정당성이 취약한 권위주의 정권 입장에서도 정권을 유지하기 위한 방법으로 세금을 적게 걷어 국민의 부담을 덜어주는 것이 최선이라고 믿었을 것입니다. 그뿐만이 아닙니다. 권위주의 정권도 국가를 운영하는 데 국민의 세금은 덜 중요했던 것 같습니다. 1948년부터 1960년대 초까지 국가재정 중 상당 부분을 미국의 원조로 해결하고 있었으니까요. 실제로 1954년부터 1958년까지 정부의 세입과 미국의 원조를 비교해보면, 미국의 원조가 세입보다 더 많았습니다. 1957년을 기준으로 미국의 원조는 GDP의 23.3퍼센트에 달했으니까요.[10] 사정이 이렇다 보니 권위주의 정권은 가뜩이나 취약한 정권의 정당성을 세금을 많이 걷어 더 취약하게 만들 이유가 없었던 것입니다.

경제가 본격적으로 성장하기 시작한 이후에도 낮은 세금은 권위주의 정권의 취약한 정당성을 보완하는 중요한 정책이었습니다. 박정희 정권은 1974년 1월 14일 '국민생활의 안정을 위한 대통령 긴급조치'를 발표하면서 소득세 납부대상자의 85퍼센트에게 세금을 면제해주는 파격적인 조치를 취했습니다.[11] 권위주의 정권만 그랬을까요? 아닙니다. 박정희 독재에 맞섰던 김대중 전 대통령도

이상한 성공

1971년 대통령 선거에 야당 후보로 나서면서 낮은 세금을 더 내리 겠다고 공약을 했을 정도로 여야는 물론이고 국민 모두가 낮은 세 금을 지지했던 것 같습니다. 낮은 세금이 마치 서구의 복지정책처 럼 가계의 소득을 보완하는 역할을 했던 것이지요. 감세로 가계의 실질소득을 보존해주는 정책은 1987년 민주화 이후에도 지속됩 니다. 민주화 이후에 들어선 정권들도 중산층의 지지를 받는 중요 한 정책 수단이 낮은 세금이었으니까요. 실제로 1987년 민주화 이 후 국민소득에서 조세가 차지하는 비율(조세부담률)은 권위주의 정 권 시기보다도 더 낮아집니다([그림 4-2] 참조).

한국 경제가 1986년부터 1989년까지 낮은 이자율, 낮은 원자재 가격, 낮은 환율이라는 삼저호황으로 급성장하면서 세금이 계획했 던 것보다 훨씬 더 많이 걷히는 일이 벌어집니다. 1986년에는 근로

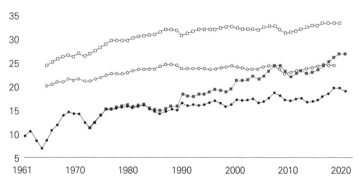

-■- 한국 국민부담률　-●- 한국 조세부담률　-□- OECD 평균 국민부담률　-○- OECD 평균 조세부담률

조세부담률은 GDP에서 국세와 지방세의 비중을 나타내는 지표로 국민이 세금을 얼마나 부담하는지 알 수 있다. 국민부담률은 조세부담률에 국민이 부담한 사회보험료(국민연금, 고용보험, 건강보험 등)를 더한 것이다.

**[그림 4-2] 1961~2019년 GDP 대비 국민부담률과 조세부담률의 변화[12]**

소득세액의 12.2퍼센트가 초과로 걷혔습니다. 1989년에는 무려 60
퍼센트나 초과로 징수됩니다. 그러자 난리가 납니다. 〈경향신문〉은
'봉급자는 세정의 봉인가'라는 기획기사를 내보냈습니다.[13] 감세가
소득이 높은 사람들에게 유리한 정책인데도 야당은 물론 노동조합
까지 나서서 분배정의를 내세우며 세금을 낮추라고 요구할 정도였
으니까요. 헛웃음이 나는 일은 이런 상황이 얼마나 답답했으면, 권
위주의 정권을 계승한 노태우 정부가 감세는 소득불평등을 더 악화
시킨다고 반대할 정도였습니다. 노태우 정부는 감세보다는 공적 복
지를 확대하는 것이 불평등을 완화하는 데 더 바람직하다고 주장했
으니까요. 물론 여소야대의 국회라는 상황에서 결국 야당(지금의 더
불어민주당)의 요구대로 감세가 이루어집니다.

그러니 정부 수립 이래 처음으로 정권이 평화적으로 여에서 야
로 교체되면서 탄생한 김대중 정부가 권위주의 정권의 감세정책
을 계승한 것은 전혀 이상한 일이 아니었죠. 김대중 정부는 1997
년 외환위기 이후 중산층의 실질소득을 높여준다는 명목하에 감
세 대상을 다시 중산층까지 확대하는 조치를 취했습니다.[14] 이념과
여야를 가리지 않고 감세는 정치인이 국민의 환심을 사는 만병통
치약 같은 것이었죠. 이런 상황에서 누가 감히 증세를 입 밖으로 꺼
낼 수 있었겠습니까. 이런 일도 있었습니다. 2007년 말 노무현 정
부가 전국 1,855만 가구 중 최상위 2퍼센트의 부동산 부자들에게
종합부동산세를 부과했습니다. 보수언론과 야당인 한나라당(현재
국민의힘), 언론은 세금 폭탄이라며 정부를 맹비난했습니다.[15] 이혜
훈 당시 한나라당 의원은 종부세를 "현대판 가렴주구(苛斂誅求)"라

이상한 성공

는 비판을 하기도 했습니다. 이상한 일은 종합부동산세를 상위 2퍼센트만 반대했던 것이 아니라 98퍼센트의 대다수 국민이 반대했다는 것입니다. 98퍼센트의 국민이 상위 2퍼센트의 최상위 부자의 세금 부담을 걱정하면서 정부를 비난하는 어이없는 일이 벌어진 것입니다. 오랜 권위주의체제로 국가에 대한 신뢰가 땅에 떨어져 있는 상황에서 국민이 세금을 늘리는 것에 저항하는 것은 어쩌면 당연한 일인지도 모릅니다. 더욱이 국가가 나를 지켜준 경험이 거의 없는 한국인은 세금을 모든 악의 근원같이 생각했던 것이죠.

코로나19 팬데믹 상황이 심각해지던 2020년 6월 한겨레경제사회연구원은 국민에게 정부의 지원이 필요한지 물었습니다. 국민 중 84.7퍼센트는 코로나19 팬데믹 위기로 정부의 지원이 필요하다고 응답했습니다. 당연한 대답이었겠지요. 그런데 이어지는 질문의 답변이 기가 막힙니다. 국가가 국민을 지원하기 위해 세금을 인상하는 것은 어떠냐고 물었는데 59.8퍼센트가 반대했어요. 복지 확대를 전제로 세금을 인상한다고 해도 55.6퍼센트가 반대했습니다.[16] 한국인의 다수가 정부의 복지지출은 더 늘려야 하지만, 세금은 더 낼 수 없다고 응답한 것이지요. 놀부 심보가 아니면 설명이 불가능한 응답입니다. 하지만 이런 모순적인 응답은 앞서 언급한 것처럼 국민의 마음속에 국가에 대한 깊은 불신이 자리하고 있기 때문입니다. 한국인의 국가에 대한 불신은 OECD가 발표한 자료에도 나타납니다. 2018년 기준으로 정부에 대한 국민의 신뢰도를 보면, 한국인 중 39퍼센트만이 정부를 신뢰한다고 응답했습니다. 반면 좋은 복지국가로 알려진 노르웨이(68퍼센트), 덴마크(63퍼센트), 독일(59

퍼센트)에서는 정부를 신뢰하는 국민의 비율이 절반을 훌쩍 넘었습니다. 한국인의 국가에 대한 신뢰도는 OECD 평균인 45퍼센트에도 미치지 못했던 것입니다.[17] 그래도 24퍼센트였던 2007년보다는 조금 높아진 것이니 그나마 다행이라는 생각이 듭니다.

## ● 부자 되세요

그럼 한국인들은 어떤 방식으로 실업, 질병, 노령과 같은 사회적 위험에 대응했을까요? 국가를 신뢰하지 못하니 이웃들과 연대해 사회적 위험에 대응하는 서구와 같은 복지국가를 만들기는 어려웠을 것입니다. 그렇다고 언제 닥칠지 모르는 사회적 위험에 아무런 대비를 하지 않을 수도 없는 노릇이었겠죠. 누구든 늙고 병들 것이고, 경제는 항상 들쑥날쑥하기 때문에 언제든 실직할 수도 있을 테니까요. 뭔가는 해야겠지요. 어떤 대안이 있을까요? 좋은 날 저축해서 궂은 날을 대비하는 것입니다. 그런데 집에 돈을 무작정 쌓아 둘 수는 없는 노릇입니다. 그래서 한국인이 선택한 것이 금융자산과 부동산입니다. 생명보험은 내가 돈을 내고 내가 위험에 처하면 내가 돌려받는 것이니 애당초 사회적 연대가 쓸모없지요. 저축도 마찬가지입니다. 내가 번 돈을 내가 저축하고 내가 필요할 때 꺼내 쓰는 것이니 이 또한 사회적 연대가 필요 없습니다. 부동산은 재산을 불리는 최고의 투자처였습니다. 1960년대부터 지난 60년 동안 아파트 가격은 사는 족족 올랐으니까요.

이상한 성공

금융자산부터 볼까요. IMF 외환위기가 발생했던 1997년 무렵 한국인 생명보험사에 납부한 보험료가 무려 GDP 대비 9.03퍼센트에 달했습니다. 당시 국민이 세금으로 낸 돈(조세부담률)이 GDP 대비 16.7퍼센트였고, 여기에 사회보험료까지 합산해도(국민부담률) 19.3퍼센트였으니 국민이 민간 생명보험에 얼마나 많은 돈을 냈는지 알 수 있죠. 생명보험사가 가입자에게 보험료로 지급한 돈도 무려 GDP의 7.76퍼센트에 달했어요. 당시 공적 복지가 GDP의 3.4퍼센트에 불과했으니 한국인이 얼마나 민간 생명보험에 의존했는지 알 수 있습니다. 민간 생명보험회사가 국민에게 보험료로 지급한 금액이 공적 복지보다 낮아진 것은 2002년에 이르러서입니다. 그것도 1997년 외환위기 이후 자본시장이 개방되고 외국 보험사들이 국내 금융시장에 진입하면서 민간 생명보험의 성격이 위험에 대비하는 보장성 보험에서 투자성 보험으로 변화하면서 나타난 현상입니다.[18] 보험 상품의 이름이 무배당 변액유니버셜보험, 뭐 이런 것으로 바뀐 이유입니다.

국민이 민간 생명보험사에 낸 돈은 1997년에 정점을 찍은 이후 감소합니다. 하지만 한국인의 민간 생명보험 사랑은 여전합니다. 정책기획위원회에서 발표한 자료를 보면 2016년을 기준으로 가계가 공적 사회보험인 국민연금에 낸 돈은 21.7조 원인 데 반해 민간 생명보험사의 개인연금에 낸 돈은 무려 34.8조 원에 달했다고 합니다.[19] 국민이 국가보다 영리를 추구하는 민간 생명보험사를 더 믿는다는 것이고, 사회적 연대보다는 내가 낸 것 내가 돌려받는 '각자도생'을 더 선호한다는 것이지요. 논리적으로 생각하면 굉장히

비합리적인 행동입니다. 예를 들어볼까요. 공적 사회보험인 건강보험은 국민이 낸 보험료를 기준으로 평균 175.8퍼센트를 돌려줍니다. 반면 민간 생명보험사가 고객이 낸 돈 중 보험급여로 지급하는 비율은 57.1퍼센트에 불과합니다.[20] 민간금융사가 관리하는 퇴직연금은 어떨까요? 민간에서 수익을 관리하니 수익률도 더 좋고 나중에 퇴직하면 노후를 보장하는 연금으로 제 역할을 할 것이라고 생각하기 쉽죠. 그런데 2020년 2분기 기준으로 금융회사가 운용하는 퇴직연금의 수익률은 1.76퍼센트에 불과했습니다. 올해만이 아닙니다. 지난 4년간 평균 수익률은 물가상승률과 금융회사에 지급한 수수료를 제외하면 마이너스 수익률입니다.[21] 반면 공적 사회보험인 국민연금의 지난 4년 동안 연평균 수익률은 4.9퍼센트에 이릅니다.[22] 그런데도 국민은 민간 생명보험을 사회보험보다 더 선호합니다. 어처구니없는 일이죠. 그래서 복지 전문가들이 하는 농담이 있습니다. 만약 국민이 민간보험에 내는 돈을 사회보험에 낸다면 국가가 모든 국민에게 감기부터 암까지 치료해주고 노인 빈곤도 없을 것이라고요.

부동산은 어떨까요. 제가 시민들과 복지국가에 대해 이야기를 나눌 때 하는 질문이 있어요. "만약 여러분에게 1억 원이 생긴다면 무엇을 하시겠습니까?" 뭐라고 답변을 하실 것 같습니까? 네, 여러분 생각이 맞습니다. 십중팔구는 집 대출금을 갚거나 부동산에 투자한다고 합니다. 그럼 이분들이 특별히 투기에 밝은 분들이라서 그럴까요? 아닙니다. 정상적으로 한국 사회를 살아온 사람이라면 누구나 할 수 있는 합리적인 생각이죠. 빚을 내서라도 어떻게 해서든 집

이상한 성공

을 장만하기만 하면, 그다음부터 재산을 불리는 것은 식은 죽 먹기가 되었거든요. 그것도 서울 강남에 아파트를 살 수 있다면 대박이고요. 1986년의 전국 모든 지역의 주택 가격을 100이라고 했을 때 2020년 강남의 주택 가격은 1986년에 비해 4.7배, 강북은 2.4배, 서울은 3.5배, 전국은 3.0배 올랐습니다([그림 4-3] 참고). 웬만한 곳에 집을 갖고 있으면, 전국 어디에서나 재산이 적게는 평균적으로 2.4배에서 많게는 4.7배가 올랐다는 것입니다.

산업화가 한창이던 개발독재 시대에는 더 심했습니다. 한국이 본격적으로 산업화를 시작했던 1963년에 여러분이 살고 있다고 생각해보세요. 여러분과 여러분의 가장 친한 친구는 각각 천만 원을 갖고 있다고 가정해봅시다. 천만 원으로 무엇을 하면 좋겠습니까. 여러분은 투기를 모르는 모범생이니까 천만 원을 은행에 정기

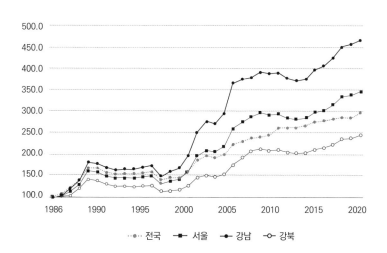

[그림 4-3] 1986~2020년 지역별 주택 가격지수의 변화[23]

예금으로 맡기고, 여러분의 친구는 땅(아파트)을 샀습니다. 당시에는 금리가 꽤 높았으니 정기예금에 돈을 넣어두어도 수익률은 괜찮았을 것입니다. 1966년에는 명목 예금금리가 무려 30퍼센트에 달했으니까요. 천만 원을 저금하면 1년 후에 1,300만 원이 된다는 것입니다. 지금 금리가 0퍼센트대라는 점을 생각하면 엄청나게 높은 금리인 것 같군요. 1963년에 천만 원을 정기예금과 부동산에 각각 투자한 두 사람은 박정희 개발독재가 무너진 1979년이 되었을 때 어떤 성적표를 받았을까요? 정기예금에 천만 원을 맡긴 여러분의 자산은 1억 7,600만 원으로 불어납니다. 대략 17.6배의 수익률이죠. 괜찮은 편인가요? 친구는 어떻게 되었을까요. 땅을 산 친구의 자산은 무려 18억 7,340만 원으로 무려 187.3배의 수익률을 기록합니다.[24] 똑같이 천만 원을 갖고 있던 여러분과 여러분 친구의 자산 격차가 무려 16억 9,740만 원으로 벌어진 것입니다.

여러분이라면 어떤 선택을 하시겠어요. 너무나 분명하지 않습니까. 부동산에 투자해야죠. 세금은 최대한 적게 내면서 가능한 모든 수단을 동원해 부동산에 투자해야지요. 상황이 이랬으니 국민이 낸 세금으로 실업, 질병, 노령 등 사회적 위험에 직면한 모든 국민에게 복지를 제공하는 보편적 복지국가를 만들자는 생각에 동의할 국민이 어디에 있었겠습니까. 사회란 없다는 생각이 당연하겠지요. 더군다나 부동산 투기로 부를 축적한 사람들이 고위 관료들과 기득권층이었다면, 내가 번 돈을 세금으로 낼 터이니 복지국가를 만들자고 이야기할 국민은 어디에도 없을 것입니다. 국민이 부동산 투기를 근절하겠다는 정치인들의 말을 신뢰하지 않는 이유입니다.

## 투기를 부추기는 국가

이렇게 국민이 국가를 불신하고 민간보험과 부동산을 선호하는 현상은 경제성장의 자연스러운 결과가 아닙니다. 물론 앞서 이야기한 것처럼 국가에 대한 불신은 오랜 독재와 국민을 돌보지 않았던 국가의 모습, 공적 복지 없이 빈곤에서 벗어났던 경험 등이 종합적으로 작용한 결과였을 것입니다. 그러나 정작 중요한 것은 민주화가 된 이후에도 국가가 공적 복지를 확대하려고 노력하는 대신 사적 자산에 대한 투자(투기)를 부추겼다는 것입니다. 민간 금융상품에 각종 세제 혜택을 부여하고, 부동산을 구입할 수 있도록 제도적 지원을 하면서 국가가 사적 자산을 축적하도록 국민을 독려했다는 것입니다. 역대 정부는 부동산 가격이 급등하면 수많은 규제책을 내놓다가도 경기가 조금이라도 침체하는 것 같으면, 규제정책을 스스로 무력화시키면서 부동산 경기부양에 나섭니다.[25] 박근혜 정부가 경제성장률을 높이기 위해 부동산을 이용했다는 것은 모두가 아는 사실이지요.

박근혜 정부만이 아닙니다. 이념과 관계없이 거의 모든 정부는 일관된 부동산 정책이 없었어요. 부동산 보유세를 강화하고 불로소득에 높은 세금을 부과하는 것은 부동산 가격을 안정화시키는 가장 중요한 정책이지만, 역대 정부는 이러한 정책을 외면했습니다. 물론 토지공개념을 도입한 노태우 정부와 종합부동산세를 신설한 노무현 정부처럼 토지의 공공성을 강조하면서 부동산 가격을 안정화시키기 위해 노력한 정부도 있었습니다. 하지만 다음 정권이 들어서면 이전 정부가 했던 정책들은 폐기되거나 무력화되는 것이 일반적이었습니다. 노태우 정부의 토지공개념 3법과 부동산 규제는 김대중 정부 시기에 무력화됩니다. 미국과 영국의 10분의 1에 불과한 0.12퍼센트의 부동산 보유세를 높이려는 노무현 정부의 종합부동산세는 이명박 정부가 들어서면서 완전히 무력화됩니다. 이명박 정부는 권위주의 정권도 건드리지 않았던 보유세 강화 방향을 거꾸로 되돌리는 정책도 시행했고, 박근혜 정부는 불로소득을 세금으로 환수할 수 있는 '개발이익환수제도'를 완전히 무력화시켰습니다.[26] 이런 상황에서 국민이 부동산 규제를 강하게 하는 정부가 들어서면 5년만 버티면 된다고 생각했던 것은 너무나 합리적이었던 것입니다. 부동산은 영원한데, 정권은 딱 5년만 참으면 되니까요.

국민이 국가가 운영하는 사회보험보다 금융회사가 운용하는 민간 금융상품을 더 선호하게 된 것도 국가의 적극적인 지원이 없었다면 불가능했을 것입니다. 김대중 정부와 노무현 정부는 금융산업화 정책을 추진하면서 생명보험, 개인연금, 주식시장 등 민간보험 시장을 크게 확대시켰습니다.[27] 두 정부는 민간 금융회사가 운용하는 개인연금에 대한 세제지원을 늘리고 주식 투자도 장려했어요. 1994년에 개인연금을 도입할 때 불입액의 40퍼센트인 최대 72만 원까지만 소득공제 해주던 것을 2001년이 되면 연간 1,800만 원까지 납입액의 12퍼센트로 공제액을 늘립니다.[28] 이후에도 민간보험에 대한 소득공제는 정권의 이념과 관계없이 계속 늘어납니다. 심지어 노무현 대통령은 2005년 7월 5부요인 만찬회장에서

이상한 성공

"부동사 투기를 하지 않고 주식을 사는 국민이 늘었으면 좋겠다"라고 이야기하면서 대통령이 8천만 원을 직접 펀드에 투자합니다.[29] 물론 부동산 투기를 완화하려는 의도였겠지요. 그래도 너무 과한 일이었습니다. 대통령이 나서서 주식 투자를 장려할 정도로 정부는 국민의 사적 자산 축적을 적극적으로 지원했던 것입니다.

그런데 문제는 이렇게 사적 자산을 축적할 수 있는 계층은 중산층 이상의 국민이었다는 것입니다. 하루 벌어 하루 먹고살기도 어려운 많은 국민에게 사적 자산을 축적하는 것은 불가능한 일이었죠. 이렇게 국가가 나서서 공적 복지 대신 사적 자산 축적을 장려하자 한국 사회는 더 불평등한 사회가 되었어요. 모두가 세금을 내고 모두가 돌려받는 보편적 복지국가를 만들 가능성도 점점 더 낮아졌습니다. 성장을 통해 돈을 벌고, 사적 자산을 축적하는 개발국가 복지체제가 수십 년 동안 지속되면서 한국인에게 나와 내 가족의 안위는 내가 열심히 일해서 지켜야 한다는 믿음으로 공고해졌던 것입니다. 1997년 IMF 외환위기를 겪으면서 성장 신화가 처음으로 무너졌는데도 성장에 대한 맹목적인 신앙은 사라지지 않았습니다. 2008년 세계적인 금융위기를 겪고, 2020년 코로나19 팬데믹이라는 전대미문의 위기를 겪었는데도 국민은 여전히 성장을 꿈꾸고 있습니다. 20~30대 청년들에게 '영끌(영혼까지 끌어모아 투자한다)'이라는 신조어가 생길 정도로 주식 투자와 암호화폐의 광풍이 몰아쳤습니다. 내가 축적한 자산 말고는 불확실한 미래에 대응할 수 있는 안전판이 없는데 집은 너무 비싸 살 수 없으니 주식이나 암호화폐에 투자해서라도 자산을 불려야 한다고 생각했기 때문일 것입니다. 이런 사회에서 우리가 직면한 문제를 손잡고 연대해 함께 풀어가는 보편적 '복지국가'가 들어설 틈은 없습니다.

## 다시 기적을 갈망하는 사람들

한국 경제가 계속 고도성장을 유지했다면, 우리가 성공의 덫에 빠졌다는 생각조차 하지 못했을 것입니다. 고도성장으로 괜찮은 일자리가 만들어지면, 사람들은 공적 복지의 필요성을 느끼지 못한 채 금융자산과 부동산을 사들이면서 개인과 가족 단위로 실업, 질병, 노령과 같은 사회적 위험에 대응했을 것입니다. 물론 사적 자산을 축적하는 일은 중산층 이상에게만 해당하는 것이었어요. 하지만 경제가 계속 고속성장 한다면, 많은 사람이 '개천에서 용'이 나는 코리안 드림을 꿈꿀 수 있었겠지요. 그런데 한국 경제가 더 이상 고도성장을 할 수 없다면 이야기는 달라집니다. 그리고 우리가 분명히 짚고 넘어가야 할 사실은 수십 년 동안 고도성장을 지속하면서 빈곤과 불평등을 감소시킨 한국의 성공적인 산업화는 인류 역사라는 큰 틀에서 보면 '대단히, 대단히, 대단히' 이례적인 사건이라는 것입니다. 그래서 '한강의 기적'이라고 부르는 것입니다. 일상적으로 일어나는 일이라면 그 일은 더 이상 기적이 아니죠.

19세기 초부터 2018년까지 지역·국가별 1인당 국민소득을 정리한 메디슨 프로젝트의 자료를 보면 부국과 빈국 간의 격차는 시

이상한 성공

간이 갈수록 점점 더 커진 것으로 나타납니다. 영국과 영국의 식민지였던 인도의 1인당 GDP 변화를 볼까요. 1821년 영국과 인도의 1인당 GDP는 각각 3,308달러와 937달러였습니다. 두 나라의 차이는 2,371달러였고, 인도의 1인당 GDP는 영국의 28.3퍼센트 수준이었습니다.[30] 그리고 2백 여 년이라는 시간이 흐릅니다. 그 차이는 줄어들었을까요? 독립한 인도가 경제대국으로 부상 중이니 당연히 차이가 줄었을 것이라고 생각할 수도 있습니다. 하지만 2018년 영국의 1인당 GDP는 38,058달러인 반면 인도는 6,806달러에 그칩니다. 2백여 년간 두 나라의 차이는 2,371달러에서 31,252달러로 더 크게 벌어집니다. 2018년 인도의 1인당 GDP는 영국의 17.9퍼센트로 1821년보다 15.1퍼센트포인트(-36.7퍼센트)더 낮아진 것입니다. 격차가 더 벌어진 것이지요.

인도만이 아닙니다. 1960년대와 1970년대 중간소득 국가군에 속했던 남미와 중동 국가들 대부분도 여전히 중간소득에 머물러 있습니다. 심지어 1960년부터 1980년까지 연평균 5.2퍼센트의 높은 성장률을 기록했던 남미와 6.0퍼센트씩 성장했던 동유럽도 1980년대에 들어서면 마이너스 성장률을 기록합니다. 1980년부터 1986년까지 1인당 국민소득이 연평균 0.3퍼센트씩 줄어들었기 때문입니다.[31] 물론 한국말고도 12개 국가가 중간소득 함정에서 벗어나 고소득 국가군으로 진입했습니다. 그런데 12개 국가 중 스페인과 그리스는 유럽 국가이고, 싱가포르는 도시국가입니다. 일본은 제2차 세계대전 이전에 이미 산업화를 이룬 나라이고, 나머지 나라들은 자원 부국이었습니다. 홍콩과 대만은 중국의 지방으로 간주되었고요. 이렇게 보면 제2차 세계대전 이후 식민지에서 독립한 수많은 국가 중 중간소득 함정에 빠지지 않고 성장을 계속해 고소득 국가군에 진입한 국가는 한국이 거의 유일합니다.[32]

그렇다고 개발도상국이나 빈국의 절대적 삶의 수준이 과거보다 더 악화되었다는 이야기를 하려는 것이 아닙니다. 소위 저개발국가로 불리는 많은 국가의 삶의 수준은 과거보다 개선되었습니다. 전 세계 인구 중 하루에 2달러 미만으로 살아가는 극빈층의 비율은 1800년 85퍼센트였지만, 1966년에는 50퍼센트로 낮아졌고, 2017년이 되면 9퍼센트로 급감합니다.[33] 엄청난 발전이죠. 하지만 현재 가난한 사람들의 삶의 수준이 백 년 전보다 나아졌다고 말하는 것은 그 사람들에게 '전혀' 위안이 되지 않을 것입니다. 삶이라는 것은 상대적인 것이니까요. 다른 사람은 유기농 농산물에 질 좋은 음식을 섭취하는데, 나는 매일 싸구려 인스턴트식품만 먹는다면 행복할 수 없을 것입니다. 전쟁 중인 이라크 사람보다 한국인의 삶의 만족도가 낮았던 것도 마찬가지라고 할 수 있습니다.

다시 한국 이야기로 돌아갑시다. 이렇게 높은 성장률을 오랫동안 구가했던 한국 경제는 1997년 IMF 외환위기를 겪으면서 성장률이 급격히 낮아집니다([그림 4-4] 참고). 우리가 이런 추세를 반전시켜 다시 높은 경제성장률을 달성할 수 있을까요? 답은 여러분도 이미 잘 알고 있을 것입니다. 저는 불가능하다고 생각합니다. 외환위기 이후 정부의 집권 기간 동안 연평균 경제성장률을 보면 김대중 정부(새정치국민회의, 현 더불어민주당) 5.3퍼센트, 노무현 정부(열린우리당, 현 더불어민주당) 4.5퍼센트, 이명박 정부(한나라당, 현 국

이상한 성공

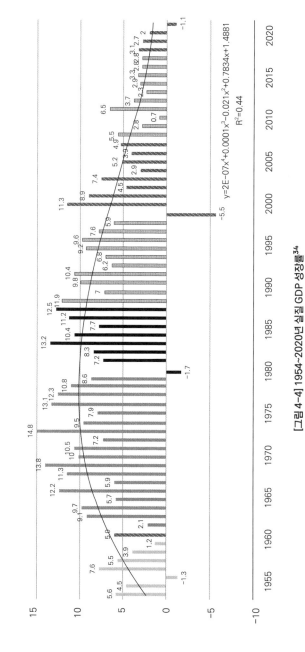

[그림 4-4] 1954~2020년 실질 GDP 성장률[34]

$y = 2E{-}07x^4 + 0.0001x^3 - 0.021x^2 + 0.7834x + 1.4881$

$R^2 = 0.44$

민의힘) 3.2퍼센트, 박근혜 정부(새누리당, 현 국민의힘) 3.0퍼센트, 문재인 정부(더불어민주당) 1.7퍼센트입니다. 김대중 정부와 노무현 정부의 성장률이 1997년 IMF 외환위기 이전보다 낮아지자 보수언론과 보수정당은 민주당 정부 10년을 '잃어버린 10년'이라고 비판했습니다. 그리고 그 비판에 국민이 공감했는지 2007년 대통령 선거에서 7퍼센트의 성장률을 약속했던 이명박 한나라당 후보를 대통령으로 뽑습니다. 월급쟁이의 성공 신화였고, 성공적인 산업화를 이끈 주역 중 한 명이었던 이명박 정부가 탄생한 것입니다. 그러나 이명박 정부의 성장률은 약속했던 7퍼센트의 절반에도 미치지 못합니다. 그러자 국민은 산업화를 이끌었던 박정희 전 대통령의 친딸인 박근혜 새누리당 후보를 대통령으로 선출합니다. 보수 정부가 4년 더 이어집니다. 그러나 여러분이 보셨던 것처럼 고도성장은커녕 성장률은 3퍼센트로 주저앉습니다. 2017년 민주당 정부가 다시 들어섰지만, 사정은 마찬가지였습니다. 2020년 코로나19 팬데믹이라는 특수한 사정을 고려해야겠지만, 2017년부터 2020년까지 문재인 정부 4년 동안 연평균 성장률은 1.7퍼센트로 이명박 정부와 박근혜 정부보다 더 낮아집니다. 2021년 3~4퍼센트 성장을 기록해도 집권 기간 동안 경제성장률은 2퍼센트를 조금 넘을 것 같습니다. 정의당이 집권하면 나아질까요? 저는 쉽지 않을 것이라고 생각합니다. 1960년대부터 1990년대 말까지 거의 40년간 지속된 고도성장을 기적이라고 부르는 이유입니다. 그런데도 한국인은 과거처럼 경제가 다시 성장할 수 있을 것이라고 믿습니다. 한국인은 오늘도 기적의 재림을 갈망합니다. 혹시 기적이 반복

이상한 성공

될지도 모른다고요.

## ● 저성장

          그러면 왜 한국은 저성장 국면에 접어든 것일까요? 여러 이야기를 할 수 있지만, 저는 저성장 기조가 갖는 의미를 두 방향에서 설명해보려고 합니다. 첫 번째는 경제성장률의 둔화는 어느 정도 한국의 성공적인 산업화의 결과라고 할 수도 있습니다. 다시 말해 2000년대 이후 한국 경제의 성장률이 둔화된 것은 한국 경제가 착실히 성장했던 결과이지요. 두 가지로 이야기할 수 있는데, 하나는 경제가 성장하면서(또는 소득이 높아지면서) 사람들의 지출이 제조업이 만든 재화(상품)에서 용역(서비스)으로 바뀌었기 때문입니다. 다른 말로 전체 GDP와 고용에서 제조업의 비중이 감소하고 서비스산업의 비중이 높아진 결과라고 할 수 있지요. 왜 그러냐고요? 간단합니다. 기술이 발전하면서 제품을 생산하는 데 들어가는 비용이 절감됩니다. 소비자는 더 좋은 제품을 더 많이 더 싼 가격으로 살 수 있는 것이지요. 컴퓨터의 성능과 가격을 생각해보세요. 1972년 HP3000 기본모델의 가격은 9만 5천 달러였습니다.[35] 1972년의 1달러당 환율이 398.9원이었으니까 원화로 환산하면 대략 3,800만 원 정도였고, 2019년 화폐가치로 환산하면 그때보다 물가가 16.9배 올랐으니 그 가격이 6억 4천만 원 정도가 되겠네요.[36] 컴퓨터 한 대가 최고급 스포츠카보다 비쌌네요. 그런데 2015년에 출시된 맥북(MacBook)의 평균 가격은 대략 1,299 달러로 2019년 원화로 환산하면 160만 원 정도입니다(2015년 달러당 1,172.5원, 2015년부터 2019년까지 물가상승률 1.049배). 기술발전으로 인한 비용 감소(노동력, 원료 등등)가 이렇게 저렴한 가격으로 컴퓨터를 생산할 수 있게 만든 것입니다. 단순하게 이야기하면 1972년에는 컴퓨터 한 대를 생산하면 GDP가 6억 4천만 원 늘어나는데 2015년에는 160만 원만 늘어나니, 동일한 규모로 GDP를 늘리려면 컴퓨터를 4백 대 생산해야 한다는 이야기입니다.

반면 인간을 대상으로 하는 서비스는 컴퓨터를 생산할 때처럼 비용을 줄일 수가 없습니다. 생각해보세요. 어린이집에서 교사 한 명이 돌보는 0세 아동의 수를 세 명에서 스무 명으로 늘리면 어떻게 될까요? 교사 한 명이 돌보는 영아가 증가하니 생산성은 높아지겠지요. 하지만 돌봄 서비스의 질은 엉망진창이 될 것입니다. 그래서 서비스에서는 생산성을 높이는 것이 쉽지 않습니다. 대부분의 서비스업은 제조업처럼 기술이 발전한다고 생산성이 높아지는 것이 아닙니다.[37] 특히 사람을 상대하는 건강, 교육, 돌봄 등의 사회 서비스는 더 그렇지요. 이처럼 사람들은 소득이 높아질수록 재화와 서비스를 더 많이 소비하지만, 상대적으로 재화의 가격은 낮아지니 늘어난 소득 중 더 많은 부분을 서비스를 구매하는 데 사용하게 됩니다. 전체적으로 국내총생산은 제조업에서 만든 상품을 소비할 때보다 증가 속도가 더딜 수밖에 없고, 그러니 경제성장이 어느 정도 이루어진 이후에는 과거와 같은 고도성장이 불가능합니다. 미국의 경우는 전체 소비지출에서 내구재(재화)가 차지하

　　　　　　　　　　　　　　　　　　이상한 성공

는 비중이 낮아진 1990년대 이후부터 저성장을 지속합니다([그림 4-5]). 한국도 유사한 양상일 것이라고 생각합니다.

다른 하나는 인구구조의 변화입니다. 경제성장률은 인구증가와 밀접히 연관되어 인구증가율이 둔화되면 성장률도 낮아집니다. 특히 성장률의 둔화는 생산 가능한 인구가 감소하는 것과 밀접하게 관련되어 있습니다. 출생률이 낮아지면 그만큼 미래에 생산 가능 인구와 소비 인구가 감소하니 성장률이 둔화될 수밖에 없지요. 여기에 여성을 억압하는 가부장제가 약화되면서 여성도 (여전히 더디기는 하지만) 점점 더 가족에게서 벗어나 독립적인 삶을 살아갑니다. 성평등사회가 되면서 여성의 출산 연령이 늦어지고, 안전하고 편리한 피임의 일반화로 출생아 수도 감소하게 됩니다. 물론 교육 기간이 늘어나면서 생산성은 높아졌지만, 생산 활동에 참여하는

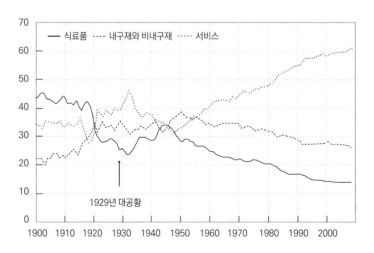

[그림 4-5] 미국의 소비지출에서 식료품, 내구재와 비내구재, 서비스의 비중[38]

기간은 줄어들었지요. 여기에 경제성장과 동반해 삶의 수준이 높아지니 사람들은 점점 더 오래 살게 되고, 사회적으로는 부양해야 할 노인인구가 증가하게 되지요. 인류 역사에서 삶의 질이 높아지면 출생아 수가 줄고 수명이 길어지는 사실을 확인할 수 있습니다. 실제로 제2차 세계대전 이후 미국의 경제성장률 중 1.25퍼센트포인트는 인구 증가와 교육 수준의 향상과 관련이 있다고 합니다.[39] 경제성장률에 영향을 미치는 인구구조의 변화 또한 실패의 결과가 아니라 착실한 경제성장의 결과라고 할 수 있습니다. 이렇게 성장률의 둔화는 한국이 선진국에 진입하면서 나타나는 자연스러운 결과라고 할 수 있지요.

## 역량만큼 성장하지 못한 이유

두 번째로 과거의 고도성장, 정확하게는 고도성장을 가능하게 했던 성장방식이 한국 경제의 지속성장을 위협하는 원인 중 하나가 되었다는 이야기를 하려고 합니다. 노동과 자본의 양을 늘리는 방식으로 선진국을 따라잡았던 경험이 혁신에 기초한 성장을 어렵게 하기 때문입니다. 잠재성장률보다 낮아진 실질성장률이 그 근거 중 하나입니다. 간단히 이야기하면 잠재성장률은 한 국가가 지나치게 물가를 높이지 않으면서 성장할 수 있는 성장률의 최대치라고 생각하면 좋을 것 같습니다. 그래서 한국 경제가 잠재성장률보다 낮게 성장한다면, 한국 사회의 역량을 제대

이상한 성공

로 발휘하지 못했다는 것입니다. 그런데 1997년 IMF 외환위기 이후 한국 경제의 성장률이 잠재성장률보다 낮아집니다([그림 4-6] 참고). 2015년부터 2020년 구간을 볼까요. 한국 경제의 잠재성장률은 2.7퍼센트인데, 실제성장률은 1.9퍼센트로 잠재성장률의 70.4퍼센트밖에 성장하지 못했어요. 코로나19 팬데믹이라는 예외적인 상황이 발생한 것을 고려해야 하지만, 2019년에서 2020년은 더 심각합니다. 한국의 잠재성장률은 2.5퍼센트인데, 실제 성장률은 0.5퍼센트였으니까요. 한국 경제가 지난 20년 동안 잠재성장률보다 높게 성장한 적은 한 번도 없었고, 유일하게 2006년부터 2010년까지 잠재성장률만큼 성장했습니다.

　잠재성장률의 내용을 들여다보면 문제가 더 심각합니다. 잠재성장률은 일반적으로 얼마나 많은 사람이 생산 활동에 참여했는지, 투자가 얼마나 이루어졌는지, 혁신이 얼마나 일어났는지, 이 세 가지 요소로 결정됩니다. 앞서 언급한 것처럼 인구구조의 변화가 성장률에 영향을 미치는 이유이지요. 노동력처럼 자본 투입이 늘어

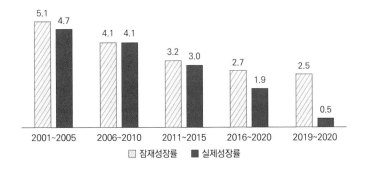

[그림 4-6] 2001~2020년 잠재성장률과 실제성장률[40]

도 성장률이 높아집니다. 예를 들어 부동산 경기를 활성화시키는 것이 성장률에 도움이 되는 것은 건설투자가 늘어나기 때문이죠. 박근혜 정부 시기 평균 성장률을 2퍼센트대로 유지할 수 있었던 것은 부동산 경기를 부양하면서 건설투자가 늘었기 때문입니다. 기억하실지 모르겠는데, 당시 언론들은 박근혜 정부의 부동산 부양 정책을 '빚 내서 집 사라'라는 것이라고 비판했습니다.

다음으로 노동과 자본의 투입으로 설명되지 않는 성장요인이 있습니다. 혁신의 정도를 나타내는 대리 지표로 공식적으로는 총소요생산성이라고 부르는 것입니다. 한국 성장률의 문제는 여기에 있습니다. 이 혁신에 해당하는 요소의 잠재성장률에 대한 기여도가 지난 20년 동안 급감했다는 것입니다. 노동 투입 요소의 잠재성장률에 대한 기여도는 −50.0퍼센트, 자본 투입 요소는 −33.3퍼센트 감소했습니다. 반면 총요소생산성의 기여도는 −59.1퍼센트나 감소했습니다. 세 요소 중 가장 가파른 감소 폭입니다. 추세선의 기울기를 보면 확인할 수 있을 것입니다. 노동 투입이 감소한 것은 인구구조의 변화 때문이고, 자본 투입이 감소한 것은 2008년 이후 세계경제의 불확실성이 커진 것과 관련이 있을 것입니다. 그러면 혁신 요소라고 할 수 있는 총요소생산성은 왜 감소한 것일까요?

한국이 한참 성장할 때는 투자와 노동력을 늘리는 것으로 선진국을 추격하는 것이 가능했습니다. 하지만 한국 경제가 일정 수준으로 성장한 다음에는 자본과 노동을 늘리는 것만으로는 선진국을 추격하는 것이 어렵습니다. 한국 경제를 다른 선진국과 비교하면 아직도 여러 가지로 부족한 것이 사실입니다. 하지만 많은 영역에

이상한 성공

서 한국이 더 이상 추격할 나라가 없는 것도 사실입니다. 그러면 어떤 역량이 한국 경제의 지속성을 보장할 수 있을까요. 저는 이때 필요한 역량이 그 사회의 혁신역량이라고 생각합니다.

사례를 통해 혁신이 무엇인지 이야기해봅시다. 그 전에 앞으로 자주 사용할 '부가가치(附加價値)'라는 개념에 대해 간단한 설명이 필요할 것 같습니다. 한자어로 해석하면 가치를 더한다는 뜻입니다. 사전적으로는 "각 생산단계에서 나타나는 산출의 가치와 다른 생산자로부터 구입된 투입의 가치 차이"라고 정의합니다. 어렵지요.[41] 사례를 들어보죠. 여러분이 나무 책상을 만들었다고 합시다. 그리고 그 나무 책상의 가격이 10만 원이라고 하죠. 그런데 그 10만 원을 모두 여러분이 만든 가치라고 할 수 없잖아요. 책상을 만드는 데 필요한 나무를 5만 원에 구입하고, 못처럼 필요한 부품과 소재를 3만 원에 구입했다고 하면, 여러분이 책상을 만들어 새롭게 창출한 가치는 2만 원이 됩니다. 이 2만 원을 부가가치라고 하는 것입니다. 여러분이 책상을 만들면서 새롭게 만들어진 가치인 것이죠. 이제 본론으로 돌아가죠.

애플의 '아이폰'을 생각하시면 됩니다. 아이폰은 전화기, 컴퓨터, 음악재생기와 같은 다양한 기기를 하나로 통합해 그때까지 없었던 '스마트폰'이라는 새로운 것을 창조한 혁신의 대표적인 아이콘입니다. 그리고 이러한 혁신의 가치는 엄청납니다. 한번 볼까요? 아이폰12를 분해해보니 한국산 부품이 27.3퍼센트로 25.6퍼센트인 미국산 부품과 13.2퍼센트인 일본을 제치고 1위를 기록했다는 뉴스를 보셨죠. 제목만 보면 한국 기업이 대단한 일을 했다고 생각할 것입니다. 그런데 원가와 제품의 가격을 비교해보면 조금 다른 생각이 듭니다. 최신 휴대폰인 아이폰12의 원가는 대략 373달러 정도라고 합니다. 그중 한국산 부품이 27.3퍼센트이니 달러 가격으로 환산하면 101달러 정도 됩니다.[42]

그런데 아이폰12는 얼마에 팔렸을까요? 제품에 따라 다르겠지만 대략 749달러에 팔렸습니다. 아이폰12의 최종가에서 원가를 제외하면 376달러가 남습니다. 애플은 아이폰12라는 새로운 개념의 제품을 만든 것만으로 원가의 백 퍼센트가 넘는 부가가치를 창출한 것입니다. 한국 기업이 애플에 부품을 납품하면서 창출한 부가가치와는 비교도 할 수 없을 정도이죠. 실제로 부품을 생산하기 위해 수입한 재료와 설비를 생각하면 한국 기업이 순수하게 얻은 부가가치의 크기는 더 작아지겠지요. 그러면 아이폰을 조립해서 생산한 기업은 부가가치를 얼마나 창출했을까요? 조금 옛날 자료이기는 하지만, 6백 달러에 팔린 아이폰4를 조립한 중국의 기업이 창출한 부가가치는 6.45달러로 아이폰4의 최종 부가가치의 1.08퍼센트에 불과했다고 합니다.[43]

지금은 거의 자취를 감추었지만 1990년대만 해도 컴퓨터 제조업체로 급부상한 대만의 '에이서(Acer)'라는 기업이 있었습니다. 이 에이서의 창업주인 스탠 시는 글로벌 가치 사슬에서 제조업체가 직면한 현실을 '스마일 커브'라는 개념으로 설명했습니다([그림 4-7] 참고).[44] 부가가치를 창출하는 데 있어 제품을 제조하는 기업이 창출하는 부가가치가 가장 적고, 제품을 기획, 디자인, 상품화하는 기업과 마케팅, 광고, 특화된 물류, AS 서비스를 제공하는 기업

이상한 성공

의 부가가치가 큰 현실을 양쪽 입꼬리가 올라가 있는 스마일 캐릭터의 모습과 비슷한 것에 착안한 개념입니다. 시간이 지날수록 제조에서 창출되는 부가가치의 비중이 점점 작아지는 반면 제품의 기획, 디자인, 상품화와 마케팅, 광고, 상표, 물류에서 만들어지는 부가가치는 점점 더 커지고 있습니다. 한국의 고민이 여기에 있습니다. 한국 산업의 경쟁력은 여전히 제조공정에 집중되어 있기 때문입니다.

다른 사례를 하나 더 볼까요? 한국에서 제일 높고 세계에서는 다섯 번째로 높은 빌딩인 롯데월드타워는 7년여의 공사 끝에 2016년 12월에 완공됩니다. 그런데 한국에서 제일 높은 이 건물을 건설하는 데 사용된 첨단기술 대부분은 외국회사의 기술이었고, 한국 건설사가 한 일은 "사실상 콘크리트와 철근만 우리 손으로 쌓아 올리는" 것에 불과했다고 합니다([그림 4-8] 참고).[46] 그렇다면 누가 롯

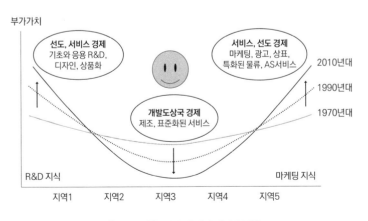

[그림 4-7] '스마일 커브'의 개념적 틀[45]

데월드타워를 만드는 과정에서 가장 큰 이익을 가져갔을까요? 군이 이야기하지 않아도 짐작이 가실 것입니다. 건설만이 아닙니다. 조선이나 반도체 등 한국의 주력 산업 대부분에서 이런 일들이 벌어지고 있습니다. 이런 한국 경제의 모습을 '가마우지 경제'라고 합니다.

다른 동물도 많은데 왜 하필 가마우지냐고요? 이유가 있습니다. 중국 계림에는 새를 이용해 물고기를 잡는 전통 낚시법이 있다고 합니다. 이때 낚시 도구로 사용되는 새가 날지 못하는 가마우지입니다. 물고기를 잡는 데 탁월한 능력이 있는 새로 알려져 있죠. 영리한 어부는 이 새의 목 아랫부분을 실로 묶어 호수에 풀어놓습니다. 그리고 가마우지가 물고기를 잡으면, 어부는 새의 입에서 재빨리 물고기를 꺼내 잡는 방식입니다. 가마우지가 물고기를 삼키려고 해도 목이 실로 묶여 있으니 삼킬 수 없기 때문에 물고기는 고스

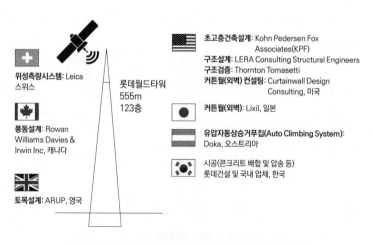

**[그림 4-8] 롯데월드타워 건설에 참여한 외국 기업의 첨단기술[47]**

이상한 성공

란히 어부의 차지가 되는 것입니다. 생산은 한국 기업이 하는데, 생산에 필요한 첨단기술, 소재, 부품, 장비는 모두 외국 기업의 것이니 한국 기업이 열심히 만들어도 결국 이익은 외국 기업의 몫이라는 것이죠. 외국 기업이 한국 기업의 목에 첨단기술, 부품, 소재라는 실을 묶어 놓았으니 한국 기업이 이익을 얻을 수 없는 구조라는 것입니다. 일본이 2019년 7월 반도체 핵심 소재에 대한 수출규제를 단행했을 때 김현종 전 안보실 2차장이 한국 경제도 가마우지 경제에서 벗어나야 한다고 했던 이유입니다.

왜 이런 일이 벌어질까요? 간단하게 이야기하면 한국 산업은 새로운 제품을 만드는 역량, 즉 '개념설계'라고 부르는 혁신역량이 취약하기 때문입니다. 세상에 나오는 모든 새로운 것은 이 개념설계에서 시작된다고 할 수 있습니다.[48] 그런데 한국 산업은 선진국이 만들어놓은 것을 모방하면서 따라잡는 데는 능숙했지만, 새로운 개념설계로 제품을 만들어 세계경제를 선도했던 경험이 거의 없습니다. 남들이 만든 것을 따라서 만들기만 하면 높은 부가가치를 창출하는 경제를 만들 수 없습니다.

물론 한국 경제의 부가가치 창출이 제조업에만 집중된 것은 아닙니다. 과거보다는 훨씬 나아졌습니다. 스마일 커브에서 한국 산업이 부가가치를 창출하는 영역은 제일 아래에 있는 제조업에서 왼쪽 영역까지 확장되었습니다.[49] 하지만 글로벌 가치사슬의 스마일 커브에서 높은 부가가치를 창출하는 좌우 영역은 여전히 미국, 프랑스, 독일, 일본, 영국, 캐나다와 같은 선진국의 독무대입니다. 특히 스마일 커브의 오른쪽 영역에서 한국 기업의 존재감은 거의 없는 것이 현실입니다. 사실 국내총생산에서 연구개발(R&D)에 투자하는 비중을 보면 한국은 세계 2위입니다. 그래서 한국의 낮은 혁신역량은 이해하기 어려운 측면이 있습니다.[50] 세계에서 새로운 것을 만들기 위해 돈을 가장 많이 쓰는 나라 중 하나인데, 글로벌 가치사슬에서는 선진국 대열에 합류하지 못하고 있는 것이지요. 선진국이 수백 년간 축적한 경험을 한국이 단번에 따라가기는 힘들겠지요. 왜 이런 일이 벌어졌을까요? 성장을 가능하게 했던 힘이 덫이 된 사례를 재벌 대기업을 통해 살펴봅시다.

## ● 재주는 곰이 부리고

　　　　　　한국이 1960년대 산업화를 시작하면서 모든 자원을 기업에 몰아줄 때, 한국인은 기업의 성공이 곧 국가의 성공이고, 국가의 성공이 곧 국민 모두의 성공이라고 믿었습니다. 권위주의 정권을 몰아내고 국민의 피와 눈물로 민주화를 이루었을 때도 그 민주화의 최대 수혜자는 국민이라고 생각했습니다. 산업화와 민주화를 성공적으로 이루고 나서 뒤돌아보니 산업화와 민주화의 최대 수혜자는 국민이 아니었습니다. 권위주의 정권이 산업화를 위해 제공했던 특혜로 몸집을 불린 재벌 대기업은 1987년 민주화가 이루어지자 자신을 속박했던 국가의 통제에서 벗어나게 됩니다. 그러자 권위주의 정권의 지원 아래 국내시장을 장악한 소수의 재벌 대기업은 중소기업을 압박해 비용을 낮추고 소비자들로부터

　　　　　　　　　　　　　　　　　　　이상한 성공

더 많은 이윤을 챙겼습니다. 1987년 민주화 이후 몇 차례 경제위기가 있었지만, 위기를 넘길 때마다 재벌 대기업의 영향력은 위기이전보다 더 커졌습니다. 총수가 있는 대기업 집단의 GDP 대비 자산 비중은 2001년 54.9퍼센트에서 2016년 91.2퍼센트로 불과 16년 만에 무려 66.1퍼센트나 증가했으니까요.[51]

왜 이런 일이 벌어졌을까요? 재벌 대기업을 민주적으로 통제할힘이 한국 사회에 없기 때문입니다. 권위주의 개발국가 시기에는독재정권이 재벌 대기업을 강력하게 통제할 수 있었기 때문에 재벌 대기업으로 경제력이 집중되는 것을 어느 정도 늦출 수 있었습니다. 그러나 민주화로 권위주의 정권이 사라지자 재벌 대기업을통제할 힘은 한국 사회 어디에도 없었어요. 서구 복지국가에서는노동조합이 기업을 견제할 힘이 있었어요. 하지만 한국의 노동자들은 오랜 권위주의의 탄압을 겪으면서 제대로 성장할 기회를 갖지 못했어요. 그래서 노동조합은 권위주의 정권이 무너지고 민주화가 되었을 때도 재벌 대기업에 맞설 힘이 없었습니다. 게다가 운명의 장난인지는 몰라도 1987년 민주화 직후인 1989년부터 제조업에 고용된 노동자가 감소하기 시작했습니다. 제조업 노동자의수가 충분히 많아지기 전에 탈산업화가 시작된 것이지요.[52] 물론현대자동차와 같은 대기업의 개별 사업장 수준에서 노동조합은 자신들의 노동조건을 지킬 수 있는 강력한 전투력을 보유하고 있었습니다. 하지만 거기까지였습니다. 대기업 노동자들은 개별 사업장을 벗어나 전체 노동자들과 연대해 재벌 대기업을 견제할 수 있는 정치적 힘을 만들지는 못했어요. 한국노총과 민주화 이후 새롭게 만들어진 민주노총이 있었지만, 노동운동의 중심은 여전히 단위 사업장에서 노동조건을 개선하는 일에 매몰되어 있는 사업장의 노조였습니다. 정당도 마찬가지였습니다. 극단적인 반공주의와 권위주의 정권의 억압으로 일하는 사람들, 노동자의 이해를 대변하는 진보 정당이 만들어질 수 없었기 때문에 정치를 통해 재벌 대기업을 민주적으로 통제하는 것도 불가능했습니다.

상황이 이렇게 되자 재벌 대기업은 삼저호황이 끝나고 1990년대에 진입하면서 '신경영전략'이라고 불렸던 성장전략을 선택할 수 있었던 것입니다.[53] 1990년대에 진입하면서 재벌 대기업은 중소기업과 협력해 국내 산업을 성장시켰던 과거의 성장방식을 버립니다. 그리고 중요한 부품, 소재, 장비를 외국에서 수입해 최첨단 설비(자동화)를 이용해 경쟁력 있는 상품을 생산해 수출하는 성장의 길을 걸어갑니다. 그러자 1990년대 이전과 달리 대기업의 성장이 중소기업의 성장과 무관한 성장이 되었습니다. 재벌 대기업이 수출을 통해 글로벌기업으로 성장하면서 한국 경제도 성장했지만, 그 성장의 성과는 더 이상 국내 중소기업으로 흘러들지 않았어요. 재벌 대기업의 성장이 고용을 늘리고 분배를 확대하는 것과 무관한 성장이 된 것이죠. 이러한 현실은 제조업 수출이 국내에서 만드는 부가가치의 비율을 보면 확인할 수 있습니다. 2016년 기준으로 제조업 상품을 백 달러 수출할 때 독일은 74.8달러, 일본은 84.0달러의 부가가치를 국내에서 창출했고, 중국도 81.3달러의 부가가치를 국내에서 창출했습니다. 반면 한국의 부가가치 창출 규모는 64.5달러에 불과했습니다. 더 큰 문제는 제조업 수출에서 국내 부가가치 창출 비율은 1995년부터 2016년까지 낮아졌다가 다시 높아지는 등 등락을 반복하지만, 시간이 갈수록 점점 더 낮아지고 있다는 것입니다. 다시 말해, 한국 경제의 성장 동력인 수출이 국내에서의 가치 창출과 점점 더 무관해지고 있는 것입니다.

이러한 재벌 대기업이 주도하는 수출주도형 성장방식은 노동시장에 부정적 영향을 미쳤습니다. 국내 부가가치를 창출하는 비중이 줄어든다는 것은 그만큼 국내에서 좋은 일자리를 만들기가 어려워졌다는 것을 의미하니까요. 실제로 대기업이 숙련 노동을 자동화 설비로 대체하자 전체 취업자에서 대기업이 차지하는 고용 비중이 줄어들었습니다. 1997년 IMF 외환위기 이전인 1993~1997년 기간에 천 명 이상을 고용한 대기업의 고용 비중은 18.5퍼센트였지만, 외환위기를 겪으면서 감소하기 시작해 2008~2011년 기간에는 12.6퍼센트로 줄어듭니다.[54] 외환위기 이후 불과 10여 년 만에 대기업의 고용 비중이 무려 46.8퍼센트나 감소한 것입니다. 앞서 이야기한 것처럼 대기업은 신경영전략에 따라 최첨단 자동화 설비를 설치하는 데 들어간 엄청난 투자 비용을 상쇄하기 위해 핵심 부문을 제외하고 가능한 모든 생산과정을 외부로 이전합니다. 사내에서는 정규직 대신 비정규직을 고용하고요. 외주화라고 부르는 것입니다.

생각해보세요. 대기업은 최첨단 자동화 설비를 설치하는 데 엄청난 돈이 들어갔으니 비용을 줄여야 한다는 압박이 커졌을 것입니다. 어디서 비용을 줄일 수 있을까요? 자동화로 생산 노동자의 규모를 이미 최소화했으니 더 줄이기는 어려울 것입니다. 결국 대기업이 비용을 줄일 수 있는 방법은 하청, 비정규직, 파견과 같은 외주화로 직접 노동자를 고용하는 비용을 줄이는 것입니다. 1997년 IMF 외환위기는 재벌 대기업이 이러한 신경영전략을 전면적으로 실행할 수 있는 좋은 조건을 만들어줍니다. 1998년 2월 8일 노동자, 기업, 정부가 함께 모여 기업이 경영상의 이유로 노동자를 정리해고 할 수 있도록 노동시장 유연화에 합의한 것입니다. 사회안전망을 강화하고 민주노총과 같은 전국적 노동조직을 합법화한다는 합의도 있었지만, 노동시장 유연화로 인한 문제를 막기에는 역부족이었습니다. 비정규직 같은 나쁜 일자리가 본격적으로 늘어나기 시작한 것입니다. 1990년대부터 추진한 대기업의 신경영전략에 1997년 IMF 외환위기가 날개를 달아준 것이지요. IMF 외환위기의 원인 중 하나가 재벌 대기업의 방만한 경영이었다는 점을 생각하면, IMF 위기가 재벌 대기업에 날개를 달아주는 계기가 되었다는 것은 아이러니한 일입니다.

더불어 대기업은 생산을 외주화하는 과정에서 비용을 최소화하기 위해 대기업에 납품하는 중소기업의 제품 단가를 낮추면서 생산 비용을 중소기업에 전가했습니다. 그러자 중소기업은 노동자들의 임금을 억제할 수밖에 없었지요. 이러니 국민 대다수(취업자의 대략 80퍼센트)의 생계를 책임지는 중소기업의 일자리가 점점 더 나빠졌던 것입니다. 성장전략의 변화가 노동시장에서 정규직과 비정규직(고용상의 지위), 대기업과 중소기업(기업규모) 간에 격차가 커지는 결과로 나타난 것입니다. 실제로 기업규모에 따른 생산성과 임금수준의 차이를 OECD 회원국과 비교해보면, 한국은 기업규모

이상한 성공

에 따른 생산성과 임금격차가 아주 예외적으로 크다는 것을 확인할 수 있답니다. [그림 4-9]에서 오른쪽 상단에 혼자 외롭게 있는 한국이 보이지요. 한국이라고 표시된 이 네모 안에는 열악한 노동 조건에서 열심히 살아가는 평범한 사람들의 어려운 삶이 갇혀 있습니다.

게다가 대기업은 자동화 설비를 비싼 돈 들여 설치해놓았으니 한 시간이라도 놀리면 엄청난 손해잖아요. 대기업과 하청기업에서 일하는 노동자들의 노동 강도는 세지고 장시간 일할 수밖에 없는 조건이 만들어진 것입니다. 장시간 노동이 일상화된 데는 기업이 노동자들에게 임금을 지급하는 특이한 방식도 큰 영향을 미쳤습니다. 예를 들어 기업은 주당 40시간 일했을 때 받는 기본급을

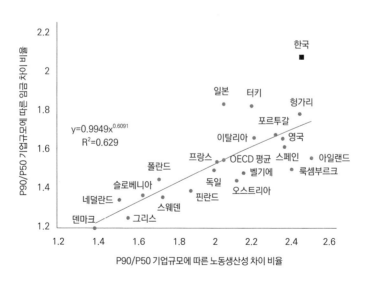

[그림 4-9] 기업규모에 따른 임금과 생산성 차이[55]

올리지 않고, 야근과 주말, 휴일에 일하는 수당을 높이는 임금체계를 만들었습니다. 노동자들이 돈을 더 벌기 위해서는 정규 시간 이외에 추가 노동을 할 수밖에 없는 조건을 만든 것이지요. 대기업 밖에서 일하는 사람들도 일자리가 불안하고 임금이 낮으니 먹고살기 위해 장시간 노동을 해야 했을 것입니다. 한국이 경제적으로 선진국에 진입한 이후에도 노동시간이 OECD 국가 중 가장 긴 이유입니다. 2019년 기준으로 한국인의 연간 노동시간은 1,967시간으로 OECD 회원국 중 멕시코 다음으로 깁니다.[56] 연간 노동시간이 1,380시간으로 OECD 회원국 중 가장 짧은 덴마크와 비교하면 한국 노동자는 연간 587시간을 더 일합니다. 주당 40시간으로 계산하면 한국 노동자는 덴마크 노동자보다 연간 14.7주나 더 일하고 있는 셈이지요. 덴마크 노동자에게 1년이 12개월이라면, 한국 노동자에게는 17개월인 셈입니다. 5개월을 더 일하고 있는 것이지요. 무지막지하지요. 그러니 서양 사람들이 한국인은 일만 한다고 이야기하는 것입니다.

성공의 덫은 이것만으로 끝나는 것이 아니었습니다. 노동자의 숙련을 높이지 않고 자동화 설비에 의존해 생산성을 높이는 방식은 최첨단 자동화 설비를 구매할 돈만 있으면 상대적으로 누구나 쉽게 따라올 수 있는 성장방식이라는 결정적 약점이 있습니다. 한국이 경쟁력 있다고 알려진 조선, 반도체, 건설(시공) 등 여러 분야에서 중국과 같은 후발 국가가 한국을 쉽게 따라올 수 있었던 이유도 바로 한국이 이런 성장방식을 선택했기 때문입니다. 자동화 설비는 노동자의 숙련을 자동화 기계에 프로그래밍한 것이기 때문

이상한 성공

에 자동화 기계만 구입하면 노동자의 숙련을 쌓지 않아도 최첨단 제품을 생산할 수 있는 능력을 확보할 수 있습니다. 문제는 더 좋은 설비를 만들고 새로운 혁신적인 제품을 구상하는 일은 최첨단 설비를 도입하는 것으로 해결할 수 없다는 것입니다. 한국 기업이 최첨단 설비에 프로그래밍 할 수 없는 축적된 숙련을 갖춰야만 혁신이 가능하고 다른 국가들과 격차도 벌릴 수 있는 것입니다. 그런데 한국은 노동자의 숙련을 자동화 설비로 대체하는 방식으로 성장하면서 그런 기회의 상당 부분을 잃어버린 것입니다. 그러니 겉으로 화려해 보이는 성공의 이면에는 한국이 선진국을 열심히 따라가도 그 간격이 좁혀지지 않는 '제논의 역설'이 존재하는 것입니다. 세상에서 가장 빠른 아킬레스가 거북이를 따라잡으려고 해도 거북이가 먼저 출발한 상황이라면 아킬레스는 거북이를 결코 따라잡을 수 없다는 것이지요. 한국 경제가 핵심 소재와 새로운 제품을 서유럽, 미국, 일본과 같은 기존의 선진국에 의존하는 상황이 지속되는 한 한국 경제도 이 역설에서 벗어날 수 없는 것입니다.[57] 스마일 커브의 틀에서 보면 한국은 제품을 제조하는 일에만 뛰어난 역량을 발휘하니 국가 전체의 부가가치 창출 역량은 시간이 지날수록 낮아질 수밖에 없는 것입니다([그림 4-7] 참고). 이것이 한국 노동시장에서 점점 더 좋은 일자리를 만들기가 어려운 이유이고, 대한민국이 선진국에 진입했는데도 한국인들이 행복하지 않은 이유 중 하나입니다. 한국의 성공은 평범한 사람 대다수의 삶을 위협하는 성공의 덫이었던 셈이지요.

# 정규직을 위한 한국의 복지제도

　　결국 이런 현실에서 여러분이 안정적 미래를 생각한다면 대기업에 취업하는 수밖에 없다는 결론이 나오네요. 안정적인 공무원, 폼 나고 연봉 높은 대기업, 신의 직장이라고 불리는 공기업? 모두 다 좋은 직장입니다. 그런데 이런 괜찮은 일자리가 여러분이 졸업할 때쯤 몇 개나 만들어질 것 같습니까? 대기업과 공공부문(공무원과 공기업 등)의 괜찮은 일자리는 연간 대략 7만 개정도 만들어진다고 합니다. 1990년대 생을 기준으로 대략 동일한 연령대 인구의 10퍼센트 정도라고 합니다.[58] 쉽게 말하면 여러분과 비슷한 연령대의 친구들 열 명 중 단 한 명만이 괜찮은 일자리라고 불리는 대기업과 공공부문에 취업할 수 있다는 것입니다. 나머지는 중소기업, 비정규직, 자영업에 종사하거나 비자발적 실업 상태에 놓이게 됩니다. 자, 상황이 이렇다면 여러분은 어떻게 하시겠습니까? 결국 소수의 괜찮은 일자리를 얻기 위해 청년들이 정말 치열하게 경쟁할 수밖에 없습니다.

　　1장에서 북유럽과 한국의 청년들을 비교해 이야기했듯이 노동시장이 10퍼센트의 좋은 일자리와 90퍼센트의 나쁜 일자리로 나누어진 것은 결국 한국의 성장방식 때문이라는 점을 기억하시길 바랍니다. 여기서 이야기하려는 것은 이러한 문제가 노동시장에서 좋은 일자리를 얻지 못하는 것으로 끝나지 않는다는 것입니다. 2020년 초부터 지금도 계속되고 있는 코로나19 위기를 생각해보세요. 코로나19 펜데믹으로 경제위기가 닥치자 소득이 감소하고

　　　　　　　　　　　　　　　　　　　　　　　이상한 성공

일자리를 잃은 사람들은 누구였을까요? 대기업과 공기업에 다니는 노동자였을까요? 아니면 동사무소에 근무하는 공무원이었을까요? 여러분도 잘 알다시피 직장이나 소득을 잃어버린 사람들 대부분은 비정규직 노동자, 영세자영업자와 같은 고용 상태가 불안정한 사람들이었습니다. 그런데 이분들이 직장과 소득을 잃었을 때 한국의 복지제도는 이분들의 삶을 지켜주는 튼튼한 안전망이었을까요? 문제는 전혀 그렇지 않았다는 데 있습니다.

고용보험이라는 사회보험제도가 있습니다. 일정 조건을 충족한 고용보험 가입자가 실직하면 실직 전에 받던 평균임금의 60퍼센트를 구직급여로 지급해주는 사회보험제도입니다. 60퍼센트라고 하지만 최대 받을 수 있는 금액과 최저 수준이 유사해 2019년 10월 기준으로 대략 하루에 60,120~66,000원의 실업급여를 제공합니다.[59] 낮은 급여 수준이지만 없는 것보다는 도움이 될 것입니다. 문제는 이 고용보험 대상에서 고용 상태가 불안정한 비정규직 노동자와 자영업자가 배제되어 있다는 것입니다. 2019년 8월 기준으로 전체 취업자의 절반에 조금 못 미치는 45.2퍼센트가 아예 고용보험 대상에서 배제되었습니다.[60] 정규직과 비정규직의 차이를 볼까요? 정규직의 고용보험 가입률은 2020년 8월 기준으로 84.8퍼센트인 반면 비정규직은 43.1퍼센트에 그칩니다.[61] 코로나19 위기가 덮치면서 이러한 한국 복지제도의 심각한 문제점이 드러났습니다.

2020년 1월 코로나19 위기가 시작된 이래 실직을 경험한 비율을 보면, 2020년 12월 기준으로 정규직 노동자는 4.2퍼센트만이 실직을 경험한 데 반해 비정규직 노동자는 무려 36.8퍼센트가 실직을 경험했다고 합니다.[62] 비정규직 노동자가 정규직 노동자보다 실직 비율이 9배 가까이 높았던 것이죠. 그런데도 앞서 본 것처럼 비정규직 노동자의 절반이 고용보험에서 배제되어 있는 것입니다. 실직 위험이 낮은 정규직 노동자를 실직으로 인한 소득 상실의 위험으로부터 보호하면서요. 대단히 모순적이죠. 고용보험만이 아닙니다. 국민연금의 가입률을 보면 정규직은 94.2퍼센트가 가입해 있지만, 비정규직은 35.5퍼센트만 가입해 있습니다.[63] 퇴직금도 정규직은 99.3퍼센트 받을 수 있지만, 비정규직은 36.4퍼센트에 불과합니다. 상여금, 시간외수당, 유급휴가 등에서도 정규직과 비정규직의 차이가 엄청납니다. 코로나19 위기 상황에서 심각한 타격을 받은 자영업자의 경우는 더 심각합니다. 1인 자영업자는 대략 405만 명에 달하는데, 고용보험에 가입한 자영업자는 2019년 12월 기준으로 0.38퍼센트에 불과하기 때문입니다.[64]

한마디로 가장 중요한 복지제도인 사회보험은 실직해 소득을 잃을 가능성이 높은 불안정 고용 상태에 있는 노동자가 아닌 상대적으로 고용이 안정적이고 소득이 높은 정규직 노동자를 보호하고 있는 것이지요. 일반적으로 선별주의는 자산과 소득이 낮은 사람들을 조사하고 선별해 지원하는 복지를 의미해요. 그런데 한국의 복지제도는 거꾸로 소득이 높고 고용이 안정적인 사람을 지원하는 역할을 하고 있는 것입니다. 저는 이러한 한국 복지의 현실을 '역진적 선별주의'라고 부릅니다. 일반적인 의미의 선별주의와는 반대로 상위계층을 복지 대상으로 선별한다는 의미에서 붙여진 이름이

이상한 성공

죠. 그러니 코로나19 팬데믹과 같은 위기가 닥쳤을 때 한국의 복지제도가 제대로 작동하지 않았던 것입니다.

그러면 한국의 복지제도는 왜 이렇게 사회적 위험에 더 많이 노출된 사람들을 배제한 복지제도가 됐을까요? 아마 눈치 빠른 분은 벌써 알아차렸을지도 모릅니다. 이미 앞서 다 이야기했으니까요. 한국인들은 오랫동안 국가가 제공하는 복지 없이 높은 경제성장으로 일자리를 만들고, 이렇게 만들어진 일자리에서 저임금에 장시간 노동하는 방식으로 불평등과 빈곤을 낮추었습니다. 실제로 한국의 1인당 GDP는 놀라울 정도로 높아졌지만, 복지지출은 무척 더디게 증가했습니다. 2019년 기준으로 한국과 이탈리아의 1인당 GDP는 각각 33,720달러와 34,460달러로 유사합니다. 그런데 GDP 대비 사회지출 규모로 측정한 공적 복지의 규모가 한국은 12.2퍼센트에 불과하지만, 이탈리아는 28.2퍼센트에 달합니다. 공적 복지 확대에 소극적이었던 한국인들이 암묵적으로 동의하지 않았다면 불가능한 일이었을 것입니다.

국가는 이러한 국민의 기대에 보답(?)하듯 장시간 노동을 통해 번 소득으로 중산층이 부동산과 금융자산을 구매해 실업, 질병, 노령 등 사회적 위험에 개인적으로 대응할 수 있도록 저세금 사회를 만들었습니다. 한국의 조세부담률과 국민부담률이 다른 선진국과 비교해 낮은 이유입니다. 게다가 열심히 일해서 돈을 벌고, 그 돈으로 자신과 가족의 안전을 지킨다는 것은 중산층만의 생각이 아니었을 것입니다. 대부분의 국민이 동의했던 생각이었습니다. "부자가 될 수 없을지는 모르지만, 나도 열심히 일하면 남에게 손 벌리지 않고 당당하게 먹고살 수 있다." 한국인은 이런 생각을 했을 것입니다. 많은 국민이 오랜 권위주의 정권을 인내했던 이유도 지긋지긋한 가난에서 벗어나 잘살아보자는 일념 때문이었을 것입니다. 그래서 1997년 IMF 외환위기가 닥치기 이전까지 공적 복지를 늘리자는 주장에 동의하는 사람들은 많지 않았습니다. 참여연대 같은 시민단체가 국민 생활의 최저선을 국가가 보장해야 한다고 주장했지만, 정치권은 물론 국민도 이 문제에 무관심했습니다.

독재정권에 반대하며 열심히 싸웠던 진보적인 사람들도, 노동 탄압에 맞섰던 민주적 노동조합도 예외가 아니었습니다. 특히 노동조합은 자신의 사업장에서 임금과 수당과 같은 노동조건을 개선하는 투쟁에는 열심이었지만, 사회적 연대를 통해 공적 복지를 확대하는 데는 별 관심이 없었습니다. 답답한 상황은 진보적인 사람 중 상당수가 복지를 늘리면 자본가가 노동자를 착취하는 모순이 은폐되기 때문에 자본주의를 개혁하는 데 필요한 대중의 지지가 약해질 수 있다는 이유로 공적 복지 확대에 소극적이었다는 것입니다. 심지어 복지국가를 만들자고 주장하면 개량주의자라고 비난받을 정도였으니까요. 20세기 초 독일의 사회주의자들처럼 복지가 잘 갖추어지면 사람들이 불만을 갖지 않게 되니 자본주의 체제를 무너뜨리는 혁명이 어려워진다고 생각했겠지요. 지금도 노동운동 하시는 분 중에 소수는 여전히 그런 생각을 갖고 계실지도 모릅니다. 그 결기는 존중하지만, 참 안타까운 일입니다.

1997년에 발생한 IMF 외환위기는 이런 한국 사회에 엄청난 충격을 가했습니다. 열심히 일했던 평범한 시민이 경제위기가 닥치

이상한 성공

자 일자리를 잃고 빈곤층으로 추락하는 사태가 속출한 것입니다. 지금까지의 경험으로는 이해가 가지 않는 일이 일어난 것이었습니다. 1998년에는 IMF 외환위기의 충격으로 전년 대비 취업자가 무려 127만 6천 명이나 감소했습니다. 코로나19로 유례없는 경제위기에 직면했던 2020년 취업자가 전년 대비 21만 8천 명 감소한 것과 비교하면 1997년 IMF 외환위기의 충격이 얼마나 컸는지 실감할 수 있을 것입니다.[65] 외환위기 때 취업자 감소 규모가 코로나19 위기에 직면한 지금보다 다섯 배나 더 많았으니까요. 여하튼 한국 사람들은 외환위기 이후 처음으로 빈곤이 단순히 개인이 열심히 일한다고 벗어날 수 있는 위험이 아니라는 것을 깨닫기 시작했습니다.

해방 이후 처음으로 평화적으로 정권 교체가 이루어지면서 김대중 후보가 대통령이 되고 지금의 민주당이 여당이 되었습니다. 심각한 실업, 불평등, 빈곤 문제에 대응하기 위해 김대중 정부는 복지와 관련해 두 가지 핵심 정책을 추진합니다. 하나는 참여연대 같은 시민단체가 줄기차게 요구했던 시민권에 기초한 공공부조, 즉 국민기초생활보장제도를 도입한 것입니다. 일제가 1944년 조선구호령을 제정한 이래 55년 만에 근대적 공공부조를 제도화한 것입니다. 다른 하나는 국민연금, 건강보험, 고용보험 등 사회보험의 대상을 확대하는 정책을 추진합니다. 공공부조를 최후의 안전망으로 깔아 국민에게 최소한의 생활을 보장하고, 사회보험을 통해 사회적 위험에 직면한 국민의 삶을 안정적으로 보호하기 위한 조치였습니다. 복지국가 한국의 일대 전환이 이루어진 것입니다. 하지만 그때는 예상하지 못했던 것 같습니다. 사회보험의 보편성을 확대하다 보면 모든 국민을 사회보험으로 포괄할 수 있고, 그 대상이 되지 않는 빈곤층은 새롭게 도입한 공공부조인 국민기초생활보장제도로 대응한다는 구상이 현실에서는 제대로 작동하지 않았습니다.

여러 차례 이야기했지만, 사회보험은 안정적으로 사회보험료를 낼 수 있는 취업자를 전제로 설계된 사회보장제도였습니다. 그런데 1989년을 정점으로 한국 경제가 탈산업화 국면에 진입하면서 제조업 일자리의 비중이 감소하기 시작한 것입니다. 여기에 더해 외환위기가 한창인 1998년 2월 노조, 기업, 정부(노사정)는 노동시장 유연화에 합의합니다. 조숙한 탈산업화가 진행되는 상황에서 노동시장 유연화에 대한 노사정의 합의가 이루어지자 노동시장에서는 비정규직과 같은 불안정한 일자리가 급증했습니다. 더욱이 한국은 서구 복지국가들보다 자영업자의 비중이 매우 컸습니다. 1997년 당시 한국의 취업자 대비 자영업자의 비중은 36.8퍼센트로 전체 취업자의 3분의 1이 넘었습니다. 1997년 기준으로 일본의 자영업자 비중이 17.5퍼센트였고, 스웨덴이 10.8퍼센트, 미국이 8.2퍼센트에 비교하면 엄청난 차이였죠.[66]

이런 상황에서 김대중 정부가 사회보험을 중심으로 공적 사회보장제도를 확대하면서 사회보장제도에서도 안정적 일자리를 가진 사람과 그렇지 못한 사람들의 차이가 커진 것입니다. 한국 복지제도가 안정적 일자리에 있는 사람들을 더 잘 보호하는 역진적 선별주의 복지체제가 된 것이지요. 실제로 OECD 회원국과 한국을 비교해보면 큰 차이가 있다는 것을 발견할 수 있습니다. 정규직과 비정규직 노동자가 빈곤에 직면했을 때 사회보장제도의 빈곤 감소 효과를 보면 프랑스와 독일의 경우는 정규직보다 비정규직의 빈곤 감소 효과가 훨씬 큽니다. OECD 회원국 평균을 보아도 비정규직 노동자의 빈곤 감소 효과가 더 큰 것으로 나타납니다. 그런데 한국은 정반대의 상황이 전개됩니다. 고용 상태가 불안하고 임금수준이 낮은 비정규직보다 상대적으로 안정적인 고용과 임금을 보장받는 정규직에 대한 빈곤 감소 효과가 훨씬 크게 나타난 것이죠([그림 4-10] 참고).

청년들이 괜찮은 일자리에 진입하지 못하면 안정적 고용을 보장받지 못하고 적절한 소득도 얻을 수 없을 뿐만 아니라 사회적 위험에 직면했을 때도 공적 사회보장제도로부터 아무런 지원을 받을 수 없는 최악의 상황이 만들어진 것입니다. 공공부조가 사회보험을 대신해 최후의 안전망으로서 최소한의 생활을 보장해줄 수 있다면 다행입니다. 하지만 국민기초생활보장제도의 생계급여 대

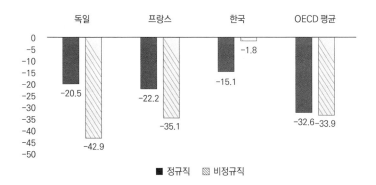

[그림 4-10] 고용 지위에 따른 조세와 공적 이전소득의 빈곤 감소 효과[67]

상자가 되기 위해서는 엄격한 자격 요건을 통과해야 하기 때문에 수급자가 된다는 것은 쉬운 일이 아닙니다. 복지부가 제공하는 모의계산 프로그램은 수급 신청자가 소유한 차량의 가액을 입력하면, 신청자의 실제 소득이 전혀 없어도 소득으로 간주되어 생계급여 대상자가 될 수 없습니다.[68] 즉, 10년 된 자동차의 가액을 입력해도 소득으로 잡히니 차를 팔아야만 대상자가 될 수 있는 것입니다. 이뿐만이 아닙니다. 기초생활보장제도는 근로 능력 유무를 따지기 때문에 대부분의 청년은 수급자가 될 수 없습니다. 그나마 다행인 것은 문재인 정부 들어서 가족의 부양의무를 강제하는 규정을 완화했다는 것입니다. 하지만 의료급여와 같은 중요한 급여는 여전히 가족의 부양 책임을 강제하고, 자녀의 소득이 높으면(대략 연 1억 원 이상) 자식과 따로 살고 있다고 해도 노부모는 수급자가 될 수 없습니다.


## ● 성공이 만든 신(新)신분사회 [69]

운 좋게 공적 사회보장제도의 대상이 되어도 안정적 삶을 보장받는 것도 아닙니다. 여러분이 5백만 원의 월급을 받다가 실직했다고 가정해봅시다. 여러분의 생활은 아마도 5백만 원이라는 수입에 맞추어져 있었을 것입니다. 하지만 실직 전 소득의 60퍼센트를 보존해준다는 고용보험에서 지급되는 최대 급여는 5백만 원의 60퍼센트인 3백만 원이 아니라 상한액인 일

이상한 성공

66,000원입니다. 주 5일, 4주로 계산한 월 지급액은 1,320,000원으로 실직 전 급여의 26.4퍼센트에 불과합니다. 고용보험만이 아닙니다. 2019년 기준으로 30년 이상 국민연금에 가입한 가입자의 월 수령액은 127만 원에 불과합니다. 20년 이상 가입자의 월 수령액은 93만 원에 그치고요.[70] 국민연금의 소득대체율은 계속 낮아져 2028년이 되면 40년 동안 하루도 빠지지 않고 국민연금 보험료를 납입했다는 것을 전제로 40퍼센트가 됩니다. 하지만 대부분이 40년을 채울 수 없기 때문에 실제 소득대체율은 20~30퍼센트에 불과합니다. 은퇴 전 생활수준을 유지하는 것은 불가능합니다. 몸이 아파 일을 할 수 없을 경우에 지급되는 상병수당은 아예 없습니다.

성장을 통해 소득을 높이고 불평등을 완화했던 짧았던 개발국가 복지체제의 경험은 신화가 되었고, 그 신화는 성공의 덫을 만들었습니다. 신화화된 개발국가 복지체제는 한국 사회를 성장제일주의, 낮은 세금, 공적 복지와 사적 자산 축적에서 나타나는 계층 간 불평등으로 대표되는 '역진적 선별성'이 강한 복지체제를 고착화시켰어요. 그러자 한국 사회는 서로 다른 세계에 살고 있는 4개의 신분으로 구분되는 '신(新)신분사회'로 분열되었습니다. 최상위에 있는 1등 국민은 안정적 고용과 높은 소득을 보장받는 계층으로 개발국가 복지체제의 가장 큰 수혜자들입니다. 낮은 세금과 사적 자산 축적에 우호적인 정부 정책으로 대규모 사적 자산을 축적한 계층입니다. 대부분이 공적 사회보험의 대상이지만, 이들의 생활수준을 보호하는 데 사회보험은 제한적인 역할만 합니다. 부동산과 금융자산이라는 사적 자산이 이들을 사회적 위험에서 지켜주는 안전망이지요.

두 번째 계급은 상대적으로 안정적 고용과 소득을 보장받는 계층입니다. 이 집단에게 공적 사회보험은 사회적 위험에 대응하는 중요한 수단입니다. 이 두 번째 계층도 사적 자산을 축적했어요. 하지만 이 집단은 사회적 위험에 대응할 정도로 충분한 사적 자산을 축적하지 못했기 때문에 공적 사회보장제도가 사회적 위험에 대응하는 중요한 제도가 된 것입니다. 중소기업의 정규직, 대기업에 다니지만 정년이 보장되지 않는 노동자, 중간 규모의 자영업자 등이 여기에 해당합니다. 세 번째 계급은 비정규직, 영세자영업자, 특수고용직 등 불안정 고용 상태에 있는 사람들입니다. 성별로 보면 여성이 다수를 차지하는 집단입니다. 이들은 정기적으로 기여금을 낼 수 없거나 임금노동자로 분류되지 않아 사회보험에서 배제된 사람들입니다. 이 세 번째 계급은 사회적 위험에 대응할 수 있는 사회보험도, 축적해둔 사적 자산도 없는데, 엄격한 수급조건으로 공공부조에서도 배제된 사람들입니다.

마지막으로 네 번째 계급은 공공부조의 엄격한 자격 요건을 운 좋게(?) 통과한 소수의 극빈층으로 국민기초생활보장제도의 수급자입니다. 엄격한 자산·소득 조사와 기준들을 통과한 노동능력이 없는 사람, 혼자서 자립할 수 없는 시민들입니다. 공공부조 수급자라는 낙인을 감수하고 살아가는 사람들입니다. 이렇게 개발국가 복지체제가 만들어놓은 성장 신화는 한국 사회를 사회적 위험에 대응하는 상이한 기제를 갖는 4개의 신분으로 분열시켰습니다. 분

이상한 성공

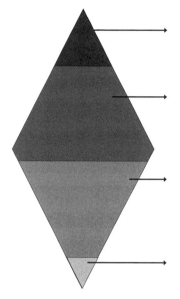

1등 국민, 안정적 고용과 높은 소득을 보장받는 최상층 계층으로 축적된 사적 자산이 사회적 위험에 대응하는 가장 중요한 수단인 계층
**사적자산〉〉사회보험**

2등 국민, 상대적으로 안정적 고용과 소득을 보장받지만 사적 자산만으로는 사회적 위험에 대응하기에 충분하지 않은 집단으로 사회보험이 사적으로 축적된 자산을 보완하는 계층
**사적자산+사회보험(공적 복지)**

3등 국민, 비정규직, 특수고용직, 영세자영업자 등으로 구성된 집단으로 절대다수가 사회보험에서 배제되어 있고 사적자산도 축적하지 못한 계층이지만, 충분히(?) 가난하지 않고 엄격한 수급 조건에 부합하지 못해 공공부조의 수급 대상이 될 수 없는 계층

4등 국민, 부양의무자 기준, 자산 기준, 근로 능력 여건 등 엄격한 수급 조건을 충족해 '자격 있는 빈자'로 되어 공공부조의 수급자가 된 3% 정도의 극소수 계층
**국민기초생활보장제도**

**[그림 4-11] 4개의 신분으로 나누어진 한국의 복지체제**

열된 사회에서 한국인들은 각자가 자신의 안위만을 위해 치열하게 경쟁하는 각자도생의 사회를 살아가고 있는 것입니다. 코로나19 팬데믹 상황에서 주식 투자의 광풍이 불고, 부동산 가격이 천정부지로 치솟는 이유는 그동안 경제위기에 대응한다는 이유로 시중에 풀린 엄청난 유동성 때문이겠지만, 결국 나와 내 가족의 안위는 내가 축적한 재산에 달려 있다는 개발국가 복지체제가 만든 현상이라고도 할 수 있습니다. 한국인은 모두가 열심히 살고 있는데 누구도 행복하지 않은 이상한 사회에서 살고 있는 것입니다. 답답한 일입니다.

## 실패하면 끝, 그래서 공무원?

　　이런 사회에서 누가 자신의 꿈을 실현하기 위해 도전할 수 있을까요? 실패하면 바닥이 보이지 않는 낭떠러지로 곤두박질치는 사회에서 누가 새로운 도전을 할 수 있을까요? 불가능합니다. 청년들이 공무원, 공기업, 대기업에 취업하기 위해 죽을 힘을 다하는 것이 합리적인 행동처럼 보이는 이유입니다. 2019년 통계청이 조사한 자료에 따르면 13세부터 29세까지 청년들이 선호하는 직장을 보면 공무원 22.8퍼센트, 공기업 27.7퍼센트, 대기업 17.4퍼센트 순이었습니다.[71] 국제적인 비교를 통해 한국의 심각성을 확인할 필요가 있지만, 한국의 청년들은 좀 과하다 싶을 정도로 안정적 직장에 집착하는 것처럼 보입니다. 실제로 공무원시험을 준비하는 공시생의 규모가 20~29세 청년의 6.8퍼센트에 해당하는 44만 명에 이른다고 합니다.[72] 엄청난 규모입니다.

　　청년들은 무엇이 두려워 이렇게 안정적인 일자리에 과도하게 집착하는 것일까요? 한 설문조사에 따르면 19~29세 청년들이 창의적인 일에 도전하는 것을 두려워하는 가장 큰 이유는 실패에 대한 두려움이 26.8퍼센트로 가장 컸습니다. 그 뒤로 경제적 여력이 충분하지 않다고 응답한 경우가 24.7퍼센트였습니다. 실패에 대한 두려움과 경제적 어려움으로 창의적인 일에 도전하는 것이 어렵다는 응답이 절반이 넘는 51.5퍼센트에 달한 것입니다.[73] 성장을 통해 불평등과 빈곤에 대응했던 한국 사회의 성장제일주의가 만들어 놓은 취약한 복지국가가 청년들로 하여금 안정적 일자리에 집착하

　　　　　　　　　　　　　　　이상한 성공

게 만든 것입니다. 불행한 일은 청년의 67.9퍼센트가 안정적 직장을 선호하지만,[74] 그 안정적 일자리에 취업할 수 있는 청년은 10퍼센트밖에 되지 않는다는 것입니다. 한국 경제가 제조 영역에 갇혀 창의적인 도전이 요구되는 스마일 커브의 양쪽 끝으로 나아가지 못하는 이유입니다. 청년들의 도전 정신이 사라지고 안정적인 삶만 추구하는 사회에서 구글, 페이스북, 아마존, 애플 등과 같은 새로운 혁신기업은 탄생할 수 없습니다. 가장 창의적이고 도전적이어야 할 청년들이 공무원시험에 몰두하고 있는 모습은 한국의 놀라운 성장이 만들어낸 덫을 상상하지 않고는 설명할 수 없습니다.

## 내로남불

　　제조업에서 감소된 일자리만큼 서비스 분야에서 대신하면 좋았겠지만 쉬운 일이 아니었습니다. 회계, 금융, 보험, 연구개발 등 생산자서비스는 제조업 생산과정에 중간재로 투입되어 경제 전반의 생산성을 높이는 역할을 합니다. 하지만 한국에서 생산자서비스의 대부분은 재벌 대기업이 일감 몰아주기와 같은 내부거래로 성장하는 기형적인 구조로 만들어져 있습니다. 한국의 생산자서비스는 혁신보다는 재벌 대기업의 독점적인 지대 수익을 추구하는 내부시장인 것입니다.[75] 앞에서 언급했던 것처럼 마케팅, 광고, 물류 등 부가가치가 높은 생산자서비스의 대부분을 영국, 프랑스, 미국, 독일, 일본 등 전통적인 선진국이 주도하고 있는 이유입니다.

사회서비스 영역에서라도 괜찮은 일자리를 늘리면 좋겠지만, 대부분의 돌봄 서비스는 부가가치가 낮은 것으로 평가되어 불안정한 저임금 일자리로만 만들어지고 있습니다. 결국 대안은 공공부문에서 괜찮은 사회서비스 일자리를 늘리는 것입니다. 문재인 정부는 공공부문에서 81만 개의 일자리를 만들겠다고 공약했습니다. 하지만 실제 만들어진 일자리 대부분은 요양보호사, 간병인 등 저임금의 불안정한 일자리였습니다.

2020년 기준으로 공무원연금법 적용을 받는 국가 일반직 공무원의 신규 채용 인원은 12,551명이었습니다.[76] 여기에 경찰, 소방, 교육 관련 업무를 담당하는 특정직과 지방직 공무원을 더하면 신규 채용된 공무원의 규모는 더 늘어납니다. 퇴직자 수를 고려하지 않고, 단순히 신규로 임용된 공무원의 숫자를 보면 2019년 57,954명(국가직 33,516명, 지방직 24,438명)입니다. 1997년 이래 문재인 정부가 가장 많은 공무원을 채용한 것은 분명합니다([그림 4-12]). 하지만 한국의 공공부문 고용 비중은 2019년 기준으로 취업자의 8.1퍼센트로 여전히 OECD 회원국 평균인 17.9퍼센트에 한참 못 미치는 수준입니다.[77] 그렇다고 공무원을 늘리는 일도 쉽지 않습니다. 문재인 정부가 공무원을 늘리려고 하자 국민 대다수가 반대했습니다. 국민은 공무원이 하는 일 없이 세금만 축내는 철밥통이라고 생각하니까요. 물론 정말 하는 일 없는 무능한 공무원도 많을 것입니다. 하지만 한국의 성공적인 경제성장에는 뛰어난 역량을 갖춘 공무원이 중요한 역할을 했다는 사실도 잊지 말아야 합니다.[78]

이상한 성공

더 심한 자기분열적 모순도 있습니다. 청년을 자녀로 둔 많은 부모는 자녀가 안정적인 공무원이 되기를 소망합니다. 그런데 그 부모 다수는 국가가 공무원을 늘리는 일에 반대합니다. 내 자식이 공무원이 되는 것은 괜찮다면서 공무원 증원에 반대한다면, '내로남불(내가 하면 로맨스, 남이 하면 불륜)'이라고 할 수밖에 없을 것 같군요. 하지만 곰곰이 생각해보면 국민이 한 입으로 두 말하는 이유도 있는 것 같습니다. 한국인은 한국의 놀라운 성공을 다른 사람과 연대하고 협력한 결과가 아니라 내가 열심히 일한 결과라고 믿기 때문입니다. 그러니 내 세금으로 임금이 지급되는 공무원을 늘리는 것에 동의할 수 없는 것입니다. 공무원을 늘린다는 것은 그만큼 세금을 더 내야 한다고 믿으니까요. 반면 지금처럼 노동시장이 불안정한 상황에서 정년이 보장되는 공무원만큼 안전한 직장이 없으니 자녀들이 공무원이 되는 것을 선호할 수밖에 없지요. 경제성장으

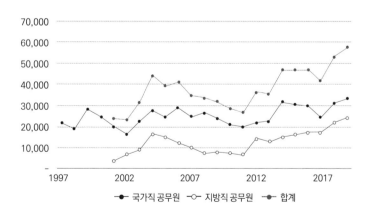

[그림 4-12] 1997~2019년 국가직 및 지방직 공무원 신규 채용 인원[79]

로 생활의 필요를 충족했던 개발국가 복지체제의 오랜 경험이 공무원을 둘러싼 한국인의 내로남불과 같은 성공의 덫을 만든 것입니다.

성장을 통해 사회적 위험에 대응했던 한국 사회는 성장이 멈추자 모두가 제 살길을 찾기에 바쁜 각자도생의 사회가 되었습니다. 자신과 가족의 안전을 시장에 의존해야 하는 사회, 실패해도 다시 일어설 수 없는 사회에서 창의적인 도전을 하는 사람은 점점 소수가 됩니다. 그러니 한국 사회에 비판적인 부모들조차 자녀를 10퍼센트의 괜찮은 일자리에 취업시키기 위해 수단과 방법을 가리지 않는 것입니다. 세상이 이렇게 돌아가자 청년들이 괜찮은 일자리에 취업하는 일도 부모의 사회적 지위에 따라 결정되는 불공정한 경쟁이 판을 치는 사회가 되고 말았습니다. 우리 청년들이 직면한 불평등의 본질은 괜찮은 일자리가 감소하면서 고도 성장기에 학벌 좋고 성공한 소수의 기성세대가 자신과 유사한 사회경제적 지위를 자녀에게 물려주기 위해 불공정 경쟁을 하기 때문입니다.[80] 놀라운 성공이 신화가 되어 부와 사회적 지위가 세습되는 사회, 성공의 덫이 만들어진 것입니다. 성공이 신화가 될수록 청년 대부분은 죽을 힘을 다해 노력해도 안정적 일자리를 얻기가 점점 더 어려워지는 것입니다.

이상한 성공

# 나를 대표하지 못하는 민주주의

어떻게 이 난국을 헤쳐 나갈 수 있을까요? 코로나19 팬데믹이 1차 유행으로 끝나지 않고 2, 3, 4차 유행으로 계속되면서 평범한 사람들의 삶은 정말 무섭게 무너져갔습니다. 그런데 정치권의 관심은 온통 검찰 개혁과 같은 사법 권력에 쏠려 있었습니다. 검찰 개혁을 둘러싸고 윤석열 전 검찰총장이 추미애 전 법무부장관에 맞서면서 마치 신데렐라처럼 야권의 유력 대선주자들을 제치고 단번에 범야권의 가장 강력한 대선주자로 떠올랐습니다. 반대로 문재인 대통령의 지지율은 점점 더 낮아졌습니다. 1987년 민주화 이후 역대 대통령처럼 임기 말의 낮은 지지율이 반복되는 것처럼 보입니다. 물론 역대 대통령의 직무수행에 대한 지지율을 비교해보면 문재인 대통령의 지지율은 여전히 높은 편입니다. 하지만 지지율이 떨어지는 경향은 유사하게 나타나고 있습니다([그림 4-13] 참고). 이상한 일은 국민이 검찰 개혁에 반대한 것도 아닌데 대통령의 지지율이 낮아졌다는 것입니다. 2020년 12월에 〈한겨레〉가 발표한 자료에 따르면 검찰 개혁에 국민의 59퍼센트가 공감하고 있었습니다.[81] 그런데 왜 검찰 개혁을 밀어붙이는 대통령과 여당의 지지율이 낮아진 것일까요?

다양한 원인이 있겠지만, 문제의 근원은 국민의 이해를 대표하지 못하는 정치에 있다고 생각합니다. 저는 이러한 현상이 반복되는 이유가 한국의 정당이 국민이 직면한 삶의 문제에 대응하지 않기 때문이라고 생각합니다. 상상해보세요. 만약 민주당이 평범하

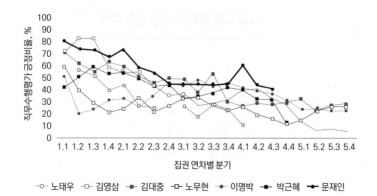

**[그림 4-13] 1987년 민주화 이후 분기별 대통령 직무수행 평가[82]**

게 일하는 사람들의 이해를 대변하는 정당이었다면, 코로나19 팬데믹으로 노동자들이 직면한 실직과 소득 상실의 위험에 대응하는 정책을 제안하고 야당과 여론을 설득하는 정치를 했을 것입니다. 국민의힘도 마찬가지였을 것입니다. 국민의힘이 기업의 이해를 대변하는 진정한 보수정당이었다면, 코로나19 팬데믹으로 어려움에 처한 기업들을 위한 지원책을 정부 여당에 요구하고 입법화하는 데 힘썼을 것입니다.

거대한 자유주의-보수 양당에 눌려 국민의 주목을 거의 받지 못했지만, 한국의 사민당이라고 할 수 있는 정의당을 보면 한국의 정당 구조가 국민의 삶을 중심으로 경쟁할 때 어떤 정치가 가능한지를 보여주는 것 같습니다. 정의당은 코로나19 팬데믹으로 무너지는 민생에 대응하기 위한 '보편증세,''재난연대세' 도입을 요구했습니다. 민주노총을 찾아가 모두가 세금을 더 내 튼튼한 복지국가를 만들자고 제안했습니다.[83] 그리고 여기서 한발 더 나아가 정의

이상한 성공

당은 앞으로 2년간 한시적으로 전년보다 소득 또는 영업이익이 큰 폭으로 늘어난 개인과 기업에 5퍼센트의 세금을 더 부과해 위기에 처한 실직자와 폐업자를 지원하자는 제안을 했습니다. 사실 재난 연대세는 시장의 역할을 강조하는 IMF의 크리스탈리나 게오르기에바 총재, 유럽연합의 파올로 젠틸리니 경제·과세 집행위원이 제안한 내용이라 딱히 급진적이라고도 할 수 없는 제안입니다.[84] 하지만 한국에서는 이런 주장을 하는 정치세력이 정의당과 같은 군소정당들 말고는 없었습니다. 한국 정치가 국민의 삶과 관련된 사회경제적 갈등이 정치의 중심이 되고, 그 갈등을 바라보는 입장에 따라 정당이 나눠졌다면, 민생을 제쳐두고 검찰 개혁에 몰두하지는 않았을 것입니다. 사실 국민의 사회경제적 이해를 대변하는 정당이 있어도 국민이 그 정당을 지지할지는 잘 모르겠습니다. 정의당이 대변하려는 노동자와 취약계층도 정의당보다는 두 거대 양당을 지지했으니까요. [그림 4-14]를 보면 진보정당이 얻은 가장 높은 득표율은 2004년 총선에서 민주노동당(현재 정의당)이 얻은

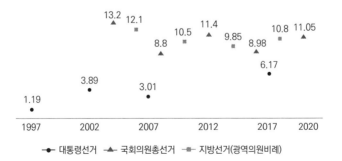

[그림 4-14] 민주화 이후 전국 규모 선거에서 진보정당의 득표율[85]

13.2퍼센트였습니다. 대통령 선거에서는 지난 2017년 대선에서 심상정 정의당 후보가 얻은 6.17퍼센트가 최고 기록이었습니다.


## ● 반공주의, 또 하나의 덫

왜 그럴까요? 한국인이 삶의 문제에 무관심하기 때문일까요? 아니면 한국인은 타고날 때부터 진보적인 생각을 싫어하는 유전자를 갖고 태어났기 때문일까요? 1장에서도 이야기했지만, DNA 문제가 아니라면 결국 한국 사회가 그렇게 행동하도록 제도화한 것입니다. 가난한 사람들도 자신의 이해에 반해 부자들의 이해를 대변하는 정당을 지지하도록 말이죠. 무서운 일입니다. 역사적으로 보면 일제강점기까지 거슬러 올라가야 할 것 같습니다. 3·1 독립운동으로 분출된 조선인들의 독립에 대한 열망에 놀란 일제는 문화통치라는 이름으로 지배 전략을 전환합니다. 그리고 일제는 3·1 독립운동에 참여했던 민족주의 우파와 같은 조선의 구지배층을 포섭하는 정책을 시행하죠. 일제는 경제적으로는 토지조사사업으로 지주들의 소유권을 공고히 하고, 산미증식계획을 실행하면서 조선인 지주들이 부를 축적할 수 있는 유리한 조건을 만들었습니다. 이 과정에서 민족주의 우파 세력이 독립운동 대열에서 이탈하자 민족주의 좌파와 사회주의 계열이 독립운동의 중심이 됩니다. 좌파가 일제에 협력하지 않고 독립운동을 이어가니[86] 일제에 협력했던 조선인 지배층에게 사회주의 세력은 눈엣가시였을 것입니다. 고려대학교와 〈동아일보〉의 설립자인 김성수, 김연수 형제가 주인인 경성방직(당시 조선인이 운영하던 가장 큰 기업)은 1931년 5월 노동자들이 노동조건을 개선하기 위해 파업하자 일제 경찰과 손잡고 파업이 공산주의자들의 소행이라고 비난할 정도였습니다. 결국 경성방직 노동자 파업은 공산주의자들의 선동이라는 누명을 쓰고 일제 경찰에 의해 3일 만에 폭력적으로 진압됩니다.[87]

일제에 적극적으로 협력했던 친일 조선인 지배층이 독립운동을 지속했던 좌파에게 품었던 열등감과 증오는 해방 이후 미군정 시기에 폭발적으로 분출됩니다. 〈동아일보〉의 오보로 시작된 신탁통치 논란은 반탁운동을 주도한 친일 지주 세력이었던 조선인 지배층을 민족주의, 반공주의 세력으로 탈바꿈시켰습니다. 또한 친일 세력은 일제의 탄압에 맞서 변절하지 않고 독립운동을 이끌었던 좌파 세력을 매국 세력, 공산주의자로 매도합니다.[88] 좌파와 우파의 대역전이 시작된 것입니다. 하지만 당시만 해도 사람들의 마음은 여전히 좌파에게 있었습니다. 수십 년 동안 일제에 빌붙어 조선인을 탄압하고 부귀를 누린 친일 지주 세력을 좋아할 조선인은 없었기 때문이죠.

조선인의 마음은 해방 후 1년여가 지난 1946년 8월 미군정이 실시한 흥미로운 여론조사를 보면 짐작이 됩니다. 미군정은 조선인들이 어떤 경제체제와 정치체제를 선호하는지 조사했어요. 결과는 미군정의 우려를 증명이나 하듯 조선인의 70퍼센트가 사회주의 체제를 지지했습니다. 자본주의를 지지한 비율은 고작 17퍼센트에 불과했습니다. 일제가 독립운동을 '빨갱이'라고 탄압하고 조선인 자본가 대부분이 친일파였다는 사실을 생각하면 자연스러운 결과였을 것입니다. 물론 그렇다고 사람들이 공산주의를 지지했던 것도 아닙니다. 공산주의 지지는 7퍼센트에 불과했으니까요. 당시 조선인들은 사회주의와 공산주의를 다른 이념으로 보았던 것입니다. 선호하는 정치체제를 보면 85퍼센트가 대중정치, 즉 민주주의를 지지해 공산주의자들이 주장하는 계급독재(프롤레타리아독재 3퍼센트)를 압도했습니다([그림 4-15] 참고).[89] 정확히 알 수는 없지만, 해방 후 사람들은 독립된 나라가 정치적으로는 민주주의 체제로, 경제적으로는 사회주의를 추구하는 사회민주주의 사회가 되길 소망했던 것 같습니다.

아마 미군정의 고민이 깊어졌을 것입니다. 미군정의 임무는 소련의 남하를 저지하는 것인데 남쪽 조선인들이 사회주의를 지지하니 난감했을 것입니다. 이렇게 보면 미군정이 친일 지주 세력과 손잡은 것은 어쩌면 자연스러운 일이었을 것입니다. 좌파에게 열등

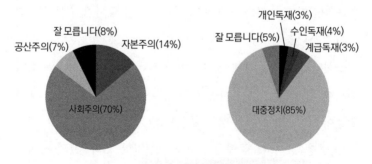

[그림 4-15] 1946년 미군정청 여론국의 조사 결과[90]

이상한 성공

감과 증오를 갖고 있었던 친일 지주 세력과 미군정의 이해가 맞아떨어지면서, 미군정은 남한에서 독립운동을 이끌었던 좌파 세력을 배제하고 한국을 우파가 지배하는 세상으로 만들어버립니다. 결국 우파를 중심으로 1948년 8월 15일 남한만의 단독정부가 수립됩니다. 그리고 몇 년 후인 1950년 6월 25일 한국전쟁이 발발하면서 한국 정치는 완전히 우파만의 세상으로 고착화됩니다. 해방 후 남쪽의 모습은 친일파가 사라진 해방된 조국을 소망했던 사람들의 꿈과는 너무나 다른 모습이었을 것입니다.

남한만의 단독정부가 수립되었다는 것은 한국 사회에서 반공주의가 지배 이념이 되었다는 것을 의미했어요. 이런 상황에서 한국전쟁을 거치고 박정희 소장이 군사쿠데타로 권력을 찬탈하면서 반공주의는 그야말로 헌법을 뛰어넘는 한국 사회의 지배 이념으로 등장합니다. 산업화를 추동하는 동력도 반공주의에 근거했을 정도였으니까요. 박정희 군사정권은 경제개발의 목적이 "북한 사회주의 체제와의 경쟁에서 승리하기 위한 프로젝트"라는 점을 분명히 했습니다.[91] 이승만 권위주의 정권의 반공주의가 박정희 권위주의 정권에서 반공개발주의로 진화한 것입니다. 그때부터 산업화와 근대화는 반공개발주의와 동의어가 되었습니다. 좌파와 북한에 우호적인 것은 조국 근대화와 산업화에 반하는 적으로 간주되었습니다. 물론 반공주의와 개발국가의 결합이 한국만의 고유한 특성은 아닙니다. 양차 세계대전 이전에 국가 주도로 산업화를 추진했던 독일과 일본도 반공주의와 개발국가를 결합시킨 근대화의 길을 걸었습니다.[92] 하지만 한국처럼 좌파에 폭압적 탄압을 자행한 사례는 그 유례가 없었습니다. 한국 사회에서는 자본주의를 전제한 사민주의조차 북한과 동일시되었고, 좌파가 북한과 동일시될수록 북한의 실패와 한국의 성공은 더 분명한 대비를 이루었습니다.

일제 강점에서 같은 날 해방된 한국과 북한의 극명한 대비는 국내외적으로 사회주의에 대한 자본주의의 우월성을 입증하는 사례처럼 인식되었습니다.[93] 한국의 성공이 북한과 대비되면서, 한국의 성공은 시장의 우월성을 입증하는 증거가 된 것입니다. 그러니 진보정당이 아무리 기를 쓰고 노력해도 국민의 지지를 받기가 어려웠던 것입니다. 노동운동도 좌파와 같은 운명이었습니다. 일제강점기, 미군정, 권위주의 반공개발국가를 거치면서 노동운동도 공산주의와 동일시되었기 때문에 노동자의 정당한 요구조차 사회주의적 발상으로 취급되기 일쑤였던 것입니다. 이뿐만이 아닙니다. 한국 사회가 이룬 성과를 조금이라도 공정하게 나누려고 하면, 곧바로 사회주의적 발상이라는 보수언론의 비판에 직면했습니다. 대기업과 중소기업의 격차가 심각해지자 이명박 정부의 정운찬 동반성장위원장은 2011년 초 재벌 대기업이 번 초과이익을 중소기업과 공유할 필요가 있다는 '초과이익공유제'를 주장합니다. 그러자 지금은 고인이 된 이건희 전 삼성그룹 회장은 "누가 만들어낸 말인지 사회주의국가에서 쓰는 말인지, 공산주의국가에서 쓰는 말인지 모르겠다"고 초과이익공유제를 공산주의적 발상이라고 비판합니다.[94]

이런 반공주의 프레임은 지금도 계속되고 있습니다. 2021년 1월 여당인 민주당의 이낙연 전 대표는 코로나19 팬데믹으로 특수를 누리는 플랫폼, 아이티(IT), 은행과 같은 업종이 코로나19로 피해를 보는 업종과 이익을 공유할 필요가 있다는 이익공유제를 주장합니다. 그러자 이번에도 국민의힘 배준영 대변인이 공식 논평에서 "사회주의를 연상케 하는 반시장적 발상"이라고 반공 프레임을 씌워 비판합니다.[95] 공정한 분배를 이야기하는 순간 모든 것이 사회주의로 치부되면서 힘을 잃는 이상한 일들이 벌어지고 있는 것입니다. 어처구니없는 비판입니다. 이익공유제는 20세기 초부터 미국, 영국, 호주, 네덜란드 등 선진 자본주의국가들이 시행하는 제도인데, 한국 사회에서는 공정한 분배를 이야기하면 이내 사회주의라는 비판으로 이어지는 것입니다. 반공개발국가의 엄청난 성공이 한국 사회에서 공정하게 이익을 배분하자는 주장조차 사회주의 발상이라며 발을 붙일 수 없는 상황을 만든 것입니다. 불행한 일입니다.


● **누구를 위한 민주화였나?**

　　1장에선 한국 민주화의 이면을 이야기했는데, 여기서는 한국 민주주의가 왜 그런 어두운 면을 갖게 되었는지를 이야기해야 할 것 같습니다. 한국의 민주화는 놀라운 한국 사회 성공의 또 다른 덫입니다. 한국은 1948년 8월 한반도 남단에 단독정부가 수립된 후부터 1987년 민주화가 이루어지기까지 무려 40여 년에 가까운 시간을 권위주의체제에서 보냈기 때문에 1987년 민주화 이후 민주주의가 지속되고 공고화되었다는 것은 경제적 성공만큼 놀라운 일입니다. 물론 민주주의가 공고화되는 과정은 순탄하지 않습니다. 우리 모두가 잘 알고 있듯 한국의 민주주의는 1960년 4·19 혁명으로 꽃을 피울 것 같았지만, 이내 박정희 소장의 군사쿠데타로 시들었습니다. 박정희 유신독재가 무너졌을 때 한국 사회는 다시 한 번 민주화의 문을 열었지만, 이 또한 광주를 짓밟은 전두환의 군사쿠데타로 무참히 유린된 경험이 있습니다. 그리고 1987년 6월 한국인은 마침내 40여 년의 권위주의 통치를 끊고 민주주의의 길에 들어선 것입니다. 놀라운 일입니다.

2021년 새해 벽두부터 미얀마에서 군부가 쿠데타를 일으켜 민주주의를 전복시켰다는 소식이 전해졌습니다. 태국에서는 청년들과 시민들이 권위주의체제를 옹호하는 군부와 왕실에 대항해 민주화운동을 지금도 계속하고 있습니다. 아시아에서 가장 민주적이었던 필리핀은 권위주의체제로 되돌아가고 있는 것 같습니다. 이처럼 개발도상국에서 군부독재를 종식시키고 민주화를 이뤄냈다는 것은 결코 쉬운 일이 아닙니다. 한국은 그 어려운 일을 경제성장과 함께 해낸 것입니다. 그것도 그냥 평범한 성취가 아니라 민주화를 시작한 지 30년 만에 한국은 아시아 최고의 민주주의사회가 되었습니다. 그런데 이상한 일이 벌어졌습니다. 민주화 이후 한국 사회는 한국인들이 꿈꾸었던 사회와는 점점 더 거리가 멀어지는 것 같았습니다. 사회는 점점 더 민주적으로 변화하고 있는 것 같은데, 역설적이게도 불평등과 격차가 점점 더 심각해졌으니까요. 많은 사람이 경제발전은 민주주의를 이끌고, 민주주의는 복지국가를 이끌

이상한 성공

어 보다 더 평등한 사회를 만든다고 이야기했습니다. 하지만 이상하게도 한국에서는 민주화 이후 불평등이 증가하고 사회경제적 지위가 세습되는 일들이 벌어진 것이죠. 청년들은 한국 사회를 자신의 노력보다 부모 찬스가 더 중요한 '헬조선'이라고 불렀습니다.

왜 한국의 민주주의는 불평등을 완화하고 더 평등한 세상을 만들지 못했을까요? 앞서 이야기한 수많은 성공의 덫도 민주주의만 제대로 작동한다면 조금 더 수월하게 문제를 풀 수도 있을 것입니다. 그런데 왜 우리는 성공의 덫에 갇혀 점점 더 수렁에 빠지고 있는 것처럼 느끼는 것일까요? 답은 한국 민주화의 특성과 관련 있을지도 모릅니다. 한국의 민주화는 권위주의 세력을 몰아내고 이룬 민주화가 아니었기 때문입니다. 1987년 민주화는 1980년 5월 광주에서 수많은 시민을 학살하고 쿠데타로 집권한 세력과 이에 소극적으로 대항했던 보수 야당인 신한민주당(지금의 더불어민주당과 국민의힘에 있는 김영삼계 정치세력) 간에 타협으로 이루어졌습니다.[96] 일부 언론에서는 지금의 민주당을 진보정당이라고 부르지만, 민주당의 역사를 보면 북서유럽의 사민당과 같은 진보정당이라고 보기는 어렵습니다. 저는 민주당을 미국의 민주당과 유사한 자유주의(리버럴) 정당이라고 생각합니다. 여하튼 민주화 이전에 민주당을 보수 야당이라고 불렀던 이유는 민주당의 뿌리가 해방 직후 친일 지주들이 만든 한국민주당(한민당)에 기원하기 때문입니다.

민주당 계열의 정당이 친일 정당의 색깔을 탈색한 계기는 1954년 5·20 선거에서 민주국민당(구 한민당)이 이승만의 자유당에 대패하자 이승만에 반대하는 세력을 결집시키기 위해 민주당 신파로 불리는 흥사단계, 자유당을 탈당한 정치인, 무소속 등을 합류시켜 새로운 민주당(1955년)을 창당하고 난 이후였습니다.[97] 하지만 주류는 여전히 친일 지주로 구성된 한민당 계열의 민주당 구파였습니다. 이후 구파와 신파는 몇 차례 분열하고 다시 통합하는 과정을 반복합니다. 그러다가 1987년 민주화 과정에서 신한민주당에서 탈당한 김영삼과 김대중을 중심으로 통일민주당이 창당되었지만, 12월 대통령 선거를 앞두고 김대중이 탈당해 평화민주당을 만들면서 구파와 신파는 다시 갈라섭니다. 그리고 1990년 초 김영삼의 통일민주당(민주당 구파)이 전두환 군사쿠데타 세력의 정당인 민정당과 합당해 민자당(현 국민의힘)을 창당하면서 지금의 민주당은 비로소 친일 지주 정당에서 벗어날 수 있었던 것입니다. 이렇게 보면 권위주의 세력과 보수 야당인 민주당 간에 이념적 차이가 다소 있기는 했지만, 서구의 진보정당과 보수정당처럼 큰 차이가 있다고 보기는 어려울 것 같습니다. 1987년 민주화 이후 정권이 바뀌어도 재벌 대기업을 중심으로 한 성장 정책이 유지되었던 것도 이러한 이유 때문인지도 모릅니다.

여하튼 1987년 한국의 민주화는 이렇게 권위주의 세력과 보수 야당의 거래를 통해 이루어지면서 1987년 이후 민주화 과정에서 민주화운동을 주도했던 학생, 재야, 노동자, 농민이 배제됩니다. 1987년 민주화 과정에서 만들어진 헌법, 권력구조, 선거제도가 새로운 정치세력의 등장을 어렵게 만들었던 이유입니다. 다수 득표자가 승리하는 소선거구제, 결선투표 없이 다수 득표자가 승리하는 대통령 선거는 권위주의 세력과 보수 야당의 기득권을 민주화운동을 주도했던 세력으로부터 지켜내는 핵심적인 제도였습니다. 선거구에서 다수를 득표한 한 명만 선출하는 소선거구제는 새롭게 제도권에 진입하려는 정당에 매우 불리한 제도입니다.[98] 생각해보세요. 지난 2020년 4월 선거에서 정의당은 9.7퍼센트의 정당 득표율을 기록했습니다. 국회 의석이 3백 석이니 정당 득표율로 따지면 정의당은 적어도 29~30석을 확보해야 합니다. 하지만 정의당의 실제 의석수는 6석이고, 그나마 소선거구제로 치러지는 지역구에서는 심상정 후보만이 유일하게 당선되었습니다. 한국만이 아닙니다. 외국의 사례를 보아도 다수 득표자가 승리하는 소선거구제에는 새로운 정당이 성장하는 사례가 거의 없었습니다. 선거 전에 여론조사의 공표를 금지하는 조항도 권위주의 세력이 김대중과 김영삼 중심의 야당 세력을 분열시키기 위한 정책이었습니다. 논란의 여지가 있지만, 전두환이 민주화 과정에서 헌법재판소 설치를 헌법에 집어넣은 이유도 민주화 이후 급진적 개혁을 방지하기 위한 조처였다는 주장도 있습니다. 민주화 이후 개혁 세력이 의회에서 다수가 되었을 때 추진할 수 있는 개혁 입법을 헌법에 위배된다는 판결로 막을 수 있는 최후의 보루로서 헌법재판소를 만들어둔 것이지요. 보수 야당으로 불렸던 민주당이 헌법재판소의 제도화를 반대하지 않았던 이유였을 것입니다.

사회경제적 이해가 크게 다르지 않았던 권위주의 세력과 보수 야당이 민주화운동 세력을 배제하고 진행한 민주화가 분배 문제를 제대로 다룰 가능성은 거의 없었을 것입니다. 이상한 일은 민주화를 주도했던 재야, 학생, 노동자같이 사회변혁을 꿈꾸었던 사람들도 복지라는 분배 문제에 무관심했다는 것입니다. 이들에게 민주화는 자본주의를 대신하는 새로운 세상을 만드는 계기로서 중요했을 뿐이지 공정한 분배를 이루겠다는 구체적 비전은 보이지 않았습니다. 새로운 사회를 만들기 위해서는 자본주의의 모순이 심화되어야 하는데, 복지는 그 모순을 완화하는 개량적 도구로 생각했을지도 모릅니다. 실제로 분배 문제는 민주화 과정에서 거의 논의되지 않았습니다.

민주화가 이렇게 진행되면서 한국의 민주화는 민주주의를 공정한 분배를 실현하는 사회적 민주화로 확장하는 데 실패합니다.[99] 분배 문제가 정치에서 사라지자 민주화 이후에 정당들은 특정 지역을 대표하게 되었습니다. 김대중의 평화민주당은 호남 지역, 김영삼의 통일민주당은 부산과 경남 지역, 노태우의 민정당은 대구와 경북 지역, 김종필의 신민주공화당은 충청 지역을 대표하는 정당으로 탄생합니다. 그리고 그다음 이야기는 우리가 잘 알고 있듯 영호남으로 대표되는 지역갈등이 한국 사회의 주요 갈등으로 등장합니다.[100] 같은 지역이라고 해도 월급쟁이 노동자, 농민, 영세자영업자, 재벌 대기업 총수라는 서로 다른 이해를 가진 사람들이 살고 있는데, 이들 모두가 지역이라는 이름으로 단일한 이해를 가진 사람들이 되어버린 것입니다. 말도 안 되는 일이 벌어진 것이죠. 그러니 부자와 빈자 간의 분배 문제를 다루는 복지가 중요한 쟁점이 될 가능성은 거의 없었던 것입니다.

복지 문제가 중요한 정치적 의제로 등장하기 시작한 것은 민주화 이후 10년이 지난 1997년 IMF 외환위기 이후였습니다. 하지만 그때도 사람들의 관심사는 경제를 예전처럼 회복시키는 것이었지, 분배는 여전히 중요한 관심사가 아니었습니다. 복지는 항상 성장 다음이었습니다. 권위주의 세력과 보수 야당 간에 타협으로 이루어진 민주화는 민주주의가 저절로 시민의 삶을 개선하지 않는다는 것을 확인해준 것이었습니다.[101] 그런데 민주주의가 계속 시민의 안정적인 삶을 보장하지 못하고 심각한 불평등과 빈곤을 방치한다면, 우리가 그런 사회를 민주주의사회라고 부를 수 있는지 의문이 듭니다. 시민의 안정적 삶을 보장하는 복지국가를 만들려면 지역을 대표하는 보수정당들 간의 경쟁이 아닌 시민의 다양한 이해관계를 대변하는 정당들이 만들어지고, 그 정당들이 경쟁하고 타협하는 민주주의가 필요한 것입니다.


## 여성, 의지에 반하여

　　　　놀라운 성공은 평등한 분배를 어렵게 만든 것은 물론 모든 사람을 동등한 권리를 가진 시민으로 대하는 당연한 일도 어렵게 만들었습니다. 한국 사회에서는 이용 가능한 모든 것이 성장을 위한 도구로 간주되었으니까요. 사회적으로 존경받고 더 나은 사회를 만들기 위해 헌신했던 기성세대의 남성들이 왜 동료 시민인 여성들을 동등한 시민으로 받아들이지 않는 것일까요. 숨 쉴 수 없는 무게로 한국 사회를 짓누르고 있던 또 다른 성공의 덫, 성불평등이 그 모습을 드러냈습니다. 가해자와 피해자가 정해진 것도 아니라는 말은 지금 한국 사회에서 살아가는 우리 모두의 현실을 그대로 보여주는 것 같았습니다. 이 글을 쓰는 저 또한 그 굴레에서 자유롭지 않은 것 같습니다. 한국이 '선진국'이 된다는 것이 도대체 무슨 의미인지를 되묻지 않을 수 없었습니다.

남성 지배 국가는 필요에 따라 여성을 철저히 대상화하고 수단화했습니다. 한국 산업화의 성공적인 이야기는 '여성의 의지에 반해' 여성을 일회적 소모품처럼 저임금 노동에 갈아넣으면서 시작했기 때문입니다. 자원과 기술이 없는 개발도상국에서 가장 손쉬운 산업화의 시작은 젊은 여성의 저임금을 이용해 옷, 인형, 신발을 만들어 수출하는 경공업화의 과정이었습니다.[102] 물론 한국만 그랬던 것은 아닙니다. 아시아에서는 일본이 먼저 그 길을 걸었고, 그 다음에는 한국이, 그리고 지금은 방글라데시, 인도 등이 그 길을 걷고 있습니다.

국가만 어린 여성의 값싼 노동력을 원했던 것이 아닙니다. 어린 여성을 저임금 노동자로 만드는 일은 남성 중심의 가족이 어려운 시기를 견뎌내는 생존전략이었습니다.[103] 그렇게 이해하지 않고는 장성한 오빠와 남동생은 상급학교에 진학하는데, 여성 형제는 인격 모독과 살인적 노동시간을 견디며 돈을 벌어 고향에 있는 가족에게 보내야 했던 현실을 우

먼지가 나는 열악한 환경에서 수많은 여성 노동자가 수출 물량을 만들기 위해 밤을 새웠다.

이상한 성공

리는 이해할 수도, 설명할 수도 없습니다. 실제로 산업화 과정에서 여성의 노동시장 참여는 여성 자신의 선택이 아니라 국가의 성장 전략과 가족의 생존전략의 일환이었습니다.[104]

초등학교 3학년을 중퇴한 신순애 씨가 1966년 열세 살 나이에 청계천 평화시장에서 옷을 만드는 작은 공장의 보조(시다)가 되었다는 사례를 비롯해 당시 제조업에 종사하던 전체 여성 노동자 중 93퍼센트가 10~20대의 여성이었습니다. 그들은 하루에 13~14시간씩, 10분의 휴식도 없이 한 달에 이틀 쉬면서 일을 했습니다.[105] 그 젊은 여성들의 희생이 없었다면 1960년대 산업화의 시작도, 1970년대 중화학공업화도, 지금의 선진국 대한민국도 없었을 것입니다. 중화학공업화에 필요했던 교육받은 숙련된 남성 노동력의 상당수는 이렇게 국가전략과 가족전략에 따라 자신의 의지에 반해 노동자가 되었던 여성 형제의 희생 위에 만들어진 것입니다. 하지만 이렇게 젊음을 희생하며 한국 산업화의 기틀을 다졌던 수많은 여성 노동자를 돌보는 국가는 없었습니다. 그들은 실업, 질병, 노령은 물론 산업재해에 대한 보호조차 없이 병들고 아프면 버려지는 일회용 노동자였습니다. 그렇다고 가족이 그 여성을 보호한 것도 아니었습니다. 가족에게 여성은 항상 출가외인이었습니다. 여성은 가족을 위해 희생하지만, 진짜 가족이 될 수 없었던 것입니다.

여성의 노동력만이 국가 성장전략의 대상은 아니었습니다. 여성의 몸 또한 산업화를 위한 국가전략의 중요한 대상이었습니다. 개발도상국에서 인구증가율을 낮추는 것은 경제개발을 위한 중요한 조건이라고 알려졌기 때문입니다. 냉전이 한창이던 1950년대

1960년대(좌측 두 개)와 1970년대(우측) 가족계획 포스터. 가족이 가난에서 벗어날 수 있는 있는 길이자 국가가 부강해지는 길이 '산아제한'이라고 선전하고 있다.

부터 1970년대까지 미국을 중심으로 한 서구 국가들은 제삼세계 국가들의 인구증가율을 낮추기 위해 적극적으로 개입했습니다.[106] 단순히 이야기하면 서구 국가들은 개발도상국의 경제성장률보다 높은 인구증가율이 빈곤을 심화시켜 제삼세계를 공산화할 것이라고 우려했기 때문입니다. 1960년대 한국에서 경제개발계획이 가족계획과 함께 진행되었던 이유였습니다. 여성의 몸을 이렇게 국가전략의 도구로 사용했던 것은 권위주의 정권 시기에만 일어났던 특별한 일도 아니었습니다. 2000년대 중반에 들어서면서 출산율이 급격히 낮아지자 민주적으로 선출된 정부조차 여성의 의지에 반해 여성의 몸을 경제성장의 대상으로 동원합니다. 이번에는 정책을 180도 바꿔 출산장려정책을 시행합니다. 출산율 감소가 미래의 노동력을 축소시켜 국가경제의 지속가능성을 위협한다는 이유에서였습니다. 급기야 2016년에는 인구 중 가임기 여성의 비율이 높을수록 진분홍색으로 표시되는 지도를 제작하는 일까지 벌어졌습니다.[107] 얼핏 보면 오락가락하는 것처럼 보이지만, 그 이면에는 국가가 필요하면 언제라도 여성을 수단화하고 대상화할 수 있다는 한국 사회의 보이지 않

하나는 부족합니다

한국생산성본부에서 주관했던 '제3회 저출산 극복 포스터 공모전'에서 금상을 수상한 포스터. 1960년대와 1970년대의 출산억제 포스터와 정반대의 정책을 선전하고 있지만, 모두 국가정책에 여성의 몸을 대상화했다는 점에서 큰 차이가 없다.

는 합의가 있었던 것입니다. 성장을 위해서라면 여성만이 아니라 그 무엇이라도 희생시킬 수 있었던 사회였기에 사회적으로는 민주주의와 정의를 위해 헌신하는 삶을 살아온 남성조차 여성을 동등한 시민으로 바라보지 못했던 것입니다. 마음이 무거워집니다. 우리는 성공의 덫에서 벗어날 수 없는 것일까요?

## 파우스트(Faust)

놀라운 성공의 열매는 정말 달콤해요. 온라인에서 클릭 몇 번만 하면 내가 원하는 물건이 내 앞에 나타나니까요. 맛있는 음식, 계절에 따라 새롭게 걸치는 멋진 옷, 유행을 따라가는 신발과 가방, 폼 나는 자동차. 모두 놀라운 성공의 열매입니다. 어쩌면 우리는 이 달콤한 열매를 먹고 마시는 즐거움을 멈추지 못할 것 같습니다.

괴테의 희곡 《파우스트》가 떠오릅니다. 주인공 파우스트는 인간의 한계를 넘어서기 위해 자신의 영혼을 악마 메피스토펠레스에게 저당 잡힙니다. 악마에게 영혼을 판 덕분에 파우스트는 인간의 능력을 넘어 자신의 상상 속에서나 그려보던 세계를 보게 됩니다. 파우스트는 "멈추어라! 너는 정말로 아름답구나!"라고 외칩니다. 탄성이지요. 하지만 그 탄성으로 악마는 약속한 대로 파우스트의 영혼을 지옥으로 데려갑니다. 지금 우리가 직면한 기후위기를 생각하면 저는 자꾸 세속의 달콤함을 위해 영혼이 지옥에 떨어질 것을 알고도 악마 메피스토펠레스에게 자신의 영혼을 판 파우스트가 떠오릅니다. 왜 그럴까요.

국가 차원에서 한국은 이례적으로 놀라운 경제성장을 이룬 성공한 국가입니다. 하지만 지구라는 차원에서 보면 한국은 그 성장의 속도만큼 지구를 빠른 속도로 파괴한 위기의 장본인이기도 합니다. 메피스토펠레스가 파우스트에게 약속한 세상의 온갖 쾌락이 한국의 놀라운 성공을 의미한다면, 그 성공의 이면에서 한국은 '기후 악당(Climate Villain)'이 되어 지구생태계를 위협하고 있습니다. 1990년 1인당 온실가스 배출량을 100으로 보았을 때, 2016년 한국의 1인당 온실가스 배출량은 1990년과 비교해 무려 236.9퍼센트나 증가합니다([그림 4-16] 참고). 반면 같은 기간 동안 OECD 회원국의 평균 1인당 온실가스 배출량은 2.2퍼센트만 증가합니다. 핀란드, 이탈리아, 프랑스, 독일 등 21개 OECD 회원국은 1인당 온실가스 배출량이 적게는 2.2퍼센트에서 많게는 57.8퍼센트까지 감소했습니다.

이상한 성공

1961년 5월 군사쿠데타로 집권한 박정희 국가재건최고위원회 의장은 1962년 울산을 특정공업지구로 지정하고, 그곳에 한국 산업화의 출발을 알리는 공업탑을 건립합니다. 그 공업탑에 박정희 국가재건최고위원회의장은 다음과 같은 글을 남깁니다.

4천 년 빈곤의 역사를 씻고 민족 숙원의 부귀를 마련하기 위하여 우리는 이곳 울산을 찾아 여기에 신공업도시를 건설하기로 하였습니다. 루르의 기적을 초월하고 신라의 영성을 재현하려는 이 민족적 욕구를 이곳 울산에서 실현하려는 것이니 이것은 민족재건

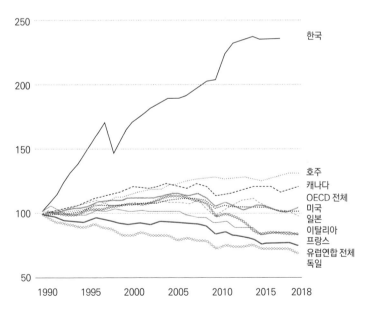

[그림 4-16] 1990~2018년 한국, 호주, G7 국가의 1인당 온실가스 배출량[108]

의 터전을 닦는 것이고 국가 백년대계의 보고를 마련하는 것이며 자손만대의 번영을 약속하는 민족적 궐기인 것입니다. 제2차 산업의 우렁찬 건설의 수레 소리가 동해를 진동하고 공업생산의 검은 연기가 대기 속에 뻗어 나가는 그날엔 국가 민족의 희망과 발전이 눈앞에 도래하였음을 알 수 있는 것입니다. 빈곤에 허덕이는 겨레 여러분 (…)."

반만년 동안 이어져온 지긋지긋한 빈곤에서 벗어나 잘사는 길을 공장 굴뚝에서 "검은 연기"가 쏟아져 나오는 것과 동일시했을 정도로 한국의 경제성장은 그 자체로 반(反)생태적이었습니다. 제2차 세계대전이 끝나고 서구 경제가 유례 없었던 황금시대를 열어가고 있던 1950년대 말부터 경제발전을 위한 화석연료 사용이 지구온난화를 유발할 수 있다는 사실이 과학적으로 확인되었습니다. 1960년대 중반에는 대부분의 전문가도 이러한 문제의식을 공유하기 시작했습니다. 미국 대통령의 과학자문위원회는 "인류는 전 세계로 확산된 공업 문명을 통해 자신도 모르는 사이에 거대한 지구물리학 실험을 진행하고 있다. (…) 이산화탄소 배출량의 급증으로 초래된 기후변화는 인간에게 해악을 미칠 수 있다"라는 보고서를 린든 존슨 대통령에게 제출했습니다.[109] 서구에서 기후위기에 대한 논의가 본격적으로 제기되던 시점에 한국은 "검은 연기"를 내뿜는 산업화를 시작한 것입니다. 물론 국가적 관점에서 한국의 경제성장을 이렇게 평가하는 것이 부당하다고 할 수도 있습니다. 영국을 시작으로 서구는 18세기부터 막대한 온실가스를 배출해 현

이상한 성공

재 기후위기를 만든 주범이기 때문입니다. 그렇기에 뒤늦게 산업화를 시작한 한국만을 반생태적이라고 이야기하는 것은 적절하지 않을 수도 있습니다.

문제는 한국이 [그림 4-16]에서 본 것처럼 산업화가 일정한 성과를 이루고 난 1990년대 이후에도 지구 생태를 위협하는 성장을 지속했다는 것입니다. 한국은 국제사회에 기후협약을 이행하겠다고 공언했지만, 개발도상국에 화력발전소를 건설하는 투자를 계속했습니다. 한국전력, 삼성물산, 두산중공업, 한국수출입은행과 같은 한국의 주요 민간기업, 공기업, 국책은행은 베트남에 신규 화력발전소 건설에 투자했고, 한전은 인도네시아 자바에 석탄화력발전소 9·10호기에 투자했습니다. 한국은 기후협약의 당사국으로서 의무를 방기하면서 이윤추구 행위를 계속한 것이지요.[110] 이것만이 아닙니다. 한국 정부가 2015년 6월 30일에 국제사회에 제출한 '국가 온실가스 감축 목표(Nationally Determined Contribution, NDC)'는 2030년까지 배출전망치의 37퍼센트를 감축한다는 것이었습니다. 하지만 이는 파리협정에서 합의한 지구 온도를 2도 이내로 억제한다는 목표치를 훨씬 상회하는, 3~4도의 기온 상승을 유발할 수 있는 목표였습니다. 한국이 기후 악당이라고 비난받는 이유입니다.[111]

더욱이 기후위기조차 새로운 성장 동력(녹색성장, 그린뉴딜 등)으로 생각하는 한국 정부를 보면서 기후위기라는 성장의 덫에서 빠져나오는 것이 쉽지 않을 것 같다는 생각이 듭니다. 파우스트가 천사에게 구원받았던 것처럼 한국도 성장이 만든 기후위기의 덫에서 벗어날 수 있을까요? 2018년에는 엄청난 폭염이, 2019년에는 태풍들이, 2020년에는 50일 동안의 장마가 한반도를 휩쓸었던 것을 우리는 잊지 말아야 합니다.


● **악순환**
___

　대한민국, 참 대단한 나라입니다. 국가가 제시한 근대화의 목표를 국민과 기업은 충실히 따랐던 것 같습니다. 국민, 국가, 기업의 노력이 어우러지면서 한국은 서구 국가들이 3백 년에 걸쳐 이룬 성과를 불과 수십 년 만에 이루는 기적을 달성했으니까요. 놀라운 성공의 이야기를 쓴 일본도 산업화를 시작해 중화학공업으로 진입하기까지 75년이라는 시간이 필요했습니다. 반면 한국은 남들이 다 미친 짓이라고 손가락질했지만, 본격적인 산업화를 시작한 지 10년이 조금 더 지난 1970년대 중반에 중화학공업화를 추진했고, 결국 성공합니다.[112] 충분히 칭찬받아 마땅하고 자부심을 가져도 좋습니다. 하지만 남들이 3백 년에 걸쳐서 했던 일을 단 60년 만에 해냈다는 것은 그 성공의 빛만큼 그림자도 깊다는 것을 의미합니다. 제가 성공의 덫을 이야기하는 이유입니다.

　국민소득이 3만 달러를 넘어 선진국이 되면 모두가 행복할 줄 알았습니다. 본격적인 산업화를 시작한 1960년대 이래 지난 60년 동안 선진국 담론이 한국 사회를 지배했다고 해도 과언이 아닐 것입니다.[113] 모든 것을 선진국과 비교하며 우리 스스로를 채찍질했으니까요. 그렇게 60년이 지난 2020년 코로나19 바이러스가 세계를 휩쓸었습니다. 그리고 눈을 떠보니 한국은 어느새 선진국이 되어 있었어요. 한국이 그렇게 따라잡기를 갈망했던 선진국의 모습은 갈기갈기 찢겨 있었습니다. 선진국이라는 미몽에 취해 보지 못했던 진실이 드러났으니까요. 모든 것이 완벽할 것 같았던 스웨덴, 미국, 영국, 프랑스, 독일, 일본이 코로나19 팬데믹에 처참히 무너지는 것을 목격했습니다. 근대 민주주의의 발원지였던 미국은 민주적 선거 결과를 부정하는 폭도들이 국회의사당을 점거하는 초유의 사태가 벌어졌습니다. 선진국만이 아닙니다. '월화수목금금금' 열심히 일만 하던 한국인들에게 코로나19 팬데믹은 한국의 놀라운 성공이 얼마나 심각한 사회경제적 위기를 안고 있었는지 보여 줬습니다. 감춰진 불평등과 불공정이 가감 없이 드러나기 시작한 것입니다. 수많은 사람이 자신의 잘못이 아닌 정부의 명령에 의해 벼랑 끝에 몰렸지만, 한국 사회는 그들에게 최소한의 안전망조차 제공하지 않았기 때문입니다. 학교와 보육시설이 문을 닫자 돌봄의 모든 책임은 고스란히 여성에게 돌아갔습니다. 한국 사회는 집단적으로 이런 현실에 눈을 감았습니다.

　모두가 사회는 없다고 믿으며 각자도생을 추구한 결과였습니다. 공적 복지 확대 없이 성장만으로도 안전하고 행복할 수 있다는 한국인의 믿음은 바로 한국의 성공 신화가 만든 성공의 덫이었습니다. 1997년 IMF 외환위기를 겪었을 때 담대한 개혁을 했다면 지금처럼 힘들지는 않았을 것입니다. 더 심각한 문제는 코로나19 팬데믹이 모두를 위기로 몰아넣고 있는 상황에서도 특권을 가진 기득권층은 자신의 이해를 지키기에 여념이 없었습니다. 인도주의 의료를 실천하는 슈바이처가 되겠다는 자기소개서를 쓰고 의대에 진학했던 수많은 청년이 모든 국민이 위기에 처한 상황에서 공공성에 눈을 감았습니다. 코로나19 바이러스의 2차 확산이 본격화되던 2020년 여름의 끝자락에 정부가 지역 의사를 양성하기 위해 의대 정원을 늘리겠다고 발표하자 청년 의사들이 '공정'이라는 이름으로 위중한 환자를 앞에 두고 진료를 집단 거부했습니다. 대한민국이 도대체 왜 이렇게 되었는지 궁금해졌습니다. 누가 이런 나라에서 행복할 수 있을지 의문이 들었습니다.

한류의 세계화로 한국의 위상이 갈수록 높아지지만, 이 또한 성공의 덫을 피해갈 수는 없습니다. 한국 대중문화의 놀라운 성공 뒤에는 한국 경제 성공 신화의 그 가혹한 경쟁 방식을 그대로 따라하면서 '극소수만의 성공'이라는 비극을 재생산하고 있기 때문입니다. 수만 명의 청소년이 성공을 위해 아이돌 연습생이 되어 무지막지한 연습생 생활을 하지만, 극소수의 연습생만이 무대를 밟는 것이 현실입니다. 한국 대중문화는 한국 사회가 얼마나 잔인한 경쟁으로 1등을 가려내는지 보여주고 있습니다. 봉준호 감독의 영화 〈기생충〉에 엄청난 찬사와 환호를 보내면서 〈기생충〉이 이야기하려는 한국 사회의 심각한 불평등과 빈곤에는 정작 눈을 감는, BTS에 환호하면서 성공 지향적인 교육체계에 짓눌려 꿈을 잃고 살아가는 수많은 한국 젊은이의 피눈물 나는 고통을 외면하는 것이 한국 사회의 현실입니다. BTS의 〈WINGS Short Film #1 BEGIN〉에서 피눈물을 흘리는 초상은 우리 시대의 청춘을 그리고 있는 것일지도

이상한 성공

모릅니다. 세계가 부러워하는 경제적 성공을 이루었지만, 여전히 빈곤은 만연하고 불평등은 점점 더 심각해지고 있다면, 그 성장은 도대체 우리에게 무엇을 말하고 있는 것일까요. 민주주의를 이루었다고 하지만, 한국 사회가 직면한 문제를 해결할 힘이 없는 민주주의라면, 그 민주주의는 우리에게 어떤 의미일까요. 이제 우리는 한국 사회의 놀라운 성공이 어떻게 가능했는지를 돌아보면서 우리의 비극이 실패가 아닌 성공으로부터 비롯되었다는 것을 이야기했습니다. 이제 그 성공의 덫이라는 '악순환'에서 벗어나야 합니다.

# 5장

# 누구도 가보지 않은 길

"이 주제에 있어 나는 온건하게 생각하거나, 온건하게 말하거나, 온건하게 쓰고 싶지 않다. 그럴 수가 없다! 절대로! 집에 불이 난 사람에게 온건하게 위급함을 알리도록 해보라. (…) 어미에게 불구덩이에 빠진 아이를 점진적으로 구하라고 해보라. 그러니 나에게는 현재와 같은 목적에 절대 온건함을 권하지 말라."

— 윌리엄 개리슨, <해방자>, 1831.[1]

## 행복한 국가와 불행한 국가

"행복한 가정은 모두 모습이 비슷하고, 불행한 가정은 모두 제각각의 불행을 안고 있다."[2] 러시아의 대문호 톨스토이의 기념비적 저작인 《안나 카레니나》의 첫 문장입니다. 문학에 관심 있는 분들은 이미 읽어보셨을 것입니다. 굳이 책을 읽지 않았어도 한 번쯤은 들어보았을 문구일 것입니다. 이 문구를 직설적으로 이해하면, 행복하려면 필요한 모든 조건을 충족시켜야 하지만, 불행해지는 것은 저마다의 이유가 있어서 행복의 조건 중 단 하나만 없어도 일어나는 일이라는 것을 의미한다고 생각해요. 사실 이런 평범한 진리는 우리 역사에서도 수없이 반복되었습니다. 일제강점기를 생각해볼까요? 당시에는 일제만 물러나면 모든 조선 사람이 행복해질 수 있다고 생각했을 것입니다. 하지만 일제라는 커다란 악(惡)이 사라졌는데도 조선 사람들은 좀처럼 행복해지지 않았어요. 물론 그렇다고 일제강점기가 더 좋았다는 이야기를 하려는 것이 아닙니다. 일제로부터의 해방은 조선 사람이 행복해지는 필요조건 중 하나였지 충분조건이 아니었다는 것입니다.

평범한 사람들이 행복한 복지국가도 마찬가지입니다. 민주주의는 조건 중 한 가지였죠. 2016~2017년 촛불항쟁을 보세요. 불의한 박근혜 정권을 평화적으로 무너뜨렸지만, 평범한 사람들이 행복해지기 위해서는 박근혜 정권의 퇴진만이 아니라 수많은 다른 조건이 충족되어야 한다는 것을 확인해주었지요.

역사적으로도 민주주의 국가라고 해서 전체주의국가보다 위기에 더 잘 대응했던 것은 아닙니다. 1929년 대공황 당시 심각한 실업문제에 가장 잘 대응한 국가는 뉴딜로 잘 알려진 루스벨트의 미국이 아니라 인류 역사에 지울 수 없는 상처를 남긴 히틀러의 나치 독일, 무솔리니의 이탈리아, 스탈린의 소련과 같은 전체주의국가였습니다. 1930년 미국과 독일의 실업률은 각각 14.2퍼센트와 22.7퍼센트로 독일이 월등히 높았어요. 하지만 1938년에 미국이 27.9퍼센트로 높아졌지만, 독일은 3.2퍼센트로 낮아졌고, 1939년이 되면 독일의 실업률은 0.3퍼센트로 실업문제를 완전히 해결합니다.[3] 무솔리니의 이탈리아도, 스탈린의 소련도 완전고용을 달성했어요. 일본도 1929년 대공황에 대응하는 과정에서 군국주의가 힘을 얻고 1931년 만주 침략전쟁으로 만연한 실업문제에 대응합니다.[4] 민주주의국가였던 미국의 실업률은 제2차 세계대전이 발발하고 나서야 비로소 감소하기 시작했으니까요.

이상한 성공

## 복지지출을 늘리면 행복해질까?

　　그러면 복지지출을 늘리면 평범한 사람들이 행복한 복지국가를 만들 수 있을까요? 안타깝게도 복지지출을 늘린다고 복지국가가 되는 것도 아닙니다. GDP 대비 복지지출(사회지출)을 보면 이탈리아와 덴마크가 28.0퍼센트로 거의 동일합니다.

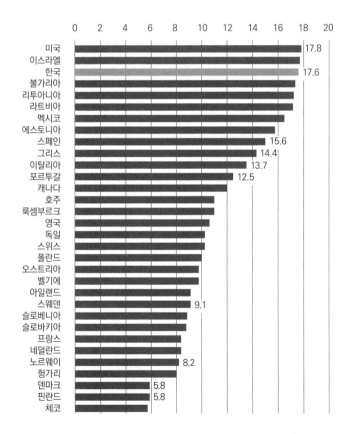

[그림 5-1] 2016년 OECD 국가의 빈곤율(중위소득 50퍼센트 이하)[5]

핀란드는 이탈리아보다 0.7퍼센트포인트 높고, 스웨덴과 노르웨이는 스페인, 포르투갈, 그리스보다 조금 높지만 유사한 수준입니다. 그런데 빈곤율을 보면 남유럽 복지국가인 스페인, 그리스, 이탈리아, 포르투갈이 북유럽 복지국가들보다 훨씬 높습니다([그림 5-1] 참고). 경제성장도 마찬가지입니다. 1인당 GDP가 높고 경제성장률이 높다고 해서 복지국가가 되는 것은 아닙니다. 미국은 세계에서 가장 부유한 국가이지만, 상대 빈곤율은 OECD 국가 중 가장 높습니다.

저는 행복한 복지국가를 만드는 일도 한 사회를 구성하는 경제, 사회, 문화, 정치 등 중요한 영역에서 필요한 조건을 모두 갖추어야 비로소 가능하다고 생각합니다. 그렇기 때문에 사람들이 행복한 복지국가는 단순히 복지지출을 늘린다고, 민주화된다고, 경제가 발전한다고 만들 수 있는 것이 아니라는 이야기죠. 발전된 경제, 높은 사회지출, 성숙한 민주주의를 기본으로 다른 여러 조건이 함께 어우러져야 가능한 사회라고 할 수 있습니다. 그래서 복지국가를 지향하는 국가는 많았지만, 그 목표를 이룬 경우는 소수에 불과합니다. 사실 그 소수의 복지국가도 완성품이 아니라 여전히 복지국가를 만들어가는 과정이라고 보는 것이 좋을 것 같군요. 그래서 그런지 쿠데타로 권력을 찬탈했던 박정희와 전두환도 한국을 '복지국가'로 만들기 위해 쿠데타를 일으켰다고 했을 정도였어요. 그렇다면 한국을 복지국가로 만들기 위해 우리가 해야 할 일도 분명해진 것 같군요. 복지국가에 필요한 여러 조건을 함께 만들어가는 지혜가 필요합니다. 말이 쉽지 너무 어려운 일이에요. 불가능한 일

이상한 성공

일 수도 있고요. 하지만 이제 그 불가능한 이야기를 여러분과 나누려 합니다.

## 복지국가

그러고 보니 정작 복지국가가 무엇인지는 이야기하지 않았네요. 이 책의 결론은 모두가 행복한 복지국가를 만들어야 한다는 것이니, 늦었지만 이제라도 복지국가란 무엇인지 짚고 넘어가는 것이 중요할 것 같아요. 그래야 여러분이 무엇을 할지 결정할 수 있을 것 아닙니까. 문제는 복지국가란 아주 복잡한 국가의 존재 방식이라는 점입니다. 그래서 복지국가를 설명하는 단일한 이론 따위는 없습니다. 하지만 복잡한 복지국가를 단순하게 설명하지 못한다면, 사람들에게 왜 복지국가를 만들기 위해 행동해야 하는지 설득할 수 없습니다. 그래서 간단히 복지국가가 무엇인지 알아보면 좋을 것 같군요.

지금까지 글을 읽으면서 여러분의 마음속에는 아마 복지국가의 이미지가 어렴풋이 그려졌을 것입니다. 복지국가라고 하면 '평범한 사람들의 기본적인 복지를 책임지는 국가', '평범한 사람들의 복지 향상을 가장 중요한 책임과 의무로 삼는 국가', '평범한 사람들의 복지를 보장하는 국가' 정도로 생각하지 않았을까 합니다.[6] 사실 여러분이 마음에 담아둔 대답이 교과서에서 일반적으로 복지국가를 정의하는 방식입니다. 물론 이런 정의에 반대하는 의견도 있어요. 복지국가라는 명칭 자체가 잘못되었다는 것이지요. 복지국가를 복지만 하는 국가로 오해하기 쉽다는 것입니다.[7] 더욱이 미국에서는 '복지(welfare)'가 가난하고 취약한 사람들을 위한 시혜적 급여라는 의미로 쓰이는 경우가 많아 빈곤층에게 현금과 서비스를 제공하는 국가 정도로 오해할 수도 있을 것 같군요. 하지만 복지를 빈곤층을 위한 것이라고 이해하는 것은 미국의 관점이니 여기서는 크게 고려하지 않아도 좋을 것 같아요. 복지를 취약계층을 넘어 중산층을 포괄하는 문제로 조금 넓게 보면 좋을 것 같아요.

다시 본론으로 돌아와서 여러분이 앞서 이야기한 복지에 대해 이야기해봅시다. 사실 복지라는 개념도 쉽게 설명할 수 있는 개념은 아닙니다. '기본적인 복지'라는 것이 어느 정도를 의미하는 것인지, 국가가 시민의 복지 향상을 가장 중요하게 생각한다는 것을 어떻게 입증할 수 있는지, 복지를 위해 국가가 어느 부분까지 국민 생활에 개입할 수 있는 것인지 등등 구체적으로 들어가면 셀 수 없는 쟁점이 있을 것 같아요. 다만 여기서는 이런 구체적인 질문은 다루지 않을 거예요. 물론 대충 어떤 나라를 복지국가로 정의할 것인지에 대한 간략한 개념은 소개하겠지만요. 복지국가를 평범한 사람들의 복지를 책임지는 국가 정도에서 시작해보죠.

여러분이 실업, 질병, 노령, 돌봄이라는 사회적 위협에 직면해 빈곤에 처하거나 소득이 없어 생활이 어려워졌을 때 어느 정도 기본적인 복지가 보장되어야 복지국가라고 할 수 있겠지요. 여러분이 취업 준비를 위해 아르바이트를 그만두어야 하는데, 생계 때문에 그만둘 수 없다면 기본적인 복지가 보장되었다고 할 수 없잖아요.

이상한 성공

그래서 복지국가란 우리가 실업, 질병, 노령, 돌봄 등 사회적 위험으로 일을 그만두어도 국가가 기본적인 생활을 보장하는 국가라고 할 수 있습니다. 그래서 일부에서는 복지란 국가가 "사회적으로 인정되는 기본적 욕구가 확인될 때", "실업, 출산, 육아, 은퇴 등 수입이 중단되는 사회적 위험에 빠졌을 때만 개입해 소득을 보장해"주는 것이라고 주장합니다.[8] 복지국가란 시민이 사회적 위험에 직면해 복지에 대한 욕구가 발생했을 때 급여를 제공하는 것이라고 정의하는 것이지요. 그러면 국가가 사회적 위험에 직면한 사람들에게 소득을 보장해주고 사회서비스를 제공해주면 복지국가라고 할 수 있나요? 이렇게 정의하면 독재국가도 얼마든지 복지국가라고 불릴 수 있어요. 그래서 복지국가를 욕구에 기초해 정의하는 것은 절반만 맞는 답입니다.

저는 조금 다른 생각이에요. 복지국가를 단순히 사회적 위험에 직면한 사람들, 즉 복지 욕구가 있는 사람들에게만 적절한 소득 보장과 서비스를 제공하는 국가로 제한하면 안 됩니다. 복지국가를 이렇게 정의하는 것은 복지국가의 다양한 역할 중 한 면만 바라본 좁은 시각입니다. 시민이 직면한 사회적 위험에 대응하는 복지만으로는 그 위험이 발생하는 핵심 장소인 시장에서 발생하는 불평등과 빈곤 문제를 완화할 수 없기 때문입니다. 실제로 복지 욕구에 대응해 복지지출을 늘리는 것만으로는 시민의 복지수준이 함께 높아지지 않습니다. 1980년대 이후 국가의 역할을 축소시키고 시장의 힘을 강화했던 신자유주의가 대부분의 자본주의국가에서 지배적인 담론으로 부상했습니다. 그런데도 복지국가의 크기를 보여주

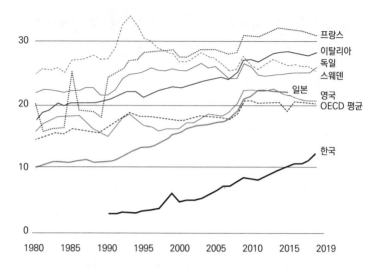

[그림 5-2] 1980~2019년 GDP 대비 사회지출의 변화[9]

는 GDP 대비 복지지출은 감소하지 않고 증가했어요([그림 5-2] 참
고). 신자유주의 시대에 복지지출이 증가했다는 것도 역설적인데,
더 역설적인 것은 복지지출이 증가했는데도 불평등은 계속 높아졌
다는 것입니다.

  우리는 앞서 사회지출이 높다고 해서 반드시 빈곤율이 낮은 것
이 아니라는 것을 확인했습니다. 욕구에 대응하는 사회지출을 늘
리는 것만으로는 빈곤이나 불평등과 같은 사회문제를 완화할 수
없었던 것이지요. 빈곤과 불평등이 심화된다는 것은 그 사회를 구
성하는 사람들의 기본적 복지가 충족되지 않았다는 것을 의미합
니다. 우리는 복지를 단순히 절대적인 수준에서 생존을 보장받는
문제를 넘어서 사회적 관계 속에서 인간다운 생활을 누리는 상대

이상한 성공

적 개념으로 이해할 필요가 있습니다. 그러니 사회적 위험에 대응하는 사회지출만으로는 복지국가인지 판단하기 어려울 것 같군요. 더욱이 복지 욕구가 입증되지 않는 사람들을 복지에서 배제하고 욕구에만 기초해 권리를 부여하면, 그 복지국가의 복지제도는 취약계층을 위한 잔여적 복지가 될 가능성이 높아지죠.[10] 그 대표적인 복지국가가 미국입니다. 한국이 닮지 말아야 할 모습입니다.

그러면 어떤 국가가 복지국가일까요? 토마스 험프리 마샬의 주장처럼 시민권으로 주어지는 보편적 사회권이야말로 복지국가를 구성하는 핵심 개념이라고 이야기할 수 있어요.[11] 시민이라면 누구나 기본적인 복지를 누릴 권리가 부여되는 것이지요. 스페인 폼페우파브라 대학교의 요스타 에스핑-안데르센 교수는 이러한 사회권에 사유재산권에 준하는 누구도 침해할 수 없는 권리를 부여해야 한다고 주장합니다. 자본주의사회에서 국가를 포함해 그 누구도 개인의 사유재산을 마음대로 빼앗아갈 수 없는 것처럼, 복지국가라면 시민의 사회권도 사유재산처럼 보호해야 한다고 주장한 것이지요. 그래야 사람들이 소득 상실의 두려움 없이 언제든지 일을 그만두고 쉴 수 있고, 자신이 원하는 일에 도전할 수 있으니까요. 그런데 여기에는 한 가지 맹점이 있습니다. 한 사회를 구성하는 사람들은 모두 사회경제적으로 동일한 지위에 있지 않다는 것입니다. 모든 사람은 시민으로서 사회권을 누릴 수 있지만, 시민은 재산에 따라, 직업에 따라 다른 지위를 갖고 있어 실제로는 동일한 사회권을 행사하지 못하는 것이죠. 그렇다면 복지국가는 단순히 사회권에 기초해 시민들에게 복지에 대한 보편적 권리를 부여하는 것만으로는 성립하기 어려울 것 같습니다.

## 우리에게 괜찮은 일자리를

　　그래서 복지국가에 대한 재정의가 필요한 것입니다. 복지국가는 단순히 사회권을 부여하는 것을 넘어 시민의 삶에 중요한 영향을 미치는 시장과 가족의 역할도 고려해야 합니다. 복지국가를 이렇게 적극적으로 정의하면 복지국가의 역할은 단순히 사회적 위험에 수동적으로 대응하는 것만이 아니라 사회적 위험이 발생하는 영역에서 그 위험을 완화하는 것으로 확대해야 합니다. 노동시장에서 괜찮은 일자리를 만들어 시민이라면 누구나

[그림 5-3] 1963~1993년 스웨덴의 민간부문과 공공부문 고용 추이[12]

　　　　　　　　　　　　　　　　　　　　이상한 성공

괜찮은 일자리에서 일을 할 수 있도록 고용을 보장하는 것이 복지국가의 중요한 역할이 되는 것이지요. 북유럽 복지국가인 스웨덴, 덴마크, 노르웨이, 핀란드에서 그렇게 오랫동안 빈곤율과 불평등이 낮았던 이유 중 하나가 노동시장에서 양질의 일자리를 만드는 노력을 게을리하지 않았기 때문입니다. 1960년대 초부터 1990년대 초까지 30년 동안 스웨덴에서 만들어진 신규 일자리의 대부분이 지방자치단체가 만든 공공부문 일자리라고 하니([그림 5-3] 참고), 스웨덴이 시민들에게 좋은 일자리를 제공하기 위해 얼마나 노력했는지 짐작할 수 있을 것입니다.

조금 더 자세히 살펴볼까요. 스웨덴에서는 1960년대부터 탈산업화가 시작되면서 좋은 일자리가 줄어들기 시작했어요. 그러자 스웨덴은 좋은 일자리를 만들기 위해 복지, 교육, 의료 등 사회서비스를 담당하는 지방직 공무원 일자리를 늘리기 시작합니다. 실제로 중앙정부와 시장에서 만들어지는 일자리는 연평균 0.1퍼센트 늘어난 데 반해 지방정부가 만든 공무원 일자리는 연평균 4.4퍼센트씩 늘어났으니까요. 한국은 2019년 기준으로 취업자 중 공공부문 고용 비중이 8.1퍼센트로 OECD 평균인 17.9퍼센트의 절반에도 미치지 못하지만, 스웨덴을 비롯해 스칸디나비아 복지국가들의 공공부문에 취업자 비율은 우리의 상식을 뛰어넘습니다. 노르웨이 30.7퍼센트, 덴마크 27.6퍼센트, 스웨덴 28.7퍼센트, 핀란드 24.2퍼센트로 취업자 10명 중 2.5~3명이 공무원이라는 이야기입니다([그림 5-4] 참고). 여러분이 길을 가다 어떤 직장인과 어깨를 부딪치면 적게는 4명 중 1명, 많게는 3명 중 1명이 공무원이라는 이야

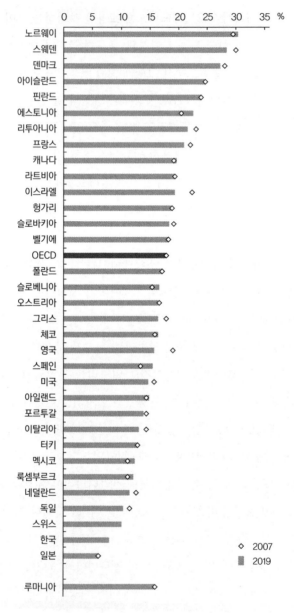

그래프 상단 축: 0  5  10  15  20  25  30  35  %

노르웨이
스웨덴
덴마크
아이슬란드
핀란드
에스토니아
리투아니아
프랑스
캐나다
라트비아
이스라엘
헝가리
슬로바키아
벨기에
OECD
폴란드
슬로베니아
오스트리아
그리스
체코
영국
스페인
미국
아일랜드
포르투갈
이탈리아
터키
멕시코
룩셈부르크
네덜란드
독일
스위스
한국
일본

루마니아

◇ 2007
▨ 2019

[그림 5-4] 2007년과 2019년 전체 취업자 중 공공부문 고용 비중[13]

이상한 성공

기입니다. 한국은 10명 중 1명도 되지 않습니다.

북유럽 복지국가는 왜 이렇게 공무원을 늘렸을까요. 답은 공공부문에서 괜찮은 일자리를 만들지 않으면 탈산업화 시대에 국민이 괜찮은 일자리에서 일하기가 쉽지 않기 때문입니다. 앞서 한국의 사례에서 보았듯이 기업들이 자동화 기계를 들여 노동자를 직접 고용하는 비율을 점점 더 줄여갔으니까요. 공무원이 늘어나면 경제의 역동성이 떨어질 것이라고 지레 걱정하지는 마세요. 그럴 수도 있고, 그렇지 않을 수도 있습니다. 북유럽의 사례를 보면 공무원이 많다고 경제의 역동성이 떨어지는 것은 아닙니다. 코넬 대학교에서 발표한 2020년 글로벌 혁신지수를 보면 스웨덴은 2위에 있고, 덴마크와 핀란드도 각각 6위와 7위에 있습니다. 사실 공공부문에서 좋은 사회서비스를 제공하는 것은 제조업은 물론 산업서비스의 생산성을 높이는 데도 직간접적으로 기여하기 때문입니다.[14]

이뿐만이 아닙니다. 공공부문의 일자리가 늘어난다는 것은 노동시장에도 좋은 일입니다. 실제로 스웨덴에서는 공무원 일자리가 늘어나면서 민간부문의 일자리 수준도 전반적으로 좋아졌습니다. 공적 부문에서 좋은 일자리가 만들어지니 시장에서 나쁜 일자리가 만들어질 가능성이 그만큼 감소한 것입니다.[15] 좋은 일자리가 늘어나는 것은 복지의 보편성을 확대하는 데도 큰 도움이 됩니다. 생각해보세요. 국가가 노동시장에서 적극적으로 괜찮은 일자리를 만드니, 안정적 고용을 전제로 한 사회보험과 같은 복지제도 또한 보편성이 높아질 수밖에 없는 것이지요. 그리고 사회보험의 보편성이 높아지니, 사회적 위험에 대한 복지국가의 대응 또한 보편적일 수밖에 없는 것입니다. 그래서 평범한 사람들이 행복한 복지국가가 되기 위한 중요한 조건 중 하나는 국가가 국민이 안정적인 일자리에서 일할 수 있도록 좋은 일자리를 만드는 것입니다.[16]

## ● 새로운 사랑법, '노르딕 러브'

스웨덴이 보편성이 높은 복지국가가 될 수 있었던 이유 중 하나는 국가가 가족과 돌봄의 역할을 분담했기 때문입니다. 스웨덴은 돌봄을 여성의 책임으로만 남겨두지 않고 남성과 국가가 적극적으로 분담하려고 노력하고 있습니다. 양질의 공적 보육 서비스와 보편적인 육아휴직(부모휴가) 제도는 가족의 돌봄 책임, 특히 여성의 돌봄 책임을 남성과 국가가 분담하려는 모범적인 사례라고 할 수 있어요. 그러니 스웨덴 여성의 노동시장 참여율은 OECD 회원국 중 가장 높습니다. 2020년 1·4분기를 기준으로 스웨덴 여성의 고용률은 74.6퍼센트입니다. 15세부터 64세까지 여성 중 무려 74.6퍼센트가 일을 하고 있습니다. 반면 한국 여성의 고용률은 OECD 평균인 61.2퍼센트보다도 낮은 56.2퍼센트에 불과합니다. 스웨덴과 무려 18.4퍼센트포인트가 차이납니다.[17] 코로나19 팬데믹 상황을 생각해보면 왜 한국 여성의 노동시장 참여율이 이렇게 낮은지 이해할 수 있습니다. 학교와 보육시설을 폐쇄하고 정부가 취한 행동은 고작 가족돌봄휴가를 5일에서 10일로 연장하고 돌봄 바우처를 확대하는 것이었습니다. 개학이 늦춰지고 고강도 사회적 거리 두기가 2020년 3월 22일부터 4월 19일까지 거의 한 달 가까이 지속되었는데도 말이죠.[18] 국가가 대안 없이 보육시설과 학교 문을 닫으니 돌봄의 책임이 여성에게 전가되는 돌봄의 재(再)여성화가 이루어진 것입니다. 왜 돌봄은 여성이 책임져야 하나요? 남성은요? 한국 사회는 참 이상한 사회입니다. 남녀가 같이 사회경제 활동을 해도, 심지어 여성이 생계를 책임져도 돌봄은 여전히 여성이 책임져야 할 일로 간주하니까요. 돌봄의 책임이 여성에게 있다고 믿는 한국 사회에서 여성은 시민으로서 동등한 권리를 갖는 것은 물론 노동시장의 참여도 어려울 수밖에 없지요.

반면 북유럽에서는 아빠들이 아이의 기저귀를 갈고, 몸을 씻기고, 식사를 준비하고, 어린이집과 유치원에 데려다주는 것이 평범한 일상입니다.[19] 전혀 특별할 것이 없죠. 제가 스웨덴과 핀란드를 방문했을 때도 동네 놀이터에서 아이들을 놀리고, 커피 한 잔 들고 이웃집 아빠들과 벤치에 앉아 담소를 나누는 남성들의 모습은 흔한 풍경이었습니다. 핀란드 출신의 미국인 전직 신문기자는 이런 북유럽 아빠들의 모습을 이렇게 이야기합니다. "기저귀를 안 갈면 진짜 남자가 될 수 없다는, 뭐 거의 그런 분위기야."[20] 그럼 이번에도 북유럽 남자들은 태어날 때부터 평등한 생각을 갖고 태어나고, 한국 남자들은 가부장적으로 태어난 것일까요? 그럴 리가 없죠. 이 것도 사회구조의 문제입니다.

북유럽에서도 성평등한 사회를 만드는 일은 쉽지 않았습니다. 건장한 남성이 아이를 안고 있는 포스터가 보이시죠. 대략 50여 년 전인 1976년에 스웨덴에서 만든 포스터입니다. 포스터의 남성은

'양육을 주도하는 아빠'라고 쓰여 있는 이 포스터는 1970년대 스웨덴에서 남성의 양육 참여를 촉진하려고 제작했다. 포스터의 건장한 남성은 당시 스웨덴에서 인기 있던 프로레슬링 선수이다.[21]

당시 스웨덴에서 가장 인기 있었던 프로레슬링 선수로 전형적인 '마초'의 상징이었죠. 스웨덴 사회는 이런 마초의 상징과도 같은 남성이 환한 웃음을 짓고 아이를 돌보는 모습을 포스터로 만들어 배포해 전형적인 남성성에 도전한 것입니다. 이런 노력이 반세기 가까이 지속되면서 지금과 같은 스웨덴이 된 것입니다.

이런 노력 덕분에 스웨덴의 성평등은 OECD 국가 중 가장 높은 수준입니다. 성별 임금격차도 스웨덴이 다른 어느 국가보다 적어요. 2019년 기준으로 남성이 백만 원의 임금을 받는다고 가정할 때 한국 여성은 67만 5천 원을 받는 데 반해 스웨덴 여성은 93만 4천 원을 받습니다.[22] 한국인은 이런 결과를 보고 성별 임금격차가 7.6퍼센트에 불과하다고 감탄할 것 같아요. 하지만 스웨덴 사람들은 아직도 7.6퍼센트의 차이가 있다고 한숨 쉴 것 같네요. 여성이 얼마나 남성과 동등한 조건에서 일할 수 있는지를 보여주는 '유리천장지수(Glass ceiling index)'가 있습니다. 여성의 날을 맞이해 영국의 경제 주간지 〈이코노미스트〉가 매년 발표하는 지표죠.[23] 2021년 스웨덴은 이 유리천장지수에서 1위일 정도로 성평등한 복지국가입니다([그림 5-5] 참고). 스웨

[그림 5-5] 2019년 OECD 주요 국가의 유리천장지수[24]

덴만이 아닙니다. 스웨덴에 이어 2위 아이슬란드, 3위 핀란드, 4위 노르웨이로 모두 북유럽 복지국가입니다. 덴마크도 6위에 있습니다. 부끄럽게도 한국의 유리천장지수는 〈이코노미스트〉가 지수를 발표한 이래 매번 최하위를 기록하고 있어요. 심지어 한국은 종교적으로 여성 차별이 심한 이슬람 국가인 터키보다도 낮습니다.

그러면 북유럽 사람들은 왜 성평등한 사회를 만들려고 하는 것일까요? 여성의 학력 수준이 점점 높아지니 능력 있는 인재를 국가 발전에 활용하기 위해서는 성평등한 사회가 되어야 한다고 생각했을 수도 있을 것 같군요. 한국에서도 더 많은 여성이 일해야 한다고 주장할 때 가끔 나오는 이야기입니다. 일부에서는 저출산을 해결하기 위해 여성이 일과 가족생활을 양립할 수 있도록 해주어야 한다고 주장하기도 합니다. 납득할 만한 주장입니다. 저도 오랫동안 그런 주장을 하고 다녔으니까요. 물론 지금도 전통적인 생각을 하고 계신 분들에게 성평등이 중요하다고 설득해야 할 때는 성평등을 경제성장, 국가경쟁력, 저출산 문제 등 사회경제적 과제와 연결해 이야기합니다. 하지만 의도가 어떻든지 간에 이 또한 4장에서 이야기한 것처럼 여성을 또 다른 방식으로 도구화하는 것이죠.

저는 북유럽 사람들이 이렇게 평등한 사회를 추구하는 가장 중요한 이유가 개인주의와 자율성의 가치를 가장 중요한 사회 구성 원리로 인식하는 사회적 합의가 있기 때문이라고 생각해요.[25] 국가도 가족도 사회도 아닌 개인이 가장 중요한 사회의 토대이고, 국가도 가족도 사회도 그 개인에 기초해 구성되어야 한다는 사회적 합의죠. 노르딕 사회에 사는 그 어떤 누구도 다른 사람에게 의존

누구에게도 간섭받지 않는 자유로운 소녀, 심성이 곧고 세상을 사랑하는 독립적인 소녀 '삐삐'. 왼쪽이 국내 출판사에서 출간된《내 이름은 삐삐 롱스타킹》, 오른쪽은 1945년에 출간된 《삐삐 롱스타킹》의 표지 그림이다.²⁸

할 필요가 없을 때 모든 개인은 동등한 시민이 될 수 있다는 것이지요. 그런데 이상하지 않나요? 개인주의와 개인의 자율성을 최고의 가치로 삼는 사회에서 어떻게 사회적 연대와 평등한 사회를 지향하는 복지국가를 만들 수 있었을까요? 그건 '사랑'에 관한 북유럽 사람들의 믿음이 우리가 생각하는 것과 다르기 때문입니다. 그들의 사랑에 관한 생각을 '스웨덴식 사랑 이론(a Swedish theory of love)' 또는 '노르딕 사랑 이론(a Nordic theory of love)'이라고 합니다. "서로에게 의존하지 않으며 불평등한 관계에 있지 않은 사람들만이 진정한 사랑과 우정을 나눌 수 있다"라는 것이죠.²⁶ 아마 여러분도 익숙한《말괄량이 삐삐》는 바로 이러한 노르딕 사회의 독립적인 개인의 전형적인 모습을 보여준다고 할 수 있습니다.

"가난한 자들을 자선으로부터, 아내를 남편으로부터, 성인 자녀를 부모로부터, 노년기의 부모를 성인 자녀로부터, 이런 자유의 명시적 목적은, 숨은 동기와 필요에서 벗어나 모든 인간관계가 완전히 자유롭고 진실해지도록 그리고 오직 사랑으로만 빚어지도록 만드는 것이다."[27]

상상해보세요. 여러분이 부모님으로부터 경제적으로 독립할 수 있다면, 여러분이 부모를 부양해야 할 필요도 없고, 누구도 다른 사람에게 의존해서 살아갈 필요가 없다면, 우리는 모두 정말 동등한 인간으로서 서로를 존중하고 사랑할 수 있지 않을까요. 북유럽 복지국가는 이런 노르딕 사랑에 기초해 복지제도를 만든 것입니다. 그런데 여러분이 걱정하는 소리가 여기저기서 들리는군요. 그렇게 개인주의와 개인의 자율성을 존중하면, 가족과 공동체의 유대가 약화되는 것은 아닌지 걱정되시죠. 가족을 중요하게 생각하는 것은 한국의 미풍양속인데, 북유럽 복지국가를 따라하다가 그 미풍양속을 해칠까 염려될 수도 있을 것 같습니다. 자녀를 위해 헌신하는 부모의 모습, 부모에게 효를 다하는 효성스러운 자녀, 형제간에 깊은 우애는 실제로 한국 사회가 그런 사회인지 여부를 떠나 한국 사회의 미덕이라고 알려져 있으니 여러분이 걱정하는 것도 이해가 됩니다.

하지만 걱정하지 마세요. 역설적으로 들릴지 모르겠지만, 북유럽 국가들의 가족 간 유대는 가족의 가치를 강조하는 국가들보다 훨씬 더 튼튼합니다. 조부모의 손주 양육 실태를 조사한 OECD 자료를 보면, 가족의 가치를 강조하고 가족의 유대가 튼튼하다고 알

　　　　　　　　　　　　　　　　　　이상한 성공

려진 남유럽 복지국가들보다 개인주의와 개인의 자율성을 강조하는 북유럽 복지국가들의 조부모가 손주를 더 많이 돌보고 있습니다. 스페인, 그리스, 이탈리아의 조부모가 적어도 한 명의 손주를 돌본 비율은 각각 39.5퍼센트, 44.5퍼센트, 47.0퍼센트입니다. 반면 덴마크와 스웨덴의 조부모 54.5퍼센트와 50.5퍼센트가 손주를 돌보았던 것으로 조사되었습니다.[29] 개인에 기초한 사회가 가족에 기초한 사회보다 가족의 유대가 더 든든하다는 것을 보여주는 대표적인 지표입니다.

놀랍지 않습니까? 개인이 독립할 수 있도록 국가가 헌신하는 사회에서 개인의 존엄은 물론 가족원들 간의 유대도 지켜지지요. 여러분이 부모님들을 경제적으로 부양해야 할 책임을 덜 수 있다면, 부모님들이 여러분을 양육해야 할 책임을 덜 수 있다면 모두 평등한 관계에서 서로를 온전히 존중하고 사랑할 수 있지 않을까요? 성평등도 마찬가지입니다. 어떤 성이 다른 성에 경제적으로 의존하고 돌봄을 의존한다면, 두 성은 결코 평등한 동반자가 될 수 없습니다. 우리 모두는 가족의 구성원, 특정한 성, 특정한 인종이기 이전에 존엄하고 동등한 권리를 갖는 인간이자 개인이라는 것을 잊지 말아야 합니다. 우리가 만들 복지국가가 바로 개인의 존엄에 기초해서 만들어져야 하는 이유입니다. 그 동등한 개인의 어깨 위에 우리의 복지국가가 있어야 합니다. 우리에게 새로운 '한국식 사랑 이론'이 필요한 것입니다.

물론 국가의 역할이 비대해지는 것에 대한 우려도 있습니다. 남성에게 의존하던 가부장제가 국가에 의존하는 가부장제로 바뀐 것

뿐이라는 페미니스트의 비판도 있습니다. 진지하게 성찰해야 할 비판입니다. 다만 과도한 국가주의와 관료주의의 문제는 그 사회의 민주주의의 질에 달려 있다고 생각합니다. 좋은 복지국가를 만들어 가는 길이 민주주의의 심화와 함께한다면, 그 국가는 시민의 다양한 이해를 대변하고 타협하고 합의하는 공동체가 될 것이기 때문입니다. 복지국가가 민주주의와 함께 성장해야 하는 이유입니다.

## ● 실패해도 다시 시작할 수 있는 사회

모든 개인이 존엄한 사회의 또 다른 출발점은 실패해도 괜찮은 사회를 만드는 것입니다. 실패해도 괜찮다니, 우리에게 익숙하지 않죠. 1등 해라, 성공해야 한다는 말을 주문처럼 듣고 자란 사람들에게 실패해도 괜찮다니요. 남들과의 경쟁에서 이겨서 스스로 탁월함을 증명해야 보상받는 사회에서 실패란 곧 무능하고 비참한 삶을 상징하니까요. 이러한 현상은 연구개발 사업에서도 나타납니다. 한국은 GDP 대비 연구개발 지출 비중이 OECD 회원국 중 두 번째로 높습니다.[30] 더 놀라운 것은 정부가 지원한 6만 3천 개의 연구개발의 성공률은 무려 98퍼센트에 달합니다. 뭐든 했다 하면 거의 백 퍼센트 성공합니다. 대단하죠. 그런데 곰곰이 생각해보면 자랑할 일이 아닙니다. 실패하지 않고 될 만한 것만 연구하니까 성공하는 것이지요. 남들도 다 성공할 연구를 하는 셈입니다. 장기적 지원도 없고, 연구비를 수많은 과제로 나누다

보니 연구비의 규모도 평균 10억 원이라고 합니다. 필요 없는 특허만 양산해 정부 연구기관에서 연구 성과로 얻는 수익도 전체 연구비의 3.1퍼센트로 미국의 10퍼센트와 큰 차이가 납니다.[31] 실패하면 다음번에 지원받을 수 없는데, 누가 실패를 각오하고 창의적인 연구를 하겠습니까. 실패가 괜찮을 리 없죠.

그러면 도대체 실패해도 괜찮은 사회란 어떤 사회인가요? 여러분은 이미 답을 알고 있습니다. 대한민국 청년들이 그렇게 공무원시험 준비에 열을 올리는 이유가 무엇입니까? 결정적 잘못을 하지 않는 한 실직을 두려워하지 않아도 되기 때문입니다. 승진은 못 해도 정년은 보장되니까요. 그러니 앞 장에서 이야기한 것처럼 무려 40만 명이 넘는 청년들이 공무원시험에 인생의 전부를 거는 것입니다.[32] 그런데 여러분 스스로에게 물어봅시다. 공무원이 정말 하고 싶은 일인가요? 여러분은 9급 공무원으로 일하고 있는 자신의 모습을 생각하면 가슴이 뛰나요? 어떠세요. 극소수를 제외하고 대부분은 그렇지 않을 것 같아요. 그럼 여러분은 무엇을 하고 싶으세요. 여기서 여러분이 정말 어떤 삶을 원하는지 다 이야기할 수는 없지만, 여러분 나름대로 꿈이 있고 그 일을 하고 싶다는 생각을 해보았을 것입니다. 태어나면서부터 꿈이 9급 공무원인 사람은 없을 테니까요.

얼마 전 JTBC에서 방영한 〈싱어게인〉이라는 예능프로그램을 본 적이 있습니다. 무명가수들로 구성된 71개 팀이 경연하는 프로그램이었어요. 중간중간에 뜬금없이 튀어나오는 광고는 보는 사람을 지치게 했지만, 그 경연에 참여한 사람들의 이야기는 정말 흥미진진하고 마음이 아팠습니다. 노래가 좋아서, 노래를 하고 싶지만 먹고살기 위해 원하지 않은 일을 해야 하는 무명가수들의 모습이 남의 이야기가 아니라 지금 이 시대를 살아가는 대한민국 모든 청년의 이야기라는 생각이 들었어요. 그리고 너무나 단순하게 이런 생각을 했습니다. 만약 대한민국에서 모든 사람이 자신이 하고 싶은 일을 해도 기본생활이 보장된다면, 사람들은 어떤 선택을 할지 궁금했습니다. 아마 지금보다는 더 많은 사람이 자신이 하고 싶은 일을 하려고 시도하지 않을까요. 대한민국이 실패해도 기본생활을 보장하는 사회라면 말이죠. 많은 청년이 자신의 재능을 발휘하기 위해 두려움 없이 도전할 것입니다. 이렇게 실패해도 괜찮은 사회가 되면, 한국도 개인의 창의성에 기초한 진짜 혁신 사회가 되지 않을까요. 혁신은 시도한다고 모두가 성공할 수 있는 것이 아니잖아요. 성공하는 사람보다 실패하는 사람이 더 많은 것이 정상입니다.

코넬 대학교는 국가들의 글로벌 혁신지수와 GDP 대비 사회지출 간의 상관관계를 분석했는데, 이 조사 결과에서 한국 사회가 직면한 문제의 실마리를 찾을 수 있을지도 모릅니다. 이 분석을 보면 스웨덴, 덴마크 등 북유럽 국가들의 글로벌 혁신지수와 GDP 대비 사회지출은 모두 높게 나온 반면, 멕시코, 칠레, 콜롬비아 등의 국가에선 두 지표가 모두 낮게 나왔습니다. 즉, 글로벌 혁신지수와 GDP 대비 사회지출은 일정 수준에서 정의 관계를 갖고 있는 것으로 나타납니다. 물론 국가의 혁신지수에 미치는 다른 중요한 요인들이 있겠지만, 이 조사를 통해 복지지출을 많이 하는 국가일수록 혁신지수가 높다고 가정해볼 수 있습니다. GDP 대비 사회지출이 증가함에 따라 혁신지수가 높아지는 것으로 나타났으니까요.

이상한 성공

OECD 회원국만이 아닌 비회원국까지 포함시키면 둘의 관계는 더욱 분명해집니다. 왜 그럴까요? 복지지출 수준은 한 사회가 국민의 기본적인 생활 보장 여부를 보여주는 지표 중 하나이기 때문일 것입니다.

그런데 글로벌 혁신지수는 흥미로운 결과를 보여줍니다. 상대적으로 GDP 대비 복지지출이 낮은 스위스가 글로벌 혁신지수 순위에서 1위를 차지하고 있고, 미국과 영국이 각각 3위와 4위에 있습니다. GDP 대비 사회지출이 OECD 평균의 절반에 불과한 한국은 10위입니다. 웬만한 서유럽의 복지국가들보다 높습니다. 반면 모범적 복지국가로 알려진 국가 중에서는 스웨덴(2위)만 미국과 영국보다 높고, 덴마크(6위)와 핀란드(7위)는 모두 순위가 낮습니다. 노르웨이는 20위입니다. GDP 대비 복지지출을 가장 많이 하는 프랑스는 11위, 스웨덴과 유사한 복지지출을 하고 있는 이탈리아는 28위입니다.

왜 이런 현상이 나타나는 걸까요? 두 가지를 이야기하고 싶습니다. 하나는 제가 늘 강조하는 것인데, 높은 복지지출이 반드시 좋은 복지국가를 만들지는 않는다는 것입니다. 이탈리아와 스웨덴의 복지지출 수준은 유사하지만, 소득불평등은 이탈리아가 스웨덴보다 훨씬 큽니다([그림 5-6] 참고). 그래서 혁신이 활발하게 일어나기 위해서는 복지지출 수준을 높이는 것과 함께 그 복지지출이 모든 사람에게 골고루 돌아갈 수 있게 분배되어야 한다는 것입니다. 그래야 불평등이 낮아지고, 불평등이 낮아야 사람들이 평등한 기회를 갖게 되니까요. 혁신지수에서 나타나는 이탈리아와 스웨덴의 차이는 바로 여기에 있습니다. 다른 하나는 높은 혁신역량이 반드시 좋은 복지국가를 동반하지 않을 수도 있다는 것입니다. 소득불평등 수준이 복지국가의 질을 보여주는 지표 중 하나라고 하면, 소득불평등이 낮을수록 보편적 복지국가라고 할 수 있겠지요. 스웨덴, 핀란드, 독일, 덴마크 등의 불평등 수준이 낮은 이유입니다. 그런데 불평등이 큰데도 혁신지수가 높은 국가들이 있습니다. 미국과 영국이 대표적인 사례입니다. 이 두 국가의 소득불평등 수준은 칠레와 멕시코를 제외하면 OECD 회원국 중 가장 높은 수준입니다. 한국도 마찬가지입니다. 북유럽 복지국가들과 비교해 소득불평등 수

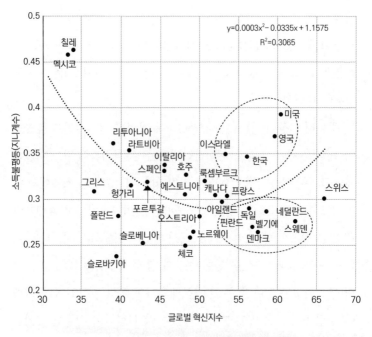

[그림 5-6] 글로벌 혁신지수와 소득불평등(지니계수)[33]

이상한 성공

준이 높은데도 혁신 수준에서는 앞서 있습니다.

　이런 결과가 나타난 이유는 혁신이 소수의 잘 훈련된 엘리트에 기초하는지, 아니면 보편적으로 이루어지는지의 차이가 아닐까 합니다. 한국 교육이 치열한 경쟁으로 엘리트를 선별하는 것은 잘 알려진 사실입니다. 미국도 마찬가지고요. 다시 말해, 한국과 미국은 소수의 엘리트를 골라내는 방식으로 혁신역량을 높이는 국가라는 것입니다. 사실상 사회의 모든 시스템이 그렇게 만들어져 있습니다. 한국의 특목고와 같은 엘리트 고등학교의 존재가 이를 방증하는 것이죠. 이들이 소위 명문 대학교에 얼마나 많이 진학하는지는 이미 앞 장에서 언급했습니다.

　미국도 다르지 않습니다. 미국의 11개 엘리트 대학의 입학생 중 최고 소득분위 가정 출신의 비율이 무려 절반에 가까운 것으로 알려져 있습니다. 반면 최하위 소득계층의 비율은 10퍼센트에 불과합니다.[34] 반면 핀란드와 스웨덴은 한국, 미국과는 완전히 다른 시스템을 운영합니다. 부모의 사회경제적 지위가 학생들의 성취에 큰 영향을 주지 않도록 교육과정이 운영됩니다. 보편적 복지국가는 부모의 사회경제적 지위가 학생에게 미치는 영향을 최소화하는 역할을 합니다. 북유럽 복지국가에서의 인재는 경쟁이 아니라 협력을 통해 길러지는 것이지요.[35] 이런 사회에서 혁신역량은 소수 엘리트의 전유물이 아니라 모두가 공유하는 역량이 되는 것입니다. 그러면 높은 혁신역량의 사회가 [그림 5-6]처럼 왜 두 집단으로 나누어지는지를 이해할 수 있습니다.

　한국은 어떤 길을 가야 할까요? 핀란드와 스웨덴의 길일까요?

아니면 미국과 영국의 길일까요? 판단은 여러분의 몫입니다. 다만 분명한 것은 국민을 엘리트와 평범한 사람들로 구분하고, 그 구분이 세대를 넘어 세습되는 사회는 지속가능한 사회가 되기 어렵습니다. 한국 사회가 직면한 심각한 출산율 저하, 높은 자살률은 이러한 사실을 확인해주는 것이지요. 저는 한국이 평등하면서 높은 혁신역량을 갖춘 복지국가가 되었으면 합니다.

## 국가는 가정이 아니다

이쯤 되면 많은 분이 이런 생각을 할 것 같군요. "다 좋은데요, 돈은 누가 내나요?", "정부가 복지지출을 많이 해서 좋은 복지국가를 만드는 건 좋아요. 그런데 그게 다 우리가 낼 세금 아닌가요?", "정부가 그렇게 돈을 마구 쓰면 국가부채가 급증할 거고, 결국 아르헨티나처럼 파산하게 되는 거잖아요. 그러니 조금 힘들더라도 규모에 맞게 지출하는 것이 맞다고 생각해요", "지금 세대를 위해 나라가 빚을 많이 져서 미래세대에게 부담을 주면 안 될 것 같아요", "솔직히 내가 낸 세금을 복지를 위해 쓴다는 것을 어떻게 믿을 수 있나요?" 복지국가는 좋은데, 돈과 신뢰가 문제라는 이야기군요.

마거릿 대처도 여러분과 같은 생각을 했던 것 같아요. 대처는 1979년 영국 수상에 취임하면서 이런 말을 합니다. "가정을 운영하는 문제를 이해하는 여성은 누구나 국가를 어떻게 운영할지 더 잘 이해할 것입니다."[36] 굉장히 평범한 말처럼 들리죠. 하지만 대처의 이 말에는 지난 40여 년 동안 세계자본주의를 지배했던 대단히 중요한 원칙이 담겨 있었어요. 만약 국가와 가정을 운영하는 원리가 같다면, 빚을 잔뜩 져서 행복한 삶을 살 수 없는 가정처럼 국가도 빚을 잔뜩 지고는 운영할 수 없다는 의미가 있었어요. 국가를 건전하게 운영하기 위해서는 가정처럼 국가도 감당할 수 없는 빚을 지지 않는 것이 중요하다는 것입니다. 국민이 힘들어도 어쩔 수 없는 것이지요. 국가를 망하게 할 수는 없으니까요. 국가가 복지지출을 줄이고, 국민의 일자리를 지키는 일에 손을 떼는 출발점이었습니다. 여러분이 많이 들어본 '신자유주의'라는 이념의 핵심입니다. 1980년대 이후 많은 나라가 경제위기에 직면해 IMF에 구제금융을 요청했을 때마다 IMF는 공공부문의 지출을 줄이는 조건, 특히 보건의료와 복지를 줄이는 조건으로 돈을 빌려주었던 이유도 바로 이런 신자유주의 이념에 근거한 것이었습니다. 건전한 재정이 경제성장을 지속가능하게 한다는 논리였지요.

국가의 살림살이가 가정과 같아야 한다는 이런 이야기는 매우 직관적이고 설득력이 있습니다. 하지만 우리는 국가의 재정이 가정과는 근본적으로 다르다는 것을 알아야 해요.[37] 국가는 가정이 아니거든요. 국가경제(국민경제)는 가계, 기업, 정부, 해외 이 4개의 주체로 구성됩니다. 그중 대처가 이야기한 것처럼 가계의 적자는 그 가계의 지속가능성을 위협하는 아주 위험한 일입니다. 그러면 발권력이 있는 독립적인 정부는 어떨까요? 정부는 다릅니다. 국민경제의 눈으로 보면 정부의 적자는 가계와 달리 단순한 적자가 아닙니다. 정부가 적자를 내서 지출을 하면 그 돈은 어디로 흘러갔을까요. 그렇지요. 그 돈은 개별 가계와 기업의 호주머니에 들어갑니다(여기서는 일단 해외 부문은 제외하고 이야기하겠습니다). 정부의 입장에서 보면 적자이지만, 가계와 기업의 입장에서 보면 정부가 적자를 보는 것만큼 수입이 늘어난 것이지요. 그러면 이제 국가 전체로 보면 어떨까요? 네, 맞습니다. 정부가 적자를 진 것만큼 가계는 흑자를 보는 것이니 국가 전체로 보면 균형이 이루어진 것입니다.[38] 반대의 경우도 마찬가지고요. 정부가 긴축을 해 흑자를 보면 국민경제에서 가계나 기업 중 누군가는 적자를 보게 됩니다. 이 또한 국민경제 차원에서 균형을 이루는 것이지요. 그래서 한국처럼 국가부채가 적은 국가는 가계부채가 큰 것입니다. 2020년 2분기 기준으로 한국의 가계부채는 GDP 대비 98.6퍼센트인데, 국가부채는 그 절반인 45.2퍼센트에 불과했어요. 반면 다른 선진국은 가계부채가 GDP의 75.3퍼센트였고, 지난 20년간 거의 늘어나지 않았어요. 대신 국가부채는 GDP의 126.7퍼센트였고, 지난 20년간 크게 증가했지요.[39] 다시 말해 경제위기가 닥쳤을 때 국가가 적극적으로 대응하지 않으면, 그 책임이 온전히 가계의 빚으로 넘어간다는 것입니다.

그래서 정부지출은 기본적으로 수입과 지출이 일치하면 좋겠지만, 정부지출의 가장 중요한 목적은 수입과 지출을 일치시켜 균형재정을 이루는 것이 아닙니다. 왜 그러냐고요? 국가가 왜 존재하는지를 물어보면 됩니다. 국가의 존재 이유는 외부의 적은 물론이고 다양한 사회 위험으로부터 국민의 삶을 안전하게 지키는 것입니

이상한 성공

다. 국민의 삶이 어려워지고 있는데 적자를 지지 않기 위해 지출하지 않는다는 것은 국가가 자신의 존재 이유를 잊은 것입니다. 생각해보세요. 부강한 국가는 어떻게 만들어집니까? 국민이 건강하고 행복한 삶을 누려야 국가가 부강해지는 것입니다. 국민이 어려울 때, 불평등을 줄이기 위해, 빈곤을 없애기 위해, 질 좋은 교육과 서비스를 제공하기 위해 국가가 적극적인 재정정책을 펴면서 생기는 적자는 꼭 필요한 적자입니다. 더욱이 그렇게 만들어진 적자는 경제를 건강하게 만드는 밑거름이 되어 다시 국가를 부강하게 하는 역할을 하죠.

2008년 세계금융위기가 유럽을 강타했을 때 파산 직전까지 몰린 아이슬란드와 그리스를 이야기해보죠. 인구가 30만 명이 조금 넘는 아이슬란드는 높은 금리로 외국자본을 유치하면서 놀라운 성장을 하고 있었습니다.[40] 그런데 미국발 금융위기가 밀려오자 아이슬란드 GDP의 9배에 달했던 외국 투자 자본이 2008년 10월, 불과 일주일 만에 썰물처럼 빠져나갔습니다. 아이슬란드의 대형 은행들은 파산하고, 주가는 90퍼센트 가까이 폭락합니다. 아이슬란드는 혼자 힘으로 도저히 이 위기를 벗어날 수 없을 것 같았어요. 아이슬란드는 IMF에 구제금융을 신청합니다. IMF는 한결같았습니다. 이번에도 21억 달러를 빌려주는 조건으로 공공지출을 GDP의 15퍼센트까지 감축할 것을 요구합니다. 긴축을 요구한 것이지요. 게다가 2016년부터 2023년까지 아이슬란드 국민 총소득의 50퍼센트를 은행 파산으로 손해를 본 개인투자자들에게 되돌려줄 것을 요구합니다. 긴축에 찬성하는 사람들은 긴축을 해 투자자들에게 신뢰를 주어야 아이슬란드에 재투자를 하고 경제회복도 가능하다고 주장했습니다. 아이슬란드 사람들은 고민에 빠집니다. IMF의 요구를 받아들이자니 국민의 삶이 어려워지고, 거부하자니 국가가 파산에 직면할 것 같고, 진퇴양난에 직면합니다.

더욱이 IMF는 정부지출이 경제를 성장시키기보다는 위축시킨다고 주장했어요. IMF는 정부지출이 1달러 증가할 때 추가로 만들어지는 가치는 0.5달러(재정승수효과=0.5)밖에 되지 않기 때문이라는 것이었어요. 군비를 지출하는 것이나 교육환경을 개선하는 것이나 정부지출의 승수효과는 모두 같다고 주장했죠. 그러니 정부지출을 줄이는 것만이 경제를 회복시키는 유일한 길이라고 IMF가 이야기했던 것입니다. 결국 아이슬란드는 이 문제를 국민투표에 붙이기로 했어요. 그리고 아이슬란드 국민은 현명한 결정을 합니다. 93퍼센트의 국민이 IMF의 요구를 거부했습니다. 아이슬란드 정부는 해외투자자에게 진 부채의 상환을 유보하고, IMF의 요구와는 정반대로 국민의 삶을 안정화시키기 위해 정부지출을 더 늘렸습니다. 난리가 났습니다. 언론은 아이슬란드가 망할 것처럼 보도했죠.

그리스도 아이슬란드처럼 2008년 금융위기 여파로 어려움에 직면해 IMF에 구제금융을 요청합니다. 이번에도 IMF는 2010년 5월 국영기업과 기간시설을 민영화하고, 사회보장예산을 축소하는 조건으로 돈을 빌려주겠다고 했습니다. 향후 3년 동안 그리스 GDP의 10퍼센트 수준으로 정부예산 감축을 요구한 것입니다. 그리스 국민도 아이슬란드처럼 국민투표를 정부에 요구했지만 받아

들여지지 않았어요. 민주주의가 작동하지 않았습니다. 하지만 긴축으로 사회적 문제가 심각해지자 그리스 정부는 두 번째 긴축 프로그램에 앞서 국민투표를 시행하겠다고 선언합니다. 하지만 그리스 정부는 국민투표에 반대하는 트로이카(유럽중앙은행, 유럽위원회, IMF)와 독일의 압력에 굴복합니다. 국민투표는 또다시 없었던 일이 됩니다. 그리고 2012년 11월에는 세 번째 추가 지원이 있었고, 이번에도 IMF는 복지지출의 삭감을 요구했습니다.

만약 IMF의 우격다짐처럼 긴축이 경제를 회생시키고 국민 생활을 안정시키는 지름길이라면 아이슬란드와 그리스 중 어느 나라가 경제를 먼저 회복하고 국민의 삶이 나아졌을까요? IMF가 맞았다면 위기를 극복하고 상황이 나아진 나라는 IMF의 모범생인 그리스였을 것입니다. 하지만 트로이카의 요구를 충실히 이행했던 그리

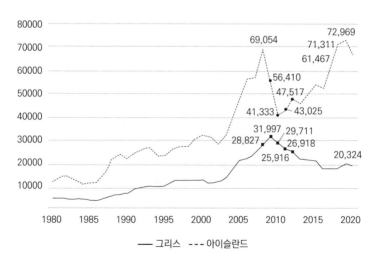

[그림 5-7] 아이슬란드와 그리스의 1인당 GDP[41]

스는 금융위기가 발생한 지 10년이 지난 지금도 위기에서 벗어나지 못하고 있습니다. 국민의 생활은 더 어려워졌고요. 위기를 극복한 나라는 역설적이게도 IMF의 요구를 거부했던 아이슬란드였습니다. 위기가 발생했던 2008년에 69,054달러였던 아이슬란드의 1인당 GDP는 위기 직후인 2010년 41,333달러까지 떨어집니다. 하지만 2010년 이후 반등하기 시작해 2018년이 되면 위기 이전 수준으로 회복합니다. 10년이나 걸렸지만, 2010년 이후 꾸준히 경제가 회복되었습니다. 반면 IMF의 요구를 충실히 따랐던 그리스의 1인당 GDP는 2009년 31,997달러를 정점으로 계속 낮아져 10년이 지난 2019년에도 2009년 수준에 한참 미치지 못하는 2만 달러를 겨우 넘기게 됩니다.

회복 속도도 차이가 났습니다. 그리스의 GDP는 2008년 마이너스성장을 기록한 이후 2017년까지 2013년을 제외하고 9년 동안 마이너스성장을 기록합니다. 반면 아이슬란드는 2009년과 2010년 마이너스성장을 기록한 이후 계속 플러스성장을 합니다.[42] 빈곤율(중위소득의 50퍼센트 이하)을 보면 더 극명하게 차이가 납니다. 2009년 그리스의 빈곤율은 12.9퍼센트에서 2011년에는 15.1퍼센트까지 올라갑니다. 반면 아이슬란드는 2008년 6.6퍼센트에서 2009년 6.2퍼센트로 낮아졌고, 2011년 5.8퍼센트, 2013년에는 4.5퍼센트까지 내려갑니다.[43] 경제위기가 발생했는데도 아이슬란드의 빈곤율은 더 낮아집니다. 국가부채는 어떨까요? 그리스는 IMF의 요구대로 긴축했으니 국가부채가 줄어들고, IMF의 요구를 거부하고 지출을 늘린 아이슬란드의 국가부채는 증가하는 것이 맞겠죠. 하지만 이번에도 결과는 반대로 나타납니다. 그리스의 국가부채는 2008년 GDP의 117.5퍼센트에서 2019년 200.2퍼센트까지 2배 가까이 증가합니다. 반면 아이슬란드의 부채는 2008년 80.4퍼센트에서 2010년 97.7퍼센트까지 높아졌다가 점점 감소해 2019년이 되면 71.7퍼센트로 위기 이전보다 더 낮아집니다.[44]

자, 이쯤 되면 누가 승자인지 분명해진 것 같습니다. 경제위기에 직면해 긴축을 거부하고 국민의 안전한 생활을 지켰던 아이슬란드의 대응이 적절했다는 것은 이제 누구나 알 수 있을 것 같군요. 아, 아이슬란드는 인구가 너무 적은 스머프 나라라 다른 나라와 비교하기 어렵다고 주장할 수도 있을 것 같군요. 그래요. 하지만 그렇게 이야기하면 국가 간 비교는 불가능합니다. 인구가 14억인 중국과 비교할 나라가 지구상에 존재할까요? 인구를 이야기하기 전에 긴축이 실패한 정책이라는 것은 무수히 많은 연구에서 확인된 내용입니다. 아이슬란드만의 특별한 경우가 아니라는 것입니다. 1997년 말레이시아, 태국, 인도네시아에서 외환위기가 발생했을 때도 IMF의 요구를 거부한 말레이시아가 IMF의 요구에 순응했던 태국과 인도네시아보다 더 좋은 성과를 냈다는 것은 익히 알려진 사실입니다. IMF가 오판한 것입니다. 정부지출의 승수효과(재정승수)는 IMF가 주장한 0.5가 아니라 1.7에 가까웠고, 복지와 교육에 지출하는 정부지출의 승수효과는 3.0이 넘는 것으로 밝혀졌습니다. 노벨경제학상을 받은 조지프 스티글리츠는 아이슬란드 방송에 출현해 "IMF가 긴축을 하라고 하면 당장 쫓아내버리십시오"라고 말할 정도였습니다.[45] 결국 IMF도 자신들의 잘못을 인정하죠. IMF도 재정건실화를 위해 GDP의 1퍼센트포인트를 긴축할 때마다 성장률은 예상치보다 1퍼센트 낮아진다는 연구 결과를 발표합니다.[46] 긴축이 잘못된 정책이라는 것을 어려운 수식으로 에둘러 표현했지만요.

정부지출의 가장 중요한 목적은 재정건전성을 유지하는 것이 아니라 국민의 안전한 생활을 보장하는 것임을 다시 강조할 필요가 있겠네요. 물론 정부지출에도 한계가 있습니다. 정부지출은 인플레이션이 발생하지 않는 수준까지만 긍정적인 역할을 합니다. 즉 인플레이션을 유발하지 않는다면, 세입보다 큰 지출도 국가경제 전체로 보면 경제를 성장시키고 국민 생활을 안정화시키는 데 긍정적인 역할을 합니다. 실제로 1929년의 대공황과 2008년 금융위기라는 커다란 경제위기는 국가를 운영하는 당국자들에게 긴축이 얼마나 위험한 정책인지 깨닫게 해줬습니다. 그래서 그런지 2020년 코로나19 팬데믹이 닥치자 거의 모든 선진국 정부가 엄청난 재정적자를 감수하면서 대규모 지원을 했던 것입니다. 그리스가 위기에 처했을 때는 인정사정없이 꼭 필요한 복지지출도 줄이라고 요구했던 독일도 자신이 위기에 직면하자 무려 GDP의 11퍼센트에 이르는 현금지원을 했으니까요. GDP 대비 국가부채도 2020년 한 해에만 무려 13.8퍼센트포인트나 늘립니다.[47] 독일은 위기에 직면하자 그리스에 적용했던 엄격한 재정균형의 잣대를 적용하지 않았어요. 어디든 약소국의 운명이라는 것은 참 쓸쓸합니다. 독일만이 아닙니다. 튼튼한 복지국가를 제도화한 북유럽 복지국가들을 제외하고는 대부분의 선진국이 엄청난 재정적자를 감수하고 국민을 지원합니다.

그런데 코로나19 상황에서도 예외가 있습니다. 한국입니다. 북유럽 복지국가를 제외하면 2019~2020년 한국의 국가부채는 6.5 퍼센트포인트 증가하는 데 그쳐 비교 대상국 중 가장 낮은 수준이 었습니다.[48] 물론 이전 정부의 위기 대응과 비교해보면, 코로나19 위기에 대한 문재인 정부의 대응은 적극적이었다고 평가할 수도 있어요. 그러나 정부는 코로나19 팬데믹으로 수많은 국민이 직장과 소득을 잃고 어려움에 처했다는 사실을 간과한 것 같아요. 정부가 강제적으로 사회적 거리 두기를 시행하면서 자영업자들이 어려워지자 시민사회와 정치권에서 자영업자의 손실을 보상해주자는 제안들이 있었습니다. 그러자 홍남기 경제부총리 겸 기획재정부장관은 "재정은 화수분이 아니기 때문에 재정 상황, 재원 여건도 고려해야 할 중요한 정책 변수 중 하나라는 점을 늘 기억해야 한다"라고 이야기했어요.[49] 맞는 말입니다. 재정은 아무리 써도 줄지 않는 화수분이 아닙니다. 더불어 정부의 확장적 재정정책이 인플레이션을 자극하는 일도 없어야 합니다.

하지만 코로나19 팬데믹과 같은 엄청난 경제위기로 많은 국민이 일자리를 잃고 가게 문을 닫았는데, 국가가 재정건전성에만 매달리고 더 어려울 때를 대비해 국가재정을 건전하게 유지해야 한다고 이야기하는 것은 그리스처럼 어리석은 일을 반복하는 것입니다. 우리가 왜 저축을 하나요? 여러분이 돼지 저금통에 돈을 모은다고 합시다. 여러분이 돈을 모으는 이유는 무엇인가요? 각자의 이유가 있겠지만, 아마 어려울 때를 대비하기 위한 것이 아닐까요. 어려운 시기가 오면 그 저금통에서 돈을 꺼내 생활에 보태기 위해 돈을 모으는 것이 아닐까요. 현재 1929년 대공황에 버금가는 위기가 찾아왔는데도 정부가 재정적자를 걱정하면서 무너지는 민생을 제대로 돌보지 않는 것은 문제가 있습니다. 국민의 생활이 안정되고 나서야 성장이 있고 재정건전성도 있는 것이 아닐까요. 독일처럼 재정건전성에 엄격한 국가조차 이번 코로나19 위기에 엄청난 재정적자를 감내하면서까지 국민을 왜 지원했는지 한국 정부는 생각해볼 필요가 있습니다. IMF도 정책기조를 바꾸어 긴축은 위험한 정책이라고 이야기하고, 각국 정부에 적극적 재정정책을 요구하고 있습니다. 과거의 정책 실패로부터 얻은 경험이지요. 이런 정책 경험이 쌓이면서 IMF는 1980년대부터 인플레이션 통제와 균형재정 유지를 목표로 했던 경제정책 기조를 국민의 고용보장과 소득을 늘리는 방향으로 전환합니다.[50] 코로나19에 대응해 IMF가 각국에 적극적 재정정책을 요구했던 것도 이런 맥락에서 나온 것입니다. 국가가 가정과 다른 이유입니다.

## ● 세금을 올려도 될까?

적자가 필요하지만, 적자를 늘리는 것만으로는 지속가능한 좋은 복지국가를 만들기가 어렵습니다. 지금보다 세금도 더 늘려야 합니다. 그런데 부자들에게 세금을 걷는 것만으로는 좋은 복지국가를 만들 수 없어요. 그래서 부자나 가난한 사람이나 모두 능력껏 세금을 내야 해요. 다만 고소득자들이 가난한 사람들

이상한 성공

보다 더 높은 비율로 세금을 내는 것은 당연하겠지요. 연간 1,200만 원 버는 사람이 소득의 6퍼센트 세금을 내고, 10억 원 이상 버는 사람이 10억 원을 초과하는 소득에 대해 60퍼센트의 세금을 내는 것은 그리 불공정한 것이 아니겠지요. 연소득 10억 원이 넘는 사람이 1억 원을 더 벌어 11억 원의 소득을 올리면 추가로 번 1억 원에 대해 6천만 원을 세금으로 걷어도 여전히 4천만 원의 추가 소득을 얻는 것이니까요. 소득수준과 관계없이 모든 사람이 세금을 내고 부자가 더 내는 방식을 누진적 보편증세라고 합니다. 사실 한국은 OECD 국가와 비교하면 세금을 적게 내고 있습니다([그림 5-8 참고]). OECD 국가 평균 수준의 복지국가를 만들려면 OECD 국가의 평균 수준의 세금을 내는 것이 상식이겠죠.

　그런데 세금을 늘릴 수 있을까요? 국가를 믿을 수 없으니 어려운 일이죠. 한국인들은 한국을 스웨덴과 같은 복지국가로 만드는 것

[그림 5-8] 한국과 OECD의 GDP 대비 국민부담률과 조세부담률[51]

에 대체로 동의하는 것 같습니다. 하지만 스웨덴처럼 소득의 절반을 세금으로 내는 것에는 동의하지 않는 것 같아요. 모순적이지만 이해가 됩니다. 스웨덴 사람들도 날 때부터 세금 내는 것을 좋아하는 사람들은 아니었어요. 사민당을 지지하는 사람들도 사민당 정부가 1950년에 소비세(판매세)를 도입하려고 하자 반대했어요.[52] 소비세의 도입을 지지하는 국민은 39퍼센트에 불과했어요.[53] 스웨덴 시민들은 우리는 충분히 세금을 내고 있으니 부자들과 기업에 세금을 걷으라고 요구했죠. 당연한 일이겠죠. 그런데 스웨덴 정부는 어떻게 국민의 반대를 뚫고 세금을 늘리고 복지국가를 확대했을까요.

저는 두 가지가 중요했다고 생각해요. 하나는 맛을 보여주는 것이 먼저이고, 증세는 그다음이라는 것입니다. 좋은 복지국가를 만들 터이니 정부를 믿고 세금을 더 내라는 것은 좋은 접근 방법이 아닙니다. 정부가 먼저 복지를 확대해 국민의 어려움을 덜어주고 국민이 정부가 하는 일에 동의하면 그때 세금을 더 내는 일을 함께 논의할 수 있다고 생각해요. 두 번째는 공정성과 투명성입니다. 세금을 걷으면 그 세금이 어떻게 쓰이는지 국민에게 투명하게 공개해야 합니다. 그리고 누가 얼마나 돈을 벌고 세금을 내는지도 모든 국민이 알 수 있게 투명하게 공개하는 것이 필요합니다. 북유럽에서는 누구나 다른 사람의 소득과 세금납부액을 열람할 수 있을 정도로 세금을 투명하고 공정하게 걷습니다. 물론 거기도 완벽하지는 않겠지만요. 그리고 세금은 단순히 국가 운영에 필요한 재원을 마련하는 수단을 넘어 부의 불평등을 완화하는 적극적 수단이라는 것도 잊지 말아야 합니다. 세금을 투명하고 공정하게 걷는 정부라야 국민이 정부를 믿고 세금을 더 낼 수 있겠지요.

## 증세, 이렇게 하면 어떨까?

그래서 저는 앞으로 20년 동안 4단계에 걸쳐 점진적으로 증세할 것을 제안합니다. 간단하게 이야기하면 제일 먼저 조세의 공정성을 갖추는 것입니다. 누가 얼마의 세금을 내는지, 그 사람의 소득은 얼마인지를 정확하게 파악하고 공정하게 세금을 부과하는 것입니다. 요즘은 소득을 실시간으로 파악할 수 있을 정도로 기술이 발전했으니 그리 어려운 일은 아닐 거라고 생각합니다. 그리고 부자나 대기업에 이롭게 만들어진 조세감면 제도는 없애는 것이 좋겠습니다. 심각해지는 기후위기에 대응하기 위해 다른 선진국처럼 탄소세를 도입하는 것도 1단계에서 적극적으로 검토할 필요가 있습니다. 물론 걷은 세금을 효율적으로 사용하는 것도 잊지 말아야지요. 정부는 이렇게 모은 세금을 국민의 복지를 위해 어떻게 쓰이는지 투명하게 보여주면 좋겠습니다. 두 번째 단계는 소득 활동을 하는 모든 사람과 기업에 세금을 걷는 것입니다. 돈을 많이 버는 사람과 기업은 지금보다 더 세금을 내고, 지금까지 세금을 내지 않았던 계층은 버는 만큼 합당한 세금을 내는 것입니다. 정부는 이렇게 모인 세금을 국민의 복지 확대를 위해 투명하게 사용해야 합니다.

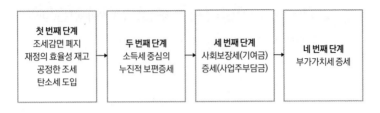

| 첫 번째 단계 | 두 번째 단계 | 세 번째 단계 | 네 번째 단계 |
|---|---|---|---|
| 조세감면 폐지<br>재정의 효율성 재고<br>공정한 조세<br>탄소세 도입 | 소득세 중심의<br>누진적 보편증세 | 사회보장세(기여금)<br>증세(사업주부담금) | 부가가치세 증세 |

**[그림 5-9] 20년 동안 4단계 점진적 증세방안**

세 번째 단계는 사회보장세(사회보험 기여금)를 높이는 것입니다. 다만 2018년을 기준으로 노동자가 내는 사회보험료는 GDP 대비 2.9퍼센트로 OECD 회원국의 평균인 3.3퍼센트의 87.9퍼센트에 이르는 점을 고려해 낮은 수준의 증세가 필요합니다. 대신 기업의 기여분은 OECD 회원국 평균인 GDP의 6퍼센트의 절반인 51.6퍼센트에 불과한 3.1퍼센트만 부담하고 있기 때문에 지금보다 많이 높일 필요가 있습니다. 물론 이 과정에서 기업이 부담하고 있는 퇴직연금을 어떻게 할지도 함께 고려해야 할 것 같습니다. 더불어 사회보험료를 올릴 때 지금 한참 논의 중인 전국민고용보험처럼 임금노동자를 위한 사회보험에서 자영업자를 포함한 모든 노동자를 위한 사회보험으로의 전환을 고려해 증세안을 마련할 필요가 있습니다. 물론 이번에도 새롭게 걷은 세금이 반드시 국민의 복지를 위해 쓰인다는 것을 국민에게 투명하게 보여주어야 하고요.

마지막으로는 부가가치세를 인상하는 것입니다. 북유럽의 부가가치세가 25퍼센트에 달한다는 사실을 참고하면, 현재 10퍼센트에 불과한 한국의 부가가치세를 높일 필요가 있어요. 다만 부가가치세는 소득이 적은 사람에게 상대적으로 더 많이 걷는 역진적 성

이상한 성공

격이 있기 때문에 이 점을 충분히 고려할 필요가 있어요. 예를 들어 소득과 관계없이 누구나 필요한 생필품의 부가가치세는 올리지 않고, 생필품으로 분류되는 항목을 제외한 나머지 상품과 서비스는 부가가치세를 점진적으로 올리는 것이 필요합니다.

이렇게 4단계에 걸쳐서 점진적으로 늘린 세금이 국민의 삶의 질을 개선하는 데 투명하게 쓰인다면, 국민도 자신이 낸 세금이 자신에게 돌아온다는 것을 알 수 있을 것 같아요. 특히 이렇게 정부의 적극적 재정과 증세로 국민의 삶의 질이 개선되면, 기대하건대 국민은 실손보험, 생명보험, 개인연금과 같은 민간보험에 별도로 가입할 필요가 없어질 것입니다. 2016년을 기준으로 가계가 민간 생명보험사에 개인연금보험으로 지출하는 규모가 무려 34.8조 원에 달했습니다. 그해 가계가 국민연금, 공무원연금, 군인연금, 사학연금, 퇴직연금에 낸 돈을 모두 합해도 28.2조 원에 불과했어요.[54] 그래서 증세를 통해 복지국가의 역할이 커지면, 중산층은 아마도 지금 민간보험에 내는 돈보다 더 적은 세금을 내고 민간보험이 제공하는 것보다 훨씬 더 좋은 서비스와 급여를 받을 것입니다. 이렇게 세금을 걷으면 주택, 교육, 일자리 문제까지 국가가 책임지는 영역이 더 넓어질 것입니다. 세금 부담은 늘지만, 지금처럼 사교육비, 민간보험료, 주거비 등이 들어갈 일이 없으니 국민 생활은 더 나아질 것입니다. 생각해보세요. 여러분의 학비, 주거, 노후, 건강 등을 국가가 공적으로 지원한다면, 여러분의 소득 중 절반을 세금으로 낸다고 해도 그리 손해 보는 일은 아닙니다. 더욱이 그렇게 만들어진 복지국가가 나만이 아니라 내 이웃들의 삶도 보듬어준다면, 더 바랄 것이 없을 것 같군요.

## 평화와 공존 [55]

　　우리에게 아무리 잘 만들어진 대안이 있더라
도 그 대안을 실현할 정치적 힘이 없다면, 그 대안은 몽상에 불과합
니다. 개혁을 실행할 수 있는 정치적 힘이 있어야 하는 이유입니다.
그렇다면 모두가 행복한 복지국가를 만드는 데 필요한 정치개혁은
무엇일까요. 먼저 제일 중요한 개혁 과제 중 하나는 한반도에서 평
화를 증진시키는 일입니다. 1945년 해방 이후 한국에서 복지국가
를 만들기 위한 정치경제적 개혁들이 지체되고 좌초된 이유 중 하
나가 1945년 8월 해방과 함께 들이닥친 남북분단이라는 비극 때
문입니다. 한반도의 분단은 한국에서 유럽의 사민당과 같은 진보
정당의 성장을 어렵게 만들었어요. 분배와 평등 이야기만 나오면
북한에 동조하는 사회주의 발상이라고 낙인찍기 일쑤였으니까요.
아시죠. 한국에서 북한에 우호적인 정치세력은 국민의 지지는커녕
생존하기도 어렵다는 것을요. 실제로 한국의 정치 지형이 오른쪽
에 편향된 보수정당과 자유주의 정당이라는 양당 구조로 고착화된
것은 해방 이후 분단이 만들어낸 결과라고 할 수 있습니다.

　　노동자들의 조직된 힘이 취약한 것도 상당 부분 분단과 관련이
있습니다. 일제 강점에서 해방되었을 때 들불처럼 일어났던 노동
운동은 사회주의에 우호적이라는 이유로 미군정의 탄압을 받아 궤

멸되었으니까요. 게다가 한국전쟁이 발발하자 반공주의는 더 거세졌습니다. 그리고 수십 년 동안 권위주의 정권이 계속되면서 노동자들이 조직을 만들고 노동조건 개선을 요구하는 것도 북한을 이롭게 하는 매우 불순한 일로 탄압받았습니다. 이렇게 반공과 반북 이데올로기는 한국인이 진보적 대안을 실천하는 것은 물론 생각하는 것조차 어렵게 만들었습니다.[56]

해방된 지 75년이 넘었고 남북 정상이 수차례 만나 평화를 이야기했지만, 분단은 여전히 우리의 상상력과 행동을 제약하고 있습니다. 2021년 1월 말 산업통상자원부가 북한에 원전 건설을 검토했다는 확인되지 않는 이야기가 돌자 국민의힘 김종인 전 당대표는 "이적행위"라고 비난했고, 서울시장 예비후보로 나선 나경원 전 의원은 "핵으로 위협하고 있는 북한 정권에 핵발전을 제공한다는 게 이적행위가 아니면 뭐가 이적행위냐"며 안보 이슈를 전면화했습니다.[57] 지금도 보수 후보가 종북 프레임으로 선거에서 유리한 국면을 만들려고 시도할 정도로 분단은 여전히 한국 사회에 부정적 영향을 주고 있습니다. 아무리 좋은 의도라고 해도 종북 프레임이 씌워지는 순간 한국 사회에서는 누구도 그 프레임에서 자유로울 수 없습니다. 코로나19 팬데믹 덕분에 엄청난 초과이윤을 번 기업에 세금을 더 걷고 이익을 공유하자고 이야기하면 당장 사회주의적 발상이라는 비난이 쇄도하는 것도 이런 이유 때문입니다. 한국 사회가 성공의 덫에서 벗어나 새로운 분배체계를 만들어가기 위해서는 자유롭게 왼쪽을 상상할 수 있어야 합니다. 그리고 그 출발점은 남북이 적대 관계를 청산하고 상호 공존하는 평화 체제를 한반도에 정착시키는 것입니다.

한반도 평화 정착은 코로나19 팬데믹 상황에서 점점 더 분명해지는 미중 갈등과 'G0'라고 불리는 리더가 없는 시대에 한국의 운명을 자주적으로 결정할 수 있는 선택의 폭을 넓히는 길이기도 합니다. 남북한의 적대 관계가 지속되는 한 한국 사회는 분단이 만들어낸 안보 위협에 대응하는 선택을 가장 우선으로 고려할 수밖에 없습니다. 생존과 직결된 안보는 경제적 번영은 물론 다른 모든 것에 우선할 수밖에 없기 때문입니다. 그렇다 보니 한국이 주변국(미국, 중국, 러시아, 일본)에 치러야 할 정치경제적 비용이 상당한 것입니다. 한반도 평화를 정착시키지 못하고 적대적 대립에 발목 잡힌다면, 한국은 미중 갈등에서 자신의 이해를 능동적으로 실현할 수 없습니다.[58] 결국 우리는 미국과 중국 중 누군가를 선택하도록 강요받을 것이고, 그 선택은 우리에게 재앙이 될 것입니다. 한국은 그 누구로부터 강요받은 선택이 아니라 우리를 위한 길을 스스로 선택해야 합니다. 그 길은 피와 눈물을 흘리면서 한국 사회가 쟁취하고 지켜낸 민주주의와 인권의 길입니다. 4백 년 전 전통적 강대국 명나라(한족)와 새롭게 떠오르는 신흥강국 청나라(만주족) 사이에서 명나라를 선택한 조선이 어떤 길을 걸었는지는 여러분도 잘 아실 것 같습니다. 1636년 12월에 조선의 힘없는 백성들이 겪었던 그 참화를 다시 겪을 수는 없습니다. 고통은 힘 있는 사람들의 몫이 아니라 항상 힘없는 평범한 사람들의 몫이었으니까요. 그리고 그 위험에서 벗어나는 출발점은 정치를 개혁하는 것입니다.

이상한 성공

# 나를 대표하는 정치 만들기

본격적으로 정치개혁을 이야기하기 전에 한 가지 알아두어야 할 것이 있습니다. 일반적으로 정치개혁은 중장기 과제로 치부되는 경향이 있어요. 하지만 불평등이 지금처럼 급격하게 확산되는 상황에서 정치개혁은 지금 당장 우리가 해야 할 일이라는 점을 분명히 할 필요가 있을 것 같아요. 사람들의 절실한 삶의 요구를 외면한다면 어떤 정치체제도 지속될 수 없기 때문입니다. 서유럽에서 좌파정당(사민주의 정당)이 몰락하고 극우 포퓰리즘 정당이 정치적 힘을 확대한 것도 좌파 정당이 민생의 어려움을 외면했기 때문입니다.[59] 코로나19 팬데믹이 불평등을 심화시키고 있는데 정치가 민생을 지켜내지 못한다면, 이 상황은 단순히 불평등을 확대시키는 것을 넘어 우리 사회의 지속가능성을 심각하게 위협할 것입니다. 그리고 불안정해진 사회는 경제를 더욱 어렵게 만들고, 어려워진 경제는 다시 불평등을 확대하면서 악순환의 고리를 만들 것입니다. 실제로 2001년 사스(SARS)를 시작으로 2016년 지카바이러스까지 모든 팬데믹은 불평등을 증가시켰고, 이렇게 증가한 불평등은 사회적 불안정성을 심화시켰기 때문입니다.[60] 불평등을 줄이기 위해서라도 정치개혁은 우리가 지금 당장 실천해야 할 일입니다.

좋은 복지국가를 만들기 위한 첫 번째 정치개혁 과제는 사회경제적 이해가 한국 사회의 정치적 갈등의 중심이 되도록 만드는 것입니다. 예를 들어 소득과 부의 불평등을 완화하기 위해서 제일 중요한 일이 무엇일까요? 복지를 늘리는 것일까요? 아니면 증세를 하는 것일까요? 저는 둘 다 아니라고 생각합니다. 복지 확대와 증세는 개혁의 결과입니다. 그렇지요. 불평등과 빈곤이 한국 사회에서 가장 중요한 정치적 의제가 되는 것입니다. 그렇지 않으면 무슨 수로 불평등과 빈곤을 완화하는 정책을 만들 수 있겠습니까. 두 번째는 사회경제적 갈등을 중심으로 전혀 다른 이해의 정치적 집단들이 만들어져야 해요. 아주 단순하게 이야기하면 현재의 불평등 상황을 지지하는 사람들과 이를 해체하려는 사람들의 이해를 대변하는 정당들이 만들어져야 합니다. 서구 복지국가의 역사를 보면 노동자의 이해를 대변하는 좌파 정당(사민주의 정당), 기업의 이해를 대변하는 우파 정당(보수당), 자영업자, 농민, 사무직 노동자의 이해를 대변하는 정당(중도당)이 분배를 둘러싸고 치열하게 경쟁했습니다.

물론 서구의 경험을 한국 사회에 그대로 적용하는 것은 우리 현실에 부합하지도 않고, 실현 가능하지도 않습니다. 다만 복지국가를 만들기 위해서는 분배 문제가 사회경제적 핵심 이슈가 되어야 합니다. 그 과정에서 다양한 이해집단을 대변하는 강력한 정치적 집단과 정당도 만들어져야 하고요. 이것이 서구 복지국가의 역사적 경험이 우리에게 주는 함의입니다.

그러면 왜 한국의 정당 구조는 사회경제적 갈등을 중심으로 만들어지지 않았을까요. 앞장에서 이야기했기 때문에 다시 반복할 필요는 없을 것 같습니다. 다만 하나만은 다시 강조할게요. 다양한 시민의 다양한 이해를 대변하는 다양한 정당이 만들어질 수 없었기 때문입니다. 정규직 노동자, 불안정 고용 상태에 있는 노동자, 영세자영업자, 중소상공인, 대기업, 여성 등 한국 사회를 구성하는 다양한 계층과 계급의 이해를 대표할 수 있는 정치제도를 만들지 못한 것이지요. 재벌개혁, 노동자 권리, 공정한 분배, 경제민주화 등 사회경제적 이슈만 이야기하면 빨갱이 딱지를 붙여 낙인을 찍으니, 이런 이슈들을 입 밖으로 꺼내기가 어려웠던 것입니다. 사회경제적 갈등이란 결국 한국 사회가 만든 부를 어떻게 나눌 것인가를 둘러싼 이념의 문제인 것이고, 당연히 공정하고 평등한 분배를 원하는 사람들(좌파)과 이를 반대하는 사람들(우파)로 나눠질 수밖에 없지요. 그런데 한국 사회에서 좌파는 오랜 반공주의로 존재 자체를 부정당했으니, 분배 문제가 제대로 다뤄질 수 없었던 것이죠.[61] 어려운 이야기가 아닙니다. 단순하게 생각해보세요. 지금 국회에 진출한 정당 중에 여러분의 이해를 제대로 대변하는 정당이 있나요? 아마 대다수가 없다고 대답할 것 같군요. 물론 차선책으로 여러분이 지지하는 정당은 있겠지만요.

그럼 어떻게 하면 부를 나누고 내 이해를 대변할 수 있는 정당이 만들어질 수 있을까요? 2020년 4월 총선을 준비하면서 정치개혁을 요구했던 시민사회, 학계, 진보정당은 한국 사회에서 분배의 정치가 이루어지지 않는 가장 큰 이유를 다수득표제와 소선구제도 같은 승자가 독식하는 선거제도 때문이라고 이야기했어요. 비례대표를 확대하면 시민들의 다양한 이해를 대변하는 다양한 정당이 국회에 진출할 가능성이 커져 분배의 정치가 가능하다고 주장했습니다.[62] '정당명부식 연동형 비례대표제'는 이러한 목적을 달성하기에 제격이라는 것이죠. 간단히 이야기하면 이렇습니다. [그림 5-10]을 보면서 이야기하죠.

이 가상의 나라의 전체 국회의원 수를 3백 명이라 가정하고, 모두를 지금처럼 지역구에서 가장 많이 득표한 후보를 의원으로 뽑는다고 해보죠. 그리고 정당은 사회경제적 이슈의 이념에 따라 공정한 분배를 강조하는 진보당, 기후위기에 적극적으로 대처하는 그린당, 공정한 시장규칙을 강조하는 리버럴당, 부자들과 큰 기업들의 이해를 대변하는 보수당, 이렇게 4개의 정당이 있다고 가정해보죠. 단순하게 리버럴당이 180개 선거구에서 득표율 1위를 하고, 보수당은 120개 선거구에서 1위를 했다고 합시다. 반면 진보당과 그린당은 단 한 곳에서도 1위를 하지 못했습니다. 의석수는 어떻게 배분되겠습니까? 그렇죠. 리버럴당이 180석, 보수당은 120석을 가져갑니다. 그런데 정당별 득표율을 계산해보니 리버럴당은 40퍼센트, 보수당은 30퍼센트, 진보당은 20퍼센트, 그린당은 10퍼센트를 얻은 것으로 나타났습니다. 유권자의 30퍼센트가 지지한 진보당과 그린당은 단 한 석도 얻지 못합니다. 그냥 사표가 된 것이죠. 지역구를 백 퍼센트로 적용한 좌측 그림이 그런 상황이죠. 더욱이 유권자의 과반이 넘지 않는 40퍼센트를 득표한 리버럴당이 국회 의석의 60퍼센트를 차지하면서 입법과 관련해 절대적 힘을 갖게 됩니다. 다른 정당의 도움 없이도 자신이 원하는 법을 국회에서 통과시킬 수 있는 힘이 생긴 거죠. 이렇게 되면 유권자의 60퍼센트가 지지한 정당들이 반대해도 40퍼센트의 지지를 얻은 리버럴당이 원하는 대로 법안이 통과됩니다.

이상한 성공

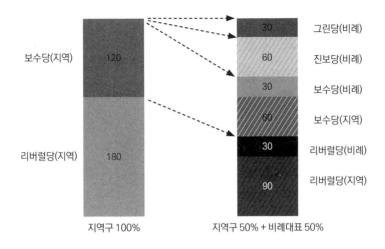

| 보수당(지역) 120 | 30 그린당(비례) |
| | 60 진보당(비례) |
| | 30 보수당(비례) |
| | 60 보수당(지역) |
| 리버럴당(지역) 180 | 30 리버럴당(비례) |
| | 90 리버럴당(지역) |
| 지역구 100% | 지역구 50% + 비례대표 50% |

**[그림 5-10] 정당명부식 연동형 비례대표제를 도입했을 경우 의석수 변화**

민주주의를 단순히 다수제가 아니라 다양한 국민의 이해를 대변하는 정치 원리라고 이해하면, 소선구제로 지역구에서 국회의원을 백 퍼센트 선출하는 방식은 국민의 정치적 지지를 정확하게 반영하는 국회를 구성할 수 없습니다. 정당명부식 연동형 비례대표제는 이러한 문제를 완화해 다양한 시민이 자신의 정치적 의사를 투표로 표현한 것과 유사하게 국회 의석을 배분하기 위해 만들어진 제도입니다. 민주주의를 제대로 실천하기 위해서는 이렇게 유권자의 정치적 지지가 두 거대 정당에 과다 대표되는 문제를 완화해야 합니다.

이제 국회의원 3백 명 모두를 지역구에서 선출하지 않고, 150명은 지역구에서 150명은 정당 지지율에 따라 지역구와 연동해서 비례대표를 선출하는 방식으로 바꾼다고 가정해보죠. 조금 어렵죠.

비례대표 의석을 지역구 의석과 '연동'해 배정하는 연동형이라는 데 주목할 필요가 있습니다. 사례를 들어 설명하는 것이 쉽겠네요. 지역구와 정당 득표율이 앞서 가정한 것과 동일한 경우, 정당명부식 연동형 비례대표제를 도입하면 어떤 일이 벌어질까요. 지역구가 3백 석에서 150석으로 줄었으니 리버럴당과 보수당이 승리한 지역구도 비례해서 절반으로 줄었다고 '가정'하죠. 그러면 리버럴당은 90개, 보수당은 60개의 지역구에서 최다 득표한 것이 되죠. 지역구 의석 150개 중 리버럴당은 90개, 보수당은 60개를 가져갑니다. 지역구가 3백 개일 때와 마찬가지로 진보당과 그린당의 지역구 의석은 없습니다. 지역구에서 최다 득표한 곳이 없기 때문이죠.

비례대표 의석은 어떻게 될까요. 지역구와 비례대표를 연동한다고 했죠. 비례대표 150석은 이렇게 배분됩니다. 리버럴당은 40퍼센트를 득표했으니 득표율로 계산하면 국회의원 3백 석의 40퍼센트인 120석을 얻는 것이 맞겠죠. 120석에서 지역구 의석 90석을 차감하고 모자란 30석을 비례대표 의석으로 채웁니다. 보수당이 30퍼센트를 득표했으니 총 의석은 90석이어야 하는데, 지역구에서 60석만 얻었으니 비례대표로 30석을 더 가져갑니다. 그런데 조금 이상하지 않나요. 정당 득표율은 리버럴당이 보수당보다 더 높은데 똑같이 30석의 비례대표 의석을 가져가니까요. 이유는 리버럴당이 지역구에서 보수당보다 더 과다 대표되었기 때문입니다. 리버럴당은 지역구 150석 중 60퍼센트인 90석을 가져간 반면, 보수당은 지역구 의석의 40퍼센트인 60석을 얻었죠. 리버럴당의 득표율이 40퍼센트이고, 보수당의 득표율이 30퍼센트이니까 지역

이상한 성공

구에서 리버럴당이 가져간 의석 비율이 리버럴당의 득표율 40퍼센트보다 20퍼센트포인트 더 많은 것이죠. 반면 보수당은 자신의 득표율 30퍼센트보다 10퍼센트포인트 높은 40퍼센트의 지역구 의석을 가져간 것입니다. 지역구 의석과 비례대표 의석을 연동해서 의석을 배분한다고 했으니 비례대표 의석을 배분할 때 보수당보다 리버럴당의 의석이 더 많이 조정된 것입니다. 그래서 두 정당이 각각 30석을 가져가 전체 의석 3백 석 중 자신들이 득표한 비율에 따라 리버럴당은 120석(지역구 90+비례대표 30), 보수당은 90석(지역구 60+비례대표 30)을 얻게 된 것입니다.

이제 남은 의석은 몇 석일까요. 그래요. 90석입니다. 정확하게 진보당과 그린당이 얻은 득표율 30퍼센트에 해당하는 3백 석의 30퍼센트인 90석입니다. 지역구에서 한 석도 얻지 못한 이 두 정당은 득표율에 따라 진보당은 60석, 그린당은 30석의 비례대표 의석을 얻게 됩니다. 자, 이제 의석 분포를 볼까요. 지역구를 백 퍼센트 적용했을 때 리버럴당은 180석, 보수당은 120석이었고, 진보당과 그린당은 국회의석이 한 석도 없는 원외 정당이었습니다. 그런데 정당명부식 연동형 비례대표제를 도입하고 나니 국회의석은 리버럴당 120석, 보수당 90석, 진보당 60석, 그린당 30석으로 원내 정당이 4개가 됩니다. 일반적으로 법안을 처리하기 위해서는 재적 의원의 과반수인 150표를 얻어야 하니, 어떤 정당도 단독으로 법안을 처리할 수 없습니다. 어떻게 하면 좋을까요. 그렇지요. 이제 다른 정당과 연대해야 합니다. 리버럴당은 보수당, 진보당, 그린당 중 어느 한 정당과 반드시 연대해야 합니다. 그래야 자신들이 원하는 법안을 국회에서 통과시킬 수 있습니다.

리버럴당이 고위공직자범죄수사처의 법제화를 원하고 보수당이 반대한다고 가정해봅시다. 리버럴당이 고위공직자범죄수사처법을 국회에서 통과시키기 위해서는 이 법에 반대하는 보수당을 제외한 진보당과 그린당 중 적어도 한 당과는 연대해야 합니다. 그런데 세상에 공짜는 없죠. 만약 리버럴당이 그린당과 연대하기를 원한다면, 리버럴당은 그린당의 협조를 얻기 위해 그린당이 원하는 정책을 지지해주어야 합니다. 그래야 거래가 되니까요. 그린당은 정부가 2050년까지 탄소중립을 선언하고, 이를 위한 실행계획의 입법화를 원합니다. 리버럴당은 어떻게 할까요. 만약 공수처법이 자신들에게 중요한 정치적 과제라면 리버럴당은 탄소중립 정책에 미온적이라고 할지라도 그린당의 요구를 수용해야 합니다. 이제 두 정당이 합의를 이루면 국회에서는 공수처법과 탄소중립법이 동시에 상정되고 법제화가 이루어지는 것이죠. 여러분 중 기후위기를 걱정해 그린당을 지지한 분들이 있다면 정당명부식 연동형 비례대표제에서는 그린당이 소수라도 여러분의 요구를 타협과 거래를 통해 법제화할 수 있습니다. 바로 이러한 이유 때문에 정당명부식 연동형 비례대표제가 다양한 시민의 다양한 이해를 대변할 수 있는 정치구조를 만드는 출발점이라고 이야기하는 것입니다.

스웨덴을 비롯해 좋은 복지국가를 만들었던 북서유럽의 국가들은 제도는 조금씩 다르지만 모두 이러한 비례성이 높은 정치제도를 갖고 있습니다.[63] 실제로 OECD 회원국을 보면 국회의원의 비례대표성과 GDP 대비 사회지출 간에는 정의 관계가 있었습니다

　　　　　　　　　　　　　　　　　　　　이상한 성공

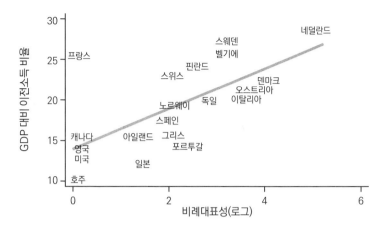

**[그림 5-11] OECD 회원국의 GDP 대비 이전소득비율과 비례대표성[64]**

([그림 5-11] 참고). 선거의 비례대표성이 높을수록 GDP 대비 사회지출의 규모가 더 크게 나타났어요. 물론 복지국가를 지출의 양만으로 평가할 수는 없지만, 분명한 것은 다양한 이해집단의 이해가 반영되는 비례대표제가 강할수록 더 많은 사회지출이 이루어지고 있는 것이 분명해 보입니다.

그런데 이런 서구의 경험이 한국에도 그대로 적용될 수 있을까요? [그림 5-12]는 정반대의 사례를 보여줍니다. 남미 국가들을 대상으로 둘 간의 관계를 분석해보았더니 비례대표성을 확대한다고 GDP 대비 사회지출이 늘어나는 것은 아니었어요. OECD 회원국과 달리 비례대표성이 높다고 GDP 대비 사회지출이 높게 나타나지 않았어요. 왜 이런 상반된 결과가 나타난 것일까요? 일반적으로 비례대표제는 소수정당, 진보정당 등이 원내에 진출하기에 용이한 제도이고, 합의를 통해 분배를 확대할 수 있는 제도라고 알려저 있어요. 비례대표제가 강할수록 한국처럼 민주당과 국민의힘이라는 두 개의 큰 정당만 있는 양당제 구도보다 여러 정당이 경쟁하는 다당제 구도가 만들어질 가능성이 높기 때문이죠. 다당제 구도에서는 어떤 정당도 과반수 의석을 얻기가 어려우니 반드시 다른 정당과 타협해야 법안을 통과시킬 수 있습니다.

하지만 비례대표제의 이러한 장점을 반대로 해석하면 개혁 법안을 저지시킬 힘을 여러 정당이 갖고 있다는 것을 의미합니다. 다당제가 복지국가를 만들기 위한 좋은 제도가 아니라 복지국가의 건설을 방해하는 나쁜 제도가 될 수도 있다는 것입니다. 더욱이 비례대표제에 대통령제가 결합되면 최악의 상황이 발생할 수도 있습니다. 대통령을 배출한 정당이라도 비례대표성이 강한 선거제도에서는 과반 의석을 얻기 어렵기 때문이죠. 집권당이어도 의회에서 다수를 확보하지 못하면 자신이 공약했던 정책을 실행할 수 없습니

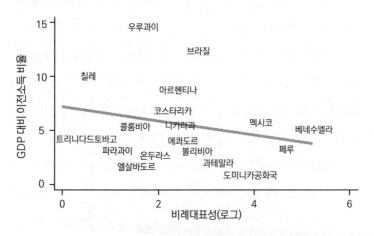

[그림 5-12] 남미 국가의 GDP 대비 이전소득 비율과 비례대표성[65]

이상한 성공

다. 그래서 일부 학자는 대통령 중심제와 비례대표제가 결합하면 개혁을 저지하는 강력한 거부권이 제도화될 수도 있다고 우려하는 것입니다.[66] 남미가 이런 사례를 대표합니다. 실제로 1961~1964년 브라질, 1970~1973년 칠레에서는 단 한 건의 법률도 국회를 통과하지 못했습니다.[67] 물론 브라질의 룰라 집권기, 베네수엘라의 차베스 집권기에 보았던 것처럼 대통령 중심제와 비례대표제가 결합된 정치제도를 갖고 있는 국가에서도 사회지출이 비약적으로 증가했던 적이 있었어요. 하지만 이들 국가에서도 복지 확대를 추진했던 정권이 실각하자 복지국가는 다시 후퇴했습니다. 대통령제와 비례대표제가 결합된 남미에서는 서유럽에서처럼 복지국가를 안정적으로 확대하지 못했습니다.

좋은 복지국가는 단기간에 사회지출을 늘린다고 만들어지는 분배 체계가 아니기 때문입니다. 좋은 복지국가는 노동시장에서 괜찮은 일자리를 안정적으로 생산할 수 있는 경제구조가 만들어져야 하고, 복지지출도 수십 년 동안 지속적으로 확대될 필요가 있기 때문이죠. 그래서 복지국가를 만들어가고 확대하는 과정에 있는 사회라면 높은 수준의 거부권을 제도화하는 정치개혁이 바람직한지 생각해볼 필요가 있습니다. 그렇다고 비례대표성을 강화하는 선거제도의 개혁을 포기할 수도 없습니다. 현재와 같은 소선거구제에 기초한 양당제에서는 분배를 중심으로 사회경제적 갈등을 만들기가 어렵고, 갈등의 주체들을 대변하는 다양한 정당이 의회에 진출하는 것도 어렵기 때문입니다. 2004년 총선에서 한국의 사민주의 정당이라고 할 수 있는 민주노동당이 10명의 국회의원을 배출할 수 있었던 이유도 불충분했지만 비례대표제라는 선거제도가 새롭게 만들어졌기 때문이었습니다.

한국이 걸어야 할 정치개혁의 방향은 분명해 보입니다. 강한 비례대표제와 대통령 중심제가 공존하는, 누구도 가보지 않은 새로운 정치구조를 만드는 것입니다. 물론 지난 2020년 4월에 치러진 국회의원 선거처럼 민주당과 국민의힘, 두 거대 정당이 위성정당을 만드는 꼼수를 부려 비례대표까지 독점하는 경우가 다시 발생하지 않도록 보완책을 마련할 필요가 있습니다. 여기에 대통령제라는 한국 민주주의 특성이 조화롭게 결합될 수 있는 방법을 찾아야 합니다. 한국에서 대통령직선제는 수십 년의 독재를 이겨내고 시민들이 피와 눈물로 얻어낸 결과이기 때문에 단점이 있다고 해서 쉽게 의원내각제로 전환하기는 어려울 것 같습니다.

물론 대통령을 뽑는 방식도 바뀌어야 합니다. 지금처럼 다수 득표자를 대통령으로 선출하는 방식은 유권자들의 이해를 충분히 대변할 수 없기 때문입니다. 생각해보세요. 여러분은 그린당의 대통령 후보를 지지하지만, 다수득표제하에서 그린당의 후보가 대통령이 될 가능성은 높지 않기 때문에 그린당 후보 대신 거대 정당 후보 중 차악을 선택할 것입니다. 그런데 프랑스처럼 결선투표 방식을 도입하면 이야기는 달라집니다. 1차 투표는 국민이 자신이 원하는 후보에게 사표에 대한 두려움 없이 투표하는 것이 가능해집니다. 과반수 득표자가 없다면 1차 투표의 결과에 따라 상위 두 후보를 대상으로 2차 투표인 결선투표를 진행하면 됩니다. 예를 들어 1차 투표에서 앞서 언급한 4개의 당 후보가 국회의원 선거에서 가정했던 것과 같은 득표를 얻었다고 합시다. 2차 투표에서는 1위와 2위를 차지한 리버럴당과 보수당의 후보가 진보당과 그린당을 지지했던 유권자의 지지를 얻어야 과반의 득표를 얻어 대통령에 당선될 수 있습니다. 리버럴당과 보수당 후보는 어떻게 할까요? 그렇습니다. 여기서도 타협과 연대가 이루어지고 지지를 얻기 위해서는 다른 정당 후보의 공약 실행을 약속해야 합니다. 이처럼 결선투표제는 연동형 비례대표제와 같이 대통령 선거에서도 타협과 연대를 통해 유권자의 이해를 반영해주는 또 하나의 민주적 제도입니다. 이제 대통령제와 연동형 비례대표제의 장점을 결합하는 방식을 찾는 것이 우리의 과제입니다. 그렇게 해야 우리가 남미 국가들과 달리 좋은 복지국가를 만들어갈 수 있기 때문입니다. 아무도 가보지 않은 길입니다. 우리가 산업화와 민주화에 성공했던 것처럼 아무도 가보지 않은 이 길을 성공적으로 갈 수 있을까요?

## ● 새로운 노동자는 새로운 방식으로

　　　　정치제도가 만들어져도 그 속을 채울 정치집단이 만들어지지 않으면 아무 소용이 없습니다. 정치인들이 유권자와의 공약을 지키는 경우는 공약을 지키지 않았을 때 자신을 응징할 수 있는 강력한 정치세력이 존재할 때입니다.[68] 보수정당만 그런 것이 아닙니다. 진보정당도 마찬가지입니다. 진보정당이라고 노동자들의 이해를 무조건 대변할 것이라고 생각하면 대단한 착각입니다. 우리가 자본주의사회에 살고 있다는 것을 잊으면 안 되죠. 70년 가까이 집권했던 스웨덴의 중도좌파 정당인 사민당조차 큰 기업들의 이해, 노동자들의 이해, 중산층의 이해 사이에서 갈등하며 우유부단한 모습을 보였을 때가 한두 번이 아니었으니까요.[69]

그러면 어떤 조건에서 정치인과 정당은 유권자를 두려워할까요? 지금 저와 여러분을 정치인과 정당이 두려워할까요? 천만의 말씀입니다. 개인으로서 저와 여러분은 그들에게 '전혀, 전혀, 전혀' 두려운 존재가 아닙니다. 그들이 우리를 두려워할 때는 우리가 정치인들을 표로 응징할 수 있는 튼튼한 '조직'의 구성원으로 있을 때입니다. 우리 개개인은 힘이 없는 존재이지만, 우리가 각각의 이해에 따라 조직된 집단이 되면 선거에서 정치인의 당락을 좌우하고 집권당을 결정할 수 있는 강력한 힘을 갖게 됩니다. 선거만이 아닙니다. 우리가 조직된 주체가 된다면, 정치인과 정당은 중요한 정책을 결정하는 매순간 우리의 의견을 묻고 눈치를 볼 것입니다.

그렇다면 우리의 과제는 분명합니다. 정치개혁을 통해 만들어진 정치제도에서 나의 이해를 대표하는 정치가 만들어지기 위해서는 우리는 비판적인 개인을 넘어 조직된 개인이 되어야 합니다. 그런데 한국 사회는 이 부분이 대단히 취약합니다. 개인이 자신의 이해를 대변하는 집단으로 조직된 경우가 거의 없기 때문입니다. 각자가 시장에서 열심히 경쟁하는 방식으로 삶을 살아왔던 경험만 있는 사회에서 다른 사람과 함께 문제를 풀어가는 방식에 익숙하지 않은 것이죠. 대부분은 대통령 선거, 국회의원 선거, 지방선거에서 일회적으로 표를 행사하는 개인화된 유권자일 뿐입니다. 우리는 정치인과 정당의 공약과 비전을 믿고 그 정치인과 정당을 지지했지만, 당선 후에는 그 공약과 비전이 불가피한 사정 때문이라는 이유로 흔적도 없이 사라진 경우를 셀 수 없이 목격했습니다. 개인화된 우리에게는 그 공약과 비전을 실현시킬 강제력이 없는 것이죠. 다음 선거에서 그 정치인과 정당을 응징할 수 없었던 이유입니다. 물론 정권을 교체할 수는 있습니다. 하지만 여러분이 선택한 또 다른 정당도 여러분의 이해를 대변하는 정당이 아닌 정권을 교체해 한 번 혼내주는 것뿐이었죠. 광장에 나와 여러분의 의견을 표현하는 것도 마찬가지입니다. 정권을 교체할 수는 있지만, 그 정권이 여러분이 원하는 정치를 하게 만들 수는 없었지요. 2016~2017년 촛불항쟁을 생각해보세요. 나를 대표하는 조직이 없고, 정치제도도 갖추어져 있지 않은 조건에서 우리에게 남겨진 선택지는 조금 덜 보수적인 정당과 더 보수적인 정당, 둘 중 하나를 선택할 권리뿐이었죠. 선거를 통해 복지를 확대하는 '선거 동원 모델'의 한계라고 할 수 있습니다.

조직된 시민이 되어야 합니다. 영세자영업자는 그들의 조직을 만들고, 노동자는 노동자의 조직을 만들어야 합니다. 청년들도 자신의 조직을 만들 수 있고, 학생들도 마찬가지입니다. 하지만 조직한다는 일이 쉬운 일은 아니죠. 수많은 사회개혁가가 시도했지만 실패했습니다. 노동자를 예로 들면, 우리의 가장 중요한 과제는 현재 조직화되지 않은 불안정 고용 상태의 노동자들을 조직할 수 있는 새로운 대안을 만들어내는 것입니다. 어려운 일이죠. 많은 사람이 지금의 노동자가 서구에서 복지국가를 만들던 때와 달리 이질적인 집단이라고 이야기합니다. 그러면서 다른 정체성을 가진 이 질적인 노동자들이 복지국가를 만들어가는 조직된 주체가 될 수 있는지 의문을 갖고 있습니다. 맞는 이야기입니다. 북서유럽에서 복지국가를 만들었던 주체는 제조업에서 일하는 정규직 노동자였으니까요. 현대자동차에서 자동차를 조립하는 노동자와 삼성중공업에서 배를 조립하는 노동자가 크게 다르지 않았다는 것이죠. 플랫폼 노동자, 택배 기사들처럼 자영업자와 노동자의 경계가 모호한 노동자, 불안전 고용 상태의 노동자처럼 다양한 이해를 가진 집단이 아니었습니다.

하지만 서구에서 노동자들은 태어날 때부터 동일한 정체성을 가진 동질적 노동자들이 아니었습니다. 다양한 이해를 가진 이질적인 노동자들이 자신들의 이해를 지키기 위해 기업주, 정부와 오랫동안 투쟁하면서 노동자라는 정체성을 만들어간 것입니다.[70] 그래서 지금 노동자들이 이질적인 집단이라 복지국가를 만들어가는 주체가 되기 어렵다는 주장은 반만 맞는 이야기입니다. 역사적으로 보면 여러분이 익숙하게 들어왔던 노동조합도 노동자들이 처음 만들었던 것이 아닙니다. 이 또한 오랜 시간 동안 만들어진, 당시에는 새로운 대안이었죠.

지금 우리에겐 다양한 형태로 다양한 곳에서 일하는 사람들을 조직하는 것이 어렵게 느껴지지만 긍정적인 측면도 있어요. 그들이 자신들을 여전히 노동자라고 생각한다는 것입니다. 영국의 조사에 따르면 영국에서 일하는 사람의 60퍼센트가 스스로를 노동자라고 생각한다고 합니다.[71] 정도는 다르겠지만 한국도 마찬가지

이상한 성공

라고 생각해요. 다시 강조하지만, 결국 중요한 것은 4차 산업혁명이라고 부르는 디지털 기술변화로 사회경제적 조건이 많이 변화하고 수많은 새로운 형태의 노동들이 만들어지고 있는 현실에 맞추어 노동을 조직화하는 새로운 시도들이 있어야 한다는 것입니다. 산업도 변화했고, 사람들과 노동시장도 변화했는데, 노동자들을 조직하는 방법만 옛날 방식에 묶어두는 것은 새로운 복지국가를 만들어갈 주체를 조직화하는 적절한 방법이 아닙니다. 새로운 변화에 맞게 새로운 시도들이 있어야 합니다.

시민의 역할도 구체적으로 고민할 필요가 있습니다. 지금까지의 경험에 비추어보면 시민운동은 무상급식 논쟁처럼 이슈를 제기하고, 국민기초생활보장제도 같은 개별 정책을 제도화하는 데 일정한 장점이 있는 것처럼 보입니다. 일부에서는 시민운동의 이런 성과를 보고 한국에서 복지국가를 만들어가는 주체는 서구와 달리 노동자가 아니라 시민일 수 있다고 이야기합니다. '치망순역지(齒亡脣亦支)', 이가 없으면 잇몸으로 산다고 했나요. 노동자가 없으니 시민이 그 역할을 하자는 것입니다. 일리 있는 이야기입니다. 하지만 잇몸으로 음식을 먹는 데는 한계가 있는 것도 분명합니다. 잇몸이 이를 완전하게 대신할 수는 없으니까요. 좋은 복지국가를 만드는 일도 마찬가지입니다. 좋은 복지국가는 단순히 몇 개의 복지제도를 만들고 모아놓는다고 완성되는 것이 아니죠. 좋은 복지국가는 그 사회의 부를 어떻게 나눌지를 결정하는 국가체제이기 때문입니다. 이 때문에 복지국가는 국민기초생활보장제도, 국민연금과 같은 개별 복지제도를 넘어서 한국 경제를 재벌 대기업 중심으로 구성할지, 중소기업을 중심으로 구성할지, 노동자들에게 임금을 얼마나 줄지 등을 정치적으로 결정하는 분배 체계인 것입니다. 그래서 좋은 복지국가를 만드는 일은 좋은 복지제도를 만드는 것과 함께 시민의 이해를 대변하는 정치경제개혁이 함께 이루어질 때 성공할 수 있습니다.

경제구조, 성장방식, 정치가 변화하지 않고는 좋은 복지국가를 만들 수 없습니다. 그런데 지금까지 한국 사회에서 시민운동이 했던 일은 주로 복지제도를 제안하고 정부를 감시하는 일에 그쳤습니다. 참여연대 사회복지위원회가 중요한 역할을 했던 국민기초생활보장제도의 제도화가 대표적인 사례입니다. 일부에서 낙천낙선운동, 정치자금법 개혁, 연동형 비례대표제 도입 등과 같은 정치개혁 운동을 했지만, 찻잔 속 태풍에 그치는 경우가 다반사였습니다. 경제문제도 마찬가지입니다. 노동조건을 개선하고 재벌을 개혁하기 위한 운동을 했지만, 이 또한 문제를 제기하는 수준을 넘지 못했어요. 시민의 힘으로 정치경제 구조를 바꾸는 일은 엄두도 내지 못한 것이지요. 사실 불합리한 정치제도(소선거구제, 다수득표제)와 노동자의 조직화를 방해하는 수많은 직간접적 장벽이 있는 한국 사회에서 노동자들이 조직을 구성하기는 어렵습니다. 또한 이들을 대표하는 정당이 원내에 진출하는 것도 어려웠고요. 그래서 시민운동의 역할이 상대적으로 커 보였던 것이죠. 하지만 노동자들의 다양한 조직이 만들어지고 이들의 이해를 대변하는 정당들이 국회로 진출하면 상황은 달라질 것입니다. 노동자들의 조직과 정당이 복지국가를 만들어가는 중심 역할을 할 것입니다.

이상한 성공

하지만 안타깝게도 많은 진보적인 학자는 물론이고 노동운동에 헌신했던 분들조차 한국의 조직된 노동자들을 불신합니다. 민주노총과 한국노총이 사회개혁의 주체가 되기에는 이미 기득권층이 되었다는 것이죠. 네, 그런 측면이 없지 않아요. 모두는 아니지만, 조직된 노동자의 대부분이 대기업 노동자이니까요. 3백 명 이상 고용한 기업의 노조 조직률은 54.8퍼센트인 데 반해 30명 미만은 0.1퍼센트에 불과합니다.[72] 조합원의 규모가 천 명 이상인 노조에 속한 노동자의 비율이 73.2퍼센트에 이른다는 점에서 민주노총과 한국노총에 조직된 노동자의 대다수는 대기업 노동자인 것이 맞습니다.[73] 하지만 한국 사회에서 수백만 명의 조직된 노동자들이 있고, 정치적으로 영향력을 발휘할 수 있는 조직도 이 두 노동조합입니다. 그렇기 때문에 한국 사회에서 조직된 노동자들을 배제하고 진보적 개혁을 한다는 것은 어려운 일입니다. 설령 조직된 노동자들이 개혁의 대상이 될 수도 있고, 새롭게 조직되는 불안정 고용 상태에 있는 노동자들이 중심이 될 수는 있어도 조직된 노동자들을 배제하고 복지국가를 만든다는 것은 상상하기 어렵습니다. 조직된 노동자들은 미우나 고우나 한국 사회를 개혁할 수 있는 얼마 남지 않은 소중한 자원이기 때문입니다.

## 시민과 노동자가 어깨 걸고

시민운동과 노동운동의 연대도 중요합니다. 한

국처럼 조직된 역량이 취약한 사회에서 시민과 노동운동의 연대는 정치-경제-복지개혁을 위해 필수적입니다. 연대의 좋은 사례가 있어요.[74] 지난 2016년과 2017년 촛불항쟁은 조직된 노동자와 시민 연대가 없었다면 불가능했던 일입니다. 촛불항쟁은 3차 대회 참여자가 백만 명을 넘으면서 엄청난 힘으로 폭발해요. 백만 명의 시민이 모인 다양한 이유가 있겠지만, 그중 하나가 민주노총이 민중총궐기를 선언하며 조직적으로 참여했기 때문입니다. 이뿐만이 아닙니다. 민주노총은 촛불항쟁에 필요한 실무진을 지원하고 재정지원도 아끼지 않았어요. 더욱 놀라운 일은 이렇게 물심양면으로 촛불항쟁을 지원하면서도 민주노총은 자신의 이해를 관철하려고 하지 않았습니다. 박근혜 정부가 불법집회를 주도한 혐의를 씌워 한상균 민주노총 위원장을 구속했는데도 말입니다. 놀라운 일이었습니다. 우리는 시민운동과 민주노총 등 다양한 이해를 가진 사람들이 모여 민주주의 회복이라는 대의에 함께했던 역사를 갖고 있습니다. 촛불항쟁은 좋은 복지국가를 만들어가는 주체가 누구인지를 깨닫게 하고 우리가 어떻게 연대할지를 이야기해주는 중요한 경험이었습니다. 누구도 시민과 노동자가 연대한 평화적인 촛불항쟁이 정권을 퇴진시킬 것이라고 예상하지 못했습니다. 노동자와 시민의 연대가 그런 불가능한 일을 가능하게 만든 것입니다.

이상한 성공

# '침묵의 봄'으로부터의 탈출

　　이제 조금 다른 이야기를 하려고 합니다. 우리가 알고 있는 복지국가는 성장에 긍정적이고, 그 성장의 결과를 공정하게 나눕니다. 하지만 앞으로 우리가 살아갈 21세기는 그런 복지국가를 유지하는 것이 더 이상 가능할 것 같지 않습니다. 기후·생태 위기가 점점 더 우리 모두의 삶을 위협하기 때문입니다. 그래서 늦었지만, 지금이라도 복지국가를 만들려는 사람들은 지구의 생태적 지속가능성을 고민해야 합니다. 그 이야기를 하려고 합니다.

　지금 제가 사는 곳은 작은 산을 옆에 끼고 있습니다. 아침에 일어나 창문을 열면 신선한 아침 산 공기를 마시고 새들의 지저귐을 흠뻑 들을 수 있습니다. 너무 요란해서 정신이 없을 때도 있습니다. 그런데 어느 날 아침에 일어나 창문을 열었는데 새들의 지저귐을 들을 수 없다면, 아마 그 고요함은 잿빛 같은 죽음의 고요함일 것입니다. 레이첼 카슨은 《침묵의 봄》에서 인간이 인간을 위한다고 뿌린 화학약품이 지구의 생명체들을 죽음의 덫에 몰아넣었을 뿐만 아니라 궁극적으로 인간 또한 자신이 파놓은 그 무덤에 빠졌다는 사실을 담담한 필체로 이야기합니다. 잠깐의 편안함을 위해 정원의 모기를 없애고 잡초를 제거하려고 뿌린 살충제와 제초제가 인간과 지구를 병들게 한다면, 인간이 너무나 작은 것을 위해 큰 것을 희생하는 것은 아닌지 물었습니다. 마땅히 자연의 일부인 인간이 마치 자연의 지배자처럼 행동하면서 파멸의 길을 걷고 있는 어리석음을 새들이 지저귀지 않고 꽃이 피지 않는 '침묵의 봄'으로 묘사한 것입니다.

지구 생태계의 일부로 공존하며 살아왔던 인간은 18세기에 들어서면서 생태계의 지배자로 등장합니다. 인류는, 정확하게 서구 사회는 지구상에 존재하는 모든 것이 자신들을 위해 존재하는 것처럼 인간은 물론 자연을 상품화하면서 폭발적인 성장을 합니다. 인구, 실질 GDP, 도시인구, 물 소비 등 인간의 물질적 삶의 수준을 보여주는 수많은 지표가 비선형적으로 증가합니다. 그러나 이에 따라 지구 생태를 위기로 몰아넣은 온실가스는 폭증하고, 자원은 남획되었으며, 수많은 생물이 지구에서 사라졌습니다. 지구상에 사는 소수 인간의 삶이 물질적으로 풍요로워지면서 지구의 생태적 지속가능성이 위기에 처한 것입니다.

수많은 재난을 겪은 후에야 인류는 지금과 같은 물질적 성장과 지구 생태계의 지속가능성이 동시에 추구될 수 없다는 사실을 알게 된 것입니다. 보이시죠([그림 5-13] 참고). 제2차 세계대전이 끝난 후 역사상 유례없는 자본주의와 복지국가의 황금시대를 지나면서 이전까지 아주 서서히 증가하던 사회경제적 지표가 비선형적으로 증가했고, 지구 생태계의 건강성을 알려주는 지표도 기하급수적으로 나빠졌습니다. 자본주의의 물질적 황금시대에 꽃 피었던 그 복지국가, 시민들의 소득 상실과 돌봄 위험에 대응하면서 확대되었던 그 복지국가만으로는 대응할 수 없는 생태적 위험에 직면한 것입니다. 복지국가가 기후위기에 얼마나 무력한지 [그림 5-14]를 한번 보세요. 그림의 Y축은 국가별 1인당 온실가스 배출량을 나타냅니다. X축은 우리가 많이 이야기했던 GDP 대비 사회

이상한 성공

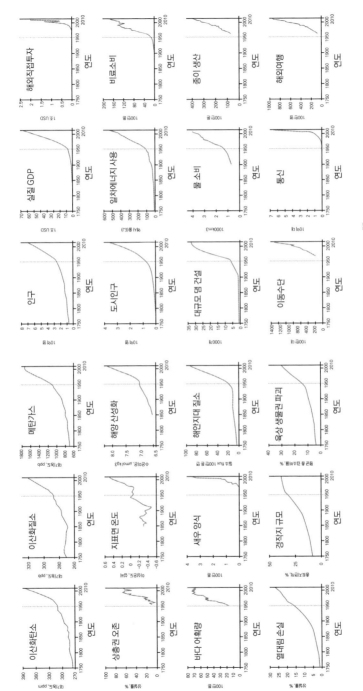

[그림 5-13] 산업혁명 이후 지구시스템과 사회경제 지표의 변화[75]

지출을 나타냅니다. 어떠세요. 온실가스 배출량과 사회지출이 서로 관련 있는 것처럼 보이나요? 만약 둘 사이가 밀접하게 관련 있다면, 한 변수의 상황에 따라 다른 변수가 높거나 낮아져야 합니다. 하지만 사회지출이 높다고 1인당 온실가스 배출량이 낮은 건 아닙니다. 멕시코는 GDP 대비 사회지출이 가장 낮은 국가인 동시에 1인당 온실가스 배출량을 가장 적게 배출하는 국가에 속합니다. 룩셈부르크의 GDP 대비 복지지출은 22.4퍼센트로 멕시코보다 3배 높지만, 1인당 온실가스 배출량도 멕시코보다 3배 많이 배출합니다. 한국은 사회복지지출 수준이 낮은 반면 1인당 온실가스 배출량은 많은 국가에 속합니다. 무슨 의미일까요?

그렇습니다. 기후위기에 적극적으로 대응하는 것과 복지국가가 반드시 일치하지 않는다는 것입니다. 시민들이 실직하거나 아프거나, 늙어 소득이 감소하거나 상실했을 때, 돌봄이 필요할 때 필요한 소득을 보장해주고 양질의 돌봄 서비스를 제공하는 복지국가를 만드는 일과 인간이 지구 생태계를 지키는 일은 다를 수 있다는 것이지요. 우리가 알고 있는 복지국가는 산업화 시대에 만들어진 분배 시스템이니까요. 그래서 룩셈부르크처럼 복지지출은 상대적으로 높지만, 지구 생태계를 보호하는 일에는 소홀한 국가가 있는 것입니다. 복지국가의 모범적인 국가는 사정이 좀 낫습니다. 하지만 덴마크, 핀란드, 노르웨이의 1인당 온실가스 배출량도 칠레, 콜롬비아, 멕시코보다 높습니다. 자유주의 복지국가로 불리는 호주, 미국, 캐나다는 온실가스 배출로 보면 기후 악당이라고 할 수도 있습니다.

이상한 성공

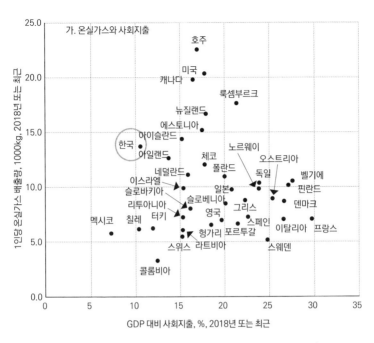

**[그림 5-14] OECD 1인당 온실가스 배출량과 GDP 대비 사회지출[76]**

소득불평등과 온실가스 배출량의 관계도 유사해요. 일부에서는 온실가스를 줄이는 것처럼 기후위기에 적극적으로 대처하는 것이 곧 불평등을 낮추는 일이라고 주장하지만,[77] [그림 5-15]를 보면 반드시 그런 것은 아닙니다. 소득불평등과 온실가스 배출량이 둘 다 낮은 스웨덴, 덴마크, 슬로베니아, 슬로바키아 등이 있는 반면 소득불평등은 낮지만 온실가스 배출량이 상대적으로 높은 아이슬란드, 아일랜드, 체코도 있습니다. 미국은 소득불평등과 온실가스 배출량이 모두 높은 국가입니다. 또한 칠레, 멕시코, 콜롬비아처럼 소득불평등은 높은데 온실가스 배출량은 낮은 국가도 있습니다.

한국은 소득불평등과 온실가스 배출량 모두 중간 수준입니다. 물론 우리가 앞 장에서 이야기했던 것처럼 복지지출 규모가 자동으로 그 사회의 복지의 질(소득불평등, 빈곤 등)을 결정하는 것은 아닙니다. 온실가스 배출도 마찬가지입니다. 그 사회의 산업구조와 밀접히 연관되어 있습니다. 예를 들어 경제를 천연자원에 의존하는 캐나다, 호주 같은 복지국가는 저탄소사회로 가는 데 어려움이 있을 것입니다.

생태위기와 기후위기에 대한 대응은 전통적 복지국가와는 다른 방식의 대안이 필요해 보여요. 지구 생태의 지속가능성이 위협

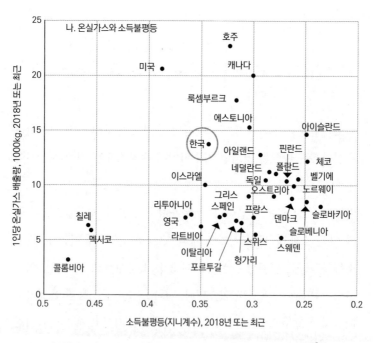

[그림 5-15] OECD 1인당 온실가스 배출량과 소득불평등(지니계수)[78]

받기 전에 우리의 안전한 삶을 지키는 방법은 사회적 위험에 잘 대응할 수 있는 튼튼한 복지국가를 만드는 것이었어요. 하지만 기후위기가 일상화된 지금은 소득 상실과 돌봄에 대응하는 '그' 복지국가만으로는 시민의 삶을 안전하게 지킬 수 없다는 것이 분명해졌습니다. 2003년 8월 부유한 국가들이 모여 있는 유럽에서 이상고온현상이 나타나 프랑스에서만 공식적으로 집계된 사망자 수가 14,802명에 달했어요. 전례가 없던 일이죠. 지구정책연구소(The Earth Policy Institute)는 인류가 온실가스 배출량을 획기적으로 줄이지 않으면 이런 비극이 더 큰 규모로 반복될 것이라고 경고했습니다.[79] 프랑스는 2018년 기준 GDP 대비 사회복지지출 비율이 가장 높고 불평등과 빈곤율도 낮은 편인데도 기후위기에 무력했던 것입니다.

프랑스는 그나마 나은 편이죠. 불평등이 심한 국가는 기후위기에 더 취약합니다. 2005년 허리케인 카트리나가 미국 남부를 덮쳤을 때, 미국 정부는 가난한 사람들이 모여 사는 뉴올리언스의 빈민 지역을 방치했습니다.[80] 분열되고 불평등한 사회에서 민주주의는 작동하지 않았고, 권력은 가난한 사람들에게 무관심했죠. 가난한 국가의 상황은 더 심각합니다. 이상기온으로 에리트레아, 에티오피아, 소말리아 등 '아프리카의 뿔'이라고 불리는 지역에서는 1,300만 명이 식량 위기로 아사 위험에 놓이기도 했으니까요.[81]

우리가 알고 있는 '그' 복지국가만으로는 우리 모두가 안전하게 살 수 없다는 것이 분명해진 것이죠. 되돌아보니 산업화와 성장에 의존했던 우리가 알고 있는 '그' 복지국가는 사실상 지구를 갉아먹으면서 만들어진 분배 체계였습니다. 만약 복지국가가 물질적 성장에 의존하는 방식을 포기하지 않으면, 복지국가는 복지지출 비용을 마련하지 못해 위기에 처하기 전에 기후위기로 그 수명을 다할 것 같습니다. 복지국가의 역할이 단순히 시민의 물질적 삶의 수준을 높이는 것에 그쳐서는 안 되는 이유입니다. '그' 복지국가를 넘어 현대적으로 다시 만든 '새로운 복지국가(Neo-Welfare State)'가 필요합니다. 새로운 복지국가는 우리 앞에 놓여 있는 두 가지 과제를 풀어야 합니다. 하나는 기후위기를 발생시키는 경제에 의존하는 복지국가가 아니라 지구 생태를 복원하고 지킬 수 있는 경제와 함께하는 복지국가여야 합니다. 화석연료가 아닌 태양열, 풍력 등 지구환경에서 순환 가능한 재생에너지로의 전면적 전환이 그 출발점이 될 수 있을 것 같습니다. 독일을 비롯해 부유한 국가들이 추진하고 있는 일입니다. 실행계획을 담지 않은 속 빈 강정처럼 보였지만, 한국도 2050년까지 순-탄소배출을 '0(탄소중립)'으로 만들겠다고 선언했습니다.

다른 하나는 매우 어려운 일입니다. 복지국가가 국민국가를 넘어 국가 간의 불평등과 불균형 발전을 완화하는 적극적 역할을 해야 기후위기를 완화할 수 있기 때문입니다. 만약 개발도상국에 거주하는 사람들이 지금의 미국인과 유럽인만큼 탄소를 배출한다면 기후위기를 막고 지구를 지키는 일은 불가능합니다. 소위 선진국이라고 불리는 국가들의 1인당 이산화탄소 배출량을 살펴보면 개발도상국을 압도합니다. 2017년 기준으로 인도의 1인당 이산화탄소 배출량은 1.84톤에 불과하지만, 미국과 유럽은 각각 16.16톤

이상한 성공

과 8.24톤에 이릅니다. 개발도상국에서 선진국으로 진입한 한국도 12톤가량으로 매우 높습니다. 엄청난 인구를 가진 중국, 인도는 물론 브라질, 인도네시아, 베트남, 아프리카, 남미, 아시아의 개발도상국들이 모두 한국처럼 선진국을 따라잡는 과정을 거친다면 지구 생태계는 지속 불가능할 것입니다. 실업, 질병, 돌봄의 문제가 아닌 기후위기로 인류는 자멸하게 될 것입니다.

다른 선택지는 없습니다. 답은 하나입니다. 온실가스 배출을 줄여야 합니다. 어떻게 할까요? 선진국의 시민이 개발도상국 시민에게 "지금 기후위기가 심각하니 우리 온실가스를 배출하는 성장방식을 버리고 함께 지구를 살립시다. 기후위기는 선진국만의 위기가 아니라 우리 모두의 위기입니다"라고 이야기한다고 생각해보세요. 개발도상국 시민들은 아마 말도 안 되는 이야기라고 생각할 것입니다. 미국, 유럽의 경우 대기 중 온실가스 농도는 영국이 산업혁명을 시작하고, 북미와 유럽 대륙이 산업화 시대로 접어들면서 급증하기 시작했습니다.[82] 한국이 본격적으로 산업화를 시작했던 1960년대는 이미 기후위기에 대한 우려가 공식적으로 제기되기 시작했죠. 한국과 같은 후후발 산업국가는 점증하던 기후위기라는 불꽃에 기름을 부은 꼴이었죠. 지금은 중국이 엄청난 기름을 붓고 있습니다. 이처럼 영국, 미국, 유럽, 그리고 한국이 발전할 때는 마음껏 온실가스를 배출해놓고, 개발도상국이 국민의 생활수준을 높이기 위해 성장하려 하니 그렇게 하면 모두가 망한다고 하지 말라고 합니다. 전혀 설득력이 없는 이야기입니다.

소득수준에 따른 온실가스 배출량을 보면 선진국의 책임이 더

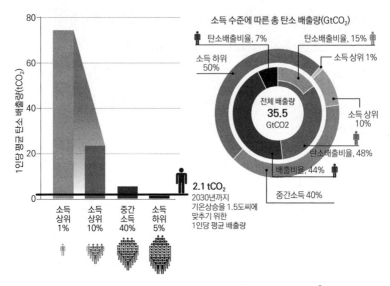

**[그림 5-16] 2015년 소득분위별 총 $CO_2$ 배출량과 1인당 배출량[84]**

극명하게 드러납니다. 전 세계 인구 중 소득 상위 1퍼센트의 사람들은 인류가 배출하는 이산화탄소의 15퍼센트를 배출합니다. 소득 상위 10퍼센트까지 확대하면 전체 배출량은 48퍼센트로 늘어납니다. 절반을 배출하는 것이지요. 반면 소득 하위 50퍼센트의 사람들은 단지 7퍼센트만 배출합니다([그림 5-16] 참고). 소득 상위 1퍼센트와 10퍼센트의 사람들은 어디서 살까요. 중국과 인도도 부자가 많지만, 대부분은 선진국에 살고 있는 사람들입니다. 연소득 6만 달러가 넘는 사람들의 90.5퍼센트가 선진국에 살고 있습니다.[83] 지금 한국을 비롯해 선진국 사람들이 누리는 높은 수준의 물질적 풍요는 엄청난 온실가스를 배출하고 이루어지는 것입니다. 철마다 새롭게 사 입는 옷, 신발, 첨단의 휴대폰, 맛있는 스테이크 모두 엄청난 탄소를 배출합니다. 그러니 기후위기의 책임이 누구에게 있겠습니까. 당연히 선진국입니다. 선진국이 머리 숙여 사과하면 모를까, 개발도상국을 가르칠 입장이 아닙니다.

어떻게 해야 할까요. 선진국이 그랬으니 개발도상국도 발전을 위해서는 어쩔 수 없다고 눈감아야 할까요? 문제는 그럴 수가 없다는 것이죠. 이대로 가다간 21세기 말이 되면 지구 온도가 1.5도 높아지는 것이 아니라 4도 이상 상승할 것입니다.[85] 4도가 상승하면 인류의 생존은 물론 자연생태계의 존속도 불투명해집니다. 세계은행은 지구 온도가 2도를 넘어서게 되면 생태 위험은 비선형적으로 나타날 것이라고 예측했습니다. 폭염은 비정상적으로 지속될 것이고, 곡물 생산량은 급감해 기아가 창궐하고 수많은 생물이 멸종 위기에 몰릴 것입니다. 해수면이 1~2미터 상승해 밴쿠버, 런던, 홍콩, 상하이 등 해안 도시는 물에 잠길 것입니다.[86]

어떻게 해야 할까요? 명백한 사실은 기후위기와 관련해 선진국이 개발도상국에 엄청난 빚을 지고 있다는 것입니다. 선진국이 온실가스를 마음껏 배출해 지구를 이 지경으로 만들어놓고 기후위기의 희생자인 개발도상국에 비용을 같이 부담하자는 것은 도둑놈 심보입니다. WTO의 전 볼리비아 대사 앙헬리카 나바로 야노스가 UN 기후 회의에서 지구를 위한 협력을 주장한 근거이기도 하지요.[87] 미국과 유럽의 선진국들, 그리고 신흥 선진국이 된 한국이 온실가스 배출량을 급격히 감소시키는 것은 말할 것도 없고, 개발도상국들이 기후위기를 심화시키지 않고 지속가능한 발전을 할 수 있도록 과감하게 지원해야 합니다. 개발도상국에 재생에너지 기술을 무상으로 이전하고 시민이 안전한 삶을 영위할 수 있도록 교육, 보건의료, 사회경제 인프라 등을 개선하기 위해 필요한 재정을 이전해야 합니다. 더 나아가 모든 것을 과하게 소비하는 선진국의 일상을 바꿔야 합니다. 한국과 같이 선진국의 시민은 자원을 덜 소비하면서 살아가는 새로운 생활방식에 익숙해져야 합니다. 지금처럼 마음껏 구매하고 소비하는 생활습관을 바꾸지 않고 기후와 생태위기를 해결하는 것은 불가능하기 때문입니다.

선진국이 지구를 파괴하면서 만든 부도 개발도상국과 함께 나누어야 합니다. 우리가 알고 있던 복지국가가 국경 내에서 부의 평등한 분배를 추구했던 분배 체계였다면, 현대화된 새로운 복지국가는 국경을 넘어 국가 간 불평등을 완화하는 분배 체계로 확대되어야 합니다. 개발도상국이 지구를 위태롭게 만들면서 발전했던 선진국의 뒤를 따르지 않고, 지구의 생태적 지속과 국가 발전을 동시에 실현할 수 있는 길입니다. 다른 선택은 없습니다.

## ● 새로운 길

너무 어려운 일이죠. 우리가 길을 찾을 수 있을까요? 저는 BTS의 행보에서 그 길을 봅니다. 여러분은 아마 BTS가 한국은 물론이고, 세계 곳곳에서 더 나은 사회를 만들기 위해 사람들이 연대하고 행동하는 데 큰 힘이 되었다는 이야기를 들었을 것입니다. 권위주의에 대항해 민주주의를 외치는 케이팝 팬들, 역

이상한 성공

사를 왜곡하고, 전쟁범죄를 미화하려는 역사수정주의자들에게 '이 것이 역사다'라는 것을 보여주며, 위안부 피해 할머니들을 지원하는 BTS의 모습에 많은 분이 공감하실 것입니다. 그러나 제아무리 BTS라도 성공의 덫에 빠져 수십 년간 모순이 누적되고 불평등에 찌든 한국 사회를 바꿀 수 있다고 생각하지는 않으실 것 같습니다.

2009년 6월 영국의 BBC는 〈How the Beatles Rocked the Kremlin(비틀즈는 어떻게 크렘린을 뒤흔들었나)〉라는 다큐멘터리영화를 송출합니다. 레슬리 우드헤드가 제작한 이 다큐멘터리영화는 2013년 동명의 책으로 출간됩니다.[88] 우드헤드는 구소련(현재 러시아) 시기에 비틀즈가 소련에서 공연한 적도 없고, 그들의 음악을 듣는 것도 금지되었다고 이야기해요. 그런데 비틀즈와 그들의 음악이 이야기하는 '자유'라는 메시지가 소련이라는 거대한 전체주의를 무너뜨리는 데 결정적 역할을 했다고 단언합니다. 어떻게 이런 일이 가능했을까요. 비틀즈에 대한 소련 청년들의 열망이 서구 문화의 문을 열었고, 소련을 해체하는 데 영향을 미쳤다는 것입니다. 소련이 냉전에서 패한 것은 서구의 핵미사일이 우수했기 때문이 아니라 비틀즈로 상징되는 서구의 문화 때문이었다는 것입니다.[89]

그런데 궁금하지 않으세요? 당시 소련 방송국은 비틀즈의 음악을 틀지 않았고, 당연히 소련의 국영 레코드 가게에서는 비틀즈의 엘피판도 팔지 않았어요. 그런데 소련의 청년들이 어떻게 비틀즈의 음악을 들으며 자유를 꿈꾸었던 것일까요. 레닌그라드 조선대학의 학생들은 '뼈에 새긴 록(on the bones)'이라고 불리는 그들만의 방식으로 비틀즈의 음악을 불법 복제해 유통시켰던 것입니다.

우측부터 2013년에 출간된 레슬리 우드헤드의 《비틀즈는 어떻게 크렘린을 뒤 흔들었나》 표지 그림. 엑스레이사진에 비틀즈의 음악을 녹음한 '엑스레이 판(Bone Records)'.[92]

여러분도 한 번쯤 찍어본 엑스레이사진에 그들의 음악을 녹음한 것이지요.[90] 물론 음질은 아주 형편없었다고 합니다. 그러나 그 형편없는 음질의 비틀즈 음악을 듣는 소련 청년들의 모습은 그들이 얼마나 자유를 갈망했는지를 상징했죠. 새로운 예술작품들이 그렇듯이 비틀즈의 음악은 새로운 시대의 흐름을 정확하게 보여주기 때문입니다.[91]

저는 1960년대 비틀즈가 전체주의에 자유를 빼앗겼던 소련 청년들에게 했던 역할을 지금 BTS가 하고 있다고 생각해요. 지난 수십 년간 전 세계를 지배한 신자유주의는 사람보다 돈을, 연대와 협력보다 경쟁을 더 중시했는데, 그 와중에 소외되고 무기력해진 수많은 사람에게 BTS는 자신을 사랑하며 서로 연대해 세상의 부조

　　　　　　　　　　　　　　　　　　　　　　이상한 성공

리에 맞서라고 합니다. 앞서 이야기했듯이 전 세계의 수많은 시위 현장에서 BTS의 노랫말이 피켓으로 만들어지고, 더 나은 사회를 만들려는 아미들의 모습은 BTS의 선한 영향력을 증명하고 있습니다. 물론 BTS의 노래는 현실이 아닙니다. 파블로 피카소는 이렇게 이야기합니다. "우리 모두는 예술이 진실이 아니라는 것을 알고 있습니다. 예술은 우리가 진리를 깨닫게 하는 거짓말입니다. 예술가는 자신이 하는 거짓말의 진실성을 다른 사람에게 설득하는 방식을 알아야 합니다."[93] BTS는 노래라는 거짓말을 통해 진실, 즉 무엇이 문제인지, 우리가 어떻게 해야 하는지를 이야기하고 있는 것입니다.

1945년 8월 해방 이후 75년 넘게 누적된 한국 사회의 문제가 해결될 수 있을까요? 한국을 이렇게 부유한 민주주의국가로 만든 그 성공이 덫이었다면, 그 덫에서 빠져나온다는 것은 성공의 열쇠를 버리는 게 아닐까요? 힘없는 사람이 기득권층으로 꽉 들어찬 사회에 작은 균열이라도 낼 수 있을까요? 계란으로 바위를 치는 것은 아닐까요? 그냥 이 체제에 순응해 조금이라도 더 열심히 뼈를 갈아 넣는 '노오력'을 해서 지금보다 조금이라도 나은 삶을 살아가는 것이 현명한 선택은 아닐까요? 어쩌면 이런 생각이 정상적이고 현실적일 수 있습니다. 하지만 생각해보세요. 만약 가난하고 힘없는 '을(乙)'들이 침묵하고 체제에 순응하고 그저 열심히 살아간다면, 가장 좋아할 사람들이 누구일지를. 여러분은 답을 알고 있을 것입니다.

우리가 직면한 현실도 마찬가지라고 생각합니다. 한국 사회의 거대한 성공 신화가 만들어낸 불평등과 불공정에 맞서 지금 우리가 할 일은 포기하는 것이 아니라 "기어서라도", "패배하는 날이 올지라도" 그날이 오늘은 아니라고 외쳐야 하는 것이 아닐까요. 어쩌면 거대한 성공의 덫에 빠진 한국 사회의 언더독에게 절실한 것은 BTS가 〈Not Today〉에서 외쳤던 이런 신념이 아닐까 생각합니다.

성공의 덫에서 빠져나오기 위해서는 위대한 지도자가 필요한 것이 아닙니다. 더 좋은 사회를 만들겠다는 생각을 공유하는 사람들이 평등한 연대를 만들어 불공정하고 불평등한 거대 정치경제 구조에 맞서 싸워야 합니다. 지도하고 지도받는, 이끌고 따라가는 수직적 위계를 대신해 어깨동무하고 연대하는 수평적 네트워크야말로 세상을 바꿀 수 있는 힘입니다. 이런 수평적 네트워크를 구성하는 사람들도 동질적일 필요가 없습니다. 더 좋은 사회를 만들자는 생각에 공감한다면 다른 젠더도, 성정체성도, 인종도, 국적도, 언어도 문제가 되지 않습니다.[94]

그 길이 어떤 길인지 우리는 알지 못합니다. 아니, 그 누구도 아는 이가 없습니다. 우리가 만들어가야 할 새로운 길이기 때문입니다. 대중과 수평적으로 소통하는 정치가 지금 우리 사회에서 정치적 대표와 관련해 필요한 새로운 가치입니다. 대다수가 성공의 덫에 빠져 버겁고 힘든 삶을 살아가는데 정치적 대표가 그런 현실을 직시하지 않고 반응하지 않는다면, 그런 국가에서는 정부가 국민을 대표한다고 할 수 없습니다. 정부의 통치행위를 국민에 의한 통치라고 이야기할 수도 없습니다.[95] 지배하는 정치, 명령하는 정치, 단순히 선거로 대표를 뽑는 정치가 아니라 소통을 통해 더 좋은 대표가 되기 위해 끊임없이 개혁하는 민주주의, 바로 그 민주주의가

이상한 성공

한국 사회를 성공의 덫에서 벗어나게 할 것입니다. 성공의 덫에서 벗어나 우리가 더 좋은 사회로 가기 위해 필요한 것은 평범한 우리와 수평적으로 소통하면서 우리의 이해를 대표하는 좋은 대표제를 만드는 것입니다.


## 잠정적 유토피아를 향하여

　　　　평범한 사람들이 행복한 복지국가를 만드는 일은 쉽지 않은 것 같습니다. 체코의 벨벳혁명을 성공적으로 이끌며 전체주의 정권을 무너뜨린 바츨라프 하벨 전 체코 대통령이 집필한 책《불가능의 예술》처럼 한국에서 평범한 사람들이 행복한 복지국가를 만드는 것은 어쩌면 "가능의 수준을 넘어 불가능의 수준으로 나아가는", "불가능의 예술"과 같은 것입니다.[96] 그러나 지레 낙담할 필요는 없습니다. 1945년 한국이 외세에 의해 분단되고, 1948년 남한만의 단독정부가 출범했을 때 그 누가 75년 후 한국이 전 세계 국가 중 10번째로 GDP가 높은 국가가 될 것이라고 상상이나 했겠습니까. 수십 년간 끝나지 않을 것 같던 독재가 지속될 때도 그 누가 한국이 아시아에서 제일 발전한 민주주의국가가 될 것이라고 상상이나 했겠습니까. 외화를 수입하는 쿼터를 얻기 위해 억지로 한국 영화를 만들고, 텔레비전은 온통 일본 애니메이션과 미국 드라마로 꽉 차고, 라디오에서는 팝 음악만 흘러나올 때, 그 누가 한국의 음악과 영화, 드라마가 세계의 대중문화를 이끌어갈 줄 상상이나 했겠습니까. 불가능한 일이었습니다. 그러나 그 불가능이 현실이 되었습니다. BTS의 〈다이너마이트〉가 2020년 9월 첫째 주 처음으로 빌보드 '핫 100'에서 1위에 올랐을 때 BTS 구성원들은 '우리도 하면 되는구나'라고 이야기를 했다고 합니다.[97]

그렇다고 '하면 된다고', 그러니까 꾹 참고 노력하라는 것이 아닙니다. 놀라운 성공이 만든 거대한 덫에서 벗어나기 위해 한국은 다시 새로운 여정을 시작해야 합니다. 그리고 시민이 주권자가 되는 민주적 방식으로 그 길을 찾자는 것입니다. 단순히 사회지출을 늘려 사회적 위험에 대응하는 수준을 넘어, 노동시장과 가족 내에서 불평등을 완화하는 평범한 사람들의 손으로 행복한 복지국가를 만들어가자는 것입니다.

단 한 번의 개혁으로 살 만한 세상이 만들어지면 얼마나 좋겠어요. 하지만 그런 일은 현실 세계에서 일어나지 않아요. 프랑스혁명을 생각해보세요. 프랑스혁명은 귀족이 지배하는 신분제 사회를 무너뜨리고 모든 사람이 평등한 세상을 여는 출발점이었습니다. 하지만 프랑스혁명의 정신이 평범한 사람들의 삶 곳곳에 스며들기까지는 2백 년의 시간이 더 필요했습니다. 프랑스에서는 다시 왕정이 수립되기도 했으니까요. 그래서 개혁에 반대하는 사람들은 "개혁을 해보았자 세상이 더 좋아지는 것이 아니라 더 나빠진다"라고 주장합니다. 프랑스혁명 이후 로베스피에르의 독재가 이어지고 왕정이 다시 수립되었으니까요. 그리고 개혁을 해보았자 "기존 체제가 바뀌지 않을 것이다"라고 이야기합니다. 심지어 그렇게 사회를 개혁하면 자유민주주의가 위태로워진다고 주장합니다.[98]

이상한 성공

실제로 개혁에 반대하는 사람들의 주장이 맞는 것처럼 보이기도 했습니다. 연인원 1,700만 명이 참여한 촛불항쟁으로 정권이 교체되었을 때 문재인 대통령은 "문재인과 더불어민주당 정부에서 기회는 평등할 것입니다. 과정은 공정할 것입니다. 결과는 정의로울 것입니다"라고 이야기했습니다. 그리고 5년이 다 되어갑니다. 대한민국은 기회가 평등하고, 과정은 공정하며, 결과는 정의로운 나라가 되었나요. 사실 기대와 실망이 교차하는 일은 1945년 8월 15일 해방 이래 지금까지 80여 년 동안 계속 반복되었습니다. 이상하거나 예외적인 일이 아니었습니다.

35년의 일제 강점이 끝나고 해방되었을 때 조선인 대부분은 조선 사회가 더 평등하고 더 공정하고 더 정의로운 세상이 될 것이라고 믿었을 것입니다. 그러나 해방 이후 우리의 삶은 참으로 고단했습니다. 어떤 사람들은 일제강점기가 더 나았다고 이야기했습니다. 1960년 4·19혁명으로 이승만 독재를 무너뜨렸을 때, 사람들은 부패한 독재정권이 무너졌으니 평범한 사람들의 삶이 더 나아질 것이라고 생각했을 것입니다. 그러나 민주당이 집권한 지 1년이 조금 안 되는 기간은 혼란 그 자체였습니다. 더욱이 1961년 5월 16일에 일어난 쿠데타로 민주적으로 선출된 정부는 무너졌습니다. 그리고 1987년까지 27년 동안 권위주의체제가 이어졌죠. 그동안 우리는 성장만 하면 모두가 잘살 수 있을 것이라고 믿었습니다. 그러나 어땠나요. 성장의 결과가 공정하게 분배되지 않으면서 성장은 오히려 불평등을 키웠습니다. 사회의 모든 부조리는 40여 년 가까이 이어진 독재 탓이라고 생각했죠. 그리고 드디어 1987년 민주화를 이루어냅니다. 하지만 성장의 과실이 공평하고 평등하게 분배되는 사회는 오지 않았어요. 민주화가 되면서 한국 사회는 더 불평등한 사회가 되었습니다. 1997년 IMF 외환위기로 해방 이후 처음으로 민주적이고 평화적인 방식으로 정권이 교체됩니다. 김대중 정부가 집권한 것이지요. 그러나 많은 사람의 기대와 달리 민주당 정부 10년 동안 한국 사회는 유례없는 불평등의 증가를 경험합니다. 성장을 통해 국민을 더 잘살게 하겠다는 보수정부가 9년 집권했지만, 한국 사회는 다시 1990년대 이전처럼 성장과 평등이 함께하는 사회로 돌아가지 못했어요. 그리고 문재인 정부 5년이 지난 것입니다.

도대체 무엇이 문제일까요. 개혁에 반대하는 사람들처럼 우리가 추구했던 모든 노력이 결국 아무런 소용이 없는 것일까요. 그러니 각자의 자리에서 열심히 자신이 맡은 일을 하는 것이 최선일까요. 반복해서 강조하지만, 만약 지금 우리가 한국 사회를 바꾸려 하지 않고 이 사회구조에서 각자의 이익만 추구한다면, 누가 가장 좋아하겠습니까. 그렇지요. 지금 이 사회에서 기득권을 갖고 특권을 누리고 있는 사람들입니다. 본래 그 사람들은 변화를 싫어합니다. 변화한다는 것은 그들이 누리고 있는 특권이 위기에 처할 수도 있다는 것을 의미합니다. 그리고 더 큰 역사의 줄기를 보면 매 순간 더 나은 사회를 만들기 위해 우리가 흘렸던 피, 땀, 눈물은 결코 헛되이 버려진 적이 없습니다. 해방 이후 40년 가까이 독재를 경험한 나라가 2021년 완전한 민주주의를 실현하는 나라로 탈바꿈했으니까요. 민주주의의 종주국이라고 일컬어지는 미국과 프랑스가 결

이상한 성공

권위주의 체제    혼합체제    결손된 민주주의  완전한 민주주의

[그림 5-17] 2020년 〈이코노미스트〉 글로벌 민주주의 지수[99]

손된 민주주의국가로 분류되는 현실을 생각하면, 한국 민주주의의 성취는 대단한 쾌거입니다([그림 5-17] 참고).

생각해보세요. 만약 한국 역사에서 독재정권에 대항해 민주주의를 실현하기 위한 오랜 투쟁의 역사가 없었다면, 지금 우리가 세계에서 가장 발전한 민주주의국가가 될 수 있었을까요. 불가능했을 것입니다. 어떻게 보면 우리의 노력이 개혁을 반대하는 사람들의 주장처럼 아무것도 바꾸지 못한 것 같지만, 역사의 도도한 흐름을 보면 단단한 바위를 뚫는 물방울처럼 더 좋은 세상을 위한 우리의 노력이 세상을 바꾼다는 것을 확인할 수 있습니다. 그러니 더 좋은 사회를 만들기 위한 우리의 노력은 멈추어서도 안 되고 멈출 수도 없는 것입니다. 단 한 번의 개혁으로 완전한 사회를 만들 수 없다는 것을 알기에 우리는 현실에서 우리가 할 수 있는 최선의 대안으로 잠정적 유토피아를 만들어가야 합니다.[100] 유럽에서 가장 후진적인 복지국가였던 핀란드가 2000년대에 들어서면서 세계 최고의 복지국가가 되었던 역사적 사실을 기억해야 합니다. 세계에서 가장 가난한 나라를 불과 60년 만에 부유한 나라로 탈바꿈시킨 한국 시민이라면 불가능한 일이 아닙니다.

우리는 잘 알고 있습니다. 그런 좋은 사회, 좋은 복지국가가 복지 지출을 늘린다고 만들어지지 않는 것을. 우리가 추구하는 복지국가는 단순히 사회적 위험에 보편적으로 대응하는 국가가 아닙니다. 우리가 추구하는 복지국가는 재벌 대기업 중심의 성장 체제에 의존하는 복지국가가 아니라 대기업과 중소기업이 동반성장 하는 경제에 기초한 복지국가입니다. 우리가 추구하는 복지국가는 최첨단 자동화 설비에 의존해 생산성을 높이는 성장체제에 의존하는 복지국가가 아니라 노동자의 숙련이 자동화와 함께 공존할 수 있는 복지국가입니다. 우리가 추구하는 복지국가는 수출에만 성장을 의존하는 복지국가가 아니라 수출과 내수가 균형 잡힌 경제에 기초하는 복지국가입니다. 우리가 추구하는 복지국가는 탄소를 배출하면서 지구 생태를 위협하는 경제에 의존하는 복지국가가 아니라 지구 생태계를 지키는 경제에 기초한 복지국가입니다. 우리가 추구하는 복지국가는 차별에 눈감는 복지국가가 아니라 인종, 종교, 성적 지향, 학벌, 국적 등과 관계없이 모든 인간이 존엄한 개인으로서 동등한 권리를 누리는 복지국가입니다. 우리가 추구하는 복지국가는 끊임없이 더 좋은 사회를 위해 변화하는 복지국가입니다.

우리는 우리가 원하는 복지국가가 당장 만들어질 것이라고 믿지 않습니다. 그러나 우리가 지금 노력하지 않으면, 영원히 그 복지국가에 다가설 수 없다는 것을 잘 알고 있습니다. 조금 힘들면 쉬어갈 수는 있겠지만, 멈출 수는 없습니다. 쉽지 않은 일입니다. 그 과정에서 우리는 복지가 할 수 있는 일을 잘 알고 있습니다. 지금 우리의 새로운 개혁은 많은 사람의 물질적 생활수준을 떨어뜨려 우리가 힘들게 이룩한 민주주의를 위협할 수도 있습니다.[101] 국가의 적극적인 복지는 개혁 과정 중의 어려움을 견디면서도 국민이 그 개혁을 지지할 수 있게 해줄 것입니다. 국가가 제공하는 관대한 복지는 개혁이라는 눈물의 계곡을 지나가는 사람들의 눈물을 닦아주고, 쓰러진 사람들을 일으켜 세워주며, 힘든 사람들의 어깨를 두드려주는 친구가 될 것이라 확신합니다.

결국 이 모든 것은 정치의 문제입니다. 정치에 무관심한 사람은 자신과 가족의 안위를 지킬 수 없을 뿐만 아니라 사회가 더 나빠지도록 방조하는 사람입니다. 정치는 좋은 사회를 만드는 시작이자 끝이기 때문입니다. 좋은 복지국가를 만든다는 것은 결국 "정치를 통해 사회를 변화시킬 수 있다는" 민주주의를 지지하는 시민들의 적극적인 사회 비전인 것입니다.[102] 좋은 복지국가란 좋은 정치의 산물이기 때문입니다. 그리고 좋은 정치는 누가 만들어주는 것이 아니라 우리가 만드는 것입니다. 저는 이 시대의 좋은 정치란 가난한 사람들을 소외시키지 않으면서 다양한 지향을 가진 사람들의 정체성을 동등하게 지켜주는 것이라고 생각합니다. 분배의 문제와 정체성의 문제가 함께 가야 한다고 이야기하는 것입니다. 성평등, 소수자의 동등한 권리를 보장하는 것이 중요하다는 것에는 변함이 없습니다. 여기에 더해 계급 간 불평등을 해소하려는 적극적인 노력이 있어야 한다고 주장하는 것입니다. 지난 수십 년 동안 진보적인 사람들이 성평등과 소수자의 권리를 옹호했지만 분배의 문제를 소홀히 하면서 세계 곳곳에서 극우 포퓰리스트들이 민주주의를 파괴하고 소수자를 혐오하는 것이 일상이 되는 모습을 지켜보았습니다. 더는 내버려 둘 수 없습니다. 누가 이런 일을 해야 할까요? 미국의 진보적 상원의원인 버니 샌더스의 말을 여러분에게 들려드리고 싶습니다. "변화는 절대 위에서부터 시작되어 아래로 내려가지 않습니다. 언제나 아래서부터 시작되어 위로 올라갑니다."¹⁰³

## 에필로그

저의 전작 《한국 복지국가의 기원과 궤적》 3부작은 집필에만 7년 이 걸렸습니다. 사실 3백 쪽짜리 간단한 책을 쓰려고 했던 것이 여러 가지 이유 때문에 1,800쪽 분량의 조금 긴 3부작으로 결실을 맺게 되었습니다. 지금 다시 읽어보면 부족한 것투성이고 담지 못한 이야기가 그 3부작의 두께만큼 되는 것 같습니다. 항상 글은 세상에 내놓고 나면 부끄러움이 커지는 것 같습니다. 하지만 '기원과 궤적' 3부작을 쓰면서 한국 사회를 경제-정치-복지라는 큰 시각에서 바라볼 수 있게 되었던 것 같습니다. 복지를 이렇게 정치-경제-복지라는 틀로 바라보니 그간 보이지 않았던 것들이 보이기 시작했고, 무수한 것들이 서로 연관성을 가지고 있다는 것을 어렴풋이 깨닫기 시작했습니다. 그 깨달음의 새로운 시작이 《이상한 성공》입니다.

사실 처음부터 이 책을 집필하려고 했던 것은 아니었습니다. 2020년 2월 한국에서 코로나19 바이러스가 막 확산되기 시작할 무렵, 제 아이가 군에 입대했습니다. 대학 2학년을 마치고 군에 입대하게 되었는데, 훈련소의 고단함을 알기에 뭐라도 도움이 되는 일이 없을까 고민하다가 위문편지를 쓰기 시작했습니다. 그런데 저처럼 감정표현에 무딘 사람이 일상의 소소함을 전하고 고생하는 아이의 마음을 위로해주는 일은 쉽지 않았습니다. 안부를 묻고 제 소소한 일상을 조금 적고 나면 더 이상 쓸 이야기가 없었습니다. 그래서 고민 끝에 청년이 한국 사회와 관련해 한 번쯤은 고민했으면 좋을 주제를 선정해 제대할 때까지 정기적으로 위문편지를 써야겠다는 생각을 했습니다. 그리고 주제를 잡고 위문편지를 쓰기 시작했습니다. 다들 아시겠지만, 요즘은 인터넷 홈페이지에 편지를 쓰면, 부대에서 편지를 프린트해서 훈련병들에게 전달해 줍니다. 그렇게 제 인터넷 위문편지가 시작되었습니다. 1장의 첫 주제가 '왜 한국의 청년들은'이었던 이유도 바로 그 때문이었습니다. 그리고 1장의 내용을 다 쓸 무렵, 아이는 신병훈련소를 수료하고 자대 배치를 받았습니다.

　그때부터는 굳이 위문편지를 쓰지 않아도 되는 상황이 되었습니다. 저녁이면 핸드폰으로 통화를 할 수 있고 때로는 화상 통화도 할 수 있었기 때문에 굳이 위문편지를 쓸 이유가 없었어요. 고민이 되었습니다. 그만 쓸까, 계속 쓸까? 그러다가 제 고민을 다른 청년들과 함께 나누면 좋겠다는 생각이 들었고, 마침 한국연구재단에서 같은 주제로 연구지원을 받았던 터라 단행본으로 출간하기로 하고 집필을 이어가게 된 것입니다. 초벌 원고는 인하대학교 사회복지학과 21학번 신입생들과 함께 읽으며 토론하는 과정을 거쳤습니

　　　　　　　　　　　　　　이상한 성공

다. 정말 똑똑하고 적극적이고 사랑스러운 인하대학교 사회복지학과 1학년 신입생들과 정책대학원 1년 차 선생님들의 참여가 없었다면, 이 책은 지금보다 더 거친 글이 되었을 것입니다. 특히 학생운동을 열심히 하느라 졸업을 포기했다가 다시 학교로 돌아온 친구 신규철이가 제 수업을 들으면서, 꼼꼼히 읽고 오탈자를 교정해주었습니다. 시민운동, 자식노릇, 남편노릇, 아빠노릇, 열일을 하느라 바쁜데도 누구보다도 열심히 읽고 공부하는 친구의 모습에 깊은 경의를 표하고 싶습니다. 이런 과정을 거쳐 완성된 초안을 보고 한겨레출판사에 적극 추천해주신 한겨레신문사의 이창곤 선생님께도 깊은 감사의 인사를 드립니다. 끝으로 꼼꼼한 교정과 깨알 같은 의견을 아끼지 않았던 한겨레출판사 허유진 팀장님과 출간을 지지해주신 정진항 본부장님께도 감사의 인사를 드립니다.

# 부록

# 미주

## 1장 | 성공의 덫

1   "최고대학 들어왔지만…" 서울대생 절반 우울증세, 〈매일경제〉, 2018년 11월 30일 자. https://
    www.mk.co.kr/news/society/view/2018/11/750994/ (접속일, 2020. 2. 23).

2   〈통계로 보는 2034 청년세대 자화상: 2034 청년세대 기초통계 Report〉 연구리포트 2017-04, p. 28,
    대학내일20대연구소, 2017.

3   〈Financial aid for students〉, Kela. 2019. https://www.kela.fi/web/en/financial-aid-for-
    students (접속일, 2020. 2. 24).

4   Green, M, Harmacek, J., and Krylova, P. 2020. 2020 Social progress index. Executive summary.
    Social Progress Imperative.

5   노르딕 카운슬은 덴마크, 핀란드, 아이슬란드, 노르웨이, 스웨덴이 참여하는 북유럽국가들의 협력체로
    1952년에 창설되었다.

6   "Greta Thunberg rejects Nordic Council environmental award", BBC, 2019. https://
    www.bbc.com/news/world-europe-50232491 (접속일, 2020. 3. 14).

7   〈Emission gap report 2020〉, UNEP, 2020.

8   "툰베리, 문 대통령에 호수 기후위기 행동으로 보여달라", 〈한겨레〉, 2020년 10월 20일 자.

9   탄소중립은 온실가스 배출량과 온실가스를 제거하는 양이 같아져 순배출량이 제로가 되는 상태를 의미한다.

10  위키백과. 2020. 진행 중인 군사 분쟁 목록. https://ko.wikipedia.org (접속일, 2020. 2. 25).

11  〈How's life? 2017 Measuring well-being〉, OECD, 2017. https://doi.org/10.1787/how_life-
    2017-en

12  Herrnstein, R. and Murray, C. 1994. The bell curve: Intelligence and class structure in American
    life. New York: Simon & Schuster.

13  "Stop talking about race and IQ." 〈SLATE〉, 2018.

14  자료: (좌) Herrnstein, R. and Murray, C. 1990. The bell curve: Intelligence and class structure
    in American life. New York: The free Press Paperbacks Book. p. 279. (우) 인종주의 논란을
    불러일으켰던 헌스타인과 미국기업연구소 연구원 찰스 머리가 집필한 책. 찰스 머리는 이후에도 복지가
    의존을 만든다는 주장의 책(Losing ground)을 출간하는 등 인종과 복지문제에 대해 보수적인 입장을 취했다.

15  조귀동. 2020. 《세습중산층사회: 90년대생이 경험하는 불평등은 어떻게 다른가》. 생각의 힘, p. 189.

16  조귀동, 《세습중산층사회: 90년대생이 경험하는 불평등은 어떻게 다른가》. 노대명. 2009. "계층이동과
    탈락의 세습화: 외환위기 10년 계층구조의 변화", 《황해문화》, 64.

17  Milanovic, B. 2017[2016]. 《왜 우리는 불평등해졌는가》. 서정아 옮김(Global inequality: A new
    approach for the age of globalization). 21세기북스.

18  조귀동, 《세습중산층사회: 90년대생이 경험하는 불평등은 어떻게 다른가》.

19  조귀동, 《세습중산층사회: 90년대생이 경험하는 불평등은 어떻게 다른가》.

20  이철승. 2019. 《불평등의 세대》. 문학과지성사.

21  우석훈·박권일. 2007. 《88만원 세대》. 레디앙.

22  김정훈·심나리·김향기. 2019. 《386세대유감》. 웅진지식하우스.

23  〈경향신문〉. 2019. "232명 중 서울대 99명…박근혜 정부보다 더 공고한 'SKY캐슬'. 2019년 5월 8일.
    http://news.khan.co.kr/kh_news/khan_art_view.html?art_id=201905080600045 (접속일, 2020.
    3. 6).

24  〈연합뉴스〉. 2017. "문재인 정부 고위직 평균재산 16.6억원…영·호남 '약진'". 2017년 11월 8일. https://

www.yna.co.kr/view/MYH20171108013100038 (접속일, 2020. 3. 6).

25  남재량. 2019. "고령시대, 적합한 고용시스템의 모색." 한국노동연구원 개원 31주년 기념 세미나. 2019년 9월 26일. 한국프레스센터.

26  남윤미. 2017. "국내 자영업의 폐업률 결정요인 분석." 《BOK 경제연구 제2017-5》. p. 8.

27  〈한겨레〉. 2019. "고정값이 된 불공정…청년들 분노해봤자 바뀌는 것 없다." 2019년 12월 9일. http://www.hani.co.kr/arti/society/society_general/920074.html (접속일, 2020. 3. 7).

28  김정훈 외, 《386세대유감》.

29  강득구국회의원·사교육걱정없는세상. 2020. "서울대 재학생 고소득층 비율이 62.6%, 저소득층보다 3.4배 높은 것으로 나타나." 교육불평등 리포트, ③.

30  사교육걱정없는세상. 2020. "서울대 입학 기회 영재학교가 일반고보다 113배 높아." 〈교육불평등 리포트 ⑪〉.

31  Rho, M. 2019. "2019년 서울시에서 아파트 가격이 가장 낮은 그리고 높은 자치구는 어디일까요?" ValueChampion. 2019년 7월 19일. https://www.valuechampion.co.kr (접속일, 2020. 3. 7).

32  참고로 우리가 일반적으로 사용하는 1평은 3.3제곱미터 해당된다.

33  〈동아일보〉. 2019. "평준화 지역 일반고도 서울대 진학률 큰 차이." 2019년 10월 21일. http://www.donga.com/news/article/all/20191021/97983466/1 (접속일, 2020. 3. 6).

34  Stiglitz, J. 2020[2018]. 《세계화와 그 불만(개정증보판)》. 송철복 옮김 (Globalization and its discontents revisited). 세종연구원. p. 185.

35  윤홍식. 2019. "문제는 '세대'가 아니라 부의 '세습'이다." 아침을 열며. 〈한국일보〉. 2019년 11월 1일, 31면.

36  세금과 이전소득(복지급여)을 부과(이전)하기 전의 지니계수를 시장소득 지니계수라고 부르기도 하고, 세금과 이전소득(복지급여)을 부과(이전) 이후의 지니계수를 가처분소득 지니계수 또는 순(純) 지니계수라고 부르기도 함.

37  OECD, Government at a glance 2019. 핀란드, 노르웨이, 스웨덴, 영국, 캐나다, 미국, 이스라엘 한국의 자료는 2017년 기준, 뉴질랜드는 2014년, 나머지 국가는 2016년.

38  OECD (2020), Elderly population (indicator). doi: 10.1787/8d805ea1-en (Accessed on 09 March 2020).

39  Lehmann, J, Y., Nuevo-Chiquero, A., and Vidal-Fernandex, M. 2018. "The early origins of birth order differces in children's outcomes and parental behavior." The Journal of Human Resources, 53(1): 123–156.

40  Jones, D. 2009. "First-born kids become CEO material." absNEWS, 8th January 2009. https://abcnews.go.com/Business/LifeStages/story?id=3554179&page=1 (접속일, 2020. 9. 18).

41  〈동아일보〉. 2017. "서울대 학생 70% 고소득층 자녀" 2017년 7월 13일. https://www.donga.com/news/Society/article/all/20170713/85330068/1 (접속일, 2020. 9. 18).

42  Giridharada, A. 2019[2018]. 《엘리트독식사회》. 정인경 옮김(Winners take all). 생각의 힘. p. 13.

43  McNamee, S. and Miller, R. 2015[2013]. 《능력주의는 허구다》. 김현정 옮김(The meritocracy myth, 3rd ed.). 사이. p. 12.

44  McNamee and Miller, 《능력주의는 허구다》, p. 26.

45  통계청. 각년도 사회조사결과. 1994년은 질문에 대한 선택지에 '보통이다'라는 응답항이 있었고, 1999년과 2003년은 '보통이다'와 '모르겠다' 두 개의 응답항이 있었다. 2006년 설문부터는 '보통이다'라는 항목은 없어지고, '모르겠다'라는 항목만 남았다. 여기서 '높다'는 '매우 높다'와 '비교적 높다'라는 응답을 더한 것이고, '낮다'는 '매우 낮다'와 '비교적 낮다'라는 응답을 더한 것이다.

46  OECD. 2019. 〈Education at a glance 2019〉. OECD. p. 68.

47  Carr, E. H. 1997[1961]. 《역사란 무엇인가》. 김택현 옮김(What is history). 까치. p. 113.

48  '실링(shilling)'은 영국에서 1971년까지 쓰였던 화폐단위로 '파운드 스털링(pound sterling)'을 보조했다. 1파운드는 20실링, 1실링은 12펜스로 환산되었다. Wikipedia. 2020. Shilling(British coin). https://en.wikipedia.org/wiki/Shilling_(British_coin) (접속일, 2020. 3. 14).

49  양동휴. 2007. 《경제사 산책》. 일조각. 권홍우. 2017. "음울한 자본주의…1833년 공장법." 서울경제.

2017년 8월 29일. https://www.sedaily.com/NewsVIew/1OJXTNHFRS 재인용. (접속일, 2020. 3. 13).

**50**  History Crunch. 2019. Child labor in the industrial revolution. July 29, 2019 (Revised). https://www.historycrunch.com/child-labor-in-the-industrial-revolution.html#/ (접속일, 2020. 3. 14).

**51**  윤홍식. 2019.《한국 복지국가의 기원과 궤적 1》. 사회평론아카데미. p. 342.

**52**  Carr,《역사란 무엇인가》, pp. 188–189.

**53**  Schweinitz, K. 2001[1943].《영국 사회복지 발달사: 1349년 노동자 조례에서 1942년 베브리지 보고서까지.》남찬섭 옮김 (England's road to social security: From the Statute of Laborers in 1349 to the Beveridge Report of 1942, 1961 Republication Ed.). 서울: 인간과 복지. pp. 290–293.

**54**  Bernstein, E. 1999[1899].《사민주의의 전제와 사민당의 과제》, 강신중 옮김, ( Die Voraussetzungen des Sozialismus und die Aufgaben der Sozialdemokratie). 서울: 한길사. pp. 135–158. Kautsky, K. 2003[1892].《에르푸르트 강령》. 서석연 옮김 (Das Erfurter Programm). 범우사. p. 17.

**55**  Lar9 philippo 001z.jpg https://commons.wikimedia.org/wiki/File:Lar9_philippo_001z.jpg (접속일, 2020. 3. 14).

## 2장 | 성공, 그 놀라움

**1**  Sen, A.(2013[1999]),《자유로서의 발전》, 김원기 역, (Development As Freedom), 갈라파고스, p.42, 230.

**2**  변금선·윤기연·송명호. 2018.《폐지수집 노인 실태에 관한 기초 연구》. 한국노인인력개발원.

**3**  World Bank. 2020. GDP per capita, PPP (constant 2017 international $). https://data.worldbank.org/indicator/NY.GDP.PCAP.PP.KD?most_recent_value_desc=true (접속일, 2020. 9. 15).

**4**  Roser, M. (2013). "Economic Growth". Published online at OurWorldInData.org. Retrieved from: 'https://ourworldindata.org/economic-growth' [Online Resource]. Our World in Data. 2020. GDP per capita, 1870–2016. https://ourworldindata.org/economic-growth (접속일, 2021. 3. 5).

**5**  〈시사저널〉. 2017. "한국은 들쥐 같다. 미군 발언, JP도 옹호했다." 〈시사저널〉, 1587호. 2020. 3. 14. http://www.sisajournal.com/news/articleView.html?idxno=170474 (접속일, 2020. 3. 17).

**6**  〈한겨레〉. 2020. "미국 의회·해외 언론 한국은 코로나 19 방역 롤모델." 2020년 3월 13일. http://www.hani.co.kr/arti/international/international_general/932480.html (접속일. 2020. 3. 17).

**7**  Maddison, A. 2003. Development Centre Studies: The world economy, Historical statistics. OECD. p. 186.

**8**  안병태. 1982.《한국근대경제와 일본 제국주의》. 백산서당. pp. 19–21.

**9**  OECD. 2020. Level of GDP per capita and productivity. https://stats.oecd.org/index.aspx?DataSetCode=PDB_LV# (접속일, 2020. 3. 17).

**10**  Roser, "Economic Growth". Our World in Data, GDP per capita.

**11**  조지프 스티글리츠,《세계화와 그 불만(개정증보판)》, pp. 618–619.

**12**  The World Bank. 2019. Manufacturing, value added (current US$). https://data.worldbank.org/indicator/NV.IND.MANF.CD?most_recent_value_desc=true (접속일, 2020. 3. 25).

**13**  The World Bank, Manufacturing value added. 정준호. 2020. "한국경제체제의 유산과 쟁점." 윤홍식 엮음,《우리도 복지국가에 살 수 있을까》, pp. 54–81. 사회평론아카데미. pp. 56–58.

**14**  팽성일. 2019. "한국 소재·부품산업의 현황과 과제."《KIET 산업경제》, 2019년 5월호. pp. 71–79. pp. 73–75.

**15**  팽성일, "한국 소재·부품산업의 현황과 과제," p. 74.

**16**  경향신문 DB.

17  〈중앙일보〉. 1977. "수출 100억불의 의미." 1977년 12월 22일. https://news.joins.com/article/1472192 (접속일, 2020. 3. 25). OECD. 2020. Trade in goods and services (indicator). doi: 10.1787/0fe445d9-en (Accessed on 19 March 2020).

18  〈중앙일보〉, "수출 100억불의 의미."

19  조정미. 2020. "수출만이 살길, 돈모에서 스마트폰까지." 국가기록원. http://theme.archives.go.kr/next/koreaOfRecord/export.do (접속일, 2020. 3. 19). 통계청. 2019. 10대 수출입 품목. http://www.index.go.kr/potal/main/EachDtlPageDetail.do?idx_cd=2455 (접속일, 2020. 3. 19).

20  Workman, D. 2020. Philippines top 10 exports. March 11, 2020. World's Top Exports. http://www.worldstopexports.com/philippines-top-10-exports/ (접속일, 2020. 3. 19).

21  〈동아일보〉. 2016. "칠순 맞는 무협...웃지못한 '1조 시름'" 2016. 7. 12. http://www.donga.com/news/article/all/20160712/79142126/1 (접속일, 2020. 3. 19). 한국무역협회. 2020. 한국 10대 품목. http://stat.kita.net/stat/cstat/anal/AnaCtrProg.screen (접속일, 2020. 3. 19).

22  국사편찬위원회. 2006. 조선왕조실록 중 "세종실록." 세종 5년 7월 13일 신묘 2번째.

23  차명수. 2006. "경제성장·소득분배·구조변화." 김낙년 편,《한국의 경제성장, 1910-1945》, pp. 299-341. 서울대학교출판부. pp. 325-326.

24  김낙년. 2003.《일제하 한국경제》. 해남. pp. 2-3.

25  https://global.britannica.com/event/Poor-Law

26  배기효, (1999).《일제시대의 복지행정》. 홍익출판사.

27  박경식. (1986).《일본제국주의의 조선지배》. 청아출판사, p. 133. 강만길. (2004).《한국노동운동사 1: 조선후기~1919》. 서울: 지식마당. p. 223, 재인용.

28  島海豊(도리우미 유타카). 2019.《일본학자가 본 식민지 근대화론》. 지식산업사. p. 26.

29  이홍락. (1994). "식민지의 사회구조." 강만길·김남식·김영하·김태영·박종기·박현채·안병직·정석종·정창렬·조광·최광식·최장집 엮음,《한국사 14: 식민지시기의 사회경제 2》, pp. 61-90. 한길사.

30  島海豊,《일본학자가 본 식민지 근대화론》, p. 17.

31  김낙년,《일제하 한국경제》. 허수열. 2005.《개발 없는 개발》. 은행나무.

32  〈경향신문〉. 1964. "허기진 군상." 1964년 5월 20일. 1면.

33  강준만. 2020.《한류의 역사》. 인물과사상사. p. 22.

34  한국보건사회연구원. 2018.《2018년 빈곤통계연보》. 한국보건사회연구원. p. 38.

35  Eco, U. 2018[2010].《중세 IV》. 김효정·주효숙 옮김 (Il Medioevo 4). 시공사. pp. 275-278.

36  이런 속담이 정말 있었는지는 논란이 있는 것 같다. 농경사회에서는 거름이 중요해서 인분을 사고팔기도 했기 때문에 사촌이 땅을 사면 별다른 축하 선물을 못 하니 배라도 아파 인분이라도 사촌의 땅에 줘야 한다는 의미였는데, 일제강점기에 남이 잘되는 것을 배 아파한다는 의미로 왜곡되었다는 주장이 있다. 그러나 국립국어원의 공식 답변에 따르면 이러한 주장의 근거를 찾을 수 없다고 한다. 국립국어원. 2013. 온라인가나다: "사촌이 땅을 사면 배가 아프다?"에 대한 [답변] 속담의 뜻. https://www.korean.go.kr/front/onlineQna/onlineQnaView.do?mn_id=216&qna_seq=53881 (접속일, 2020. 3. 23).

37  Cave, P. 2011(2010).《사촌이 땅을 사면 배가 아픈 철학적 이유》. 배인섭 옮김(Do llamas fall in love?). 어크로스. p. 26.

38  이철승. 2021.《쌀 재난 국가》. 문학과지성사.

39  Cave,《사촌이 땅을 사면 배가 아픈 철학적 이유》, p. 32.

40  Ostry, J. Loungani, P. and Berg, A. 2019. Confronting inequality. Columbia University Press.

41  https://sanaasaluja.wordpress.com/2015/07/16/trickle-down-effect/ (접속일, 2020. 3. 2).

42  Maddison, Development Centre Studies: The world economy, Historical statistics, pp. 146, 186. Milanovic,《왜 우리는 불평등해졌는가》, p. 118.

43  Kim, S. and Wales, N. 1941. Song of arirang: The life story of a Korean rebel. The John Day Company. p. 73.

44  김정인. 2019. "한국 민주주의 기원의 재구성." 민주화운동기념사업회 한국민주주의연구소 엮음,《한국 민주주의, 100년의 혁명 1919~2019》, pp. 20-51. pp. 28-29.

**45**  김정인, "한국 민주주의 기원의 재구성," pp. 44

**46**  최장집. 1996. 《한국 민주주의의 조건과 전망》. 나남.

**47**  윤홍식. 2019b. 《한국 복지국가의 기원과 궤적 3》. 사회평론아카데미. p. 149.

**48**  Przeworski, A. 1997[1991]. 《민주주의와 시장》. 임혁백·윤성학 옮김 (Democracy and the market). 한울. p. 34.

**49**  Ogle, G. 1990. South Korea: Dissent within the economic miracle. Zed Books. p. 99.

**50**  신건수를 기억하는 사람들의 모임 엮음. 2021. 《거룩한 분노는 사랑보다 깊다》. 서울(비대품).

**51**  Gibbons, B. (1988). "The South Koreans." National Geographic, 174(2): 232–257, pp. 246–7. The photograph by Nathan Benn.

**52**  윤홍식, 《한국 복지국가의 기원과 궤적 3》. p. 444.

**53**  〈한겨레〉. 2018a. "댓글공작 지시 'MB 육성파일' 나왔다." 2018년 9월 17일.

**54**  〈한겨레〉. 2018b. "강제징용 재판 파기하려···대법원규칙 '한달새 3차례' 바꿔." 2018년 9월 4일.

**55**  1차 집회(2016. 10. 29)부터 11차 집회(2017. 1. 17)까지 집회에 참가한 연인원은 177만이었고, 주최 측이 추산한 집회참가 연인원은 1,090만이었다. 위키백과. 2020. "박근혜 대통령 퇴진 운동의 참여 인원." https://ko.wikipedia.org/wiki/박근혜_대통령_퇴진_운동의_참여_인원 (접속일, 2020. 8. 28).

**56**  "가장 성공적인 혁명" 독일에서 갈채받은 '대한민국 촛불', 〈오마이뉴스〉, 2017년 12월 6일. http://www.ohmynews.com/NWS_Web/View/at_pg.aspx?CNTN_CD=A0002383294 (접속일, 2020. 8. 28).

**57**  Zinn, H. 2018[1970]. 《역사의 정치학》. 김한영 옮김 (The politics of history). 마인드큐브. p. 350.

**58**  EIU. 2019. Democracy index 2019: A year of democratic setbacks and popular protest.

**59**  International Monetary Fund. 2020. World economic outlook.

**60**  〈한겨레〉. 2020. "신한류의 구세주인가 NEXFLEX 콘텐츠 포식자인가." 2020년 12월 1일자, 9면.

**61**  JTBC. http://tv.jtbc.joins.com/cast/pr10011201, http://tv.jtbc.joins.com/mysticpopupbar. tvN: http://program.tving.com/tvn/tvnpsycho, http://tv.jtbc.joins.com/cast/pr10011148, http://program.tving.com/tvn/stranger/, http://program.tving.com/tvn/doctorlife, http://program.tving.com/tvn/startup, http://program.tving.com/tvn/recordofyouth, http://program.tving.com/tvn/cloy. SBS:SBS. https://programs.sbs.co.kr/drama/theking/main.

**62**  〈경향신문〉. 2018. '창간기획-한류 20년의 발자취. 편견과 혐한 뚫은 창의·열정...대중문화 전방위로 영역 확대'. 2018년 10월 4일. http://news.khan.co.kr/kh_news/khan_art_view.html?art_id=201810042001005 (접속일, 2020. 4. 8).

**63**  서정민갑. 2019. "K-POP 한류 현대사." 《황해문화》, 104: 278–285. pp. 278–279.

**64**  〈경향신문〉, [한류 20년의 발자취] 편견과 혐한 뚫은 창의·열정...대중문화 전방위로 영역 확대.

**65**  〈중앙일보〉. 2011. "SM 파리공연, 유럽팬 호응 폭발... 1회 공연추가." 2011년 5월 12일 https://news.joins.com/article/5475919 (접속일, 2020. 4. 8).

**66**  이지행. 2019. 《BTS와 아미컬처》. 커뮤니케이션북스. pp. 86–88.

**67**  홍석경. 2020. 《BTS 길 위에서》. 어크로스. p. 46

**68**  홍석경. 《BTS 길 위에서》, p. 37.

**69**  이지행, 《BTS와 아미컬처》, p. 33.

**70**  이지행, 《BTS와 아미컬처》, pp. 22–23. 홍석경, 《BTS 길 위에서》, p. 55.

**71**  이동연. 2019. "방탄소년단의 신화는 어떻게 재생산되는가." 《문화과학》, 97: 176–201.

**72**  이지영. 2020. 《BTS 예술혁명: 방탄소년단과 들뢰즈가 만나다》. 파레시아. p. 82

**73**  홍석경, 《BTS 길 위에서》, p. 59.

**74**  김구. 2002(1947). 《백범일지》. 돌베개.

**75**  〈경향신문〉. 2018. "창간기획-2018 한류지도, 'K팝'으로 물꼬 튼 한국 콘텐츠, 태평양 건너 미국·유럽까지 흘렀다." 2018년 10월 4일. http://news.khan.co.kr/kh_news/khan_art_view.html?artid=2018100 41956005&code=960100 (접속일, 2020. 4. 8).

**76**  RollingStone. 2018. "On the charts: BTS become first K-Pop act to reach number one." May 27,

2018. https://www.rollingstone.com/music/music-news/on-the-charts-bts-become-first-k-pop-actto-reach-number-one-629174/ (접속일, 2020. 4. 8).

77 Forbes. 2019. "K-Pop is more global tan ever, Helping South Korea's music market grow into a 'power player.' Apr 3, 2009. https://www.forbes.com/sites/caitlinkelley/2019/04/03/kpop-global-btsblackpink-grow/#18a3527f24e2 (접속일, 2020. 4. 8).

78 Billboard. 2020. Billboard Global 200. Week of September 19th. https://www.billboard.com/charts/billboard-global-200 (접속일, 2020. 9. 16).

79 Forbes. 2020. "BTS top the Billborad hot 100 with 'Life goes on,' once agin proving they're in a league of their own." Nov 30, 2020. https://www.forbes.com/sites/bryanrolli/2020/11/30/btstop-the-billboard-hot-100-with-life-goes-on-once-again-proving-theyre-in-a-league-oftheir-own/?sh=771d195f47af (접속일, 2020. 12. 2).

80 홍석경. 《BTS 길 위에서》, p. 223.

81 홍석경. 《BTS 길 위에서》, p. 235.

82 홍석경. 《BTS 길 위에서》, pp. 245-253.

83 〈한겨레〉. 2020. "K팝, 세계대중음악 주류." 2020년 9월 16일 20면.

84 한국국제문화교류진흥원. 2019. 《2019 해외한류실태조사》. 한국국제문화교류진흥원. p. 13

85 한국국제문화교류진흥원. 2019. 《2019 해외한류실태조사》. 한국국제문화교류진흥원. p. 13.

86 이지행, 《BTS와 아미컬쳐》, pp. 105-116. 이지영, 《BTS 예술혁명: 방탄소년단과 들뢰즈가 만나다》, p. 75.

87 최선영. 2020. "세계는 어떻게 '우리'가 되고자 하는가?" 《열린정책》, 5: 136-143. p. 140. 홍석경. 《BTS 길 위에서》, p. 181.

88 홍석경. 《BTS 길 위에서》, p. 67.

89 이지영. 2020. "방탄학, BTS 연구는 이미 시작되었다." 한겨레, 2020년 12월 26일자 4면.

90 김영대. 2019. 《BTS THE REVIEW》. 알에이치코리아. pp. 163-4.

91 한겨레, "K팝, 세계대중음악 주류."

92 서정민갑, "K-POP 한류 현대사," p. 282.

93 김영대, 《BTS: The review》.

94 〈연합뉴스〉. 2020. "태국 시위에 힘보태는 K팝 팬들...성금 모금·광고거부 촉구." 2020년 10월 20일. https://www.yna.co.kr/view/AKR20201020068500076 (접속일, 2020. 12. 2).

95 The Guardian. 2020. "How US K-pop fans became a political force to e reckoned with." 24 Jun, 2020. https://www.theguardian.com/music/2020/jun/24/how-us-k-pop-fans-became-a-political-forceto-be-reckoned-with-blm-donald-trump (접속일, 2020. 12. 2).

96 홍석경. 《BTS 길 위에서》, p. 72.

97 Huffpost. 2019. "기후변화 시위에 나선 전 세계 BTS 팬들은 이렇게 말했다." https://www.huffingtonpost.kr/entry/story_kr_5d85b404e4b070d468cd0a7a (접속일, 2020. 12. 30).

98 〈한겨레〉. 2019. "BTS팬 아미들이 5·18민주화운동 공부하는 이유." 2019년 5월 16일. http://www.hani.co.kr/arti/society/society_general/894204.html (접속일, 2021. 1. 1).

99 〈쿠키뉴스〉. 2018. " BTS팬아미, 위안부 피해자에 방한용품 후원." 2018. 12. 17. http://www.kukinews.com/newsView/kuk201812170137 (접속일, 2021. 1. 1).

100 〈한겨레〉. 2021. "우울에 갇힌 20대, 전연령대 중 최악...4명 중 1명 위험수준." 2021년 5월 6일 9면.

## 3장 | 성공의 이유

1 Weiss, L. 2002[1998]. 《국가 몰락의 신화》. 박형준·김남출 옮김(The myth of the powerless state: Governing the economy in a global era). 일신사. p. 55.

2 본문에는 "(…) 초석을 닦은 것은 부인할 수 있는 사실이다"라고 되어 있는데, 뒤의 문장과의 연결을 생각하면

"부인할 수 없는 사실이다"가 맞는 것 같다. 물론 저자에게 직접 문의하지는 않았다. 양재진. 2014. "박정희 시해, 새로운 기회의 창, 그리고 경제정책의 대전환: 정치리더십 변동과 정책패러다임의 변화."《현대사회와 행정》, 24(1): 169–188, p. 186.

3    Carr, E. H. 1997[1961]. 《역사란 무엇인가》. 김택현 옮김 (What is history). 까치. pp. 76–77.

4    Tolstoi, L. 2017(1869). 《전쟁과 평화 4》. 박형규 옮김 (Война и мир). 문학동네.

5    박태균. (2002). "군사정부 시기 미국의 개입과 정치변동, 1961~1963." 한국정신문화연구원 편, 《박정희시대연구》, pp. 55–107. 백산서당. p. 68.

6    서중석. (2008). 《대한민국 선거이야기》. 역사비평사. pp. 138–141.

7    김성현. (2016). "난민이라는 존재의 인식과 삶." 김성보·김종엽·이혜령·홍석률 기획, 《한국현대 생활문화사: 1950년대》, pp. 83–106. 창비.

8    윤홍식. 2019a. 《한국 복지국가의 기원과 궤적 2》. 사회평론아카데미.

9    김기원. 2003. "미군정기의 경제." 국사편찬위원회 편, 《한국사 52: 대한민국의 성립》. 탐구당. p. 270. 김기원. 1990. 《미군정기의 경제구조》. 도서출판 푸른산. p. 64.)

10    김기원, 《미군정기의 경제구조》.

11    정태헌. 2003. "병참기지화정책." 국사편찬위원회 편, 《한국사 50: 전시체제와 민족운동》, pp. 13–41. 탐구당. Maddison, A. (2003). Development Centre Studies: The world economy, Historical statistics. OECD. p. 186.

12    주: 1인당 GDP는 1990년 기준 국제 Geary–Khanmis 달러로 표시. 자료: Maddison, Development Centre Studies: The world economy, Historical statistics, p. 186.

13    조순경·이숙진. 1995. 《냉전체제와 생산의 정치: 미군정기의 노동정책과 노동운동》. 이화여자대학교출판부. p. 176.

14    김점숙. 2000. 《미군정과 대한민국 초기(1945–50년) 물자수급정책》. 이화여자대학교 대학원 사학과 박사학위논문.

15    Cummings, B. 2017[2010]. 《브루스 커밍스의 한국전쟁》. 조행복 옮김 (The Korean war: History). 현실문화. p. 226.

16    박동찬. 2014. 《통계로 본 6·25전쟁》. 군사편찬연구소장. 백종극. 2002. "전후 50년의 한국 산업화와 국가."《한국정치연구》, 11(1): 245–304. pp. 261–262.

17    박명림. 1994. "한국전쟁." 강만길·김남식·김영하·김태영·박종기·박현채·안병직·정석종·정창렬·조광·최광식·최장집 편, 《한국사 17: 분단구조의 정착–1》, pp. 337–397. 한길사. p. 393.

18    김성현. (2016). "난민이라는 존재의 인식과 삶." 김성보·김종엽·이혜령·홍석률 기획, 《한국현대생활문화사: 1950년대》, pp. 83–106. 창비.

19    김진호. (2016). "이웃을 향한 열린 문과 닫힌 문, 그리스도인의 전후 체험." 김성보·김종엽·이혜령·홍석률 기획, 《한국현대 생활문화사: 1950년대》, pp. 161–188. 창비.

20    일반적으로 영국을 선발 산업국가, 독일과 프랑스 등을 후발 산업국가, 한국과 같이 20세기 후반에 산업화를 시작한 국가를 후후발 산업국가라고 부른다.

21    Bolt, J., Inklaar, R., Jong, H., and Zanden, J. 2018. "Rebasing 'Maddison': new income comparisons and the shape of long-run economic development" Maddison Project Working Paper, nr. 10, available for download at www.ggdc.net/maddison.

22    Gerschenkron, A. 1962. Economic backwardness in historical perspective. Harvard University Press.

23    박명림, "한국전쟁," p. 389.

24    홍석률. 2002. "5·16쿠데타의 발발 배경과 원인." 한국정신문화연구원 편, 《박정희시대 연구》. 백산서당.

25    박태균. 2007. 《원형과 변용: 한국 경제개발계획의 기원》. 서울대학교출판부.

26    Gerschenkron, Economic backwardness in historical perspective.

27    Joe, S. 2016[2013]. 《아시아의 힘》. 김태훈 옮김 (How Asia works: Success and failure in the world's most dynamic region). 프롬북스.

28    자료: 1913~1930년, 1933~1941년 자료는 배기효. 1999. 《일제시대의 복지행정》. 홍익출판사, p. 115.

〈표 III-13〉, p. 146, 〈표 III-35〉, p. 198, 〈표 III-74〉. 1942~1943년 자료는 김영모. 1982. "일제하 사회계층의 형성과 변동에 관한 연구." 조기준·이윤근·유봉철·김영모 지음. 《일제하의 민족생활사》. pp. 487-659. 현암사. p. 601. 표 4-16 참고. 1932년 자료는 김낙년. (2003). 《일제하 한국경제》. 해남. p. 128 표 4-1 참고. 1931년 자료는 궁학박사. 1983[1975]. "토지조사사업의 역사적 전제조건의 형성". 사계절 편집부 엮음, 《한국근대경제사연구》, pp. 256-298. 사계절, pp. 275-6, 〈표 8〉 참고.

**29** 독립운동사편찬위원회. 1973. 《독립운동사자료집 5(3·1운동재판기록)》, p. 281. 이지원. 1994. "3·1운동." 강만길·김남식·김영하·김태영·박종기·박현채·안병직·정석종·정창렬·조광·최광식·최장집 엮음, 《한국사 15: 민족해방운동의 전개 1》, pp. 83-116. 한길사. p. 114, 재인용.

**30** 한국경제60년사 편찬위원회. (2010). 《한국경제 60년사 I: 경제일반》. 한국개발연구원. p. 97.

**31** 백종국, "전후 50년의 한국 산업화와 국가." p. 253.

**32** 위키커먼스 https://ko.wikipedia.org/wiki/%ED%99%94%EC%8B%A0%EB%B0%B1%ED%99%94%EC%A0%90 (접속일, 2021. 6. 15).

**33** 조순경·이숙진, 《냉전체제와 생산의 정치: 미군정기의 노동정책과 노동운동》.

**34** 윤홍식, 《한국 복지국가의 기원과 궤적 2》.

**35** 이완범. (2015). "한국의 반공주의와 친미주의." 김동춘·기외르기 스첼·크리스토프 폴만 엮음, 《반공의 시대: 한국과 독일, 냉전의 정치》, pp. 321-346. 돌베개. p. 323.

**36** 이철순. 2004. "1950년대 후반 미국의 대한정책." 문정인·김세중 편, 《1950년대 한국사의 재조명》, pp. 275-342. 선인. p. 339. 이완범. (2004). "1950년대 후반 한국정치사 연구: 이승만 정부 몰락 과정에서 일어난 보안법 파동을 중심으로." 문정인·김세중 편, 《1950년대 한국사의 재조명》, pp. 459-494. 선인. p. 28.

**37** Satterwhite, D. 1994. The Politics of Economic Development: Coup, State, and the Republic of Korea's First Five-Year Economic Development Plan(1962-1966), PhD. Dissertation, University of Washington. 박태균. 2007. "한국전쟁 이후 이승만 정부의 경제부흥 전략." 《세계정치》, 28(2): 203-241, p. 205에서 재인용.

**38** 윤홍식, 《한국 복지국가의 기원과 궤적 2》, pp. 255-259.

**39** 박태균. 2003. "1950·1960년대 경제개발 신화의 형성과 확산." 유철규 편, 《한국자본주의 발전모델의 역사와 위기》, pp. 247-284. 함께읽는책. p.250.

**40** 이철순, "1950년대 후반 미국의 대한정책." p.315. 박태균. 1997. "1950년대 말 미국의 대한경제정책 변화와 로스토우의 근대화론." 《한국사론》, 27: pp. 253-317. p.301.

**41** 한국경제 60년사 편찬위원회, 《한국경제 60년사: 경제일반》. p. 601.

**42** Amsden, Asia's Next Giant, p.41.

**43** Todaro, M. and Smith, S. 2016[2015]. 《경제발전론, 12판》. 김중렬·송치웅·신범철·윤미경 옮김(Economic development, 12th ed.). 시그마프레스. pp. 137-138.

**44** 공제욱. 1994. "1950년대 자본축적과 국가: 사적 자본가의 형성을 중심으로." 《국사관논총》, 58: 171-219. p.174, 186. 최응양. 1958. 《농정 10년사》, 세문사. Sakurai, H. 1976. "Korean Land Reform Reconsidered", Asia Economic Studies, Tokyo, 서재진. (1988). "한국 산업 자본가의 사회적 기원." 한국사회사연구회 편, 《현대 한국 자본주의와 계급 문제》, pp. 11-38. 서울: 문학과지성사. p.30에서 재인용.

**45** 김낙년. 2004. "1950년대의 외환정책과 한국경제", 《1950년대 한국사의 재조명》, 문정인·김세중 편, pp.201-234, 선인, p.206.

**46** Todaro and Smith, 《경제발전론, 12판》. p. 135. Skinner, G. 2007. "The neoclassical counter revolution and developing economics: A case study of political and economic changes in the Philippines." Social Sciences Journal, 7(1): 51-58. p. 53

**47** Skinner, "The neoclassical counterrevlution and developing economics: A case study of political and economic changes in the Philippines," p. 57

**48** https://www.liveinternet.ru/users/nomad1962/post269741840/

**49** Krueger, A. 1990. "Asian trade and growth lessons." American Economic Association, 80(2):

108–112. p. 111.

**50** World Bank. 1993. The East Asian miracle: Economic growth and public policy. Oxford University Press. p. 6.

**51** 발전국가의 개념적 논의는 다음 책의 내용을 수록한 것이다. 윤홍식. 2019b.《한국 복지국가의 기원과 궤적 1: 자본주의로의 이행의 시작, 18세기부터 1945년까지》. 사회평론아카데미.

**52** 강준만. 2020.《한류의 역사: 김 시스터즈에서 BTS까지》. 인물과사상사.

**53** 강준만,《한류의 역사: 김 시스터즈에서 BTS까지》, p. 8.

**54** 강준만,《한류의 역사: 김 시스터즈에서 BTS까지》.

**55** Johnson, C. 1994. "What is the best system of national economic management for Korea?" Cho, L. and Kim, Y. (eds.), Korea's political economy: An institutional perspective, pp. 63–87. Westview Press.

**56** 윤홍식,《한국 복지국가의 기원과 궤적 1》.

**57** Wade, R. 1990. Governing the market: Economic theory and the role of government in East Asian industrialization. Princeton University Press.

**58** Schmitz, H. 1999. "Collective efficiency and increasing returns." Cambridge Journal of Economics, 23(4): 465–483.

**59** 핫토리 타미오(服部民夫). 2007[2005].《개발의 경제사회학: 한국의 경제발전과 사회변동》. 유석춘·이사리 옮김. 전통과 현대. pp. 97–105.

**60** 물론 중소기업은 경공업, 대기업은 중화학공업으로 명확하게 구분하기는 어렵다. 하지만 중화학공업보다 경공업에서 중소기업의 비중이 높은 것은 사실이다. 1980년 기준으로 경공업에서 중소기업의 비중이 48퍼센트였고, 2020년에는 32퍼센트로 줄어들었다. 1980년대 이전, 특히 1960년대에는 경공업에서 중소기업이 차지하는 비중이 더 컸을 것이다. 정연승. 2004.《대·중소기업간 생산성 및 임금격차에 관한 연구: 제조업 중심으로 한 경제발전론적 접근》. 중소기업연구원.

**61** 조정미. 2020. "수출만이 살길, 돈모에서 스마트폰까지." 국가기록원. http://theme.archives.go.kr/ next/koreaOfRecord/export.do (접속일, 2020. 8. 29).

**62** Studwell, J. 2016.《아시아의 힘》. 김태훈 옮김(How Asia works). 프롬북스.

**63** 김종태. 2018.《선진국의 탄생》. 돌베개. p. 166.

**64** 김종태,《선진국의 탄생》.

**65** Schmitz, "Collective efficiency and increasing returns," p. 478.

**66** Woo, J. 1991. Race to the swift: State and finance in Korean industrialization. Columbia Univ. Press.

**67** 국가기록원. 2015.《주요 정책기록 해설집 II: 산업편》. 국가기록원.

**68** Levy, B. and Kuo, W. 1991. "The strategic orientations of firms and the performance of Korea and Taiwan in frontier industries: Lessons from comparative case studies of keyboard and personal computer assembly." World Development, 9(4): 363–374. p. 366.

**69** Studwell,《아시아의 힘》.

**70** 서익진. 2003. "한국 산업화의 발전양식: 축적과 조절의 관점에서." 이병천 편,《개발독재와 박정희시대: 우리 시대의 정치경제적 기원》, pp. 69–97. 창비. pp. 80–81.

**71** 심해정·조빛나. 2016. "한국무역 70년의 발자취." Trade Brief, 22.

**72**〈프레스맨〉. 2019. "세계 무역 수출액, 수입액 순위." 2019년 10월 30일. http://www.pressm.kr/ news/articleView.html?idxno=25763 (접속일, 2020. 8. 29).

**73** 정준호. 2016. "한국 산업화의 특성과 글로벌 가치사슬" 이병천·유철규·전창환·정준호. 엮음,《한국의 민주주의와 자본주의: 불화와 공존》, pp. 70–111. 돌베개. p. 75.

**74** 서익진, "한국 산업화의 발전양식: 축적과 조절의 관점에서," pp. 81–2.

**75** 전체 수출에서 중간재 수출 비중은 2018년 기준으로 71퍼센트로 중간재 수출 비중이 50퍼센트 내외인 중국, 독일, 일본 등에 비해 높은 편이다. 문제는 소비재보다 중간재가 상대적으로 보호무역의 희생양이 되기 쉽다는 것이다. 그래서 소비재 수출을 늘려야 한다는 의견도 있다. 관계부처합동. 2019.「수출시장구조 혁신 방안」.

2019. 9. 11.

**76**  조석곤·오유석. (2001). "압축성장 전제조건의 형성: 1950년대." 김진엽 편, 《한국자본주의 발전모델의 형성과 해체》, pp. 87-128. 나눔의 집. 공제욱, "1950년대 자본축적과 국가: 사적 자본가의 형성을 중심으로." 배인철. (1994). "1950년대 경제정책과 자본축적." 강만길·김남식·김영하·김태영·박종기·박현채·안병직·정석종·정창렬·조광·최광식·최장집 편, 《한국사 18: 분단구조의 정착-2》, pp. 125-150. 한길사.

**77**  Sasada, H. 2014[2013]. 《일본 발전국가의 기원과 진화》. 박성진 옮김. (the Evolution of the Japanese developmental state). 한울아카데미.

**78**  윤홍식, 《한국 복지국가의 기원과 궤적 2》.

**79**  황성현. 2015. "한국의 1980년대 긴축 재정정책 연구" 《예산정책연구》, 4(2): 82-112.

**80**  윤홍식. 2019c. 《한국 복지국가의 기원과 궤적 3》. 사회평론아카데미.

**81**  요코타 노부코(橫田伸子). 2020[2012]. 《한국 노동시장의 해부: 도시 하층과 비정규직 노동의 역사》. 그린비.

**82**  International Federation of Robotics 2016 World robotics report 2016: European Union occupies top position in the global automation race. International Federation of Robotics. (2018). Robot density rises globally. The RobotReport. 2019. US robot density ranks 7th in the world. April 5, 2019. https://www.therobotreport.com/us-robot-density-ranks-7th-in-the-world/ Statista. 2020. Manufacturingindustry-related robot density in selected countries worldwide in 2019(in units per 10,000 employees) https://www.statista.com/statistics/911938/industrial-robot-density-by-country/ (접속일, 2020. 11. 7).

**83**  고성능의 공작기계나 베어링 등 기본적인 설비와 부품도 수입에 의존하고 있다. 핫토리 타미오(服部民夫), 《개발의 경제사회학: 한국의 경제발전과 사회변동》, p. 105.

**84**  〈연합뉴스〉. 2019. "반도체소재 국산화율 50퍼센트 제자리...일 특허·진입장벽 못 넘어." 2019년 7월 3일. https://www.yna.co.kr/view/AKR20190702161900003 (접속일, 2021. 3. 11).

**85**  Studwell, 《아시아의 힘》. p. 142.

**86**  Studwell, 《아시아의 힘》. p. 148.

**87**  윤홍식, 《한국 복지국가의 기원과 궤적 2》.

**88**  김병희. 2016. [일상의 역사] 저축, 100세 시대 행복 안전판으로. 《공감》, 377: 56-27.

**89**  김낙년. (1999). "1960년대 한국의 공업화와 그 특징." 한국정신문화연구원 편, 《1960년대 한국의 공업화와 경제구조》, pp. 11-76. p. 50.

**90**  물론 개발국가는 돈이 제대로 쓰이고 있는지를 검사했고, 제대로 쓰이지 않으면 그에 대한 불이익을 주고, 제대로 써여 수출을 많이 하면 더 많은 대출을 해주었다.

**91**  이성형. (1985). "국가, 계급 및 자본축적: 8.3 조치를 중심으로." 최장집 편, 《한국자본주의와 국가》, pp. 229-286. 한울. p. 230.

**92**  NAVER 뉴스 라이브러리. https://newslibrary.naver.com/search/searchByDate.nhn (접속일, 2021. 3. 13).

**93**  서익진, "한국 산업화의 발전양식: 축적과 조절의 관점에서," p. 70. 이명휘. 2009. "1950-80년 한국 금융시장의 위기와 대응." 《사회과학연구논총》, 22: 79-113. pp. 103-104.

**94**  박준식. 1985. "한국에 있어서 노동조합과 정부의 관계." 최장집 편, 《한국자본주의와 국가》, pp. 287-357. 한울.

**95**  김태일. 1985. "권위주의체제 등장 원인에 관한 사례 연구: 유신 권위주의체제의 성립을 중심으로." 최장집 편, 《한국자본주의와 국가》, pp. 27-90. 한울. p. 69. 노동부, 각 년도. 《매월 노동통계조사보고서》, 박현채. 1985. "민중의 계급적 성격 규명." 김진균 외, 《한국 사회의 계급연구 1》, pp. 49-79. 한울, p. 66, 재인용.

**96**  Johnson, C. 1982. MITI and the Japanese miracle: the Growth of industrial policy, 1925-1975. Standford University Press. p. 21.

**97**  김종철. 2012. "[기획연재] 장준하는 누구인가(22)" 미디어오늘, 2012년 9월 19일. http://www.mediatoday.co.kr (접속일. 2016. 12. 8).

**98**   이병천. 2003. "개발독재의 정치경제학과 한국의 경험." 이병천 엮음,《개발독재와 박정희시대: 우리 시대의 정치경제적 기원》, pp. 17-65. 창비. p. 48

**99**   장하준. 2004[2002].《사다리 걷어차기》. 형성백 옮김(Kicking away the ladder). 부키.

**100**   윤홍식,《한국 복지국가의 기원과 궤적 2》, pp. 341-342.

**101**   강광하. 2000,《경제개발5개년계획》, 서울대학교 출판부.

**102**   박정희 군사독재의 억압적 조치들에 대해서는 다음 글을 참고하라. (참고 글이 없습니다)-〉작가분께 문의드리는 부분. 빨간색으로 표시해주시면 감사하겠습니다.

**103**   Johnson, "What is the Best System of National Economic Management for Korea?".

**104**   김수행·박승호. 2007.《박정희 체제의 성립과 전개 및 몰락: 국제적·국내적 계급관계의 관점》. 서울대학교출판부. p.33.

**105**   이원보,《한국노동운동사 5: 경제개발기의 노동운동, 1961~1987》, p.93, 342.

**106**   김태일, "권위주의체제 등장 원인에 관한 사례 연구," p. 69, 김진균 외,《한국 사회의 계급연구 1》, pp. 49-79. 한울, p. 66.

## 4장 | 성공이 덫이 된 이유

**1**   Carson, R. 2011[1962].《침묵의 봄》. 김은령 옮김(Silent spring). 에코리브르.

**2**   〈스포츠경향〉, 2014년 9월 18일 자 기사. http://www.minjokcorea.co.kr/sub_read.html?uid=11355

**3**   Castles, F. G. 2006. "The growth of the post-war public expenditure state: long-term trajectories and recent trends," TranState Working Papers, No. 35, Universität Bremen, Collaborative Research Center 597 –Transformations of the State, Bremen

**4**   OECD. 2019. Social expenditure-Aggregated data. https://stats.oecd.org/ Index.aspx?DataSetCode=SOCX_AGG

**5**   다음 자료를 재구성한 것임. Office for National Statistics. 2020. Household income inequality, Financial year ending 2020 (provisional). https://www.ons.gov.uk/ peoplepopulationandcommunity/personalandhouseholdfinances/incomeandwealth/bulletins/ householdincomeinequalityfinancial/financialyearending2020provisional (접속일, 2020. 12. 17). 주: S80/S20(상위 20퍼센트의 평균소득을 하위 20퍼센트의 평균소득으로 나눈 값), S90/S10 (상위 10퍼센트의 평균소득을 하위 10퍼센트의 평균소득으로 나눈 값), 팔마비율(상위 10퍼센트의 소득점유율을 하위 40퍼센트의 소득점유율로 나눈 값).

**6**   저는 이런 복지체제를 '개발국가 복지체제'라고 불렀습니다. 윤홍식. 2019a.《한국 복지국가의 기원과 궤적 1: 자본주의로의 이해의 시작, 18세기부터 1945년까지》. 사회평론아카데미.

**7**   주: *스웨덴의 1975년 지출은 건강, 연금, 실업과 관련된 사회지출의 합계임. ** 독일의 1979년 사회지출은 1980년 수치를 사용했음. 출처: OECD. 1985. Social expenditure 1960-1990: Problems of growth and control. OECD. KOSIS. 2020. 1인당 국민총소득. https://kosis.kr/statHtml/statHtml.do?orgI d=101&tblId=DT_2AS017 (접속일, 2020. 12. 21). OECD. 2020. Social Expenditure: Aggregated data. https://stats.oecd.org/Index.aspx?DataSetCode=SOCX_AGG (접속일, 2020. 9. 20).

**8**   이제민. 2018.《외환위기와 그 후의 한국 경제》. 한울아카데미. pp. 104-125.

**9**   천관률. 2020. "팬데믹 1년이 바꾼 한국인의 세계." 〈시사IN〉, 692: 14-21.

**10**   한국경제 60년사 편찬위원회. 2010.《한국경제 60년사: 경제일반》. 한국개발연구원. p. 80, p. 601.

**11**   김도균. 2013. 〈한국의 자산기반 생활보장체계의 형성과 변형에 관한 연구: 개발국가의 저축동원과 조세정치를 중심으로〉. 서울대학교 대학원 사회학과 박사학위 논문. pp. 84-85.

**12**   국회예산정책처. 2020. 2020 조세수첩. 통계청. (2020). e-나라지표: 조세부담률. http:// www.index.go.kr/potal/main/EachDtlPageDetail.do?idx_cd=1122(접속일, 2021. 1. 2).

**13**   윤홍식. 2019b.《한국 복지국가의 기원과 궤적 2: 반공개발국가 복지체제의 형성, 1945년부터

1980년까지》. 사회평론아카데미.

**14**   재정경제원 기획예산처. 1999. 〈中産層 및 庶民生活 安定對策〉. p. 8.

**15**   전혜원. 2018. "종부세라 쓰고, 세금폭탄이라 읽던 시절." 《시사IN》. 575. https://www.sisain.co.kr/news/articleView.html?idxno=32800 (접속일, 2020. 12. 21).

**16**   〈한겨레〉. 2020. "'복지 확대' 원하지만 '증세 거부감'은 더 완강해져." 2020년 6월 24일 5면.

**17**   OECD. 2019. Government at a glance 2019. Paris: OECD.

**18**   이지원·백승욱. 2012. "한국에서 생명보험의 신자유주의적 전환." 《한국사회학》, 46(2): 88–122.

**19**   대통령직속 정책기획위원회. 2018. 〈문재인정부 포용국가 비전과 전략〉.

**20**   최기춘·이현복. 2017. 〈국민건강보험과 민간의료보험의 역할 재정립을 위한 쟁점〉. 《보건복지포럼》, 2017. 6월호. pp. 30–42.

**21**   〈한겨레〉. 2020. "아시나요, 당신의 퇴직연금 수익률 1퍼센트대." 2020년 7월 23일 16면.

**22**   국민연금기금운용본부. 2020. "운용현황: 누적성과." https://fund.nps.or.kr/jsppage/fund/mcs/mcs_03_01.jsp (접속일, 2021. 1. 3).

**23**   통계청. 2020. e-나라지표: 주택매매가격 동향. https://www.index.go.kr/potal/stts/idxMain/selectPoSttsIdxSearch.do?idx_cd=1240 (접속일. 2020. 11. 7).

**24**   이정우. 2003. "개발독재와 빈부격차" 이병천 편, 《개발독재와 박정희시대: 우리 시대의 정치경제적 기원》, pp. 213–243. 창비. p. 239.

**25**   전강수. 2016. "부동산 문제의 실상과 부동산정책의 전개." 이병천·유철규·전창환·정준호 편, 《한국의 민주주의와 자본주의: 불화와 공존》, pp. 255–289. 돌베개. p. 261.

**26**   전강수, "부동산 무제의 실상과 부동산정책의 전개," pp. 266–267. pp. 274–275.

**27**   윤홍식. 2019c. 《한국 복지국가의 기원과 궤적 3: 신자유주의와 복지국가, 1980년부터 2016년까지》. 사회평론아카데미. p. 344.

**28**   국세청. 2016. 원천징수(연말정산)안내: 그 밖의 소득공제. https://www.nts.go.kr

**29**   동아일보. 2005. "투기-투자 명확한 구분 가능한가." 2005년 8월 1일. http://news.donga.com/View?gid=8215026&date=20050801 (접속일, 2017. 9. 6).

**30**   Groningen Growth and Development Centre. 2020. Maddison Project Database 2020. https://www.rug.nl/ggdc/historicaldevelopment/maddison/releases/maddison-project-database-2020 (접속일, 2021. 1. 4).

**31**   Preworski, A. Bardhan, P., Pereira, L., Bruszt, L., Choi, J., Turkish, E., Comisso, E., Cui, Z., Tella, T., Hankiss, E., Kolarska-Bobi ska, L, Laitin, D., Maravall, J., Migranyan, A., O'Donnell, G., Ozbudun, El., Roemer, J., Schmitter, P., Stallings, B., Stepan, A., Weffort, F., and Wiarr, J. (2001[1995]). 《지속가능한 민주주의》. 김태임·지은주 옮김 (Sustainable democracy). 한울아카데미.

**32**   The World Bank. 2013. China 2030: Building a modern, harmonious, and creative society. Washington DC: The World Bank.

**33**   Rosling, A., Rosling, O., and R□nnlund, A. 2019[2018]. 《팩트풀니스》. 이창신 옮김(Factfullness). 김영사. p. 80.

**34**   자료: 한국경제 60년사 편찬위원회, 《한국경제 60년사 I: 경제일반》. 통계청. 2019. e-나라지표: 국내총생산 및 경제성장률(GDP). http://www.index.go.kr/potal/main/EachDtlPageDetail.do?idx_cd=2736 (접속일, 2020. 2. 26). 한국은행. 2020. 〈보도자료: 2019년 4/4분기 및 연간 실질 국내총생산(속보)〉. 한국은행. 2020년 추정치: OECD. 2020. OECD Economic outlook, Volume 2020(2). https://www.oecd.org/economicoutlook/

**35**   USA Today. 2018. "Check out how much a computer cost the year you wer born." June 22, 2018. https://www.usatoday.com/story/tech/2018/06/22/cost-of-a-computer-the-year-you-wereborn/36156373/ (접속일, 2021. 1. 5).

**36**   기획재정부. 2020. 〈통화별 환율 조사 통계〉. http://www.index.go.kr/potal/stts/idxMain/selectPoSttsIdxSearch.do?idx_cd=1068 (접속일. 2021. 1. 5). 한국은행. 2020. 경제통계시스템: 화폐가치계산. http://ecos.bok.or.kr/jsp/use/monetaryvalue/MonetaryValue.jsp (접속일, 2021. 1. 5).

**37** Baumol, W. 1993. "Health care, education and the cost disease: A looming crisis for public choice." Public Choice, 77: 17–28.

**38** 출처: Iscan, T. 2010. "How Much Can Engel's Law and Baumol's Disease Explain the Rise of Service Employment in the United States?" The B.E. Journal of Macroeconomics, 10. DO: 10.2202/1935-1690.2001

**39** Vollrath, D. 2020. Fully grown: Why a stagnant economy is a sign of success. The University of Chicago Press.

**40** 자료: 통계청, 국내총생산 및 경제성장률(GDP). 권지호·김도완·지정구·김건·노경석. 2019. "우리나라의 잠재성장률 추정." 《조사통계월보》, 2019. 8: 16–32.

**41** Stiglitz, J. 2002[1997]. Economics. Stanford University.

**42** 〈한겨레〉. 2020. "아이폰12 한국 부품 최다...미국·일본 제치고 27퍼센트". 2020년 11월 21일. http://www.hani.co.kr/arti/economy/economy_general/970895.html (접속일, 2021. 1. 19).

**43** 김종호·남종석·문영만. 2019. 《한국 산업생태계의 구조와 특징》. 형설출판사.

**44** Shin, S. 1996. Me-too is not my style: Challenge difficulties, break through bottlenecks, create values. Acer Publications.

**45** 스마일 커브의 기본 틀은 다음 자료를 참고해 재구성했음. Mudambi, R. 2008. "Location, control and innovation in knowledge-intensive industries." Journal of Economic Geography, 8: 699–725. p.709. 2010년대와 1990년대 비교: Ye, M., Meng, B., and Wei, S. 2015. "Measuring smile curve in global value chains." IDE Discussion Paper No. 530. Institute of Developing Economics. 1970년대 그림: 김종호·남종석·문영만, 《한국 산업생태계의 구조와 특징》.

**46** 〈조선일보〉. 2016. "한국 최고 건축에 한국 기술은 없다." 2016년 4월 19일. https://biz.chosun.com/site/data/html_dir/2016/04/19/2016041900135.html (접속일, 2021. 1. 20).

**47** 롯데건설. 2015. "제2롯데월드 세계적 다국적 기술의 집약체: 세계초고층 전문기업들의 설계 및 장비 선보여." http://www.lottecon.co.kr/Medias/notice_view?noticeseq=678 (접속일, 2021. 1. 23).

**48** 이정동. 2017. 《축적의 길》. 지식노마드. p. 49.

**49** Meng, Ye, and Wei. 2017..

**50** 2018년 기준으로 한국의 GDP 대비 R&D 투자는 4.53퍼센트이다. OECD. 2020. Gross domestic spending on R&D (indicator). doi: 10.1787/d8b068b4-en (Accessed on 04 December 2020)

**51** 위평량. 2018. 〈재벌로의 경제력집중: 그 동태적 변화와 정책적 시사점〉. 경제개혁리포트, 2018-02호.

**52** Rodrik, D. 2016. "Premature deindustrialization." Journal of Economic Growth, 21: 1–33.

**53** 요코타 노부코(橫田伸子). 2020[2012]. 《한국 노동시장의 해부: 도시 하층과 비정규직 노동의 역사》. 그린비.

**54** 김원규·김진웅. 2014. "제조업의 기업규모별 비중과 고용증가율 간의 관계분석." 《통계연구》, 19(1): 59–81. p.63.

**55** 출처: OECD. 2016. "Promoting Productivity and Equality: Twin Challenges", OECD Economic Outlook, No. 99.

**56** OECD (2020), Hours worked (indicator). doi: 10.1787/47be1c78-en (Accessed on 01 September 2020)

**57** 서울대학교 공과대학. 2015. 《축적의 시간: Made in Korea, 새로운 도전을 시작하자》. 지식노마드. p. 47.

**58** 조귀동. 2020. 《세습중산층사회: 90년대생이 경험하는 불평등은 어떻게 다른가》. 생각의 힘. pp. 8–9.

**59** 고용보험. 2019. 실업급여안내: 지급액. https://www.ei.go.kr/ei/eih/eg/pb/pbPersonBnef/retrievePb0203Info.do (접속일, 2021. 1. 31).

**60** 이병희. 2020. "코로나19 대응 고용정책 모색." 《고용·노동브리프》, 95(2020-02).

**61** 김유선. 2020. "비정규직 규모와 실태: 통계청, 경제활동인구 부가조사(2020.8) 결과." KLSI Issue Paper, 139.

**62** 직장갑질119. 2021. 〈코로나19와 직장생활 변화 설문 조사(4차)〉.

**63** 김유선, "비정규직 규모와 실태: 통계청, 경제활동인구 부가조사(2020.8) 결과."

**64** 박충렬. 2020. "저소득 소상공인 사회안전망 강화 방안: 국민연금보험료 지원 도입과 고용보험료 지원 학대." 《이슈와 논점》, 1664.

**65** 〈한겨레〉. 2021년 1월 14일. "코로나 고용한파…작년 취업자 외환위기 이후 최대 감소." 3면.

**66** OECD (2021), Self-employment rate (indicator). doi: 10.1787/fb58715e-en (Accessed on 21 March 2021).

**67** European Union Statistics on Income and Living Conditions(EU-SILC, 2012), Household, Income and Labour Dynamics in Australia(HILDA, 2012):. 한국노동패널조사(KLPS, 2009), Survey of Labour and Income Dynamics(SLID, 2010) for Canada OECD(2015),. In It Together: Why Less and Inequality Benefits All. 전병유 편. 2016. 〈한국 불평등 2016〉. 서울: 페이퍼로드, p. 171. 재인용.

**68** 보건복지부·한국사회보장정보원. 2020. 복지서비스 모의계산. https://www.bokjiro.go.kr/gowf/wel/welsvc/imtcalc/WelImtCalcResult.do (접속일, 2021. 1. 31).

**69** 이 내용은 민주연구원에서 수행한 신복지체제의 내용 중 일부를 수정한 것입니다.

**70** 〈연합뉴스〉. 2019. "30년 이상 가입 국민연금 수급자 1만2천명… 월평균 127만원 받아." 2019. 10. 22. https://www.yna.co.kr/view/AKR20191021144200017 (접속일, 2021. 1. 31).

**71** KOSIS. 2019. "청년이 선호하는 직장(13~29세 인구)." https://kosis.kr/statHtml/statHtml.do?orgId=101&tblId=DT_1SSLA020R (접속일, 2021. 1. 31).

**72** 김향덕·이대중. 2018. "공무원시험준비생 규모 추정 및 실태에 관한 연구." 《현대사회와 행정》, 28(1): 49-70.

**73** 최영준·구동준·고동현. 2020. "청년 기본소득 정책실험 제안." https://medium.com/lab2050/solution20500504-61c38bb9346c (접속일, 2021. 1. 31).

**74** KOSIS. "청년이 선호하는 직장(13~29세 인구)."

**75** 조성재·오계택·이정희·손연정·고영우·황선웅·남종석·문명만·정재헌·지민웅·정준호·임지선·이호창·오학수. 2018.《소득불평등과 임금격차 해소를 위한 전방위적 제도개선 방안》. 한국노동연구원. pp.295-296.

**76** 인사혁신처. 2020.《2020 통계연보》. http://www.mpm.go.kr/mpm/lawStat/infoStatistics/hrStatistics/hrStatistics03/ (접속일, 2021. 2. 1).

**77** OECD. 2021. Government at a Glance 2021. OECD Publishing.

**78** Studwell, J. 2016[2013]. 《아시아의 힘》. 김태훈 옮김(How Asia works). 프롬북스.

**79** 인사혁신처. 2020. e-나라지표: 행정부 국가공무원 신규임용 현황. https://www.index.go.kr/potal/main/EachDtlPageDetail.do?idx_cd=1018 (접속일, 2021. 2. 1). KOSIS. 2021. (지방공무원) 임용현황(전체). https://kosis.kr/statisticsList/statisticsListIndex.do?menuId=M_01_01&vwcd=MT_ZTITLE&parmTabId=M_01_01&parentId=R.1R_3.2#content-group(접속일, 2021. 2. 1).

**80** 귀동.《세습중산층사회: 90년대생이 경험하는 불평등은 어떻게 다른가》, p. 12.

**81** 한겨레. 2021. "검찰개혁 취지 옳았지만 추진절차·방법 무리 42퍼센트." 2020년 1월 1일, 5면.

**82** Gallup. 2020. 〈데일리 오피니언 2020년 월간·연간 통합-대통령 직무 수행 평가, 정당 지지도, 정치적 성향〉.

**83** 〈한겨레〉. 2020. "보편증세·연금개혁 함께 해나가자, 민주노총 찾아 화두 던진 김종철." 2020년 10월 28일, 4면.

**84** 〈한겨레〉. 2020. "정의당 제안한 '재난연대세' 코로나위기 극복 대안 관심." 2020년 12월 3일, 15면.

**85** 대통령 선거: 1992년 백기완 1.0퍼센트, 1997년 건설국민승리21(권영길) 1.19퍼센트, 2002년 민주노동당(권영길) 3.89퍼센트, 2007년 민주노동당(권영길) 3.01퍼센트. 2017년 정의당(심상정) 6.17퍼센트. 국회의원 선거: 2004년 민주노동당 13.0퍼센트, 사회당 0.2퍼센트. 2008년 민주노동당 5.7퍼센트, 진보신당 2.9퍼센트, 한국사회당 0.2퍼센트. 2012년 통합진보당 10.3퍼센트, 진보신당 1.1퍼센트. 2016년 정의당 7.23퍼센트, 노동당 0.38퍼센트, 녹색당 0.76퍼센트, 민중연합당 0.61퍼센트. 지방선거: 2006년 민주노동당 12.1퍼센트, 2010년 민주노동당 7.4퍼센트, 진보신당 3.1퍼센트, 2014년 통합진보당 4.3퍼센트, 정의당 3.6퍼센트, 노동당 1.2퍼센트, 녹색당 0.75퍼센트. 2018년 정의당 8.97퍼센트, 민중당 0.97퍼센트, 녹색당 0.7퍼센트, 노동당 0.24퍼센트. 2020년 4월 총선, 정의당 9.7퍼센트, 기타 진보정당 1.4퍼센트 자료출처: 중앙선거관리위원회. http://www.nec.go.kr/portal/

main.do 위키백과. https://ko.wikipedia.org

86　Scalapino, R. and Lee, C. S. 2015[1973]. 《한국 공산주의 운동사》. 한홍구 옮김, (Communism in Korea: The society). 돌베개.

87　Eckert, C. 2008[1991]. 《제국의 후예: 고창 김씨가와 한국 자본주의의 식민지 기원, 1876-1945》. 주종익 옮김(Offspring of empire: The Koch'ang Kims and the colonial origins of Korean capitalism), 푸른역사.

88　윤홍식, 《한국 복지국가의 기원과 궤적 2: 반공개발국가 복지체제의 형성, 1945년부터 1980년까지》.

89　〈동아일보〉. 1946. "정치자유를 요구, 계급독재는 절대반대: 군정청여론국조사(1)." 1946년 8월 13일, 3면.

90　〈동아일보〉, "정치자유를 요구, 계급독재는 절대반대: 군정청여론국조사(1)."

91　윤홍식, 《한국 복지국가의 기원과 궤적 2: 반공개발국가 복지체제의 형성, 1945년부터 1980년까지》. p. 338.

92　윤홍식. 2016. "한국 복지국가에서 한반도 평화체제 바라보기: 반공개발국가에서 평화복지국가로" 이병천·윤홍식·구갑우 편, 《안보개발국가를 넘어 평화복지국가로》. pp. 91-143. 사회평론아카데미.

93　Acemoglu, D. and Robinson, J. 2012. 《국가는 왜 실패하는가》. 최완규 옮김(Why nations fail). 시공사. pp. 113-117.

94　〈중앙일보〉. 2011. "이건희 삼성회장 초과 이익공유제? 경제학에도 없다." 2011년 3월 10일. https://news.joins.com/article/5173141 (접속일, 2021. 2. 2).

95　〈중앙일보〉. 2020. "이낙연 이익공유제 하자...국민의힘 사회주의 연상." 2021년 1월 12일. https://news.joins.com/article/23968207 (접속일, 2021. 2. 2).

96　O'Donnell, G. (1989). "Transitions to democracy: Some navigation instruments." In Rober, P. ed., Democracy in Americas: Stopping of the pendulum, pp. 62-75. New York: Holmes and Meier. Linz, J. (1981). "Some comparative thoughts on the transition to democracy in Portugal and Spain." In de Macedo, J. and Serfaty, S, eds., Portugal since the revolution: Economic and political perspective, pp. 25-45. Boulder: Westview Press.

97　오유석. (1997). 〈한국 사회균열과 정치사회구조형성 연구: 제1공화국 총선거를 중심으로〉. 이화여자대학교 사회학과 박사학위논문.

98　Iversen, T. and Soskice, D. 2006. "Electoral institutions and the politics of coalitions: Why some democracies redistribute more than others." American Political Science Review, 100(20): 165-181.

99　김주호. 2016. "자본주의 비판과 민주주의 요구의 결합: 1980년대 학생운동과 노동운동을 중심으로" 《경제와사회》, 111:205-236.

100　최장집. 2005. 《민주화 이후의 민주주의》. 후마니타스. p. 142.

101　Preworski et. al., 《지속가능한 민주주의》. p. 98.

102　Custers, P. 2015[2012]. 《자본은 여성을 어떻게 이용하는가》. 박소현·장은비 옮김(Capital accumulation and women's labour in Asian economies). 그린비.

103　Tilly, L. and Scott, J. 2008[1978]. 《여성 노동 가족》. 김영·박기남·장경선 옮김(Women, work and family). 후마니타스.

104　Tilly and Scott, 《여성 노동 가족》.

105　신순애. 2014. 《열세살 여공의 삶》. 한겨레출판. p. 50. (원문은 1971년 노동통계연감을 인용한 이옥지(2001)의 논문을 인용했다).

106　조은주. 2018. 《가족과 통치》. 창비.

107　〈가톨릭뉴스〉. 2016. "가임기 여성지도, 대체 무슨 의도냐...비난 거세." 2016년 12월 30일. http://www.catholicnews.co.kr/news/articleView.html?idxno=17375 (접속일, 2021. 2. 4).

108　OECD. 2020. Greenhouse gasemissions. https://stats.oecd.org/Index.aspx?DataSetCode=AIR_GHG# (접속일, 2021. 2. 7).

109　Klein, N. 2016[2014]. 《이것이 모든 것을 바꾼다: 자본주의 대 기후》. 이순희 옮김(The changes everything). 열린책들. p. 116.

**110** 한겨레. 2021. "한일 청소년환경운동가 석탄 반대 한목소리에 툰베리 화답." 2021년 2월 3일. http://www.hani.co.kr/arti/society/environment/981658.html (접속일, 2021. 2. 7).

**111** 장다울. 2020. "한국이 왜 기후악당? 국가 온실가스 감축 목표, NDC란?" 한국 그린피스. https://www.greenpeace.org/korea/update/15430/blog-ce-what-ndc-mean-for-korea/ (접속일, 2021. 2. 7).

**112** Studwell, 《아시아의 힘》, p. 159.

**113** 김종태. 2018. 《선진국의 탄생》. 돌베개.

## 5장 | 누구도 가보지 않은 길

**1** Zinn, H. 2018[1970]. 《역사의 정치학》. 김한영 옮김(The politics of history). 마인드큐브. p. 216.

**2** Толстой, Н. .2012(1877). 《안나 카레니나》. 연진희 옮김 (Анна Каренина). 민음사. p. 13.

**3** Schivelbusch, W. 2006. Three New Deals: Reflection on Roosevelt's America, Mussolini's Italy, and Hitler's Germany, 1933-1939. Metropolitan Books.

**4** Gordon, A. 2005[2002]. 《현대일본의 역사: 도쿠가와 시대에서 2001년까지》. 김우영 옮김 (A modern history of Japan: From Tokugawa times to the present). 이산. pp. 342-352.

**5** OECD (2020), Poverty rate (indicator). doi: 10.1787/0fe1315d-en (Accessed on 04 September 2020)

**6** Esping-Andersen, G. 1990. The three worlds of welfare capitalism. Cambridge, UK, Polity Press. 정원호. 2010. 《복지국가》. 책세상. 김태성·성경륭. 1993. 《복지국가론》. 나남

**7** Garland, D. 2018[2016]. 《복지국가란 무엇인가》. 정일영 옮김 (The welfare state: A very short introduction). 밀알서원. p. 20.

**8** 양재진. 2020. 《복지의 원리》. 한겨레출판. p. 249.

**9** OECD. 2020. Social expenditure-Aggregated data: In percentage of GDP. https://stats.oecd.org/Index.aspx?DataSetCode=SOCX_AGG (접속일, 2021. 2. 10).

**10** Esping-Andersen, The three worlds of welfare capitalism.

**11** Esping-Andersen, The three worlds of welfare capitalism, pp. 20-21.

**12** Rosen, S. 1997. "Public employment, taxes, and the welfare state in Sweden." Freeman, R., Topel,R, and Swedenbo, B., eds, The welfare state in transition: Reforming the Swedish model. University of Chicago Press. p. 84.

**13** OECD. 2021. Government at a Glance 2021. OECD Publishing. p.101.

**14** 조성재·오계택·이정희·손연정·고영우·황선웅·남종석·문영만·정재헌·지민웅·정준호·임지선·이호창·오학수. 2018. 《소득불평등과 임금격차 해소를 위한 전방위적 제도개선 방안》. 한국노동연구원. pp. 295-296.

**15** Ahnland, L. "The wage share and government job creation in Sweden, 1900□2016." Labor History, 61:3-4, 228-246, DOI: 10.1080/0023656X.2020.1731732

**16** Esping-Andersen, The three worlds of welfare capitalism. p. 27.

**17** OECD. 2020. Employment rate (indicator). doi: 10.1787/1de68a9b-en (Accessed on 06 September 2020)

**18** 윤홍식. 2020. "코로나19 위기와 복지국가의 귀환? 소득보장과 사회서비스를 넘어서" 2020년 비판과 대안을 위한 사회복지학회 춘계학술대회 발표논문집, 199-214.

**19** Partanen, A. 2017[2016]. 《우리는 미래에 조금 먼저 도착했습니다》. 이태복 옮김(The Nordic theory of everything: In search of the better life). 원더박스. p. 111.

**20** Partanen, 《우리는 미래에 조금 먼저 도착했습니다》. p. 111.

**21** Colombiapappan. 2017. Hoa-hoa var visst inte pappaledig själv... (Accessed on June 29, 2017).

http://colombiapappan.weebly.com/blogg/archives/04-2015

22  OECD. 2020. Gender wage gap (indicator). doi: 10.1787/7cee77aa-en (Accessed on 06 September 2020)

23  '유리천장'은 일터에서 여성을 차별하는 보이지 않는 장벽을 말합니다. 눈으로는 잘 보이지 않지만, 실제로는 유리로 천장이 막혀 있다는 것을 상징합니다. 실제 일터에서는 여성을 차별하는 수많은 보이지 않는 장벽이 존재하는데, 이를 일하는 여성의 지위(성별 임금격차, 관리직의 여성 비율 등)를 남성과 비교해 지표로 만든 것이 '유리천장 지수'입니다. 자세한 내용은 영국의 경제주간지인 《이코노미스트》를 참고하면 좋을 것 같습니다.

24  일하는 여성의 환경(2019년 또는 최근자료, 100점 만점). The Economist. 2021. "Is the lot of female executives improving?" March 4th 2021.

25  Berggren, H. and Trägardh, L. 2011. "Social trust and radial individualism." World Eocnomic Forum ed., The Nordic way. World Economic Forum Davos 2011.

26  Berggren and Trägardh, "Social trust and radial individualism." p. 21.

27  아누 파르타넨, 《우리는 미래에 조금 먼저 도착했습니다》, p. 67.

28  https://www.duda.news/interview/ein-haus-ein-aeffchen-und-ein-pferd/attachment/pippilangstrumpf-wird-75-2/

29  OECD. 2021. Family database. http://www.oecd.org/els/family/database.htm (접속일, 2021. 4. 6).

30  2018년 기준으로 한국의 GDP 대비 연구개발 투자는 4.53퍼센트이다. OECD. 2020. Gross domestic spending on R&D (indicator). doi: 10.1787/d8b068b4-en (Accessed on 04 December 2020).

31  《조선비즈》. 2019. "R&D 성공률 98퍼센트가 오히려 한국 과학 망친다." 2019년 12월 2일. https://biz.chosun.com/site/data/html_dir/2019/12/02/2019120203287.html (접속일, 2021. 2. 11).

32  김향덕·이대중. 2018. "공무원시험준비생 규모 추정 및 실태에 관한 연구." 《현대사회와 행정》, 28(1): 49-70.

33  WIPO, Global innovation index 2020: Who will finance innovation? OECD. 2021. Income inequality(indicator). doi: 10.1787/459aa7f1-en (Accessed on 31 January 2021)

34  Khan, S. 2019[2011]. 《특권: 명문 사립 고등학교의 새로운 엘리트 만들기》. 강예은 옮김(Privilege: The making of an adolescent elite at St. Paul's school). 후마니타스. p. 23.

35  Partanen, A. 2017[2016]. 《우리는 미래에 조금 먼저 도착했습니다》. 노태복 옮김(The Nordic theory of everything: In search of a better life). 원더박스.

36  "Any woman who understands the problems of running a home will be nearer to understanding the problems of running a country" Vogue. 2013. "Margaret Thatcher's most famous quotes." April 8 2013. https://www.vogue.co.uk/gallery/margaret-thatcher-most-famous-quotes (접속일, 2021. 3. 30).

37  Kelton, S. 2021[2020]. 《적자의 본질》. 이가영 옮김(The deficit myth). 비즈니스맵. Stuckler, D. and Basu, S. 2013[2013]. 《긴축은 죽음의 처방전인가》. 안세민 옮김(The body economic: Why austerity kills). 까지. Blyth, M. 2016[2013]. 《긴축: 그 위험한 생각의 역사》. 아유영 옮김(Austerity: The history of adangerous idea). 부·키.

38  Kelton, 《적자의 본질》.

39  〈한겨레〉. 2021. "GDP 대비 가계빚 작년 100퍼센트 육박...선진국보다 크게 늘었다." 4월 6일 8면.

40  아이슬란드와 그리스의 이야기는 다음 책을 참고해 작성되었다. Stuckler and Basu, 《긴축은 죽음의 처방전인가》.

41  The World Bank. 2021. GDP per capita (current US$). https://data.worldbank.org/indicator/NY.GDP.PCAP.CD

42  The World Bank. 2021. GDP growth (annual 퍼센트). https://data.worldbank.org/indicator/NY.GDP.MKTP.KD.ZG?most_recent_year_desc=true (접속일, 2021. 4. 7).

43  OECD. 2021. Poverty rate (indicator). doi: 10.1787/0fe1315d-en (Accessed on 07 April 2021)

**44** OECD. 2021. General government debt (indicator). doi: 10.1787/a0528cc2–en (Accessed on 08 March 2021)

**45** Stuckler and Basu, 《긴축은 죽음의 처방전인가》. pp. 120–121.

**46** Blanchard, O. and Leigh, D. 2013. "Growth forecast errors and fiscal multipliers." IMF Working Paper. WP/13/1.

**47** OECD, General government debt.

**48** OECD, General government debt.

**49** 〈한겨레〉. 2021. "홍남기의 지지지지...보편 재난지원금 주장도 그치게 할까." 2월 3일. https://www.hani.co.kr/arti/economy/economy_general/981674.html (접속일, 2021. 3. 30).

**50** Ostry, J., Loungani, P., and Berg, A., 2019, Confronting Inequality, Columbia University Press.

**51** OECD. 2021. Tax revenue (indicator). doi: 10.1787/d98b8cf5–en (Accessed on 28 February 2021). 기획재정부. 2020. 「2020~2024년 국가재정운용계획 주요내용」. (2020-2024년 전망 수치). 통계청. 2021. e-나라지표: 조세부담률. http://www.index.go.kr/potal/main/EachDtlPageDetail.do?idx_cd=1122 (접속일, 2021. 4. 1).

**52** 김욱. 2007. '스웨덴의 과세정치': 타협과 협의에 바탕한 안정성과 효율성'. 강원택 편, 《세금과 선거: 각국의 경험과 한국의 선택》. 푸른길. pp. 121–146. Akaishi, T. and Steinmo, S. 2006. "Consumption taxes and the welfare state in Sweden and Japan." pp. 340–375. in The ambivalent consumer: Questioning consumption in East Asia and the West, edited by G. Sheldon and P. Maclachlan. Cornell University Press. Kato, J. 2003. Regressive taxation and the welfare state: Path dependence and policy diffusion. NY: Cambridge University Press.

**53** Kato, Regressive taxation and the welfare state: Path dependence and policy diffusion. p. 351.

**54** 대통령직속 정책기획위원회. 2018. 문재인정부 포용국가 비전과 전략. 2018년 11월 23일. 청와대 영빈관.

**55** 이 부분은 공공상생재단의 2020년 연구과제 중 필자가 집필한 〈성공의 덫에서 벗어나기: 정치·경제·복지의 통합적 관점에서 본 과제〉 중 일부를 발췌한 것입니다.

**56** 윤홍식. 2013. "분단체제의 한국 복지국가 주체형성에 대한 규정성: 문제제기를 위한 탐색." 사회복지정책, 40(3):299–320. 이병천·윤홍식·구갑우 편. 2016. 《안보개발국가를 넘어 평화복지국가로》. 사회평론아카데미.

**57** 〈한겨레〉. 2021. "탈원전·북한 엮어...국민의힘 보수·중도 묶어낼 선거 호재." 2021년 2월 1일 4면.

**58** 황세희. 2020. "글로벌 리더십 공백의 'G0' 시대" 여시재 포스트 COVID-19 연구팀 엮음, 《코로나 시대 한국의 미래》, pp. 5–28. 서울셀렉션.

**59** 윤홍식. 2020. 코로나19 팬데믹(pandemic)과 복지국가의 정치경제학: 위기 이후 복지국가의 길'들.' 《비판사회정책》, 68.

**60** Sedik, T. and Xu, R. 2020. "A vicious cycle: How Pandemics lead to econoic despair and social unrest." IMF Working Paper, WP/20/216.

**61** 최장집. 2005. 《민주화 이후의 민주주의》. 후마니타스.

**62** 최태욱. 2013. "복지구가 건설과 포괄 정치의 작동을 위한 선거제도 개혁." 최태욱 엮음, 《복지한국 만들기》. pp. 276–304. 후마니타스.

**63** Swank, D. 2002. Global capital, political institutions, and policy change in developed welfare states. Cambridge University Press.

**64** Alesina, A., Glaeser, E., and Sacerdote, B. (2001). Why doesn't the US have a scruggsopean–style welfare state? Paper was presented at the Brookings Panel on Economic Activity, September 7, 2001. Washington, DC. http://post.economics.harvard.edu/hier/2001papers/2001list.html. p. 53.

**65** Alesina, A., Glaeser, E., and Sacerdote, B. (2001). Why doesn't the US have a scruggsopean–style welfare state? Paper was presented at the Brookings Panel on Economic Activity, September 7, 2001. Washington, DC. http://post.economics.harvard.edu/hier/2001papers/2001list.html. p. 54.

**66**  정재환. 2020. "한국 복지국가의 정치경제." 미발간논문.

**67**  Preworski, A. Bardhan, P., Pereira, L., Bruszt, L., Choi, J., Turkish, E., Comisso, E., Cui, Z., Tella, T., Hankiss, E., Kolarska-Bobiｎka, L, Laitin, D., Maravall, J., Migranyan, A., O'Donnell, G., Ozbudun, El., Roemer, J., Schmitter, P., Stallings, B., Stepan, A., Weffort, F., and Wiarr, J. (2001[1995]). 《지속가능한 민주주의》. 김태임·지은주 옮김 (Sustainable democracy). 한울아카데미.

**68**  Shaw, L. 2019[2013]. 《세상을 바꾸는 사회운동전략》. 이준우·송누리 옮김(The activist's handbook: Winning social change in the 21st century, 2nd ed.). 인간과 복지.

**69**  Andersson, J. (2014[2006]). 《경제성장과 사회보장사이에서: 스웨덴 사민주의, 변화의 궤적》. 박형준 옮김(Between growht and security). 책세상. 신정완. (2012). 《복지자본주의냐 민주적 사회주의냐》. 사회평론아카데미.

**70**  Thompson, E. P. (1966[1963]). The making of the English working class. Vintage Book.

**71**  Todd, S. (2016[2014]). 《민중: 영국 노동계급의 사회사》. 서용표 옮김 (The people: The rise and fall of the working class, 1910-2010). 클.

**72**  고용노동부. 2020. 보도자료: 2019년 전국 노동조합 조직현황.

**73**  고용노동부. 2015. 전국노동조합 현황분석.

**74**  윤홍식. 2019. 《한국 복지국가의 기원과 궤적 3: 신자유주의와 복지국가, 1980년부터 2016년까지》. 사회평론아카데미.

**75**  Steffen, W., Broadgate, W., Deutsch, L., Gaffiney, O., and Ludwig, C. 2015. "The trajectory of the Anthropocene: The Great Acceleration." The Anthropocene Review, 2(1): 81-98. p. 84, p. 87.

**76**  OECD. 2020. Greenhouse gas emissions. : Total GHG excl, LULUCF per capita. https://stats.oecd.org/Index.aspx?DataSetCode=AIR_GHG (접속일, 2021. 2. 10). OECD, Social expenditure-Aggregated data: In percentage of GDP. OECD, Income inequality (indicator).

**77**  Klein, N. 2016[2014]. 《이것이 모든 것을 바꾼다》. 이순희 옮김(This changes everything). 열린책들.

**78**  OECD. 2020. Greenhouse gas emissions. : Total GHG excl, LULUCF per capita. https://stats.oecd.org/Index.aspx?DataSetCode=AIR_GHG (접속일, 2021. 2. 10). OECD, Social expenditure-Aggregated data: In percentage of GDP. OECD, Income inequality (indicator).

**79**  NewScientist. 2003. "The 2003 European heatwave caused 35,000 deaths." 10 October 2003. https://www.newscientist.com/article/dn4259-the-2003-european-heatwave-caused-35000-deaths/ (접속일, 2021. 2. 11).

**80**  Klein, 《이것이 모든 것을 바꾼다》. p. 158.

**81**  Klein, 《이것이 모든 것을 바꾼다》. p. 80.

**82**  Squarzoni, P. 2015[2012]. 《기후변화의 거의 모든 것》. 해바라기 프로젝트 옮김(Saison brune). 다른. p.65.

**83**  Roser, M. 2013. "Global Economic Inequality". Published online at OurWorldInData.org. Retrieved from: 'https://ourworldindata.org/global-economic-inequality' [Online Resource]

**84**  UNEP. 2020. Emissions gap report 2020. UN environment programme. p. 63.

**85**  Collins, M., R. Knutti, J. Arblaster, J.-L. Dufresne, T. Fichefet, P. Friedlingstein, X. Gao, W.J. Gutowski, T. Johns, G. Krinner, M. Shongwe, C. Tebaldi, A.J. Weaver and M. Wehner, 2013: Long-term Climate Change: Projections, Commitments and Irreversibility. In: Climate Change 2013: The Physical Science Basis. Contribution of Working Group I to the Fifth Assessment Report of the Intergovernmental Panel on Climate Change [Stocker, T.F., D. Qin, G.-K. Plattner, M. Tignor, S.K. Allen, J. Boschung, A. Nauels, Y. Xia, V. Bex and P.M. Midgley (eds.)]. Cambridge University Press, Cambridge, United Kingdom and New York, NY, USA.

**86**  Klein, 《이것이 모든 것을 바꾼다》. p. 32.

**87**  United Nations. 2014. "Bolivia: Statement made at the Preparatory Committee of the third UN World Conference on DRR." https://www.youtube.com/watch?v=nPv4-jRdf9U (접속일, 2021. 2. 11).

**88** BBC. 2009. How the Beatles Rocked the Kremlin. https://www.youtube.com/watch?v=eUO1atyECD8 (접속일, 2021. 1. 1).

**89** Woodhead, L. 2013. How the Beatles rocked the Kremlin: The untold story of a noisy revolution. Westchester Book Group. pp. 2-3.

**90** Woodhead, How the Beatles rocked the Kremlin, pp. 63-64. Yurchak, A. 2019[2005]. 《모든 것은 영원했다, 사라지기 전까지는》. 김수환 옮김(Everything was forever, until it was no more: The last Soviet generation). 문학과지성사.

**91** 이지영. 2018. 《BTS 예술혁명》. 파레시아.

**92** Bealtels Blog. https://beatlesblogger.com/tag/music-on-ribs/ (접속일, 2021. 1. 2).

**93** 1923년 5월 파블로 피카소가 스페인어로 한 말을 피카소의 동의아래 영어로 번역한 것으로 "피카소의 어록(Picasso Speaks)"이라는 제하에 수록된 글. 출처: 3. TOK Resource.com. The arts: Picasso's lie. https://www.tokresource.org/picassos-lie (접속일, 2021. 1. 2).

**94** 이지영, 《BTS 예술혁명》, p. 24, pp. 86-7, 90, 93-95.

**95** Vieira and Runciman, 《대표: 역사, 논리, 정치》, p. 33.

**96** 체코의 벨벳혁명은 중부 유럽에서 전체주의 공산정권을 무너뜨리고 민주주의를 회복한 중요한 혁명이었습니다. Havel, V. 1994[2016]. 《불가능의 예술: 실천 도덕으로서의 정치》. 이광택 옮김 (The art of the impossible). 경희대학교 출판문화원.

**97** 〈한겨레〉. 2020. BTS '빌보드 핫100 1위' 축하 미디어데이. 2020년 9월 3일, 17면.

**98** Hirschman, A. 2010[1991]. 《보수는 어떻게 지배하는가》. 이근영 옮김(The rhetoric of reaction). 웅진지식하우스.

**99** The Economist. 2021. "Global democracy has a very bad year: The pandemic caused an unprecedented rollback of democratic freedoms in 2020." Feb. 2nd 2021. https://www.economist.com/graphic-detail/2021/02/02/global-democracy-has-a-very-bad-year (접속일, 2021. 2. 13).

**100** 홍기빈. 2011. 《비그포르스, 복지 국가와 잠정적 유토피아》. 책세상.

**101** Preworski et. al., 《지속가능한 민주주의》. p. 50

**102** Berman, S. 2010[2006]. 《정치가 우선한다: 사회민주주의와 20세기 유럽의 형성》. 김유진 옮김(The primacy of politics). 후마니타스.

**103** Kelton, 《적자의 본질》, p. 318.

## 참고문헌

### 1장 | 성공의 덫

강득구국회의원·사교육걱정없는세상. 2020. "서울대 재학생 고소득층 비율이 62.6%, 저소득층보다 3.4배 높은 것으로 나타나." 교육불평등 리포트 ③.

경향신문. 2019. "232명 중 서울대 99명… 박근혜 정부보다 더 공고한 'SKY캐슬'." 2019년 5월 8일. http://news.khan.co.kr/kh_news/khan_art_view.html?art_id=201905080600045 (접속일, 2020. 3. 6).

권홍우. 2017. "음울한 자본주의… 1833년 공장법." 서울경제. 2017년 8월 29일. https://www.sedaily.com/NewsVIew/1OJXTNHFRS (접속일, 2020. 3. 13).

김낙년·김종일. 2013. "한국 소득분배 지표의 재검토." 《한국경제의 분석》, 19(2): 1-50.

김정훈·심나리·김향기. 2019. 《386 세대유감》. 웅진지식하우스.

남윤미. 2017. "국내 자영업의 폐업률 결정요인 분석." 《BOK 경제연구 제2017-5》.

남재량. 2019. "고령시대, 적합한 고용시스템의 모색." 한국노동연구원 개원 31주년 기념 세미나. 2019년 9월 26일. 한국프레스센터.

대학내일20대연구소. 2017. 〈통계로 보는 2034 청년세대 자화상:2034 청년세대 기초통계 Report〉. 연구리포트 2017-04.

동아일보. 2017. "서울대 학생 70% 고소득층 자녀." 2017년 7월 13일. https://www.donga.com/news/Society/article/all/20170713/85330068/1 (접속일, 2020. 9. 18).

동아일보. 2019. "평준화 지역 일반고도 서울대 진학률 큰 차이." 2019년 10월 21일. http://www.donga.com/news/article/all/20191021/97983466/1 (접속일, 2020. 3. 6).

매일경제. 2018. "최고대학 들어왔지만… 서울대생 절반 우울증세." 2018년 11월 30일. https://www.mk.co.kr/news/society/view/2018/11/750994/ (접속일, 2020. 2. 23).

사교육걱정없는세상. 2020. "서울대 입학 기회 영재학교가 일본보다 113배 높아." 교육불평등 리포트 ⑪.

양동휴. 2007. 《경제사 산책》. 일조각.

연합뉴스. 2017. "문재인 정부 고위직 평균재산 16.6억원… 영·호남 '약진'." 2017년 11월 8일. https://www.yna.co.kr/view/MYH20171108013100038 (접속일, 2020. 3. 6).

우석훈·박권일. 2007. 《88만원 세대》. 레디앙.

위키백과. 2020. 진행 중인 군사 분쟁 목록. https://ko.wikipedia.org (접속일, 2020. 2. 25).

윤홍식. 2019. 《한국 복지국가의 기원과 궤적 1》. 사회평론아카데미.

이철승. 2019. 《불평등의 세대》. 문학과지성사.

조귀동. 2020. 《세습중산층사회: 90년대생이 경험하는 불평등은 어떻게 다른가》. 생각의 힘.

좀 놀아본 언니들. 2018. 〈청년마음통계 BASIC〉. https://mindanalysis.modoo.at/?link=4beu7g50 (접속일, 2020. 2. 23).

통계청. 2019. e-나라지표: 지니계수. http://www.index.go.kr/potal/stts/idxMain/selectPoSttsIdxMainPrint.do?idx_cd=4012&board_cd=INDX_001 (접속일, 2019. 3. 23).

한겨레. 2019. "'고정값'이 된 불공정… 청년들 분노해봤자 바뀌는 것 없다." 2019년 12월 9일. http://www.hani.co.kr/arti/society/society_general/920074.html (접속일, 2020. 3. 7).

한겨레. 2020. "툰베리, 문 대통령에 호수 기후위기 행동으로 보여달라." 2020년 10월 20일.

BBC. 2019. "Greta Thunberg rejects Nordic Council environmental award." 30 October 2019. https://www.bbc.com/news/world-europe-50232491 (접속일, 2020. 3. 14).

Bernstein, E. 1999[1899]. 《사민주의의 전제와 사민당의 과제》. 강신중 옮김(Die Voraussetzungen des Sozialismus und die Aufgaben der Sozialdemokratie). 한길사.

Carr, E. H. 1997[1961].《역사란 무엇인가》. 김택현 옮김(What is history). 까치.

Choo, H. J. 1992. "Income distribution and distributive equity in Korea." In L. Krause and F. Park, eds., Social Issues in Korea. KDI.

Giridharada, A. 2019[2018].《엘리트독식사회》. 정인경 옮김(Winners take all). 생각의 힘.

Global Footprint Network. 2020. "Delayed Earth Overshoot Day points to opportunities to build future in harmony with our finite planet." 17 August 2020. https://www.overshootday.org/newsroom/press-release-august-2020-english/ (접속일, 2020. 11. 5).

Green, M, Harmacek, J., and Krylova, P. 2020. 2020 Social progress index. Executive summary. Social Progress Imperative.

Herrnstein, R. and Murray, C. 1990. The bell curve: Intelligence and class structure in American life. The free Press Paperbacks Book.

Herrnstein, R. and Murray, C. 1994. The bell curve: Intelligence and class structure in American life. Simon & Schuster.

History Crunch. 2019. Child labor in the industrial revolution. July 29, 2019 (Revised). https://www.historycrunch.com/child-labor-in-the-industrial-revolution.html#/ (접속일, 2020. 3. 14).

Jones, D. 2009. "First-born kids become CEO material." absNEWS, 8th January 2009. https://abcnews.go.com/Business/LifeStages/story?id=3554179&page=1 (접속일, 2020. 9. 18).

Kautsky, K. 2003[1892].《에르푸르트 강령》. 서석연 옮김(Das Erfurter Programm). 범우사.

Kela. 2019. Financial aid for students. https://www.kela.fi/web/en/financial-aid-for-students (접속일, 2020. 2. 24).

Kwack, S. Y. and Lee, Y. S. 2007. Income distribution of Korea in Historical and international prospects. KDI.

Lehmann, J, Y., Nuevo-Chiquero, A., and Vidal-Fernandex, M. 2018. "The early origins of birth order differces in children's outcomes and parental behavior." The Journal of Human Resources, 53(1): 123-156.

McNamee, S. and Miller, R. 2015[2013].《능력주의는 허구다》. 김현정 옮김(The meritocracy myth, 3rd ed.). 사이.

Milanovic, B. 2017[2016].《왜 우리는 불평등해졌는가》. 서정아 옮김(Global inequality: A new approach for the age of globalization). 21세기북스.

OECD. 2017. How's life? 2017 Measuring well-being. https://doi.org/10.1787/how_life-2017-en

OECD. 2018. A Broken Social Elevator? How to Promote Social Mobility. OECD Publishing. http://dx.doi.org/10.1787/9789264301085-en

OECD. 2019. Education at a glance 2019. OECD Publishing.

OECD. 2019. Government at a glance 2019. OECD Publishing.

OECD. 2020. Elderly population(indicator). doi: 10.1787/8d805ea1-en (접속일, 2020. 3. 9).

OECD. 2020. Social expenditure-Aggregated data. https://stats.oecd.org/Index.aspx?DataSetCode=SOCX_AGG# (접속일, 2021. 2. 15).

OECD. 2021. Government at a glance 2019. OECD Publishing.

Rho, M. 2019. "2019년 서울시에서 아파트 가격이 가장 낮은 그리고 높은 자치구는 어디일까요?" ValueChampion. 2019년 7월 19일. https://www.valuechampion.co.kr (접속일, 2020. 3. 7).

Saletan, W. 2018. "Stop talking about race and IQ." SLATE, April 27, 2018. https://slate.com/news-and-politics/2018/04/stop-talking-about-race-and-iq-take-it-from-someone-who-did.html (접속일, 2020. 3. 8).

Schweinitz, K. 2001[1943].《영국 사회복지 발달사: 1349년 노동자 조례에서 1942년 베브리지 보고서까지》. 남찬섭 옮김(England's road to social security: From the Statute of Laborers in 1349 to the Beveridge Report of 1942, 1961 Republication Ed.). 인간과 복지.

Stiglitz, J. 2020[2018].《세계화와 그 불만(개정증보판)》. 송철복 옮김(Globalization and its discontents revisited). 세종연구원.

UNEP. 2020. Emission gap report 2020. UN.

Wikimedia Comons. 2019. File: Lar9 philippo 001z.jpg https://commons.wikimedia.org/wiki/
File:Lar9_philippo_001z.jpg (접속일, 2020. 3. 14).

Wikipedia. 2020. Shilling(British coin). https://en.wikipedia.org/wiki/Shilling_(British_coin) (접속일,
2020. 3. 14).

Wikipeida. 2019. Student financial aid(Finland). https://en.wikipedia.org/wiki/Student_financial_aid_(
Finland). (접속일, 2020. 2. 24).

## 2장 | 성공, 그 놀라움

강만길. 2004. 《한국노동운동사 1: 조선후기~1919》. 지식마당.

강준만. 2020. 《한류의 역사》. 인물과사상사.

경향신문. 1964. "허기진 군상." 1964년 5월 20일.

경향신문. 2018. "[창간기획-2018 한류지도] 'K팝'으로 물꼬 튼 한국 콘텐츠, 태평양 건너 미국·유럽까지 흘렀다."
2018년 10월 4일. http://news.khan.co.kr/kh_news/khan_art_view.html?artid=201810041956005&c
ode=960100 (접속일, 2020. 4. 8).

경향신문. 2018. "[창간기획-한류 20년의 발자취] 편견과 혐한 뚫은 창의·열정… 대중문화 전방위로 영역 확대."
2018년 10월 4일. http://news.khan.co.kr/kh_news/khan_art_view.html?art_id=201810042001005
(접속일, 2020. 4. 8).

국립국어원. 2013. 온라인가나다: "사촌이 땅을 사면 배가 아프다?"에 대한 [답변] 속담의 뜻. https://
www.korean.go.kr/front/onlineQna/onlineQnaView.do?mn_id=216&qna_seq=53881 (접속일, 2020.
3. 23).

국사편찬위원회. 2006. 조선왕조실록 중 "세종실록." 세종 5년 7월 13일 신묘 두 번째.

김구. 2002(1947). 《백범일지》. 돌베개.

김낙년. 2003. 《일제하 한국경제》. 해남.

김도현. 2018. "자신을 사랑하라는 BTS UN 연설, 슬프게 들린 건 왜일까." 오마이뉴스, 2018년 10월 5일.
http://star.ohmynews.com/NWS_Web/OhmyStar/at_pg.aspx?CNTN_CD=A0002477328

김영대. 2019. 《BTS THE REVIEW》. 알에이치코리아.

김정인. 2019. "한국 민주주의 기원의 재구성." 민주화운동기념사업회 한국민주주의연구소 엮음. 《한국 민주주의,
100년의 혁명 1919~2019》, pp. 20-51.

島海豊(도리우미 유타카). 2019. 《일본학자가 본 식민지 근대화론》. 지식산업사.

동아일보. 2016. "칠순 맞는 무협… 웃지못한 '1조 시름'." 2016년 7월 12일. http://www.donga.com/news/
article/all/20160712/79142126/1 (접속일, 2020. 3. 19).

매일신문. 2019. [현장사진] 삼성 폴더블폰 갤럭시 폴드… "이 사양 실화야? 비쌀만도" 2019년 2월 21일. http://
mnews.imaeil.com/ITCar/2019022114594755076 (접속일, 2020. 3. 31).

박경식. 1986. 《일본제국주의의 조선지배》. 청아출판사.

배기효. 1999. 《일제시대의 복지행정》. 홍익출판사.

변금선·윤기연·송명호. 2018. 《폐지수집 노인 실태에 관한 기초 연구》. 한국노인인력개발원.

서상목. 1979. "빈곤인구의 추계와 속성분석." 《한국개발연구》, 1(2): 13-30.

서정민갑. 2019. "K-POP 한류 현대사." 《황해문화》, 104: 278-285.

시사저널. 2017. "한국은 들쥐 같다. 미군발언, JP도 옹호했다." 《시사저널》, 1587호. http://
www.sisajournal.com/news/articleView.html?idxno=170474 (접속일, 2020. 3. 17).

연합뉴스. 2020. "태국 시위에 힘 보태는 K팝 팬들… 성금 모금·광고거부 촉구." 2020년 10월 20일. https://
www.yna.co.kr/view/AKR20201020068500076 (접속일, 2020. 12. 2).

위키백과. 2020. "박근혜 대통령 퇴진 운동의 참여 인원." https://ko.wikipedia.org/wiki/
박근혜_대통령_퇴진_운동의_참여_인원 (접속일, 2020. 8. 28).

윤홍식. 2019a. 《한국 복지국가의 기원과 궤적 2》. 사회평론아카데미.

윤홍식. 2019b. 《한국 복지국가의 기원과 궤적 3》. 사회평론아카데미.

이동연. 2019. "방탄소년단의 신화는 어떻게 재생산되는가." 《문화과학》, 97: 176-201.

이지영. 2020. "방탄학, BTS 연구는 이미 시작되었다." 한겨레. 2020년 12월 26일.

이지영. 2020. 《BTS 예술혁명: 방탄소년단과 들뢰즈가 만나다》. 파레시아.

이지행. 2019. 《BTS와 아미컬처》. 커뮤니케이션북스.

이찬. 1995. "지구전요." 한국민족문화대백과사전. http://encykorea.aks.ac.kr/Contents/Item/
E0054094#self (접속일, 2020. 9. 4).

이철승. 2021. 《쌀 재난 국가》. 문학과지성사.

이홍락. 1994. "식민지의 사회구조." 강만길·김남식·김영하·김태영·박종기·박현채·안병직·정석종·정창렬·조광·최
광식·최장집 엮음. 《한국사 14: 식민지시기의 사회경제 2》, pp. 61-90. 한길사.

정준호. 2020. "한국경제체제의 유산과 쟁점." 윤홍식 엮음. 《우리도 복지국가에 살 수 있을까》, pp. 54-81.
사회평론아카데미. pp. 56-58.

조선일보. 2019. "폐지 100kg 모아봐야 겨우 2000원… 노인들은 왜?" 2019년 6월 1일. https://
www.chosun.com/site/data/html_dir/2019/05/31/2019053102399.html (접속일, 2020. 9. 15).

조정미. 2020. "수출만이 살 길, 돈모에서 스마트폰까지." 국가기록원. http://theme.archives.go.kr/next/
koreaOfRecord/export.do (접속일, 2020. 3. 19).

중앙일보. 1977. "수출 100억불의 의미." 1977년 12월 22일. https://news.joins.com/article/1472192
(접속일, 2020. 3. 25).

중앙일보. 2011. "SM 파리공연, 유럽팬 호응 폭발… 1회 공연추가." 2011년 5월 12일. https://
news.joins.com/article/5475919 (접속일, 2020. 4. 8).

차명수. 2006. "경제성장·소득분배·구조변화." 김낙년 편. 《한국의 경제성장, 1910-1945》, pp. 299-341.
서울대학교출판부.

최선영. 2020. "세계는 어떻게 '우리'가 되고자 하는가?" 《열린정책》, 5: 136-143.

최장집. 1996. 《한국 민주주의의 조건과 전망》. 나남.

쿠키뉴스. 2018. "BTS 팬 아미, 위안부 피해자에 방한용품 후원." 2018년 12월 17일. http://
www.kukinews.com/newsView/kuk201812170137 (접속일, 2021. 1. 1).

통계청. 2019. 10대 수출입 품목. http://www.index.go.kr/potal/main/EachDtlPageDetail.do?idx_
cd=2455 (접속일, 2020. 3. 19).

팽성일. 2019. "한국 소재·부품산업의 현황과 과제." 《KIET 산업경제》, 2019년 5월호, pp. 71-79.

한겨레. 2018a. "댓글공작 지시 'MB 육성파일' 나왔다." 2018년 9월 17일.

한겨레. 2018b. "강제징용 재판 파기하려… 대법원규칙 '한달새 3차례' 바꿔." 2018년 9월 4일.

한겨레. 2019. "BTS팬 아미들이 5·18민주화운동 공부하는 이유." 2019년 5월 16일. http://www.hani.co.kr/
arti/society/society_general/894204.html (접속일, 2021. 1. 1).

한겨레. 2020. "K팝, 세계대중음악 주류." 2020년 9월 16일.

한겨레. 2020. "미국 의회·해외 언론 한국은 코로나19 방역 롤모델." 2020년 3월 13일. http://
www.hani.co.kr/arti/international/international_general/932480.html (접속일. 2020. 3. 17).

한겨레. 2020. "신한류의 구세주인가 NEXFLEX 콘텐츠 포식자인가." 2020년 12월 1일.

한국국제문화교류진흥원. 2019. 《2019 해외한류실태조사》. 한국국제문화교류진흥원.

한국무역협회. 2020. 한국 10대 품목. http://stat.kita.net/stat/cstat/anal/AnaCtrProg.screen (접속일,
2020. 3. 19).

허수열. 2005. 《개발 없는 개발》. 은행나무.

홍석경. 2020. 《BTS 길 위에서》. 어크로스.

Billboard. 2020. Billboard Global 200. Week of September 19th. https://www.billboard.com/charts/
billboard-global-200 (접속일, 2020. 9. 16).

Cave, P. 2011(2010). 《사촌이 땅을 사면 배가 아픈 철학적 이유》. 배인섭 옮김(Do llamas fall in love?). 어크로스.

Eco, U. 2018[2010]. 《중세 IV》. 김효정·주효숙 옮김(Il Medioevo 4). 시공사.

EIU. 2019. Democracy index 2019: A year of democratic setbacks and popular protest.

Forbes. 2019. "K-Pop is more global tan ever, Helping South Korea's music market grow into a 'power player'." Apr 3, 2009. https://www.forbes.com/sites/caitlinkelley/2019/04/03/kpop-global-bts-blackpink-grow/#18a3527f24e2 (접속일, 2020. 4. 8).

Forbes. 2020. "BTS top the Billborad hot 100 with 'Life goes on,' once agin proving they're in a league of their own." Nov 30, 2020. https://www.forbes.com/sites/bryanrolli/2020/11/30/bts-top-the-billboard-hot-100-with-life-goes-on-once-again-proving-theyre-in-a-league-of-their-own/?sh=771d195f47af (접속일, 2020. 12. 2).

Gibbons, B. 1988. "The South Koreans." National Geographic, 174(2): 232-257, pp. 246-7. The photograph by Nathan Benn.

Hermann, H. 2000[1919]. 《데미안》. 전영애 옮김(Demian: Die Geschicht von Emil Sinclairs jugend). 민음사.

Huffpost. 2019. "기후변화 시위에 나선 전 세계 BTS 팬들은 이렇게 말했다." https://www.huffingtonpost.kr/entry/story_kr_5d85b404e4b070d468cd0a7a (접속일, 2020. 12. 30).

Kim, S. and Wales, N. 1941. Song of arirang: The life story of a Korean rebel. The John Day Company.

Koreaboo. 2017. "BTS becomes the first K-pop idol group to completely halt Lax." November 15, 2017. https://www.koreaboo.com/stories/bts-becomes-first-kpop-idol-group-completely-halt-lax/ (접속일, 2020. 12. 30).

Maddison, A. 2003. Development Centre Studies: The world economy, Historical statistics. OECD Publishing.

OECD. 2020. Level of GDP per capita and productivity. https://stats.oecd.org/index.aspx?DataSetCode=PDB_LV# (접속일, 2020. 3. 17).

OECD. 2020. Trade in goods and services (indicator). doi: 10.1787/0fe445d9-en (접속일, 2020. 3. 19).

Ogle, G. 1990. South Korea: Dissent within the economic miracle. Zed Books.

Ostry, J. Loungani, P. and Berg, A. 2019. Confronting inequality. Columbia University Press.

Our World in Data. 2020. GDP per capita, 1870-2016. https://ourworldindata.org/economic-growth (접속일, 2021. 3. 5).

Przeworski, A. 1997[1991]. 《민주주의와 시장》. 임혁백·윤성학 옮김(Democracy and the market). 한울.

RollingStone. 2018. "On the charts: BTS become first K-Pop act to reach number one." May 27, 2018. https://www.rollingstone.com/music/music-news/on-the-charts-bts-become-first-k-pop-act-to-reach-number-one-629174/ (접속일, 2020. 4. 8).

Roser, M. 2013. "Economic Growth." Published online at OurWorldInData.org. Retrieved from: https://ourworldindata.org/economic-growth [Online Resource].

Sen, A. 2013[1999]. 《자유로서의 발전》. 김원기 옮김(Development As Freedom). 갈라파고스.

Stiglitz, J. 2020[2018]. 《세계화와 그 불만(개정증보판)》. 송철복 옮김(Globalization and its discontents revisited). 세종연구원.

Suh, S. M. and Yeon, H. C. 1986. Social welfare during the structural adjustment period in Korea. Working Paper 8604. Korea Development Institute.

The Guardian. 2020. "How US K-pop fans became a political force to e reckoned with." 24 Jun, 2020. https://www.theguardian.com/music/2020/jun/24/how-us-k-pop-fans-became-a-political-force-to-be-reckoned-with-blm-donald-trump (접속일, 2020. 12. 2).

The World Bank. 2019. Manufacturing, value added (current US$). https://data.worldbank.org/indicator/NV.IND.MANF.CD?most_recent_value_desc=true (접속일, 2020. 3. 25).

Workman, D. 2020. Philippines top 10 exports. World's Top Exports. March 11, 2020. http://

www.worldstopexports.com/philippines-top-10-exports/ (접속일, 2020. 3. 19).

World Bank. 2020. GDP per capita, PPP (constant 2017 international $). https://data.worldbank.org/indicator/NY.GDP.PCAP.PP.KD?most_recent_value_desc=true (접속일, 2020. 9. 15).

Zinn, H. 2018[1970]. 《역사의 정치학》. 김한영 옮김(The politics of history). 마인드큐브.

## 3장 | 성공의 이유

강광하. 2000. 《경제개발5개년계획》. 서울대학교출판부.

강준만. 2020. 《한류의 역사: 김 시스터즈에서 BTS까지》. 인물과사상사.

경향신문. 1972. "기업사채 전면동결, 신고케." 1972년 8월 3일.

공제욱. 1994. "1950년대 자본축적과 국가: 사적 자본가의 형성을 중심으로." 《국사관논총》, 58: 171-219.

관계부처합동. 2019. 〈수출시장구조 혁신 방안〉. 2019년 9월 11일.

국가기록원. 2015. 《주요 정책기록 해설집 II: 산업편》. 국가기록원.

궁학박사. 1983[1975]. "토지조사사업의 역사적 전제조건의 형성." 사계절 편집부 엮음. 《한국근대경제사연구》, pp. 256-298. 사계절.

김기원. 1990. 《미군정기의 경제구조》. 도서출판 푸른산.

김기원. 2003. "미군정기의 경제." 국사편찬위원회 편. 《한국사 52: 대한민국의 성립》. 탐구당.

김낙년. 1999. "1960년대 한국의 공업화와 그 특징." 한국정신문화연구원 편. 《1960년대 한국의 공업화와 경제구조》, pp. 11-76.

김낙년. 2003. 《일제하 한국경제》. 해남.

김낙년. 2004. "1950년대의 외환정책과 한국경제." 《1950년대 한국사의 재조명》. 문정인·김세중 편. pp.201-234. 선인.

김병희. 2016. "[일상의 역사] 저축, 100세 시대 행복 안전판으로." 《공감》, 377: 56-27.

김성현. 2016. "난민이라는 존재의 인식과 삶." 김성보·김종엽·이혜령·홍석률 기획. 《한국현대 생활문화사: 1950년대》, pp. 83-106. 창비.

김수행·박승호. 2007. 《박정희 체제의 성립과 전개 및 몰락: 국제적·국내적 계급관계의 관점》. 서울대학교출판부.

김영모. 1982. "일제하 사회계층의 형성과 변동에 관한 연구." 조기준·이윤근·유봉철·김영모 지음. 《일제하의 민족생활사》, pp. 487-659. 현암사.

김점숙. 2000. 《미군정과 대한민국 초기(1945-50년) 물자수급정책》. 이화여자대학교 대학원 사학과 박사학위논문.

김종철. 2012. "[기획연재] 장준하는 누구인가(22)." 미디어오늘. 2012년 9월 19일. http://www.mediatoday.co.kr (접속일. 2016. 12. 8).

김종태. 2018. 《선진국의 탄생》. 돌베개.

김진호. 2016. "이웃을 향한 열린 문과 닫힌 문, 그리스도인의 전후 체험." 김성보·김종엽·이혜령·홍석률 기획. 《한국현대 생활문화사: 1950년대》, pp. 161-188. 창비.

김태일. 1985. "권위주의체제 등장 원인에 관한 사례 연구: 유신 권위주의체제의 성립을 중심으로." 최장집 편. 《한국자본주의와 국가》, pp. 27-90. 한울

나무위키. 2020. 화신백화점. https://namu.wiki/w/화신백화점 (접속일, 2020. 3. 31).

노동부. 각 년도. 《매월 노동통계조사보고서》.

뉴스앤조이. 2020. "태극기와 개신교, 만남과 갈등의 역사… 선교 추기부터 해방, 산업화·민주화를 거쳐 오늘에 이르기까지." 2020년 1월 28일. http://www.newsnjoy.or.kr/news/articleView.html?idxno=226432

독립운동사편찬위원회. 1973. 《독립운동사자료집 5(3·1운동재판기록)》.

박동찬. 2014. 《통계로 본 6·25전쟁》. 군사편찬연구소장.

박명림. 1994. "한국전쟁." 강만길·김남식·김영하·김태영·박종기·박현채·안병직·정석종·정창렬·조광·최장집 편. 《한국사 17: 분단구조의 정착-1》, pp. 337-397. 한길사.

박준식. 1985. "한국에 있어서 노동조합과 정부의 관계." 최장집 편. 《한국자본주의와 국가》, pp. 287–357. 한울.

박태균. 1997. "1950년대 말 미국의 대한경제정책 변화와 로스토우의 근대화론." 《한국사론》, 27: pp. 253–317.

박태균. 2002. "군사정부 시기 미국의 개입과 정치변동, 1961~1963." 한국정신문화연구원 편. 《박정희시대 연구》, pp. 55–107. 백산서당.

박태균. 2003. "1950·1960년대 경제개발 신화의 형성과 확산." 유철규 편. 《한국자본주의 발전모델의 역사와 위기》, pp. 247–284. 함께읽는책.

박태균. 2007. "한국전쟁 이후 이승만 정부의 경제부흥 전략." 《세계정치》, 28(2): 203–241.

박태균. 2007. 《원형과 변용: 한국 경제개발계획의 기원》. 서울대학교출판부.

박현채. 1985. "민중의 계급적 성격 규명." 김진균 외. 《한국 사회의 계급연구 1》, pp. 49–79. 한울.

배기효. 1999. 《일제시대의 복지행정》. 홍익출판사.

배인철. 1994. "1950년대 경제정책과 자본축적." 강만길·김남식·김영하·김태영·박종기·박현채·안병직·정석종·정창렬·조광·최광식·최장집 편. 《한국사 18: 분단구조의 정착-2》, pp. 125–150. 한길사.

백종국. 2002. "전후 50년의 한국 산업화와 국가." 《한국정치연구》. 11(1): 245–304.

四方博. 1933. "朝鮮に於ける近代資本主義の成立過程." 경성제국대학 조선사회경제사연구.

서익진. 2003. "한국 산업화의 발전양식: 축적과 조절의 관점에서." 이병천 편. 《개발독재와 박정희시대: 우리 시대의 정치경제적 기원》, pp. 69–97. 창비.

서재진. 1988. "한국 산업 자본가의 사회적 기원." 한국사회사연구회 편. 《현대 한국 자본주의와 계급 문제》, pp. 11–38. 문학과지성사.

서중석. 2008. 《대한민국 선거이야기》. 역사비평사.

심해정·조빛나. 2016. "한국무역 70년의 발자취." Trade Brief, 22.

양재진. 2014. "박정희 시해, 새로운 기회의 창, 그리고 경제정책의 대전환: 정치리더십 변동과 정책패러다임의 변화." 《현대사회와 행정》. 24(1): 169–188.

연합뉴스. 2016. "찜통더위 잊은지 오래, 일감만 있다면… 붐비는 새벽 인력시장." 2016년 7월 27일. https://www.yna.co.kr/view/AKR20160727069200004 (접속일, 2020. 8. 30).

연합뉴스. 2019. "반도체소재 국산화율 50% 제자리… 일 특허·진입장벽 못 넘어." 2019년 7월 3일. https://www.yna.co.kr/view/AKR20190702161900003 (접속일, 2021. 3. 11).

요코타 노부코(横田伸子). 2020[2012]. 《한국 노동시장의 해부: 도시 하층과 비정규직 노동의 역사》. 그린비.

위키백과. 2020. 5·16 군사 정변. https://ko.wikipedia.org/wiki/5·16_군사_정변 (접속일, 2020. 3. 29).

위키백과. 2020. 박정희. https://ko.wikipedia.org/wiki/박정희 (접속일, 2020. 3. 23).

윤홍식. 2019a. 《한국 복지국가의 기원과 궤적 2》. 사회평론아카데미.

윤홍식. 2019b. 《한국 복지국가의 기원과 궤적 1》. 사회평론아카데미.

윤홍식. 2019c. 《한국 복지국가의 기원과 궤적 3》. 사회평론아카데미.

이명휘. 2009. "1950~80년 한국 금융시장의 위기와 대응." 《사회과학연구논총》, 22: 79–113.

이병천. 2003. "개발독재의 정치경제학과 한국의 경험." 이병천 엮음. 《개발독재와 박정희시대: 우리 시대의 정치경제적 기원》, pp. 17–65. 창비.

이성형. 1985. "국가, 계급 및 자본축적: 8.3 조치를 중심으로." 최장집 편. 《한국자본주의와 국가》, pp. 229–286. 한울.

이영호. 2011. "내재적 발전론 역사인식의 궤적과 전망." 《한국사연구》, 152:239–274.

이완범. 2004. "1950년대 후반 한국정치사 연구: 이승만 정부 몰락 과정에서 일어난 보안법 파동을 중심으로." 문정인·김세중 편. 《1950년대 한국사의 재조명》, pp. 459–494. 선인.

이완범. 2015. "한국의 반공주의와 친미주의." 김동춘·기외르그 스첼·크리스토프 폴만 엮음. 《반공의 시대: 한국과 독일, 냉전의 정치》, pp. 321–346. 돌베개.

이원보. 2004. 《한국노동운동사 5: 경제개발기의 노동운동, 1961~1987》. 지식마당.

이지원. 1994. "3·1운동." 강만길·김남식·김영하·김태영·박종기·박현채·안병직·정석종·정창렬·조광·최광식·최장집 엮음. 《한국사 15: 민족해방운동의 전개 1》, pp. 83–116. 한길사.

이지행. 2019. 《BTS와 아미컬처》. 커뮤니케이션북스.

이철순. 2004. "1950년대 후반 미국의 대한정책." 문정인·김세중 편. 《1950년대 한국사의 재조명》, pp. 275–

이상한 성공

342. 선인.

장하준. 2004[2002]. 《사다리 걷어차기》. 형성백 옮김(Kicking away the ladder). 부키.

정연승. 2004. 《대·중소기업간 생산성 및 임금격차에 관한 연구: 제조업 중심으로 한 경제발전론적 접근》. 중소기업연구원.

정준호. 2016. "한국 산업화의 특성과 글로벌 가치사슬." 이병천·유철규·전창환·정준호. 엮음. 《한국의 민주주의와 자본주의: 불화와 공존》, pp. 70–111. 돌베개.

정태헌. 2003. "병참기지화정책." 국사편찬위원회 편. 《한국사 50: 전시체제와 민족운동》, pp. 13–41. 탐구당.

조석곤·오유석. 2001. "압축성장 전제조건의 형성: 1950년대." 김진엽 편. 《한국자본주의 발전모델의 형성과 해체》, pp. 87–128. 나눔의 집.

조순경·이숙진. 1995. 《냉전체제와 생산의 정치: 미군정기의 노동정책과 노동운동》. 이화여자대학교 출판부.

조정미. 2020. "수출만이 살 길, 돈모에서 스마트폰까지." 국가기록원. http://theme.archives.go.kr/next/koreaOfRecord/export.do (접속일, 2020. 8. 29).

최응양. 1958. 《농정 10년사》. 세문사.

프레스맨. 2019. "세계 무역 수출액, 수입액 순위." 2019년 10월 30일. http://www.pressm.kr/news/articleView.html?idxno=25763 (접속일, 2020. 8. 29).

프레시안. 2006. "박정희 간도특설대 기고 실은 〈말〉지 피소." 2006년 4월 28일. https://news.naver.com/main/read.nhn?mode=LSD&mid=sec&sid1=102&oid=002&aid=0000025616 (접속일, 2020. 3. 29).

한겨레. 2009. "박정희 만주군관학교 지원때 목숨바쳐 충성 혈서 사실로." 2009년 11월 5일. http://www.hani.co.kr/arti/society/society_general/386102.html (접속일, 2020. 3. 23).

한국경제60년사 편찬위원회. 2010. 《한국경제 60년사 I: 경제일반》. 한국개발연구원.

핫토리 타미오(服部民夫). 2007[2005]. 《개발의 경제사회학: 한국의 경제발전과 사회변동》. 유석춘·이사리 옮김. 전통과 현대.

홍두승. 1983. 〈직업분석을 통한 계층연구: 한국표준직업분류를 중심으로〉 《사회과학과 정책연구》, 5(3): 69–87.

홍석경. 2020. 《BTS 길 위에서》. 어크로스.

홍석률. 2002. "5·16쿠데타의 발발 배경과 원인." 한국정신문화연구원 편. 《박정희시대 연구》. 백산서당.

황성현. 2015. "한국의 1980년대 긴축 재정정책 연구." 《예산정책연구》, 4(2): 82–112.

Amsden, A. 1989. Asia's next giant. Oxford University Press.

Bolt, J., Inklaar, R., Jong, H., and Zanden, J. 2018. "Rebasing 'Maddison': new income comparisons and the shape of long-run economic development" Maddison Project Working Paper, nr. 10.

Carr, E. H. 1997[1961]. 《역사란 무엇인가》. 김택현 옮김(What is history). 까치. pp. 76–77.

Cummings, B. 2017[2010]. 《브루스 커밍스의 한국전쟁》. 조행복 옮김(The Korean war: History). 현실문화.

Gerschenkron, A. 1962. Economic backwardness in historical perspective. Harvard University Press.

International Federation of Robotics. 2016. World robotics report 2016: European Union occupies top position in the global automation race. I.

International Federation of Robotics. 2018. Robot density rises globally. The RobotReport. 2019. US robot density ranks 7th in the world. April 5, 2019. https://www.therobotreport.com/us-robot-density-ranks-7th-in-the-world/

Joe, S. 2016[2013]. 《아시아의 힘》. 김태훈 옮김(How Asia works: Success and failure in the world's most dynamic region). 프롬북스.

Johnson, C. 1982. MITI and the Japanese miracle: the Growth of industrial policy, 1925–1975. Standford University Press.

Johnson, C. 1994. "What is the best system of national economic management for Korea?" Cho, L. and Kim, Y. (eds.), Korea's political economy: An institutional perspective, pp. 63–87. Westview Press.

Krueger, A. 1990. "Asian trade and growth lessons." American Economic Association, 80(2): 108–112.

Levy, B. and Kuo, W. 1991. "The strategic orientations of firms and the performance of Korea and

Taiwan in frontier industries: Lessons from comparative case studies of keyboard and personal computer assembly." World Development, 9(4): 363-374.

Maddison, A. 2003. Development Centre Studies: The world economy, Historical statistics. OECD Publishing.

OECD. 2019. Trade union. https://stats.oecd.org/Index.aspx?DataSetCode=TUD

Sakurai, H. 1976. "Korean Land Reform Reconsidered." Asia Economic Studies. Tokyo.

Satterwhite, D. 1994. The Politics of Economic Development: Coup, State, and the Republic of Korea's First Five-Year Economic Development Plan(1962-1966), PhD. Dissertation, University of Washington.

Schmitz, H. 1999. "Collective efficiency and increasing returns." Cambridge Journal of Economics, 23(4): 465-483.

Skinner, G. 2007. "The neoclassical counter revolution and developing economics: A case study of political and economic changes in the Philippines." Social Sciences Journal, 7(1): 51-58.

Statista. 2020. Manufacturing industry-related robot density in selected countries worldwide in 2019(in units per 10,000 employees. https://www.statista.com/statistics/911938/industrial-robot-density-by-country/ (접속일, 2020. 11. 7).

Studwell, J. 2016.《아시아의 힘》. 김태훈 옮김(How Asia works). 프롬북스.

Todaro, M. and Smith, S. 2016[2015].《경제발전론, 12판》. 김중렬·송치웅·신범철·윤미경 옮김(Economic development, 12th ed.). 시그마프레스.

Tolstoi, L. 2017[1869].《전쟁과 평화 4》. 박형규 옮김(Война и мир). 문학동네.

Wade, R. 1990. Governing the market: Economic theory and the role of government in East Asian industrialization. Princeton University Press.

Weiss, L. 2002[1998].《국가 몰락의 신화》. 박형준·김남출 옮김(The myth of the powerless state: Governing the economy in a global era). 일신사.

Woo, J. 1991. Race to the swift: State and finance in Korean industrialization. Columbia Univ. Press.

World Bank. 1993. The East Asian miracle: Economic growth and public policy. Oxford University Press.

## 4장 | 성공이 덫이 된 이유

가톨릭뉴스. 2016. "가임기 여성지도, 대체 무슨 의도냐… 비난 거세." 2016년 12월 30일. http://www.catholicnews.co.kr/news/articleView.html?idxno=17375 (접속일, 2021. 2. 4).

고용보험. 2019. 실업급여안내: 지급액. https://www.ei.go.kr/ei/eih/eg/pb/pbPersonBnef/retrievePb0203Info.do (접속일, 2021. 1. 31).

국민연금기금운용본부. 2020. "운용현황: 누적성과." https://fund.nps.or.kr/jsppage/fund/mcs/mcs_03_01.jsp (접속일, 2021. 1. 3).

국세청. 2016. 원천징수(연말정산)안내: 그 밖의 소득공제. https://www.nts.go.kr

국회예산정책처. 2020. 2020 조세수첩. 통계청. (2020). e-나라지표: 조세부담률. http://www.index.go.kr/potal/main/EachDtlPageDetail.do?idx_cd=1122

권지호·김도완·지정구·김건·노경석. 2019. "우리나라의 잠재성장률 추정."《조사통계월보》, 2019. 8: 16-32.

기획재정부. 2020. 통화별 환율 조사 통계. http://www.index.go.kr/potal/stts/idxMain/selectPoSttsIdxSearch.do?idx_cd=1068 (접속일, 2021. 1. 5).

김도균. 2013.〈한국의 자산기반 생활보장체계의 형성과 변형에 관한 연구: 개발국가의 저축동원과 조세정치를 중심으로〉. 서울대학교 대학원 사회학과 박사학위논문.

김원규·김진웅. 2014. "제조업의 기업규모별 비중과 고용증가율 간의 관계분석."《통계연구》, 19(1): 59-81.

김유선. 2020. "비정규직 규모와 실태: 통계청, 경제활동인구 부가조사(2020.8) 결과." KLSI Issue Paper, 139.

김종태. 2018. 《선진국의 탄생》. 돌베개.

김종호·남종석·문영만. 2019. 《한국 산업생태계의 구조와 특징》. 형설출판사.

김주호. 2016. "자본주의 비판과 민주주의 요구의 결합: 1980년대 학생운동과 노동운동을 중심으로." 《경제와사회》, 111:205-236.

김향덕·이대중. 2018. "공무원시험준비생 규모 추정 및 실태에 관한 연구." 《현대사회와 행정》, 28(1): 49-70.

대통령직속 정책기획위원회. 2018. 《문재인어부 포용국가 비전과 전략》.

동아일보. 1946. "정치자유를 요구, 계급독재는 절대반대: 군정청여론국조사(1)." 1946년 8월 13일.

동아일보. 2005. "투기-투자 명확한 구분 가능한가." 2005년 8월 1일. http://news.donga.com/View?gid=8215026&date=20050801 (접속일, 2017. 9. 6).

롯데건설. 2015. "제2롯데월드 세계적 다국적 기술의 집약제: 세계초고층 전문기업들의 설계 및 장비 선보여." http://www.lottecon.co.kr/Medias/notice_view?noticeseq=678 (접속일, 2021. 1. 23).

박충렬. 2020. "저소득 소상공인 사회안전망 강화 방안: 국민연금보험료 지원 도입과 고용보험료 지원 학대." 《이슈와 논점》, 1664.

보건복지부·한국사회보장정보원. 2020. 복지서비스 모의계산. https://www.bokjiro.go.kr/gowf/wel/welsvc/imtcalc/WelImtCalcResult.do (접속일, 2021. 1. 31).

생명보험협회. 2020. 연도별 생명보험 사업개황. https://www.klia.or.kr/consumer/stats/yearBook/list.do (접속일, 2020. 12. 13).

서울대학교 공과대학. 2015. 《축적의 시간: Made in Korea, 새로운 도전을 시작하자》. 지식노마드.

신순애. 2014. 《열세살 여공의 삶》. 한겨레출판.

연합뉴스. 2019. "30년 이상 가입 국민연금 수급자 1만2천명...월평균 127만원 받아." 2019. 10. 22. https://www.yna.co.kr/view/AKR20191021144200017 (접속일, 2021. 1. 31).

오유석. 1997. 《한국 사회균열과 정치사회구조형성 연구: 제1공화국 총선거를 중심으로》. 이화여자대학교 사회학과 박사학위논문.

요코타 노부코(橫田伸子). 2020[2012]. 《한국 노동시장의 해부: 도시 하층과 비정규직 노동의 역사》. 그린비.

위평량. 2018. 《재벌로의 경제력집중: 그 동태적 변화와 정책적 시사점》. 경제개혁리포트, 2018-02호.

윤홍식. 2016. "한국 복지국가에서 한반도 평화체제 바라보기: 반공개발국가에서 평화복지국가로." 이병천·윤홍식·구갑우 편. 《안보개발국가를 넘어 평화복지국가로》, pp. 91-143. 사회평론아카데미.

윤홍식. 2019a. 《한국 복지국가의 기원과 궤적 1:》. 사회평론아카데미.

윤홍식. 2019b. 《한국 복지국가의 기원과 궤적 2》. 사회평론아카데미.

윤홍식. 2019c. 《한국 복지국가의 기원과 궤적 3》. 사회평론아카데미.

이병희. 2020. "코로나19 대응 고용정책 모색." 《고용·노동브리프》, 95(2020-02).

이정동. 2017. 《축적의 길》. 지식노마드.

이정우. 2003. "개발독재와 빈부격차." 이병천 편. 《개발독재와 박정희시대: 우리 시대의 정치경제적 기원》, pp. 213-243. 창비.

이제민. 2018. 《외환위기와 그 후의 한국 경제》. 한울아카데미.

이지원·백승욱. 2012. "한국에서 생명보험의 신자유주의적 전환." 《한국사회학》, 46(2): 88-122.

인사혁신처. 2020. 《2020 통계연보》. http://www.mpm.go.kr/mpm/lawStat/infoStatistics/hrStatistics/hrStatistics03/ (접속일, 2021. 2. 1).

인사혁신처. 2020. e-나라지표: 행정부 국가공무원 신규임용 현황. https://www.index.go.kr/potal/main/EachDtlPageDetail.do?idx_cd=1018 (접속일, 2021. 2. 1).

장다을. 2020. "한국이 왜 기후악당? 국가 온실가스 감축 목표, NDC란?" 한국 그린피스. https://www.greenpeace.org/korea/update/15430/blog-ce-what-ndc-mean-for-korea/ (접속일, 2021. 2. 7).

재정경제원 기획예산처. 1999. 《中産層 및 庶民生活 安定對策》.

전강수. 2016. "부동산 문제의 실상과 부동산정책의 전개." 이병천·유철규·전창환·정준호 편, 《한국의 민주주의와 자본주의: 불화와 공존》, pp. 255-289. 돌베개.

전병유 편. 2016. 한국 불평등 2016. 페이퍼로드.

전혜원. 2018. "종부세라 쓰고, 세금폭탄이라 읽던 시절." 《시사IN》. 575. https://www.sisain.co.kr/news/articleView.html?idxno=32800 (접속일, 2020. 12. 21).

정준호. 2020. "한국 생산체제의 유산과 쟁점." 윤홍식 편. 《우리는 복지국가로 간다》, pp. 54-81. 사회평론아카데미.

조귀동. 2020. 《세습중산층사회: 90년대생이 경험하는 불평등은 어떻게 다른가》. 생각의 힘.

조선일보. 2016. "한국 최고 건축에 한국 기술은 없다." 2016년 4월 19일. https://biz.chosun.com/site/data/html_dir/2016/04/19/2016041900135.html (접속일, 2021. 1. 20).

조성재·오계택·이정희·손연정·고영우·황선웅·남종석·문영만·정재헌·지민웅·정준호·임지선·이호창·오학수. 2018. 《소득불평등과 임금격차 해소를 위한 전방위적 제도개선 방안》. 한국노동연구원.

조은주. 2018. 《가족과 통치》. 창비.

중앙선거관리위원회. http://www.nec.go.kr/portal/main.do

중앙일보. 2011. "이건희 삼성회장 초과 이익공유제? 경제학에도 없다." 2011년 3월 10일. https://news.joins.com/article/5173141 (접속일, 2021. 2. 2).

중앙일보. 2020. "이낙연 이익공유제 하자… 국민의힘 사회주의 연상." 2021년 1월 12일. https://news.joins.com/article/23968207 (접속일, 2021. 2. 2).

직장갑질119. 2021. 〈코로나19와 직장생활 변화 설문 조사(4차)〉.

천관률. 2020. "팬데믹 1년이 바꾼 한국인의 세계." 《시사IN》, 692: 14-21.

최기춘·이현복. 2017. 국민건강보험과 민간의료보험의 역할 재정립을 위한 쟁점. 보건복지포럼, 2017. 6월호, pp. 30-42.

최영준·구동준·고동현. 2020. "청년 기본소득 정책실험 제안." https://medium.com/lab2050/solution20500504-61c38bb9346c (접속일, 2021. 1. 31).

최장집. 2005. 《민주화 이후의 민주주의》. 후마니타스.

통계청. 2019. e-나라지표: 국내총생산 및 경제성장률(GDP). http://www.index.go.kr/potal/main/EachDtlPageDetail.do?idx_cd=2736 (접속일, 2020. 2. 26).

통계청. 2020. e-나라지표: 조세부담률. http://www.index.go.kr/potal/main/EachDtlPageDetail.do?idx_cd=1122 (접속일, 2021. 1. 2).

통계청. 2020. e-나라지표: 주택매매가격 동향. https://www.index.go.kr/potal/stts/idxMain/selectPoSttsIdxSearch.do?idx_cd=1240 (접속일. 2020. 11. 7).

통계청. 2021. 국내총생산 및 경제성장률(GDP). http://www.index.go.kr/potal/main/EachDtlPageDetail.do?idx_cd=2736 (접속일, 2021. 1. 16).

한겨레. 2020. "'복지 확대' 원하지만 '증세 거부감'은 더 완강해져." 2020년 6월 24일.

한겨레. 2020. "보편증세·연금개혁 함께 해나가자, 민주노총 찾아 화두 던진 김종철." 2020년 10월 28일.

한겨레. 2020. "아시나요, 당신의 퇴직연금 수익률 1%대." 2020년 7월 23일.

한겨레. 2020. "아이폰12 한국 부품 최다…미국·일본 제치고 27%." 2020년 11월 21일. http://www.hani.co.kr/arti/economy/economy_general/970895.html (접속일, 2021. 1. 19).

한겨레. 2020. "정의당 제안한 '재난연대세' 코로나위기 극복 대안 관심." 2020년 12월 3일.

한겨레. 2021. "검찰개혁 취지 옳았지만 추진절차·방법 무리 42%." 2020년 1월 1일.

한겨레. 2021. "코로나 고용한파… 작년 취업자 외환위기 이후 최대 감소." 2021년 1월 14일.

한겨레. 2021. "한일 청소년환경운동가 석탄 반대 한목소리에 툰베리 화답." 2021년 2월 3일. http://www.hani.co.kr/arti/society/environment/981658.html (접속일, 2021. 2. 7).

한국경제 60년사 편찬위원회. 2010. 《한국경제 60년사: 경제일반》. 한국개발연구원.

한국은행. 2020. 〈보도자료: 2019년 4/4분기 및 연간 실질 국내총생산(속보)〉.

한국은행. 2020. 경제통계시스템: 화폐가치계산. http://ecos.bok.or.kr/jsp/use/monetaryvalue/MonetaryValue.jsp (접속일, 2021. 1. 5).

Acemoglu, D. and Robinson, J. 2012. 《국가는 왜 실패하는가》. 최완규 옮김(Why nations fail). 시공사.

Baumol, W. 1993. "Health care, education and the cost disease: A looming crisis for public choice."

이상한 성공

Public Choice, 77: 17-28.

Castles, F. G. 2006. "The growth of the post-war public expenditure state: long-term trajectories and recent trends." TranState Working Papers, No. 35, Universität Bremen, Collaborative Research Center 597 – Transformations of the State, Bremen.

Custers, P. 2015[2012]. 《자본은 여성을 어떻게 이용하는가》. 박소현·장은비 옮김(Capital accumulation and women's labour in Asian economies). 그린비.

Eckert, C. 2008[1991]. 《제국의 후예: 고창 김씨가와 한국 자본주의의 식민지 기원, 1876-1945》. 주종익 옮김(Offspring of empire: The Koch'ang Kims and the colonial origins of Korean capitalism). 푸른역사.

Gallup. 2020. 데일리 오피니언 2020년 월간·연간 통합-대통령 직무 수행 평가, 정당 지지도, 정치적 성향.

Groningen Growth and Development Centre. 2020. Maddison Project Database 2020. https://www.rug.nl/ggdc/historicaldevelopment/maddison/releases/maddison-project-database-2020 (접속일, 2021. 1. 4).

Iscan, T. 2010. "How Much Can Engel's Law and Baumol's Disease Explain the Rise of Service Employment in the United States?" The B.E. Journal of Macroeconomics, 10. DO: 10.2202/1935-1690.2001.

Iversen, T. and Soskice, D. 2006. "Electoral institutions and the politics of coalitions: Why some democracies redistribute more than others." American Political Science Review, 100(20): 165-181.

Klein, N. 2016[2014]. 《이것이 모든 것을 바꾼다: 자본주의 대 기후》. 이순희 옮김(The changes everything). 열린책들.

KOSIS. 2019. "청년이 선호하는 직장(13~29세 인구)." https://kosis.kr/statHtml/statHtml.do?orgId=101&tblId=DT_1SSLA020R (접속일, 2021. 1. 31).

KOSIS. 2021. (지방공무원) 임용현황(전체). https://kosis.kr/statisticsList/statisticsListIndex.do?menuId=M_01_01&vwcd=MT_ZTITLE&parmTabId=M_01_01&parentId=R.1;R_3.2;#content-group (접속일, 2021. 2. 1).

Linz, J. 1981. "Some comparative thoughts on the transition to democracy in Portugal and Spain." In de Macedo, J. and Serfaty, S, eds., Portugal since the revolution: Economic and political perspective, pp. 25-45. Westview Press.

Mudambi, R. 2008. "Location, control and innovation in knowledge-intensive industries." Journal of Economic Geography, 8: 699-725. p. 709.

O'Donnell, G. 1989. "Transitions to democracy: Some navigation instruments." In Rober, P. ed., Democracy in Americas: Stopping of the pendulum, pp. 62-75. Holmes and Meier.

OECD. 1985. Social expenditure 1960-1990: Problems of growth and control. OECD Publishing.

KOSIS. 2020. 1인당 국민총소득. https://kosis.kr/statHtml/statHtml.do?orgId=101&tblId=DT_2AS017 (접속일, 2020. 12. 21).

OECD. 2016, "Promoting Productivity and Equality: Twin Challenges.". OECD Economic Outlook, No. 99.

OECD. 2018. Revenue statistics: OECD countries: Comparative tables. https://stats.oecd.org/index.aspx?DataSetCode=REV# (접속일, 2018. 6. 18).

OECD. 2019. Government at a Glance 2019. OECD Publishing.

OECD. 2019. Government at a glance 2019. OECD Publishing.

OECD. 2020. Greenhouse gas emissions. https://stats.oecd.org/Index.aspx?DataSetCode=AIR_GHG# (접속일, 2021. 2. 7).

OECD. 2020. Gross domestic spending on R&D (indicator). doi: 10.1787/d8b068b4-en (접속일, 2020. 12. 4).

OECD. 2020. Hours worked (indicator). doi: 10.1787/47be1c78-en (접속일, 2020. 9. 1)

OECD. 2020. OECD Economic outlook, Volume 2020(2). https://www.oecd.org/economic-outlook/

OECD. 2020. Social Expenditure: Aggregated data. https://stats.oecd.org/

Index.aspx?DataSetCode=SOCX_AGG (접속일, 2020. 9. 20).

OECD. 2021. Government at a glance 2019. OECD Publishing.

OECD. 2021. Self-employment rate (indicator). doi: 10.1787/fb58715e-en (접속일, 2021. 3. 21).

Office for National Statistics. 2020. Household income inequality. Financial year ending 2020 (provisional). https://www.ons.gov.uk/peoplepopulationandcommunity/personalandhouseholdfinances/incomeandwealth/bulletins/householdincomeinequalityfinancial/financialyearending2020provisional (접속일, 2020. 12. 17).

Preworski, A. Bardhan, P., Pereira, L., Bruszt, L., Choi, J., Turkish, E., Comisso, E., Cui, Z., Tella, T., Hankiss, E., Kolarska-Bobi□ska, L, Laitin, D., Maravall, J., Migranyan, A., O'Donnell, G., Ozbudun, El., Roemer, J., Schmitter, P., Stallings, B., Stepan, A., Weffort, F., and Wiarr, J. 2001[1995]. 《지속가능한 민주주의》. 김태임·지은주 옮김(Sustainable democracy). 한울아카데미.

Rodrik, D. 2016. "Premature deindustrialization." Journal of Economic Growth, 21: 1-33.

Rosling, A., Rosling, O., and Rönnlund, A. 2019[2018]. 《팩트풀니스》. 이창신 옮김(Factfullness). 김영사.

Scalapino, R. and Lee, C. S. 2015[1973]. 《한국 공산주의 운동사》. 한홍구 옮김. (Communism in Korea: The society). 돌베개.

Shin, S. 1996. Me-too is not my style: Challenge difficulties, break through bottlenecks, create values. Acer Publications.

Stiglitz, J. 2002[1997]. Economics. Stanford University.

Studwell, J. 2016[2013]. 《아시아의 힘》. 김태훈 옮김(How Asia works). 프롬북스.

The World Bank. 2013. China 2030: Building a modern, harmonious, and creative society. The World Bank.

Tilly, L. and Scott, J. 2008[1978]. 《여성 노동 가족》. 김영·박기남·장경선 옮김(Women, work and family). 후마니타스.

USA Today. 2018. "Check out how much a computer cost the year you wer born." June 22, 2018.https://www.usatoday.com/story/tech/2018/06/22/cost-of-a-computer-the-year-you-were-born/36156373/ (접속일, 2021. 1. 5).

Vollrath, D. 2020. Fully grown: Why a stagnant economy is a sign of success. The University of Chicago Press.

Ye, M., Meng, B., and Wei, S. 2015. "Measuring smile curve in global value chains." IDE Discussion Paper No. 530. Institute of Developing Economics.

## 5장 | 누구도 가보지 않은 길

고용노동부. 2015. 전국노동조합 현황분석.

고용노동부. 2020. 보도자료: 2019년 전국 노동조합 조직현황.

기획재정부. 2020. 〈2020~2024년 국가재정운용계획 주요내용(2020~2024년 전망 수치)〉.

김욱. 2007. 스웨덴의 과세정치: 타협과 협의에 바탕한 안정성과 효율성. 강원택 편. 《세금과 선거: 각국의 경험과 한국의 선택》, pp. 121-146. 푸른길.

김태성·성경륭. 1993. 《복지국가론》. 나남.

김향덕·이대중. 2018. "공무원시험준비생 규모 추정 및 실태에 관한 연구." 《현대사회와 행정》, 28(1): 49-70.

대통령직속 정책기획위원회. 2018. 문재인정부 포용국가 비전과 전략. 2018년 11월 23일. 청와대 영빈관.

신정완. 2012. 《복지자본주의냐 민주적 사회주의냐》. 사회평론아카데미.

알리딘. 2021. "내 이름은 삐삐 롱스타킹." https://www.aladin.co.kr/shop/wproduct.aspx?ItemId=109313959 (접속일, 2021. 4. 6).

양재진. 2020. 《복지의 원리》. 한겨레출판.

윤홍식. 2013. "분단체제의 한국 복지국가 주체형성에 대한 규정성: 문제제기를 위한 탐색." 《사회복지정책》, 40(3):299–320.

윤홍식. 2019. 《한국 복지국가의 기원과 궤적 3》. 사회평론아카데미.

윤홍식. 2020. "코로나19 위기와 복지국가의 귀환? 소득보장과 사회서비스를 넘어서." 2020년 비판과 대안을 위한 사회복지학회 춘계학술대회 발표논문집, 199–214.

윤홍식. 2020. "코로나19 팬데믹(pandemic)과 복지국가의 정치경제학: 위기 이후 복지국가의 길들." 《비판사회정책》, 68.

이병천·윤홍식·구갑우 편. 2016. 《안보개발국가를 넘어 평화복지국가로》. 사회평론아카데미.

이지영. 2018. 《BTS 예술혁명》. 파레시아.

정원호. 2010. 《복지국가》. 책세상.

정재환. 2020. "한국 복지국가의 정치경제." 미발간논문.

조선비즈. 2019. "R&D 성공률 98%가 오히려 한국 과학 망친다." 2019년 12월 2일. https://biz.chosun.com/site/data/html_dir/2019/12/02/2019120203287.html (접속일, 2021. 2. 11).

조성재·오계택·이정희·손연정·고영우·황선웅·남종석·문영만·정재헌·지민웅·정준호·임지선·이호창·오학수. 2018. 《소득불평등과 임금격차 해소를 위한 전방위적 제도개선 방안》. 한국노동연구원.

최장집. 2005. 《민주화 이후의 민주주의》. 후마니타스.

최태욱. 2013. "복지구가 건설과 포괄 정치의 작동을 위한 선거제도 개혁." 최태욱 엮음. 《복지한국 만들기》, pp. 276–304. 후마니타스.

통계청. 2021. e–나라지표: 조세부담률. http://www.index.go.kr/potal/main/EachDtlPageDetail.do?idx_cd=1122 (접속일, 2021. 4. 1).

한겨레. 2020. "BTS '빌보드 핫100 1위' 축하 미디어데이." 2020년 9월 3일.

한겨레. 2021. "GDP 대비 가계빚 작년 100% 육박… 선진국보다 크게 늘었다." 2021년 4월 6일.

한겨레. 2021. "촛불정부의 정신은 살아 있는가." 2021년 3월 19일. https://www.hani.co.kr/arti/culture/book/987432.html (접속일, 2021. 3. 27).

한겨레. 2021. "탈원전·북한 엮어… 국민의힘 보수·중도 묶어낼 선거 호재." 2021년 2월 1일.

한겨레. 2021. "홍남기의 지지지지… 보편 재난지원금 주장도 그리게 할까." 2021년 2월 3일. https://www.hani.co.kr/arti/economy/economy_general/981674.html (접속일, 2021. 3. 30).

홍기빈. 2011. 《비그포스, 복지 국가와 잠정적 유토피아》. 책세상.

황세희. 2020. "글로벌 리더십 공백의 'G0' 시대." 여시재 포스트 COVID–19 연구팀 엮음. 《코로나 시대 한국의 미래》, pp. 5–28. 서울셀렉션.

Ahnland, L. "The wage share and government job creation in Sweden, 1900–2016." Labor History, 61:3–4, 228–246, DOI: 10.1080/0023656X.2020.1731732.

Akaishi, T. and Steinmo, S. 2006. "Consumption taxes and the welfare state in Sweden and Japan." pp. 340–375. in The ambivalent consumer: Questioning consumption in East Asia and the West, edited by G. Sheldon and P. Maclachlan. Cornell University Press.

Alesina, A., Glaeser, E., and Sacerdote, B. 2001. Why doesn't the US have a scruggsopean–style welfare state? Paper was presented at the Brookings Panel on Economic Activity, September 7, 2001. Washington, DC. http://post.economics.harvard.edu/hier/2001papers/2001list.html

Andersson, J. 2014[2006]. 《경제성장과 사회보장사이에서: 스웨덴 사민주의, 변화의 궤적》. 박형준 옮김(Between growht and security). 책세상.

BBC. 2009. How the Beatles Rocked the Kremlin. https://www.youtube.com/watch?v=eUO1atyECD8 (접속일, 2021. 1. 1).

Bealtels Blog. https://beatlesblogger.com/tag/music-on-ribs/ (접속일, 2021. 1. 2).

Berggren, H. and Trägårdh, L. 2011. "Social trust and radial individualism." World Eocnomic Forum ed., The Nordic way. World Economic Forum Davos 2011.

Berman, S. 2010[2006]. 《정치가 우선한다: 사회민주주의와 20세기 유럽의 형성》. 김유진 옮김(The primacy of politics). 후마니타스.

Blanchard, O. and Leigh, D. 2013. "Growth forecast errors and fiscal multipliers." IMF Working Paper. WP/13/1.

Blyth, M. 2016[2013]. 《긴축: 그 위험한 생각의 역사》. 아유영 옮김(Austerity: The history of a dangerous idea). 부키.

Collins, M., R. Knutti, J. Arblaster, J.-L. Dufresne, T. Fichefet, P. Friedlingstein, X. Gao, W.J. Gutowski, T. Johns, G. Krinner, M. Shongwe, C. Tebaldi, A.J. Weaver and M. Wehner, 2013: Long-term Climate Change: Projections, Commitments and Irreversibility. In: Climate Change 2013: The Physical Science Basis. Contribution of Working Group I to the Fifth Assessment Report of the Intergovernmental Panel on Climate Change [Stocker, T.F., D. Qin, G.-K. Plattner, M. Tignor, S.K. Allen, J. Boschung, A. Nauels, Y. Xia, V. Bex and P.M. Midgley (eds.)]. Cambridge University Press, Cambridge, United Kingdom and New York, NY, USA.

Colombiapappan. 2017. Hoa-hoa var visst inte pappaledig själv... (Accessed on June 29, 2017). http://colombiapappan.weebly.com/blogg/archives/04-2015

Esping-Andersen, G. 1990. The three worlds of welfare capitalism. Cambridge. Polity Press.

Garland, D. 2018[2016]. 《복지국가란 무엇인가》. 정일영 옮김(The welfare state: A very short introduction). 밀알서원.

Gordon, A. 2005[2002]. 《현대일본의 역사: 도쿠가와 시대에서 2001년까지》. 김우영 옮김 (A modern history of Japan: From Tokugawa times to the present). 이산.

Havel, V. 1994[2016]. 《불가능의 예술: 실천 도덕으로서의 정치》. 이광택 옮김(The art of the impossible). 경희대학교 출판문화원.

Hirschman, A. 2010[1991]. 《보수는 어떻게 지배하는가》. 이근영 옮김(The rhetoric of reaction). 웅진지식하우스.

Kato, J. 2003. Regressive taxation and the welfare state: Path dependence and policy diffusion.Cambridge University Press.

Kelton, S. 2021[2020]. 《적자의 본질》. 이가영 옮김(The deficit myth). 비즈니스맵.

Kelton, S. 2021[2020]. 《적자의 본질》. 이가영 옮김(The deficit myth). 비즈니스맵.

Khan, S. 2019[2011]. 《특권: 명문 사립 고등학교의 새로운 엘리트 만들기》. 강예은 옮김(Privilege: The making of an adolescent elite at St. Paul's school). 후마니타스.

Klein, N. 2016[2014]. 《이것이 모든 것을 바꾼다》. 이순희 옮김(This changes everything). 열린책들.

NewScientist. 2003. "The 2003 European heatwave caused 35,000 deaths." 10 October, 2003. https://www.newscientist.com/article/dn4259-the-2003-european-heatwave-caused-35000-deaths/ (접속일, 2021. 2. 11).

OECD. 2019. Government at a Glance 2019. OECD Publishing.

OECD. 2020. Employment rate (indicator). doi: 10.1787/1de68a9b-en (접속일, 2020. 9. 6).

OECD. 2020. Gender wage gap (indicator). doi: 10.1787/7cee77aa-en (접속일, 2020. 9. 6).

OECD. 2020. Greenhouse gas emissions. : Total GHG excl, LULUCF per capita. https://stats.oecd.org/Index.aspx?DataSetCode=AIR_GHG (접속일, 2021. 2. 10).

OECD. 2020. Gross domestic spending on R&D (indicator). doi: 10.1787/d8b068b4-en (접속일, 2020. 12. 4).

OECD. 2020. Poverty rate (indicator). doi: 10.1787/0fe1315d-en (접속일, 2020. 9. 4).

OECD. 2020. Social expenditure-Aggregated data: In percentage of GDP. https://stats.oecd.org/Index.aspx?DataSetCode=SOCX_AGG (접속일, 2021. 2. 10).

OECD. 2021. Family database. http://www.oecd.org/els/family/database.htm (접속일, 2021. 4. 6).

OECD. 2021. General government debt (indicator). doi: 10.1787/a0528cc2-en (접속일, 2021. 3. 8).

OECD. 2021. Government at a glance 2019. OECD Publishing.

OECD. 2021. Income inequality (indicator). doi: 10.1787/459aa7f1-en (접속일, 2021. 2. 10).

OECD. 2021. Poverty rate (indicator). doi: 10.1787/0fe1315d-en (접속일, 2021. 4. 7).

OECD. 2021. Tax revenue (indicator). doi: 10.1787/d98b8cf5-en (접속일, 2021. 2. 28).

Ostry, J., Loungani, P., and Berg, A. 2019. Confronting Inequality. Columbia University Press.

Partanen, A. 2017[2016]. 《우리는 미래에 조금 먼저 도착했습니다》. 노태복 옮김(The Nordic theory of everything: In search of a better life). 원더박스.

Partanen, A. 2017[2016]. 《우리는 미래에 조금 먼저 도착했습니다》. 이태복 옮김(The Nordic theory of everything: In search of the better life)》. 원더박스.

Preworski, A. Bardhan, P., Pereira, L., Bruszt, L., Choi, J., Turkish, E., Comisso, E., Cui, Z., Tella, T., Hankiss, E., Kolarska-Bobi□ska, L, Laitin, D., Maravall, J., Migranyan, A., O'Donnell, G., Ozbudun, El., Roemer, J., Schmitter, P., Stallings, B., Stepan, A., Weffort, F., and Wiarr, J. (2001[1995]). 《지속가능한 민주주의》. 김태임·지은주 옮김(Sustainable democracy). 한울아카데미.

Ritchie, H. and Roser, M. 2017. "CO₂ and Greenhouse Gas Emissions." Published online at OurWorldInData.org. Retrieved from: 'https://ourworldindata.org/co2-and-other-greenhouse-gas-emissions' [Online Resource]

Rosen, S. 1997. "Public employment, taxes, and the welfare state in Sweden." Freeman, R., Topel, R, and Swedenbo, B., eds, The welfare state in transition: Reforming the Swedish model. University of Chicago Press.

Roser, M. 2013. "Global Economic Inequality." Published online at OurWorldInData.org. Retrieved from: 'https://ourworldindata.org/global-economic-inequality' [Online Resource]

Schivelbusch, W. 2006. Three New Deals: Reflection on Roosevelt's America, Mussolini's Italy, and Hitler's Germany, 1933-1939. Metropolitan Books.

Sedik, T. and Xu, R. 2020. "A vicous cycle: How Pandemics lead to econoic despair and social unrest." IMF Working Paper, WP/20/216.

Shaw, L. 2019[2013]. 《세상을 바꾸는 사회운동전략》. 이준우·송누리 옮김(The activist's handbook: Winning social change in the 21st century, 2nd ed.). 인간과 복지.

Squarzoni, P. 2015[2012]. 《기후변화의 거의 모든 것》. 해바라기 프로젝트 옮김(Saison brune). 다른.

Stuckler, D. and Basu, S. 2013[2013]. 《긴축은 죽음의 처방전인가》. 안세민 옮김(The body economic: Why austerity kills). 까지.

Swank, D. 2002. Global capital, political institutions, and policy change in developed welfare states. Cambridge University Press.

The Economist. 2021. "Global democracy has a very bad year: The pandemic caused an unprecedented rollback of democratic freedoms in 2020." Feb. 2nd 2021. https://www.economist.com/graphic-detail/2021/02/02/global-democracy-has-a-very-bad-year (접속일, 2021. 2. 13).

The Economist. 2021. "Is the lot o female executives improving?" March 4th 2021.

The World Bank. 2021. GDP growth (annual %). https://data.worldbank.org/indicator/NY.GDP.MKTP.KD.ZG?most_recent_year_desc=true (접속일, 2021. 4. 7).

The World Bank. 2021. GDP per capita (current US$). https://data.worldbank.org/indicator/NY.GDP.PCAP.CD

Thompson, E. P. 1966[1963]. The making of the English working class. Vintage Book.

Todd, S. 2016[2014]. 《민중: 영국 노동계급의 사회사》. 서용표 옮김(The people: The rise and fall of the working class, 1910-2010). 클.

TOK Resource.com. 2021. The arts: Picasso's lie. https://www.tokresource.org/picassos-lie (접속일, 2021. 1. 2).

UNEP. 2020. Emissions gap report 2020. UN environment programme.

United Nations. 2014. "Bolivia: Statement made at the Preparatory Committee of the third UN World Conference on DRR." https://www.youtube.com/watch?v=nPv4-jRdf9U (접속일, 2021. 2. 11).

Vieira, M. and Runciman, D. 2020[2008]. 《대표: 역사, 논리, 정치》. 노시내 옮김(Representation).

후마니타스.

Vogue. 2013. "Margaret Thatcher's most famous quotes." April 8 2013. https://www.vogue.co.uk/gallery/margaret-thatcher-most-famous-quotes (접속일, 2021. 3. 30).

Wikipeida. 2021. Pippi Longstocking (novel). https://en.wikipedia.org/wiki/Pippi_Longstocking_(novel) (접속일, 2021. 4. 6).

WIPO. 2020. Global innovation index 2020: Who will finance innovation? Conell University.

Woodhead, How the Beatles rocked the Kremlin, pp. 63-64.

Woodhead, L. 2013. How the Beatles rocked the Kremlin: The untold story of a noisy revolution. Westchester Book Group.

Yurchak, A. 2019[2005]. 《모든 것은 영원했다, 사라지기 전까지는》. 김수환 옮김(Everything was forever, until it was no more: The last Soviet generation). 문학과지성사.

Zinn, H. 2018[1970]. 《역사의 정치학》. 김한영 옮김(The politics of history). 마인드큐브.

Толстой, Н. 2012(1877). 《안나 카레니라》. 연진희 옮김(Анна Каренина). 민음사.

# 색인

# 이상한 성공

ⓒ 윤홍식, 2021

**초판 1쇄 발행** 2021년 8월 30일
**초판 3쇄 발행** 2022년 10월 7일

**지은이**  윤홍식
**발행인**  이상훈
**편집인**  김수영
**본부장**  정진항
**편집2팀**  허유진 원아연
**마케팅**  김한성 조재성 박신영 김효진 김애린
**사업지원**  정혜진 엄세영

**펴낸곳**  (주)한겨레엔 www.hanibook.co.kr
**등록**  2006년 1월 4일 제313-2006-00003호
**주소**  서울시 마포구 창전로 70 (신수동) 화수목빌딩 5층
**전화**  02)6383-1602~3  **팩스** 02)6383-1610
**대표메일**  book@hanien.co.kr

ISBN 979-11-6040-644-3 (03300)

이 저서는 한국연구재단의 2020년도 인문사회기초연구사업 분야 일반공동연구지원사업의 지원을 받았습니다.
(과제번호2020S1A5A2A03046855)